GOLDMANN

Buch

»Als mich die unglaubliche Nachricht erreichte, daß Mutter Teresa im Herzen von New York eine Notaufnahme für völlig mittellose Aidskranke ins Leben gerufen hatte, entschloß ich mich sofort, die aufregenden und faszinierenden Recherchen für ›Ihr seid die Hoffnung‹ in Angriff zu nehmen. Drei Jahre lang hatte ich Gelegenheit, bei dem einzigartigen und wohl bewegendsten menschlichen, medizinischen und wissenschaftlichen Abenteuer, das die Welt je erlebt hat, an vorderster Front dabei zu sein. ›Ihr seid die Hoffnung‹ ist die Geschichte von etwa zehn bekannten und weniger bekannten Helden, die sich plötzlich mit der größten wissenschaftlichen Herausforderung konfrontiert sehen, die je die menschliche Intelligenz in Atem gehalten hat: AIDS.

Um dieses Epos zu schreiben, habe ich den wissenschaftlichen Forschungslabors in den USA und in Europa die Türen eingerannt. Mit Hilfe der medizinischen ›Detektive‹ von der amerikanischen Gesundheitsbehörde in Atlanta habe ich die atemraubende Jagd nach dem Virus rekonstruiert. Ich wurde vom gleichen Fieber mitgerissen, das auch die Entdecker des unsichtbaren Todes erfaßt hatte. Noch einmal erlebte ich den Wettlauf um das erste wirksame Gegenmittel. Ich wurde Zeuge des außerordentlichen Engagements und Mitgefühls der Helfenden und sah den Mut, die Hoffnung und Zuversicht der Opfer.«

Dominique Lapierre

Autor

Der Franzose Dominique Lapierre, 1930 geboren, wurde durch die Bücher bekannt, die er zusammen mit dem Amerikaner Larry Collins verfaßte. Von ihnen – sämtlich Welterfolge – sind als Goldmann-Taschenbücher erschienen:

Der fünfte Reiter. Roman (6524) · Brennt Paris? Der Kampf um die französische Hauptstadt 1944 (9483) · Gandhi. Um Mitternacht die Freiheit (6759) · ... oder du wirst Trauer tragen. Das phantastische Leben des El Cordobés (9110) · O Jerusalem (6417)

Von Dominique Lapierre allein geschrieben, liegt als Goldmann-Taschenbuch außerdem vor:

Stadt der Freude. Ein Bericht aus Kalkutta (8929)

Dominique Lapierre

Ihr seid die Hoffnung

Aus dem Französischen
von Ralf Stamm

GOLDMANN VERLAG

Ungekürzte Ausgabe

Titel der Originalausgabe: Plus grands que l'amour
Originalverlag: Éditions Robert Laffont, Paris

Umwelthinweis:
Alle bedruckten Materialien dieses Taschenbuches
sind chlorfrei und umweltschonend.
Das Papier enthält Recycling-Anteile.

Der Goldmann Verlag
ist ein Unternehmen der Verlagsgruppe Bertelsmann

Made in Germany · 1. Auflage · 5/93

Umschlagentwurf: Design Team München
Druck: Elsnerdruck, Berlin
Verlagsnummer: 41486
MV · Herstellung: Heidrun Nawrot
ISBN 3-442-41486-5

Gewidmet Alvin, Ananda, Annie, Bandona, Barbara, Burt, Charles, Christine, Claude, Daniel, Danielle, David, Ellen, Flossie, Françoise, Frédéric, Gloria, Harold, Isabelle, Jack, Jacques, Jacqueline, Jean-Claude, James, Joël, Josef, Joseph, Luc, Marcus, Marie-Noëlle, Martha, Marty, Mathilde, Michael, Mikulas, Pascal, Paul, Peng, Philippe, Pierre, Poumette, Prem, Richard, Robert, Ron, Samuel, Sonia, Sugar, Teresa, Terry, Willy ... und all jenen, seien sie Forscher, Patienten, Ärzte, Krankenschwestern oder Pfleger, seien sie prominent oder anonym, die jeden Tag von neuem den Kampf mit der Krankheit und dem Leiden aufnehmen. Sie sind die Hoffnung.

Vorbemerkung

Obwohl dieses Buch auf langen und äußerst sorgfältigen Recherchen beruht, erhebt es nicht den Anspruch, *sämtliche* Stationen und Episoden des menschlichen Dramas und grandiosen Wissenschaftsabenteuers nachzuzeichnen, das sich zwischen 1980 und 1986 abgespielt hat und das die Entdeckung des Aids-Virus ebenso umfaßt wie die Entwicklung des ersten wirksamen Medikaments.

Bestimmte Patienten und die Schwestern Mutter Teresas, von denen ich hier berichte, haben mich gebeten, ihre Anonymität zu respektieren. Dies habe ich getan, indem ich ihre Identität und bestimmte Details abänderte.

Es war mir nicht möglich, von allen zu sprechen, die in jenen bewegten Jahren eine Rolle gespielt haben. Ich möchte wünschen, daß mein Bericht als Würdigung auch ihres Wirkens aufgefaßt wird, so wie er all denen Dank sagen soll, die Tag für Tag nach dem Mittel suchen, die Menschheit vor dieser furchtbaren Geißel zu schützen.

DOMINIQUE LAPIERRE

Gewidmet Alvin, Ananda, Annie, Bandona, Barbara, Burt, Charles, Christine, Claude, Daniel, Danielle, David, Ellen, Flossie, Françoise, Frédéric, Gloria, Harold, Isabelle, Jack, Jacques, Jacqueline, Jean-Claude, James, Joël, Josef, Joseph, Luc, Marcus, Marie-Noëlle, Martha, Marty, Mathilde, Michael, Mikulas, Pascal, Paul, Peng, Philippe, Pierre, Poumette, Prem, Richard, Robert, Ron, Samuel, Sonia, Sugar, Teresa, Terry, Willy ... und all jenen, seien sie Forscher, Patienten, Ärzte, Krankenschwestern oder Pfleger, seien sie prominent oder anonym, die jeden Tag von neuem den Kampf mit der Krankheit und dem Leiden aufnehmen. Sie sind die Hoffnung.

Vorbemerkung

Obwohl dieses Buch auf langen und äußerst sorgfältigen Recherchen beruht, erhebt es nicht den Anspruch, *sämtliche* Stationen und Episoden des menschlichen Dramas und grandiosen Wissenschaftsabenteuers nachzuzeichnen, das sich zwischen 1980 und 1986 abgespielt hat und das die Entdeckung des Aids-Virus ebenso umfaßt wie die Entwicklung des ersten wirksamen Medikaments.

Bestimmte Patienten und die Schwestern Mutter Teresas, von denen ich hier berichte, haben mich gebeten, ihre Anonymität zu respektieren. Dies habe ich getan, indem ich ihre Identität und bestimmte Details abänderte.

Es war mir nicht möglich, von allen zu sprechen, die in jenen bewegten Jahren eine Rolle gespielt haben. Ich möchte wünschen, daß mein Bericht als Würdigung auch ihres Wirkens aufgefaßt wird, so wie er all denen Dank sagen soll, die Tag für Tag nach dem Mittel suchen, die Menschheit vor dieser furchtbaren Geißel zu schützen.

Dominique Lapierre

Erster Teil

Für sie war es der »Zorn Gottes«

Nur die Tugend verheißt ein gutes Karma,
und die größte der Tugenden ist das Mitleid.

BUDDHA

1

Benares, Indien – Herbst 1980
Eine zerbrechliche kleine Gestalt an den Wassern der Unsterblichkeit

Hier war es. Vor der Kulisse aus Feuer, Rauch und Tod. Im Gestank gerösteten Menschenfleischs, im Mittelpunkt des makabren Balletts der Bambusbahren, im Knistern und Prasseln der Flammen, die langsam die Körper aufzehrten. Ja, hier war es, hier sah man ihre schmächtige Gestalt bis zur Hüfte im fauligen Wasser stehen, ein paar Schritte vom höllischen Ufer entfernt, zwischen treibenden Hunde- und Rattenkadavern – sofern es nicht ein Mensch war, der da vorbeitrieb, einer der zu arm oder zu heilig gewesen war, um verbrannt zu werden. Mit ihren großen, kajalumrandeten Augen, dem blitzenden kleinen Ring im Nasenflügel, den mit Bändern durchflochtenen Zöpfen, der lebhaft gelben Bluse, die der Ganges an ihrer Haut kleben ließ, schien die dreizehnjährige Inderin Ananda eine den Göttern des heiligen Flusses dargebrachte Blume. Ihr Name bedeutete »Freude«. Mit dem Beinamen allerdings, den sie sich erworben hatte, verbanden sich keinerlei Vorstellungen von Glückseligkeit. Man nannte sie »die kleine Leichenfledderin vom Ganges«. Ihr Revier war der Schlamm des mächtigen Flusses der Reinigung, an dessen Ufer sich die Hindus den Flammen übergeben lassen, in der Hoffnung, dem Zyklus der Wiedergeburten zu entkommen und so die ewige Erlösung zu finden. Unterstützt von ihren beiden jüngeren Brüdern, brachte Ananda ihr Leben damit hin, im ekelhaften

Schlick nach jenen kümmerlichen Schätzen zu tasten, die zusammen mit der Asche der Verstorbenen in den Fluß gelangten – ein Ring, ein halb geschmolzener Anhänger, ein Goldzahn, oder auch nur ein paar Stück angekohltes Holz.

Von der Veranda des Tempels aus, der den Fluß überragt, überwachte der Vater des Mädchens diese Fischzüge. Der einundvierzigjährige Ranjit Chowdhury war ein kleiner Mann mit traurigem Gesicht und senfölglänzendem Haar. Generationen von Chowdhurys hatten vor ihm auf dem mit Goldfäden bestickten Seidenkissen gehockt, das ihm als Thron diente. Vor ihm erhob sich das Symbol seines Ranges und seiner Macht in der Hindugesellschaft, ein kleiner Altar in Form einer Brunnenschale. Die rote Glut darin war das Opferfeuer, und Ranjit amtierte als dessen Hüter.

Gleich unterhalb dieser Stätte und der steinernen, mit Götterfiguren geschmückten Pfeiler des Tempels befanden sich die Scheiterhaufen der heiligen Stadt Benares. Anandas Vater war Vorsteher jener Feierlichkeiten, die den Hindu zur Unsterblichkeit geleiten, er wachte als Zeremonienmeister über die Einäscherung der Toten. Aufgrund dieses Gewerbes gehörten er und die Seinen zur Kaste der *Dhôm*, der niedrigsten, der unreinsten in der Hinduhierarchie. Ihre Geburt ist mit einem solchen Maß an Schande verbunden, daß sie nicht das Recht haben, sich auf einem ihrer eigenen Scheiterhaufen verbrennen zu lassen. Sie werden weit weggebracht, nach außerhalb der Stadt, dorthin, wo man die Unberührbaren dem Feuer übergibt.

Tag und Nacht brachten Bambusbahren weiß oder rot eingehüllte Leichen, Tag und Nacht richteten die für Anandas Vater arbeitenden Gehilfen die Scheiterhaufen neu. Leute gingen zwischen ihnen hin und her, das makabre Schauspiel und der Geruch verbrannten Menschenfleischs schienen sie nicht weiter zu berühren. Auf den Treppen rasierten Barbiere den Angehörigen der Toten die Köpfe, Familien sangen *Mantras*, wohlbeleibte Brahmanen verhandelten über den Preis ihrer priesterlichen Dienste. Kühe, Ziegen, Esel fraßen die Blumengirlanden von den Totenbahren, aschfarbene Hunde gruben nicht verbrannte Knochenteile aus, Schwarze Milane stießen vom Himmel herab, versuchten im Flug Leichenfetzen zu schnappen.

Ananda und ihre Familie bewohnten ein weitläufiges Haus, das unmittelbar an den Palast des Maharadschas von Dschaipur angrenzte. Von hier aus sah man auf den Ganges hinunter. Die beiden gelb und schwarz bemalten steinernen Tiger, die das ausladende Terrassengeländer schmückten, schauten spöttisch hinüber zu den beiden Marmorlöwen, mit denen die Terrasse des königlichen Palastes aufwartete. Man erzählte sich, daß dem Maharadscha die Herausforderung eines Tages zuviel geworden war und daß er die Vertreibung seiner unreinen Nachbarn beschlossen hatte. Vor Gericht hatte Anandas Vorfahre dem erhabenen Fürsten entgegengehalten: »Hoheit, sind wir nicht beide Könige? Ihr seid der König des Lebens, ich bin der König des Todes!« Die Klage des Maharadschas von Dschaipur wurde abgewiesen. Der Leichenverbrenner hatte gewonnen. Von da an hieß er nur noch »Dhôm Radscha«.

Nach indischer Tradition beherbergte Anandas Elternhaus auch ihre Großeltern, ihre Onkel und deren Familien, insgesamt gut dreißig Personen, die vom Ertrag der Einäscherungen lebten. Zu den zahlreichen Zimmern gelangte man über ein Gewirr von Treppen und Innenhöfen. Ein entfernter Vorfahre hatte im Mittelpunkt der Terrasse dem Gott Râma einen mit weißen und blauen Kacheln ausgekleideten Haustempel errichtet. Nie öffnete sich das Eingangsgitter. Nur von außen konnte die Familie des »Dhôm Radscha« ihre Gebete sprechen: In Indien ist es den Unberührbaren untersagt, sich den Göttern zu nähern. Allenfalls können sie die Glocke betätigen, um ihnen kundzutun, daß sie vor dem Heiligtum verharren.

In einem der Höfe hauste ein Ziegenbock. Einmal im Jahr, zum Fest der Seyr Devi, einer der Göttinnen der Unberührbaren, führte ihn Anandas Vater zu gnadenlosen Kämpfen gegen andere Böcke. Blieb das Tier siegreich, opferte er es der Gottheit. In den anderen Höfen lagerten Stapel von Bambusrohr, aus dem die Totenbahren gefertigt wurden, oder von Sandelholzscheiten, die für die Einäscherung der Reichen bestimmt waren. Denn als Bestattungsunternehmer mußte Anandas Vater allen Ansprüchen gerecht werden. Der Verkauf des Sandelholzes stellte eine beachtliche Einkommensquelle dar. Je nach Größe des Verstorbenen hatte man zwischen sieben und elf *Mound* Brennmaterial zu rechnen, also zwischen zweihundertfünfzig und vierhundert Kilo Holz, in Geld ausgedrückt ungefähr vierhundert Rupien, umgerechnet knapp sechzig Mark. Wenige Leute konnten eine solche Summe ausgeben. Die anderen verständigten sich mit dem »Dhôm« auf eine Teilverbrennung, und man verstreute die angekohlten Reste des Leichnams in den Ganges.

Der Vater und die Onkel Anandas lösten sich in der Bewachung des Opferfeuers ab. Das Familienunternehmen arbeitete Tag und Nacht. Es beschäftigte etwa dreißig Kulis und Bestattungsgehilfen an den Scheiterhaufen, deren Flammen niemals erloschen. Das ununterbrochene Anwachsen der indischen Bevölkerung zeigte sich nicht zuletzt daran, daß immer mehr alte Menschen, die ihr Ende nahen fühlten, nach Benares kamen, um hier zu sterben. Immer öfter kam es zu Staus der Leichenzüge in der engen Gasse, die zu dem kleinen Schalter der Stadtverwaltung führte, wo die Angehörigen die Personalien des Verstorbenen sowie die Todesursache anzugeben hatten. Dies wiederum gereichte jenen zahlreichen Lädchen zu frommem Nutzen, die sich entlang der Wegstrecke auf den Verkauf von Leichentüchern, Girlanden, Sandelholzpuder und anderen einschlägigen Artikeln spezialisiert hatten. Manche Läden boten prächtige, golddurchwirkte Seidenstoffe feil – ein Luxus, den nur die Reichen ihren Toten mitgeben konnten. Von Zeit zu Zeit erblickte man über der Menge, die die Gasse verstopfte, eine von einem blumenbesteckten Baldachin überwölbte Bahre. In sitzender Haltung ruhte darauf ein Greis, angetan mit einem orangefarbenen Gewand. Mit Gongschlägen untermalten die Träger ihre *Mantras*. Diese Toten waren keine Kunden für Anandas Vater. Es waren *Sâdhus*, heilige Männer, die sich aus dem Zyklus der Reinkarnationen bereits befreit hatten. Man übergab sie dem Ganges, ohne sie zu verbrennen.

Anandas Großmutter war eine alte, verhutzelte Frau im weißen Baumwollsari der Witwen. Jeden Morgen nach den Waschungen hielt sie Andacht vor dem Bild ihres verstorbenen Mannes, der von der Wand des Gemeinschaftsraumes herabsah, zwischen lauter Farbdrucken mit Szenen aus dem *Ramajana*, dem berühmten Legendenepos des Hinduismus. Das vergilbte Foto zeigte einen eindrucksvollen Greis mit weißem Bart und rotem Turban. Abgesehen von dem winzigen Stück Stoff, das die Schamgegend verhüllte, war er vollkommen nackt. Oft noch rühmte man im Familienkreis die Taten und Bravourstücke dieses ungewöhnlichen Mannes. Über seine Tätigkeit als Leichenverbrenner hinaus war er in Benares bekannt für seine Auftritte als Kraftathlet und Fakir. Mal hob er kolossale Steinblöcke hoch, mal legte er sich für mehrere Stunden auf einem Nagelbrett zur Ruhe. Aber sein wirklicher Ruhmestitel war doch mit seiner Amtswaltung verbunden gewesen. Kaum hatte er am 30. Januar 1948 im Radio gehört, daß der Vater der Nation, Mahatma Gandhi, soeben in New Dehli ermordet worden war, da war er losgestürmt und hatte den ersten Zug nach der Hauptstadt bestiegen. Als einziges Gepäckstück hatte er eine mit Glut gefüllte Urne mitgenommen: So würde es möglich sein, den Scheiterhaufen für Indiens »Große Seele« mit dem heiligen Feuer von Benares zu entzünden.

Anandas Mutter war eine zerbrechlich wirkende Frau mit pokkennarbigem Gesicht. Ihre Autorität war unbestritten, gebot sie doch über die häuslichen Finanzen. Jeden Abend lieferte ihr Mann widerspruchslos den Ertrag der Einäscherungen ab, worauf sie das Geld sofort in einem Kasten verwahrte, zu dessen Vorhängeschloß, wie es den Anschein hatte, nur sie den Schlüssel besaß. Und ihr brachten Ananda und die beiden Brüder, was sie aus dem Ganges herausgewühlt und heraufgeholt hatten. Sie brauchte nur einmal hinzuschauen, dann wußte sie, was der Goldzahn wog, was das halbgeschmolzene Schmuckstück wert war. Meistens empfing sie ihre Kinder mit einem Tadel. »Nie hatten wir genug aus dem Wasser heraufgebracht«, erzählte Ananda später. »Arme Mutter! Dabei wußte sie doch, daß die Leute fast nie mehr irgendwelchen Schmuck an ihren Toten ließen. So teuer waren inzwischen Gold und Silber geworden!«

Die Tochter des Leichenverbrenners hatte in diesem Herbst ihre erste Menstruation, und kaum hörte Ranjit Chowdhury von dem Ereignis, da eilte er, die heiligste Mission zu erfüllen, die einem indischen Vater obliegt: der Tochter einen Gatten zu finden. In Wirklichkeit machten sich die Eltern seit Anandas Geburt schon Gedanken über ihre Verheiratung. Planmäßig hatte ihre Mutter sie in alle häuslichen Aufgaben, auch die mühsamsten und unangenehmsten, eingeführt. Für sie hatte es weder Spiel noch Schule gegeben, nur das Hüten der kleinen Brüder, Wasserholen, Wäschewaschen, die anderen Haushaltsarbeiten und natürlich das Bergen von Schmuckstücken und Holz aus dem Ganges.

Alsbald stellten sich mehrere Herren bei »Dhôm Radscha« ein und zogen sich mit ihm zu Geheimbesprechungen zurück. »Meine Mutter bestätigte meinen Verdacht«, berichtete Ananda, »die Besucher waren Abgesandte der Familie des Bräutigams, für den mich mein Vater bestimmte. Sie kamen, um die finanziellen Bedingungen meiner Heirat auszuhandeln. Bei uns in Indien sind das schwierige, endlose Verhandlungen. Es gelang mir nicht, etwas von dem mitzuhören, was unter dem großen Deckenventilator des Raumes, wo sie sich eingeschlossen hatten, gesprochen wurde. Es schien nicht gerade glattzugehen. Immer wieder kam es zu lautstarkem Zwist.«

Eines Tages brachten die Besucher einen Mann in weißem *Dhoti* mit, der mehrere Papierrollen unter dem Arm trug. Es war ein *Joshî*, ein Astrologe, der nun zusammen mit Anandas Vater und seinen Gästen die Himmelskarten studierte, um die Position der Planeten zu bestimmen und herauszufinden, ob die Konjunktion der Gestirne zum Zeitpunkt von Anandas Geburt in Einklang stand mit der entsprechenden Konjunktion bei dem Jungen, den man für sie erwählt hatte. Nachdem die Prüfung ein positives Ergebnis erbracht hatte, gab der *Joshî* den für die geplante Verbindung günstigsten Tag sowie die günstigste Stunde an. Ananda hatte weder die

Gelegenheit noch das Recht gehabt, ihre Meinung kundzutun. Mit keinem Blick hatte sie bisher den erspäht, der ihr Ehemann werden sollte. Sie teilte dieses Schicksal mit allen anderen Mädchen in Indien.

Vierzehn Tage vor der Hochzeit, während ihr Vater gerade seiner künftigen Schwiegerfamilie die Geschenke der Mitgift überbringen ließ, während Arbeiter den musselinbespannten Bambusbaldachin anfertigten, unter dem die Zeremonie stattfinden würde, bemerkte das Mädchen auf seiner Wange, dicht neben dem Goldring, der den Nasenflügel durchbohrte, einen hellen, ganz leicht hervorspringenden Flecken von der Größe einer Kichererbse. Mit der Fingerspitze betastete sie die Stelle und wunderte sich, daß sie unempfindlich war. Erst drückte sie mit dem Nagel, dann stach sie sich mit einer Nadel, aber sie spürte absolut nichts an diesem Punkt ihres Gesichtes. Als hätte sich das Leben aus dem Fleisch zurückgezogen.

»Die kleine Leichenfledderin vom Ganges« machte sich dennoch keine weiteren Gedanken. Sie war in dieser Beziehung einiges gewöhnt. Seit sie die Hälfte ihres Daseins in seinen fauligen Wassern stehend verbrachte, hatte der reinigende Strom ihrer Haut wahrhaftig zugesetzt. Irgendwo an ihrem Körper blühten immer irgendwelche Pickel, Pusteln oder Furunkel. Stets hatte ihre erstaunliche Widerstandskraft über die Aggressionen triumphiert. Zwei oder drei Tage, dann verschwanden die häßlichen Symptome wieder.

Nachdem diese ungewöhnliche Hautunreinheit, die auf keinen Berührungsreiz reagierte, sich länger als gewöhnlich hielt, zeigte sie sie schließlich ihrer Mutter. Diese schickte sie zu einem *Quack*, einem jener Straßenheiler, deren Pflanzenabsude und -salben vorgeblich auch mit den hartnäckigsten Übeln fertig wurden. Der alte Inder untersuchte die Wange des dreizehnjährigen Mädchens.

»Es gibt keine Salbe gegen diese Krankheit«, murmelte er. »Es ist Lepra.«

2

Los Angeles, USA – Herbst 1980
Viele Mäuse und ein Folterknecht

Jeder Tag begann mit einem Rendezvous. Kaum war Dr. Michael S. Gottlieb, zweiunddreißig, ein friedfertiger Riese mit krausem Haar und blondem Schnurrbart, in seinem engen Labor der Universität von Kalifornien Los Angeles angekommen, ließ er sein Aktenköfferchen aufspringen. Er entnahm ihm wie jeden Morgen zuerst die Leckerbissen, die für seine Gefährtinnen bestimmt waren. Seit Jahren teilten sie die Hoffnungen und Enttäuschungen seines Forscherdaseins. Langsam, fast andächtig schnitt er die Kartoffeln in dünne Scheiben, bevor er sie an seine Mäuse verfütterte. Davon besaß Michael Gottlieb mehr als zweihundertfünfzig, allesamt Weibchen, allesamt dunkelbraun und so fett, daß man sie für kleine Ratten hätte halten können. Er nannte sie seine »Prinzessinnen«. Sie zählten zur Aristokratie der Mäuseschaft, dem berühmten Zuchtstamm C3H, und waren das makellose Produkt einer über zahlreiche Generationen sich erstreckenden genetischen Auslese. Es waren derart intelligente, lernwillige, umgängliche Mäuse, daß sie Gefühle der Liebe und der Hochachtung erweckten.

Und dennoch marterte, verstümmelte, massakrierte Michael Gottlieb jeden Tag einige dieser anziehenden Säugetierchen, denen er am Morgen seine zärtliche Aufmerksamkeit bewies. Mit tödlichen Strahlen bombardierte er ihre Milz, ihr Knochenmark, ihre

Thymusdrüse, ihre Lymphknoten, jene Organe also, die bei der Maus wie beim Menschen Zellen erzeugen oder speichern, deren Aufgabe es ist, den Körper gegen Aggressionen von außen zu schützen. Als weiße Blutkörperchen oder Lymphozyten sind diese Zellen die Wächter des Organismus. Sie treten in Aktion, sobald ein fremder Erreger, eine Bakterie oder ein Virus etwa, auftaucht, und ebenso werden sie aktiv, wenn ein nicht mehr funktionsfähiges Organ durch ein Transplantat ersetzt worden ist. Indem er seinen Mäusen Qualen zufügte, um ihr Immunsystem zu zerstören, suchte er einen verläßlichen Weg zu finden, auf dem man die Organabstoßung in den Griff bekommen könnte, jenes Phänomen also, das Transplantationen beim Menschen noch so riskant machte.

In seinem Fachgebiet, der Immunologie, ging es um ein Schlüsselproblem des Menschen: seine Fähigkeit, sich gegen die heimtückischen, unsichtbaren Feinde zu verteidigen, die pausenlos seinen Körper bedrohen. Diese Disziplin, die jetzt zu Beginn der achtziger Jahre einen gewaltigen Aufschwung erlebte, war nicht eigentlich neu. Dank dem Erfinder der Schutzimpfung, Edward Jenner, dank Louis Pasteur, Robert Koch und ungezählten anderen Forschern wußte man bereits seit zwei Jahrhunderten, daß es in der Macht des menschlichen Körpers steht, sich selbst zu schützen. Aber die Mechanismen der Steuerung und Kontrolle dieses Abwehrsystems erwiesen sich als überaus kompliziert, so daß man erst die Entwicklung der Zellimmunologie in der zweiten Hälfte des zwanzigsten Jahrhunderts abwarten mußte, bevor man darangehen konnte, seine Geheimnisse zu durchdringen. Die Instrumente der Eroberung sahen mehr nach Kochkunst als nach reiner Wissenschaft aus. Dadurch nämlich, daß die Immunologen in den sechziger Jahren Wege gefunden hatten, Zellen im Laboratorium zum Wachsen zu bringen, sie zu züchten, sie am Leben zu erhalten, hatten sie der Forschung völlig neue Felder eröffnet.

Welch verlockende Aussicht für einen ehrgeizigen jungen Mediziner, der darauf brennt, seinen Stein beizutragen zum Gebäude der Wissenschaft am Ende dieses Jahrhunderts! »Was mich an der Immunologie faszinierte«, berichtete Michael Gottlieb rückschauend, »war das besondere Terrain, auf dem da experimentiert wurde. So wie die Soziologie das politisch-soziale Netzwerk einer Kultur verstehen hilft, so liefert die Immunologie die Schlüssel zu einem System. Einem System, das seine Logik hat, seine Gesetze, seine Schwachstellen, seine Erfolgsbilanz. Und vor allem kann man lernen, dieses System zu handhaben, zu kontrollieren, zu modifizieren. Nicht mehr tastend, mehr oder weniger blind wie in der Vergangenheit, sondern mit der Fingerspitzentechnik eines Goldschmieds; man kann sie hören, die Musik der Zellen, man entschlüsselt ihre Dialoge, man fühlt sich ein in die Mechanik ihrer Beziehungen. Und ganz am Ende dieser Erkundungsarbeit steht ein Traum. Der große Medizinertraum: die Verlängerung des Lebens.«

Die Straße zu diesem Traum hatte sich ihm zwölf Jahre zuvor aufgetan, als sich im elterlichen Haus ein unerwarteter Gast eingestellt hatte. »Es handelte sich um eine Katze«, erzählte Michael Gottlieb, »einen prachtvollen Kater namens Tabis. Meine Mutter hatte ihn in der Kleinstadt von New Jersey, wo mein Vater Sportlehrer war, von der Straße aufgelesen. Kaum hatte Tabis sich einquartiert und sein erstes Schnurren hören lassen, da schwoll mein Kopf zu einem Kürbis an. Ich fing an zu flennen, mich zu schneuzen, zu niesen. Kein Zweifel, ich war gegen Tabis allergisch. Meine bestürzte Mutter wollte das Tier wieder auf die Straße setzen, aber ich hinderte sie daran. In meinem Kürbiskopf war soeben eine Frage aufgekeimt. Konnte man eine Allergie unter Kontrolle bekommen, sich ihren üblen Auswirkungen entziehen, ohne ihre Ursache zu beseitigen? In meinem Fall also, ohne daß wir uns von dem Kater Tabis trennten?«

Es kostete Michael Gottlieb drei Monate, drei sehr unangenehme Monate der verstopften Nebenhöhlen, der Niesanfälle, der zugeschwollenen Augen und der Hautausschläge, dann hatte er Gewißheit. Die Antwort lautete: Ja. »Anders als bei den meisten Allergien, bei denen sich das Übel verschlimmert, wenn die Ursache in der Nähe bleibt, hatte sich mein Organismus im Umgang mit unserer Katze schließlich desensibilisiert«, so seine Erklärung. »Anders ausgedrückt, mein Körper hatte sich selbst immunisiert, oder, besser noch, er hatte eine Selbstimpfung zustande gebracht.«

So verlief die erste Begegnung des künftigen Wissenschaftlers mit der Immunologie. Nach seinen Worten war es »eine Begegnung, die über meinen Berufsweg entscheiden sollte. Warum hatte ich als einziger in der Familie auf unsere Katze reagiert? Warum ich und die anderen nicht?« Die Fragen hatten ihn so sehr beschäftigt, daß er bald darauf die Hörsäle der Medizinischen Fakultät von Rochester frequentierte.

Während die Antwort zunächst ausblieb, entdeckte er im wenig romantischen Ambiente der Kolben und Reagenzgläser eines Labors die Liebe. Mit ihren Sommersprossen, ihrer Stupsnase und ihrem schelmischen Gesichtsausdruck erinnerte die blonde Cynthia ein bißchen an die Filmschauspielerin Katherine Hepburn. Sie studierte Hämatologie und wollte sich nach dem Diplom auf Bluttransfusionen spezialisieren.

Wohl hatte eine gemeinsame Leidenschaft sie im Umkreis der Mikroskope zusammengebracht, aber sie hielten sich doch aus verschiedenen Gründen dort auf. Cynthias Interesse konzentrierte sich immer mehr auf die Träger des Lebens, jene als rote Blutkörperchen bekannten winzigen Kügelchen, die in der Lunge den Sauerstoff aufnehmen, um ihn den einzelnen Organen zuzuführen. »Seit der Bakteriologe Karl Landsteiner 1930 für seine Entdeckung der menschlichen Blutgruppen mit dem Nobelpreis ausgezeichnet worden war, hatte man so ziemlich alles über die roten Blutkörperchen in Erfahrung gebracht. Das war auch der Grund, warum mir diese Zellen so interessant erschienen«, kommentierte Cynthia. »Bei ihnen hatte ich irgendwie das Heft in der Hand. Es bestand keine Gefahr, daß sie mich verrieten, mir Streiche spielten, mir meine Wissenslücken nachwiesen. Die roten Blutkörperchen waren gute Partner, weder zu umtriebig noch zu kompliziert.«

Michael Gottlieb hingegen war vom anderen Bestandteil des Blutes fasziniert, den weißen Blutkörperchen, jenen phantastischen chemischen Fabriken, jenen Wächtern des Organismus, deren Ausfall an so vielen tödlichen Störungen schuld ist. Er versuchte Cynthia zu überreden, sich ihm anzuschließen und ihm bei seiner Arbeit zu helfen. »Genau hier muß die Forschung angreifen, habe ich ihr erklärt, das Studium der Lymphozyten ist wirklich vorrangig, auf diesem Gebiet werden sämtliche künftigen Nobelpreise geholt! Aber meine Bemühungen, Cynthia von ihren roten zu meinen weißen Blutkörperchen herüberzuziehen, schlugen fehl.«

Immerhin fanden die beiden Laborstudenten ein Feld, wo die Verständigung besser klappte. Als Mrs. Gottlieb machte Cynthia ihr Diplom und fand eine Stelle bei einer Blutbank. Die Parteigängerin der roten Blutkörperchen bot so dem Anhänger der weißen Blutkörperchen die Möglichkeit, sein Studium fortzusetzen, seinen Doktor zu machen, schließlich eine Fachausbildung zu wählen. Wider alle Erwartung fiel seine Wahl auf die Herzchirurgie, womit seine Lieblingsidee, die Forschung, abrupt zu den Akten gelegt schien.

»Ich war auf einmal allergisch geworden gegen die eisig abstrakte, unmenschliche Atmosphäre der Labors, gegen ihre Reagenzgläser, Retorten, Zentrifugen, Computer, gegen die ganze scheinbar aus Science-fiction-Filmen stammende Ausstattung«, berichtete Michael Gottlieb. »Sicher, der Erkenntnisfortschritt passiert in den Laboratorien, aber ich hatte das Verlangen, Patienten zuzuhören, Leiden zu lindern, zu heilen, Leben zu retten. Ich wollte Arzt sein.« Dieser Ehrgeiz führte den gerade fertigen Studenten in den Operationstrakt der herzchirurgischen Abteilung seiner Universitätsklinik. »Es war berauschend: Ich knüpfte persönlichen Kontakt zu irgendeinem sympathischen Patienten, und plötzlich sah ich im Operationssaal sein Herz, das an eine Maschine angeschlossen werden mußte, damit mein Chef es reparieren konnte. Von der Chirurgie fühlte ich mich total gefordert, hier ging es um technische Perfektion, hier wurden jeden Tag die Grenzen des Unmöglichen weiter hinausgeschoben. Welcher Zweig der Medizin konnte sich rühmen, ebenso viele Leben zu retten?«

Zwei Jahre später brachte ihn ein Forschungsstipendium der kalifornischen Stanford-Universität in die Abteilung von Professor

Henry Kaplan, einem weltbekannten Spezialisten für die Behandlung der verschiedenen Leukämiearten. Und hier entdeckte der junge Chirurg eine alte Liebe wieder, er befand sich erneut in Gesellschaft seiner ehemaligen Komplizen, der weißen Blutkörperchen. Hier verzeichnete er allerdings auch seinen ersten wissenschaftlichen Mißerfolg: eine an Leukämie erkrankte junge Farmersfrau aus Iowa starb, obwohl eine Knochenmarkübertragung vorgenommen worden war, die er an seinen Mäusen entwickelt hatte. »Es war ein schlimmer Schock«, erinnerte er sich, »vor allem aber eine ernste Warnung: allzuleicht ist man versucht, nicht ausreichend erprobte Therapien anzuwenden. Und dennoch, trotz meiner Traurigkeit fühlte ich weiter eine Art Stolz. Den Stolz, an der allervordersten Front der Humanbiologie zu kämpfen, da, wo alle großen Probleme zusammenlaufen: die verschiedenen Krebs- und Leukämiearten, die ungeklärten Zellstörungen. Dieses Bewußtsein, zu den Pionieren zu gehören, half mir über den Rückschlag hinweg. Dann mußte man eben Tabula rasa machen, mußte noch einmal bei Null anfangen. Soviel gab es für mich noch zu lernen!«

Genau deswegen, um zu lernen und immer wieder zu lernen, bewarb sich Michael Gottlieb im Juni 1980 um eine Stelle als Forscher und Klinikarzt an der UCLA, der Universität von Kalifornien Los Angeles. Hier arbeitete einer der Spezialisten für Knochenmarktransplantationen, Professor Robert Gale, der noch junge Arzt, der den Sowjets zu Hilfe kommen wird, um nach der Atomkatastrophe von Tschernobyl zu versuchen, die Strahlenopfer zu retten. In jenem Herbst 1980 ging von der Arbeit der Forscher an der UCLA eine landesweite Anziehung aus. Allein für das akademische Haushaltsjahr 1980/81 sollten sich hier knapp sechshundert Wissenschaftler die Summe von einhundertdreißig Millionen Dollar teilen, eine phantastische Subvention, die gewährt wurde für Arbeiten über das Gehirn, die Augen, über Herz- und Gefäßkrankheiten, über Kinderkrankheiten; für die Erforschung der Rätsel von Krebs und von bestimmten Immundefekten; für die Vervollkommnung der Diagnosetechniken; aber auch für eine ganze Reihe von Arbeiten, die der

Chemie, der Informatik und der Nukleartechnik Anstöße zur Entwicklung revolutionärer Behandlungsmethoden geben sollten. Schon hatten in jenem gleichen Herbst zwei Forscher der UCLA das erste Experiment einer gentechnischen Behandlung am Menschen gewagt, indem sie an tödlicher Blutarmut leidenden Patienten menschliche Gene injizierten. Und ebenfalls im gleichen Herbst meldete das Team von Robert Gale, seine Arbeiten zur Knochenmarkverpflanzung ließen nunmehr auf eine Überlebenschance von bis zu sechzig Prozent bei Leukämiefällen hoffen, während zuvor die erwachsenen Opfer noch nahezu ausnahmslos dem Tod geweiht waren.

An jenem Morgen also traf Michael Gottlieb, nachdem er seine Kartoffelscheiben auf die Käfige verteilt hatte, Anstalten, eine bestimmte Anzahl Mäuse weiteren Experimenten zu unterwerfen, entsprechend dem von Professor Gale vorgegebenen Programm. Die Mäuse sollten nach Entfernung ihrer Milz einer massiven Strahlendosis ausgesetzt und damit geopfert werden. Zu den Mißhandlungen befragt, die er seinen geliebten Mäusen zumutete, antwortete Gottlieb: »Die Überzeugung, daß diese Leiden eines Tages dem Menschen nutzen würden, ersparte mir wirklich seelische Schmerzen.«

Jemand klopfte an die Tür, und die Mäuse erhielten einen unverhofften Aufschub. Im Türrahmen seines winzigen Labors erblickte Michael Gottlieb das muntere Gesicht seines Kollegen Howard M. Schanker. Howard, sechsundzwanzig Jahre alt, Assistenzarzt im ersten Jahr, stammte ebenfalls von der Ostküste. Er hatte ein Stipendium erhalten und besuchte an der UCLA einen Lehrgang in Allergiebehandlung. Der von Michael Gottlieb geleitete Kurs schloß Praktika an Krankenbetten in den verschiedenen Abteilungen der Universitätsklinik ein, wo Patienten mit Immunstörungen behandelt wurden. Keiner schnüffelte wie dieser New Yorker in den sechs Stockwerken des imposanten Gebäudes herum, in der Hoffnung, auf einen ungewöhnlichen Fall zu stoßen.

»Hör zu, Mike!« sagte er mit der Überzeugung dessen, der sein

Gegenüber wirklich für etwas interessieren will. »Ich glaube, ich habe gerade im fünften Stock einen interessanten Fall entdeckt. Die Kollegen von der Station dort stochern anscheinend im Nebel herum. Sie müssen sich um einen etwa dreißig Jahre alten Burschen kümmern. Sie haben festgestellt, daß seine Speiseröhre akut von Pilzen befallen ist. Er hat fast keine weißen Blutkörperchen mehr. Man könnte meinen, daß er seine gesamte Immunabwehr eingebüßt hat. Es sieht wirklich so aus, als wäre das was für dich. Du solltest ihn dir mal anschauen. Zimmer 516.«

Michael Gottlieb schlüpfte in seinen weißen Kittel. Es war ungefähr neun Uhr morgens am Montag, den 6. Oktober 1980. Das aufregendste medizinische Abenteuer des 20. Jahrhunderts hatte soeben begonnen.

3

Latrun, Israel – Herbst 1980
Die schmerzvolle Verwandlung des Guerilleros

Wie jede Nacht rief die Glocke der an der Straße Tel Aviv–Jerusalem gelegenen Abtei der Sieben Schmerzen die Ordensgemeinschaft von Latrun zum Gebet. Seit dem 31. Oktober 1890, dem Tag, an dem siebzehn französische Mönche das biblische Tal von Ayalon erreicht und dort ein Kloster gegründet hatten, wurde der Schlaf der Trappisten regelmäßig durch das mahnende Gebimmel unterbrochen. In ihrer weißen Kutte, den rasierten Kopf von einer schwarzen Kapuze umhüllt, verließen die Mönche den Schlafsaal und stiegen singend zum Chor der Kirche hinunter, die ihre Vorgänger mit eigenen Händen erbaut hatten. Immer von neuem erklangen ihre Stimmen in der Stille der Nacht: »Wir kommen, o Herr, um dich zu preisen und zu rühmen.«

Ähnlicher Lobgesang erhebt sich jede Nacht in den über die ganze Erde verstreuten Mönchs- und Nonnenklöstern dieses Ordens, überall dort, wo Männer und Frauen der Welt entsagt haben, um sich in der Einsamkeit der Anbetung Gottes zu weihen. Nur in zweiter Linie geht es ihnen um das Streben nach persönlicher Vollkommenheit und um das Heil ihrer Seele; sie fühlen sich vor allem dem Auftrag verpflichtet, für die Errettung der Menschheit zu beten.

Nur wenige Ordensgemeinschaften hausten an einem Ort, der so bedroht war wie Latrun, die Stätte, wo die Abtei der Sieben Schmerzen errichtet worden war. Die friedlichen Weizenfelder und Weingärten legten einen Kranz des Wohlstands um das Kloster, aber in kaum dreißig Jahren hatten sie vier Kriege zwischen dem jungen Staat Israel und seinen Nachbarn gesehen, und mehrere Tausend jüdische und arabische Kämpfer waren hier gefallen. Blut und Feuer, diese Tradition reichte zurück bis ins früheste biblische Altertum. Hier in diesem Tal, gleichsam vor den Toren der Abtei, hatte vor dreitausend Jahren Josua den Lauf der Sonne angehalten, um seinen Sieg über die Kanaaniter zu vollenden. Hier hatte Samson die Erntevorräte der Philister in Brand gesteckt, hier hatten die Soldaten Herodes' des Großen die Feinde des Reiches vernichtend geschlagen. Hier sollten später beim Versuch, den Zugang nach Jerusalem zu erzwingen, die Kreuzfahrer des Richard Löwenherz ihren Untergang finden und ebenso die Fanatiker Saladins, die Janitscharen des Sultans von Konstantinopel, die Gurkhas und Schotten des Generals Allenby.

Die Herkunft der einzelnen Ordensmitglieder spiegelte anschaulich dieses turbulente Erbe. An der Seite des Abtes, eines Franzosen mit freundlichem Rundgesicht, der vor mehr als einem halben Jahrhundert aus seiner Heimat Burgund gekommen war, fanden sich ein Italiener, ein Iraker griechischer Abstammung, ein Malteser, ein zum römischen Ritus bekehrter ägyptischer Kopte, der Sohn eines angesehenen palästinensischen Bürgers von Jerusalem, mehrere libanesische Maroniten. Der jüngste und zuletzt hier angekommene Mönch war fünfundzwanzig Jahre alt: hochgewachsen, hager.

Als ältester Sohn eines reichen maronitischen Kaufmanns, der in Beirut die Automobilfirma Ford vertrat, hatte Philippe Malouf den Luxus einer verwöhnt-mondänen Jugend gekannt. Zuerst hatte er ein Wirtschaftsstudium an der amerikanischen Universität absolviert, danach sich mit einem Mädchen aus seinen Kreisen verlobt. Die Feen hatten den jungen Mann also großzügig bedacht. Der Zufall aber spielte ihm eine Biographie des Charles de Foucauld in die Hände, der in jungen Jahren ein abenteuerliches Leben geführt hatte, plötzlich von der Gnade berührt worden war und ein Asketendasein in der Sandöde der Sahara wählte. Für Philippe Malouf war das Buch eine Offenbarung, es weckte eine bis dahin schlummernde religiöse Berufung. Er verließ die elterliche Villa auf den Hügeln von Beirut und zog in den kargen Schlafsaal des Priesterseminars von Bkerkéh nahe Notre-Dame-du-Liban. Bald jedoch sollte der Bürgerkrieg die frommen Seminaristen aus dem Studium der Theologie herausreißen. Wie Hunderte von jungen Landsleuten wurden sie von der Mobilmachung erfaßt und fanden sich in den Reihen der Kataieb, der christlichen Falange, wieder. Ein paar Wochen Ausbildung in einem Lager, dann wurden Philippe Malouf und seine Kameraden in die Schufberge hinaufgeschickt, wo den christlichen Dörfern die Ausrottung durch ihre drusischen Nachbarn drohte. Der Mut der blutjungen Falangisten hatten ihren Mangel an soldatischer Erfahrung nicht wettmachen können. Ganze Dörfer waren vernichtet, ihre Bewohner abgeschlachtet, die Überlebenden in die Bergschluchten hinein verfolgt worden. Wochenlang hatte der Alptraum angehalten. Für das christliche Lager war es eine so schreckliche Lektion gewesen, daß seine Führer nicht gezögert hatten, als Israels Armee ein ungewöhnliches Hilfsangebot machte.

So kam es, daß in einer mondlosen Nacht Philippe Malouf weit vor Beirut auf der Yacht eines libanesischen Milliardärs einem israelischen Schnellboot entgegenfuhr, das ebenfalls sämtliche Lichter gelöscht hatte und das im nächsten Moment ihn und seine Kameraden an Bord nahm. Drei Stunden später setzten die jüdischen Seeleute ihre arabischen »Gäste« im Hafen von Haifa ab. Autobusse brachten sie an ihr Reiseziel: ein Ausbildungslager.

Das Camp Beit Mahsir, am Fuß der Hügel von Judäa gut geschützt gegen Blicke in einem ausgedehnten Pinienwald gelegen, hatte Platz für etwa fünfzig Rekruten. Was zur Verfügung stand, schien eher bescheiden und reichte doch für eine komplette militärische Ausbildung, insbesondere in der Sparte Terroristenbekämpfung. Arabischsprechende Spezialisten für Guerillakriegführung standen den israelischen Unteroffizieren zur Seite, denen die Grundausbildung oblag. Das von den Organisatoren ausgearbeitete

Programm hatte auch seine psychologische Komponente. Unbedingt wollte man die Besucher in Bewunderer Israels umwandeln und hatte deshalb den Lehrgang entsprechend angereichert: Filme über das humanitäre Wirken des jüdischen Staates in den besetzten arabischen Gebieten sowie in diversen Ländern der Dritten Welt, dazu politische und kulturelle Vorträge, gehalten von hervorragenden Professoren der Hebräischen Universität Jerusalem. Aber kein Ausflug, kein Verlassen des Lagers war den jungen Libanesen gestattet, nur den Sonntagsgottesdienst in der nächstgelegenen christlichen Kirche durften sie besuchen.

Philippe Malouf erinnerte sich an seinen ersten Besuch in der Abtei der Sieben Schmerzen in Latrun: »Welch ein Schock, welch ein beglücktes Staunen, als wir plötzlich diesen Ort des Glaubens und des Friedens betraten. Kaum fünf Kilometer von unseren Baracken, wo man uns das Töten und das Zerstören beibrachte. In diesen Mauern schien alles Freude und selige Ruhe zu atmen. Die eintönig psalmodierenden Gesänge der Mönche stiegen zum Gewölbe der Kirche empor wie ein nie erlöschender Opferrauch. Ihr Halleluja kündete von tiefer Erfüllung, von innerstem Glück, und ich war wie hypnotisiert. Christus rief mich an diesen Ort, das begriff ich augenblicklich, hierher ins Herzland jenes Palästinas, das vor fast zweitausend Jahren die Kulisse seines Lebens, seines Todes und seiner Auferstehung gewesen war. Ja, hier war es, hier mußte meine Berufung Wirklichkeit werden.«

Eine Wartezeit von mehreren Monaten, ausgefüllt mit behördlichen Formalitäten, mußte Philippe Malouf in Kauf nehmen, bevor er das Recht erhielt, nach Israel zurückzukehren und das Gittertor des Klosters für immer zu durchschreiten. Seit fast einem Jahr nun lebte der kahlrasierte junge Novize in der grobwollenen Kutte nach der strengen Regel der Armut, der Keuschheit und des Gehorsams, wie sie der heilige Benedikt im sechsten Jahrhundert festgesetzt hatte. Ein Jahr des harten Lernens, der langsamen und zuweilen schmerzvollen Verwandlung, die aus dem ehemaligen Guerillakämpfer der libanesischen Falange einen Mann des Schweigens und des Gebets machen sollte, der in totaler Hinwendung zu Gott »auf der Suche ist nach den jenseitigen Dingen«.

»Am schwierigsten für mich war die Gewöhnung daran, wie die Mönche beteten«, berichtete er. »Für mich war Beten immer etwas gewesen, was sich allein und im Schweigen vollzieht. Im Trappistenorden wurde es gemeinsam und mit lauter Stimme praktiziert. Während ich meinen Brüdern zuhörte, wie sie ständig dieselben Hymnen psalmodierten, kam mir irgendwann die beinahe gotteslästerliche Frage: Besteht nicht Gefahr, daß bei solch endlosen Wiederholungen sich meine fromme Übung in ein fades Geleier verwandelt? Ist das nicht bald so ähnlich wie mit den Gebetsmühlen in den buddhistischen Tempeln?«

Philippe Malouf beschloß, sich seinem Abt anzuvertrauen. Lange hörte dieser ihn an, dann antwortete er mit einem fast verschmitzten Lächeln: »Ich werde dir einen kleinen Trick weitergeben, den mir ein alter Mönch verraten hat, als ich gerade als junger Novize zu den Trappisten gekommen war. Bei jedem Gottesdienst nimmst du dir, während die Psalmen gesungen werden, einen Vers heraus. Egal welchen. Zum Beispiel: ›Höre, o Herr, den Schrei der Unglücklichen‹, oder: ›O Gott, schenke deinen Söhnen Freude und Hoffnung.‹ Während du immer weiter das gemeinsame Gebet mitrezitierst, konzentrierst du deine Gedanken völlig auf diese Worte. Wende sie um und um, betrachte sie vor dem Hintergrund der biblischen Mythologie, stell dir Jesus vor, wie er eben diese Worte spricht, danach dasselbe von den Propheten und dann von Millionen von Menschen, die vor dir da waren. Suche herauszufinden, welcher Realität von heute sie entsprechen. Dann wirst du sehen, dein Gebet wird zur Meditation.«

Noch mit sehr vielen anderen Fragen mußte der Novize sich intensiv auseinandersetzen auf seinem Weg zur höchsten Heiterkeit der Seele. So mit der Frage, wie der Herr seine Antwort gab auf das unermüdliche Beten des Klosters für die Errettung der Menschheit. »Alle hatten wir unser Leben dem Gebet geweiht. Alle wünschten wir inständig, etwas zu erfahren von den dadurch geschaffenen Möglichkeiten Gottes, Gutes zu bewirken auf dieser Erde, alle wollten wir von Zeit zu Zeit kleine Zeichen seiner Güte ausmachen dürfen. Aber niemals wurde uns diese Befriedigung zuteil, nie konnten wir die Wirksamkeit unserer Bemühungen überprüfen. Es war frustrierend.«

Philippe Maloufs Wunsch sollte teilweise erhört werden an dem Tag, an dem der Abt ihm die Verantwortung für den Wein- und Likörverkauf übertrug, der mit dem klösterlichen Weinanbau verbunden war. »Das war eine wundervolle Gelegenheit, wieder in Kontakt mit der Außenwelt zu treten, wieder das Gespräch zu pflegen, Menschen zuzuhören. Dutzende von Familien, Busse voller Touristen machten täglich hier Station. Am Wochenende und an Feiertagen standen die Leute dichtgedrängt vor dem Portal. Unsere Produkte waren in ganz Israel und über die Grenzen hinaus bekannt. Der Verkaufsraum wurde nicht leer. Viele Besucher baten um die Erlaubnis für einen Spaziergang durch den Orangenhain, sie bestaunten entlang der Wege die Sarkophage, die Bruchstücke römischer Säulen, die noch älteren Spuren der Zivilisation, die von den Mönchen bei der Anlage oder bei der Bearbeitung der Kulturen gefunden worden waren.«

Philippe Malouf begrüßte eines Tages zwei junge Amerikaner, die den Bestand an Steinwaffen und -werkzeugen sowie an behauenen Steinen untersuchen wollten, den ein zum Museum umgebauter Vorratsraum barg. Der eine Amerikaner hieß Josef Stein, der andere Sam Blum. Mit seinem dunkelbraunen Bartkranz, der übergangslos in das dichtgelockte Haar hinaufwuchs, erinnerte der achtundzwanzigjährige Josef Stein an einen Propheten des Alten Testaments. Der Nachfahre polnischer Einwanderer, dessen Eltern in einer Arbeitersiedlung im Staat Pennsylvania eine Wäscherei besaßen, hatte sich 1972 in San Francisco niedergelassen. Nachts hatte er an der berühmten Golden Gate Bridge gesessen und die Maut kassiert, tagsüber hatte er das City College besucht, bevor er sich in der Abteilung Archäologie der Universität San Francisco einschrieb. Als er das Diplom in der Tasche hatte, war er mit einem Stipendium nach Israel gegangen. Zusammen mit einem Team der amerikanischen Schule von Jerusalem sollte er in der kanaanitischen Stadt Gezer, etwa zehn Kilometer von der Abtei Latrun entfernt, Ausgrabungen durchführen. In den Gräben aus der vorangegangenen Grabungsphase hatte er Sam Blum getroffen, einen Spezialisten für biblische Altertümer von der New Yorker Columbia-Universität. Der zweiunddreißigjährige Sam Blum war der Sohn eines Rabbiners aus Brooklyn. Mit seiner runden Nickelbrille und seinem langgezogenen, knochigen Gesicht ähnelte er mehr einem bombenlegenden Anarchisten als einem Bewahrer untergegangener Kulturen.

Die beiden Amerikaner waren mehrmals zurückgekommen, um zu fotografieren und um von den bemerkenswerten Stücken des kleinen Museums Zeichnungen anzufertigen, vor allem von den Äxten, Messern und Schabeisen, die ungefähr hunderttausend Jahre alt waren. Da ihre Neugier nicht auf prähistorische Gegenstände beschränkt war, führte Philippe Malouf sie zu einem bewegenden Gang über den von Zypressen und Mittelmeerlilien umstandenen Friedhof. Ohne Sarg ruhten hier die Männer, die ihr Leben des Gebets hinter sich gebracht hatten.

Später, als Krankheit ihn auf einem New Yorker Klinikbett festnagelte, erinnerte Josef Stein sich mit intensiver Freude an diesen Besuch: »Kein ausgegrabener Gegenstand, keine archäologische Stätte, kein steinernes Zeugnis hat mich jemals so bewegt wie der Anblick dieser Vornamen, eingraviert in schlichte Holzkreuze. Damals habe ich begriffen, was man Unsterblichkeit nennt.«

4

Benares, Indien – Herbst 1980
»Tochter, Gott hat dich verflucht.«

Eine Springflut des Ganges hätte für den Leichenverbrenner nicht verheerender sein können, als es die Nachricht war, daß sich im Körper seiner Tochter Ananda die Lepra eingenistet hatte. Zur Verworfenheit der niedrigsten aller Geburten fügte sich ein neuer grausamer Makel, ab jetzt waren die Chowdhurys doppelt unreine Menschen. Seit grauer Vorzeit verstieß Indien die Menschen, die das schmachvolle Übel verfaulen ließ, aus der Gesellschaft. Schon Jahrhunderte bevor Moses im Aussatz die Folge der Sünde sah, bevor die Antike in ihm eine Strafe des Himmels erblicken wollte und das Mittelalter die Kranken ihrer bürgerlichen Existenz beraubte, pflegte Asien, von wo die Krankheit vermutlich ihren Ausgang genommen hat, diese Gezeichneten dem zornigen Abscheu der Gesunden zu überlassen. So wie man früher in Europa die Aussätzigen zwang, ihr Nahen mit einer Rassel anzukündigen, ihre Kleider zu verbrennen, sich in Siechenhäusern einzuschließen, behandelte das moderne Indien seine Leprakranken immer noch als Parias. Kein gesunder Inder wagte es, in ihre schmutzigen, abseits der Städte und Dörfer gelegenen Hüttenlager vorzudringen. Kein Aussätziger betrat die Häuser der Gesunden. Dabei waren es fünf Millionen, die sich mit ihren Wunden und ihren Gliederstümpfen durch das Land schleppten.

Unter allen Städten beherbergte vermutlich Benares die größte Zahl von Leprakranken. Für die Hunderttausende von Pilgern, die zum Ufer des großen Erlöserstroms kamen, stellten diese Menschen, in denen sie von den Göttern Verworfene sahen, eine zusätzliche Gelegenheit dar, ihr Karma, das heißt ihr Guthabenkonto aus den im gegenwärtigen Leben wie während der vorangegangenen Existenzen vollbrachten guten Werken, aufzubessern. Die Leprakranken wußten das, und so streckten sie ihre Almosennäpfe entlang der großen Flußtreppen, vor den Gebetsplattformen, an den Tempeleingängen aus. Nachts schleppten sie sich zum heiligen Strom hinunter, um ihre schwärenden Wunden zu waschen und die Götter anzuflehen, ihnen die Wiedergeburt in einer besseren Inkarnation zu gewähren. Es war gewiß der fortgesetzte Kontakt mit diesem mikrobenverseuchten Wasser gewesen, der irgendwann die Widerstandskraft der »kleinen Leichenfledderin« hatte erlahmen lassen.

Was dann passierte, sollte sich der jungen Ananda für alle Zeiten ins Gedächtnis graben. Vollkommen außer sich durch die Nachricht, rief ihr Vater eine Fahrradrikscha herbei und fuhr zu den Eltern des von ihm selbst ausersehenen Bräutigams, um sich zu entschuldigen und die Hochzeitsfeier abzusagen. Kaum war er zurück, bestellte er seine Tochter vor die versammelte Großfamilie. Seine Hand wies zum Haustor, während er sagte: »Tochter, Gott hat dich verflucht. Du kannst hier nicht bleiben. Geh.«

Aus den Falten seines *Longhi* holte er ein paar Einrupienscheine und hielt sie seinem Kind hin. Seine Frau kam mit einem kärglichen Bündel, worin sich ein wenig Wäsche, ein paar Kekse und zwei Bananen befanden. Ananda nahm es entgegen und blieb einen Augenblick stehen, vor Angst und Kummer erstarrt. Dann wandte sie sich dem Ausgang zu. Auf der Schwelle drehte sie sich noch einmal um. Sämtliche Mitglieder ihrer Familie waren zugegen und sahen sie schweigend an, ihre Onkel, Tanten, ihre Cousins, ihre Großmutter und sogar, in seinem Rahmen an der Wand, ihr weißbärtiger Großvater. Sie sah, wie hinter dem Vater ihre kleinen Brüder schluchzten, und wäre am liebsten zu ihnen gelaufen. Der strenge Blick ihrer

Mutter hielt sie davon ab. Sie ging hinaus und tauchte in das Menschengewimmel der Gasse ein.

Sie war ausgestoßen worden, und im unbarmherzigen Umfeld der Hindugesellschaft kam das einem Todesurteil gleich. Die »kleine Leichenfledderin vom Ganges« wußte, sie würde an keine einzige Tür in der riesigen Stadt klopfen können. Unmittelbarer, gar körperlicher Kontakt, egal mit wem, war einer Unberührbaren strengstens verboten. Ihr ganzes kurzes Leben war beherrscht gewesen von der Sorge, nur ja nicht dieses Isolationsgebot zu übertreten. Doppelt unrein, weil Paria von Geburt und Tochter eines Leichenverbrenners, hatte sie sich gehütet, jemals im Gedränge der Gassen einen Hindu, der einer Kaste angehörte, zu beflecken, und sei es auch nur mit ihrem Schatten, jemals ein Tütchen *Nuri* oder ein Bröckchen Weihrauch anders zu erwerben als durch Zuwerfen der Münzen, jemals die Augen zu irgend jemandem zu erheben. Selbst unter dem Dach der Familie hatte der lähmende soziale Druck jederzeit auf ihr gelastet. Hartnäckig hatten die Eltern dafür gesorgt, daß ihr eigenes Bewußtsein eines fluchbeladenen Geschicks der Tochter in Fleisch und Blut überging. Jegliche Zärtlichkeit, jegliche Liebe waren ihr konsequent verweigert worden. Um das Maß vollzumachen, wurde ihr, die es wagte, Leichen zu fleddern, jede Hoffnung abgesprochen, aufgrund guter Werke möglicherweise in einer besseren Inkarnation wiedergeboren zu werden. Ein katastrophaleres Karma als das ihre war nicht denkbar.

Da Ananda nie hatte zur Schule gehen können, konnte sie weder lesen noch schreiben. Dank den Geschäften ihres Vaters hatte sie jedoch eine ganze Reihe von verschiedenen Sprachbrocken aufgeschnappt. Außer Bhojpuri, der Sprache von Benares, konnte sie viele Wörter auf hindi, urdu, bengali und sogar auf gujarati und marathi verstehen und sprechen, denn aus diesen Provinzen kamen zahlreiche vermögende Hindus nach Benares, um hier zu sterben und in den ewigen Frieden einzugehen. Dagegen war ihr die Sprache der ehemaligen Kolonialherren des Landes unbekannt, war doch kein Engländer jemals erschienen, um sich auf den väterlichen Scheiterhaufen einäschern zu lassen.

Die fragwürdige Arbeit ebenso wie eine feindliche Umwelt hatten dem heranwachsenden Mädchen nicht viel erspart. Wie zahllose Kinder in Indien wußte sie mit dreizehn Jahren so ziemlich alles von den Realitäten des Lebens. Das Sexualleben ihrer Eltern hatte sie akustisch wie optisch miterlebt, und in den schmuddeligen Gassen rund um die Tempel hatte sie Prostituierte, Transvestiten und Eunuchen ihrem Gewerbe nachgehen sehen. Sie hatte gesehen, wie geboren, gelitten und gestorben wurde. Eine Lehrzeit, nach der sie kaum mehr etwas schockieren konnte, die sie gegen jegliches Unglück hart gemacht hatte. Zumindest glaubte sie das. Denn nie hätte die kleine Geächtete ahnen können, was sie erwartete, sobald sie das elterliche Haus hinter sich gelassen hatte.

Einen vollen Monat irrte sie durch die Gassen und über die Gangestreppen, bettelte sie auf den Stufen der Tempel, hielt sie armseligste Nachlese in Abfallhaufen, versuchte sie da und dort einen Mundraub auf den Märkten. Ihr ohnehin schmächtiger Körper magerte bis zum Skelett ab. Nur der Bauch blähte sich aufgrund von Würmern häßlich auf. An den aufgestoßenen Stellen ihrer abgezehrten Glieder klebten die Fliegen in Schwärmen. Im strähnigen Vagabundenhaar hatten sich Kolonien von Läusen eingenistet.

Eines Tages war sie so ausgehungert, daß sie sich dazu durchrang, vor das Gitter eines *Mahajan*, eines Pfandleihers in der Straße der Scheiterhaufen, zu treten, um ihm gegen ein paar Rupien den kleinen Goldring zu überlassen, der noch an ihrem Nasenflügel glänzte. Ihr erbärmlicher Anblick bewog den alten Shylock dazu, anstelle der fünfzehn Rupien, die der Transaktion entsprochen hätten, einen Zwanzigrupienschein auf die Schaltertheke zu legen. Dieses kleine Vermögen ermöglichte es Ananda, noch einmal zehn Tage zu überleben, wobei sie sich von Zuckerrohrstücken und Bananen ernährte.

Eines Abends ließ sie sich, am Ende ihrer Kräfte, auf einem Bahnsteig fallen, um zu betteln. Die Vorsehung zeigte diesmal das Gesicht eines ungemein freundlichen Mannes mit dem weißen Schiffchen der Kongreßpartei-Anhänger. Der Unbekannte plazierte in ihre aufgehaltene Hand ein großzügiges Almosen, einen zerknüllten Zehnrupienschein. Ananda wagte nicht, zu einem solchen Wohltäter aufzublicken.

»Du brauchst nicht danke sagen, Kleine«, sagte beinahe hastig der Unbekannte. »Ich brauche nämlich dich, nicht umgekehrt.«

Er kauerte sich auf die Fersen nieder und erzählte, seine Frau sei nach Kalkutta gerufen worden, wo sie ihren sterbenden Vater pflegen sollte. Zwei bis drei Wochen würde es sicher dauern, bis sie wiederkomme. Er suche jemand, der sich für diese Zeit um die drei noch sehr kleinen Kinder kümmern könne.

»Ich wohne hier ganz in der Nähe, und du würdest sehr gut für die Aufgabe passen«, erklärte er, mitnichten abgestoßen durch den Ausdruck von Verwahrlosung im Gesicht des Mädchens oder durch die schwarze Haut, die von ihrer niedrigen Herkunft zeugte. »Ich werde dir fünfzehn Rupien pro Woche geben.«

»Es muß der Gott Ganesh persönlich sein«, war alles, was Ananda denken konnte, während sie schüchtern den Kopf hob. Sie nickte, stand auf und folgte wie ein Tier, das einen Herrn gefunden hat, dem Fremden, den ihr ein freundliches Schicksal gesandt hatte.

Wie alle großen Pilgerorte war Benares ein Tummelplatz für so manches profane Gewerbe. Eines der regsten und blühendsten war das der Prostitution, und blutjunge Mädchen wurden besonders geschätzt. Hier wie anderswo auch wurde die Legende geglaubt, daß die Defloration einer Jungfrau der sinkenden Manneskraft aufhelfe und venerische Krankheiten heile. Es gab massenhaft Freudenhäuser. Ihre Insassinnen besorgten sie sich über bewährte Lieferanten. Diese kauften die bejammernswerte Ware normalerweise bei sehr armen Familien ein, vor allem in Nepal, oder sie organisierten Scheinheiraten mit angeblichen Ehepartnern. Manchmal machten sie auch kürzeren Prozeß und entführten ihre Opfer.

In der heiligen Stadt, wo alles von Religion durchdrungen war, nutzten dreiste Zuhälter bestimmte Hindufeste, um unter dem Deckmantel des Ritus ihre Opfer in den künftigen Beruf einzuführen. So feierte man beim Vollmondfest im Oktober, dem Mârg Pûrnîma, den glorreichen Vishnu, den Schöpfergott aller Dinge, und zur Wintersonnenwende, dem Makara Sankrânti, feierte man die Göttin der fleischlichen Liebe, der Lust und der Fruchtbarkeit.

»Mein Wohltäter nahm mich keineswegs zu seiner Wohnung mit«, berichtete Ananda später. »Er schob mich auf den Hintersitz eines Taxis und setzte sich neben mich. Das Auto fuhr lange durch die Vorstadtbezirke und hielt schließlich vor dem Gittertor eines Tempels. Im Hof kauerten etwa zwanzig bedrückt wirkende Mädchen eng beieinander. Sie wurden von Männern mit dem weißen Käppchen bewacht. Ich wollte weglaufen, aber zwei grobe Hände packten mich und zwangen mich durch das Tor in den Hof. Dort sagte man mir, ich solle mich hinsetzen. Und gleich kamen zwei dicke Matronen und teilten uns Bananenblätter aus, in die sie dann einen Schöpflöffel Reis und *Dal* füllten. Ich hatte solchen Hunger, daß ich sofort alles hinunterschlang. Bald danach befahlen die Männer mit den weißen Käppchen uns, aufzustehen, und sie drängten uns zum Inneren des Tempels hin.

Dort hat dann der Alptraum angefangen. Zwei Tage und zwei Nächte hindurch erklärten uns von den Zuhältern bezahlte Pandits in bald drohendem, bald einschmeichelndem Ton, daß es für ein Mädchen keine lichtvollere Bestimmung gebe, als den Männern lustvolle Befriedigung zu spenden. Sie gaben sich gewaltige Mühe mit uns, diese angsteinflößenden Brahmanen, die ihre Rede mit Gongschlägen untermalten und zu Füßen der zahlreichen Götterstatuen alle möglichen Riten vollzogen. Am Schluß hatten sie uns tatsächlich verhext. Nach diesen zwei Tagen standen wir unter magischem Zwang. Wir waren zu allem bereit.«

Ananda konnte nicht ahnen, daß zur gleichen Stunde genau dieselben hypnotischen Sitzungen in mehreren anderen Städten Indiens über die Bühne gingen. Allein im Bundesstaat Karnataka sollen nach Schätzungen jedes Jahr anläßlich des Mârg-Pûrnîma-Fests dreitausend junge Mädchen der Prostitution zugeführt werden.* Die bestochene Polizei schreitet nicht ein.

* Zahlenangabe aus der am 15. April 1989 im Nachrichtenmagazin *India Today* veröffentlichten Untersuchung.

Eine Woche später wurden Ananda und ihre Gefährtinnen, nachdem sie verkauft und weiterverkauft worden waren, wie Tiere in schmutzige Strohlehmzellen gepfercht. Ein mittelalterliches Siechenhaus konnte nicht düsterer ausgesehen haben als diese Behausungen entlang der Hauptstraße von Munshiganj, dem Viertel der gewöhnlichen Prostitution, wo die Liebe für knappe zwanzig Rupien genossen wird – nicht einmal drei Mark.

Merkwürdige Laune des Schicksals: Weder ihre Entführer noch ein einziger ihrer Kunden bemerkte in dem aufdringlich geschminkten Gesicht den kleinen Flecken, dem sie ihr Unglück verdankte. Eines Nachts ließ sie beim Anzünden eines Räucherstäbchens aus Versehen ein brennendes Streichholz auf ihren Handrükken fallen. Die Flamme verursachte nicht die leiseste Schmerzempfindung. Sie wunderte sich und machte die Entdeckung, daß um die kleine Brandwunde herum eine bräunliche Kreiszone genauso unempfindlich war wie der Fleck auf ihrer Wange. In fiebriger Panik untersuchte sie ihre andere Hand, ihre Beine, ihre Schenkel, ihren Bauch. Niemand würde sie aufhalten können – morgen würde sie aus dem scheußlichen Gefängnis der Munshiganj Road fliehen.

5

Los Angeles, USA – Herbst 1980
Rätsel in Zimmer 516

Begonnen hatte es wie ein banaler Anfall von Juckreiz. Der einunddreißigjährige Ted Peters, der als Dressman für eine Modeagentur in Westwood arbeitete, stellte an jenem Morgen beim Erwachen fest, daß sich Zunge und Innenwange nicht wie sonst anfühlten. Ein Spiegel zeigte ihm, daß die gesamte Mundhöhle und die Zunge mit einem eigenartigen weißlichen Belag bedeckt waren. Verblüfft griff Ted Peters zu einem medizinischen Mundwasser. Er hatte des öfteren mit Hautaffektionen zu tun gehabt, noch nie aber war der Mund betroffen gewesen. Wie zahlreiche andere sexuell sehr aktive junge Männer litt er an gelegentlichen Ausbrüchen von Herpes. Außerdem hatte er schon mehrfach Pech gehabt und sich eine Geschlechtskrankheit geholt, die aber nach entsprechender Behandlung jedesmal schnell abgeklungen war.

Nach drei Tagen, in denen die Mundinfektion nicht zurückging, fiel es Ted Peters immer schwerer, zu schlucken. Die Nahrung blieb auf dem Weg zum Magen stecken. Sogar ein Schluck Orangensaft verursachte ihm Schmerzen. Diese Symptome verschlimmerten sich. Bald konnte er überhaupt nichts mehr hinunterbekommen. Stark beunruhigt beschloß er, einen Arzt zu konsultieren.

Der diensthabende Assistenzarzt in der Ambulanz der Klinik der UCLA befand, daß sein Zustand eingehendere Untersuchungen rechtfertigte. Er sorgte für eine stationäre Aufnahme. Eine Speiseröhrenspiegelung zeigte, daß die Innenwände von Candida befallen waren, winzigen, extrem aggressiven Pilzen. Vor allem jedoch das beträchtliche Defizit bei den weißen Blutkörperchen alarmierte die Ärzte. Es war ganz klar, dieser Patient litt an einer schweren Immunstörung. Die hochdosierte medikamentöse Behandlung zeigte rasche Wirkung: Die Infektion des Mundes und der Speiseröhre ging zurück. Jedoch brachte kein Test, keine Analyse eine Erklärung für den Mangel an weißen Blutkörperchen. In der Infektionsabteilung der Klinik der UCLA wurde Ted Peters sehr bald »das Rätsel von Zimmer 516«.

»Wäre die Krankheit des Insassen von Zimmer 516 in irgendeinem entlegenen Kaff von Iowa ausgebrochen, dann hätte sie vermutlich niemand bemerkt«, sagte später Michael Gottlieb, der junge Immunologe, der jeden Tag um der Wissenschaft willen im Untergeschoß desselben Gebäudes seine Mäuse folterte. »Die Ärzte wären zu dem simplen Schluß gekommen: ›Der Bursche leidet an einer rätselhaften Krankheit.‹ Er wäre gestorben und damit basta. Im wissenschaftsbestimmten Milieu einer großen Universität jedoch erregt ein solches Rätsel unweigerlich die Neugier. Was beweist, daß in der Forschung Erfolge grundsätzlich davon abhängen, daß ein Problem und ein aufgeschlossener Verstand sich treffen.«

An jenem Oktobermorgen des Jahres 1980 war es der Verstand von Michael Gottlieb, der sich mit dem Problem auseinandersetzte. »Zuerst dachte ich an eine Präleukämie oder an eine Leukämie im allerersten Stadium, aber ich hatte nie erlebt, daß eine Leukämie mit einer Infektion durch Candida-Pilze verbunden gewesen wäre. Dann kam mir der Gedanke, daß die Darmflora total aus dem Gleichgewicht geraten sein könnte, wofür als Ursache die übertriebene Einnahme von Antibiotika in Frage käme. Das passiert nämlich manchmal bei hyperaktiven Homosexuellen, die sich natürlich leicht eine der sexuell übertragbaren Krankheiten holen. Da der Patient von Zimmer 516 versicherte, er habe sich auf diesem Gebiet keinerlei Exzeß vorzuwerfen, wollte ich herausbringen, ob der Pilzbefall irgend etwas mit dem nachgewiesenen Defizit an weißen Blutkörperchen zu tun hatte. Egal, was die Ursache oder was die Folge war, eines war sicher: Der Fall versprach uns noch einiges Kopfzerbrechen.«

Um wenigstens eine erste Spur zu finden, veranlaßte Michael Gottlieb zahlreiche verschiedenartige Tests. Nichts von dem, was die Wissenschaft bis zu diesem Tag an Laboruntersuchungen erfunden hatte, erbrachte auch nur den geringsten Hinweis. Selbst nachdem er tausende Seiten jener Artikel, in denen die Medizin die Erfahrung von Jahrhunderten festhält, sorgfältig durchgeackert und verglichen hatte, war er noch auf nichts gestoßen, was ihm eine Richtung hätte weisen können. Wie es zuweilen in der Pathologie vorkommt, schien die Krankheit des Dressmans aus Westwood »keinem einzigen bis dato bekannten Kriterium zu entsprechen«.

Da kam Michael Gottlieb auf die Idee, eine Blutprobe von Ted Peters dem Biologen anzuvertrauen, der sein Labor fast gegenüber dem seinen im selben zweiten Untergeschoß der Klinik hatte. Der achtundzwanzigjährige, rothaarige, aus Missouri stammende Bob Schroff arbeitete an einem revolutionären Experimentalprogramm. Die für das Avantgarde-Vorhaben notwendigen Werkzeuge waren menschliche Eiweißstoffe, die in kleinen Fläschchen jede Woche mit der Post aus New Jersey eintrafen. Mit der Herstellung dieser von deutschen und englischen Forschern entwickelten Proteine hatte man gerade erst begonnen. Die produzierte Menge war noch so begrenzt, daß in ganz Amerika nur etwa zwanzig Biologen sich rühmen konnten, jeweils ein paar Proben zu besitzen. Sie waren für die Erprobung bestimmter medizinischer Anwendungen reserviert.

Die Eiweißstoffe trugen den gelehrten Namen »monoklonale Antikörper«. Eine Entdeckung in einem britischen Labor hatte sie befähigt, sich mit sämtlichen Arten von weißen Blutkörperchen zu vereinigen. Diese Eigenschaft machte aus ihnen sehr leistungsfähige »Suchköpfe«. Die Lymphozyten (weiße Blutkörperchen), die den Auftrag haben, den Organismus gegen Angriffe von außen zu verteidigen, sind nämlich nicht etwa eine homogene Kategorie von Zellen, sondern zerfallen in zahllose Gruppen und Untergruppen, was ihre Erkundung beispiellos erschwert. Die häufigsten Lymphozyten vom Typ T – so genannt, weil sie von der Thymusdrüse abhängen – werden in mehrere Arten unterteilt, die alle ganz spezifische Aufgaben wahrnehmen. Die T 4-Lymphozyten sind gewissermaßen die Dirigenten des Immunsystems. Sie nämlich machen im Fall eines Angriffs den fremden Erreger aus, geben Alarm und sorgen für die Formierung der Abwehrkräfte. Sie senden Signale aus, die eine andere Gruppe von weißen Blutkörperchen aktivieren, die T 8-Lymphozyten, die sich sogleich auf die von den Krankheitserregern befallenen Zellen stürzen und sie abtöten. Parallel dazu produzieren die T 4-Lymphozyten Substanzen, die die Mobilisierung einer weiteren Klasse von weißen Blutkörperchen in Gang setzen: die der B-Lymphozyten, welche vom Knochenmark erzeugt werden (B von englisch *Bone marrow*). Diese B-Lymphozyten nehmen die Aggressoren unter das massive Sperrfeuer ihrer Antikörper. Sobald die Infektion unter Kontrolle gebracht ist, stellen die T 8-»Killer-Lymphozyten« den Kampf ein und stoppen damit auch die »Vermehrung der »Verteidiger-Lymphozyten« vom Typ B. Mißtrauisch wie sie ist, bleibt die Natur jedoch auf der Hut. Sie läßt weiterhin beachtliche Gruppen von »Dirigenten-Lymphozyten« des Typs T 4 im Blut patrouillieren, die beim geringsten Alarmzeichen die Sturmglocke läuten werden.

Bis Ende der siebziger Jahre erlaubte kein Mikroskop, keine biologische Analyse in einem Tropfen Blut die verschiedenen Akteure des höchst komplizierten, tiefgestaffelten Abwehrsystems zu unterscheiden, und noch weniger war es möglich, die jeweiligen Schwachstellen oder Ausfälle festzustellen. Die Erfindung der monoklonalen Antikörper sollte jedoch diese Lücke schließen. Es genügt, diese Antikörper fluoreszierend zu machen und sie im Reagenzglas mit ein paar Zentilitern Blut zusammenzubringen, und man erreicht eine sofortige und spezifische »Markierung« sämtlicher Arten von Lymphozyten, insbesondere die der berühmten T 4 und T 8. Anschließend kann man sie zählen und ihr Verhalten näher untersuchen. Es handelte sich um eine Revolution ohnegleichen, sie brachte die entscheidenden Fortschritte in der Kenntnis der Immunmechanismen und beim Aufspüren von bisher unerklärlichen Krankheitsursachen. Jetzt, im Oktober 1980, war Bob Schroff, der Biologe aus Missouri, einer der raren Zauberlehrlinge auf der Welt, die diese neue Technologie beherrschten.

Drei Tage nachdem er die Blutprobe des Patienten von Zimmer 516 erhalten hatte, schob er seine schlaksige Gestalt in den Türrahmen von Michael Gottliebs Labor. Sein verlegener Gesichtsausdruck weckte bei dem Immunologen böse Ahnungen.

»Hat wohl nicht geklappt?«

»Im Gegenteil«, gab Bob Schroff zurück. »Aber meine Ergebnisse sind derart verwirrend, daß ich fürchte, mich getäuscht zu haben. Diese Technik ist eben noch sehr neu.«

»Was hast du also herausgebracht?« fragte Gottlieb ungeduldig.

»Daß deine Nummer 516 ein äußerst interessanter Fall ist. Vergleichbares habe ich nie erlebt. Er hat fast keine T 4-Lymphozyten mehr. Dafür ist die Anzahl seiner T 8 unglaublich hoch.«

Michael Gottlieb verzog das Gesicht. Warum wohl hatte sein Patient die Dirigenten seines Immunsystems eingebüßt? Warum hatten sich die »Killer« und »Moderatoren« unter seinen Lymphozyten statt dessen vermehrt?

»Das Ergebnis ist so ungewöhnlich, daß ich dich um eine weitere Blutprobe bitten möchte«, fügte Bob Schroff hinzu. »Ich will die Gegenkontrolle machen.«

Die zweite Untersuchung bestätigte das Ergebnis der ersten. Inzwischen war Ted Peters, nachdem seine Speiseröhreninfektion vollständig abgeklungen war, nach Hause entlassen worden. Ein paar Tage später kehrte er mit neuen, unerklärlichen Symptomen zurück: ein extremer Erschöpfungszustand, so schlimm, daß er kaum vom Taxi zur Kliniktür gelangt war; Erstickungsanfälle bei der geringsten Anstrengung, so daß er unfähig war, sich die Schnürsenkel zu binden. Hinzu kamen ein trockener Husten, hohes Fieber, Schweißausbrüche, ein Gewichtsverlust von mehreren Kilo seit dem vorangegangenen Krankenhausaufenthalt.

»Ich habe sofort die äußerst ernste Natur dieser Komplikationen begriffen«, berichtete Michael Gottlieb. »Ich habe eine Bronchoskopie und eine Auswaschung der Lungenbläschen verlangt. Die behandelnden Ärzte wunderten sich über meine Ungeduld. Während sie nur an eine einfache Lungenentzündung glaubten, wußte ich, daß der Kranke sehr wohl sterben konnte, wenn man nicht augenblicklich mit den allermassivsten Medikamenten vorging. Die Untersuchungen rechtfertigten meine Nervosität. Es handelte sich nicht um eine herkömmliche Lungenentzündung, sondern um eine Pneumozystose, eine extrem seltene parasitäre Infektion der Lunge, die sich ausschließlich bei Patienten entwickelt, deren Immunabwehr völlig ausgefallen ist. In Stanford hatte ich ein paar Fälle beobachtet. Aber dort hatte das Versagen des Immunsystems jeweils eine klinische Erklärung gefunden, zum Beispiel eine Chemotherapie gegen Krebs oder eine provozierte Blockierung, um das Abstoßen eines transplantierten Organs zu verhindern.

Ich eilte in die Bibliothek der UCLA, um den Computer zu befragen, der mit der zentralen medizinischen Datenbank in Washington verbunden ist. Sämtliche in den letzten zwanzig Jahren in der Welt erschienenen Artikel über Pneumozystose lieferten mir die gleiche rationale Erklärung für den Immunzusammenbruch, der diese Krankheit nach sich gezogen hatte. Egal wie die Umstände waren, es war entweder von Bestrahlungen nach einer Organverpflanzung die Rede oder von einem genetischen Defekt, wie bei jenen unglücklichen Kindern, die ohne Immunsystem geboren werden und zunächst unter einer hermetisch abgeschlossenen Plexiglaskuppel leben müssen. Nie hatte jemand einen Fall von Pneumozystose mit anderem Ursprung gemeldet.

Das Geheimnis blieb ungeklärt. Der Zusammenbruch des Immunsystems von Ted Peters hatte Ursachen, die unbekannt waren.«

6

Benares, Indien – Herbst 1980
Ein Laboratorium der Liebe an den Ufern des Ganges

Jedermann in Benares kannte den ganz am Ende der Stadt hoch auf der Flußböschung gelegenen alten Palast mit den halb eingestürzten Türmchen. Über der imponierenden, inzwischen allerdings durch den Monsun verwitterten Fassade hatte zwei Jahrhunderte hindurch die rot-goldene Fahne der Maharadschas von Nepal im Winde geflattert. Jeden Morgen in der Dämmerung waren die schmiedeeisernen Torflügel aufgegangen, und ein samtbehängter Elefant war langsam hindurchgeschritten. Auf seinem Rücken brachte er unter einem Baldachin den Herrn des Palastes zum Ganges hinunter, wo er sich seinen frommen Verrichtungen widmete.

Die Fürsten des kleinen Himalayastaats hatten diese Residenz seit langem verlassen. Ein hölzernes Schild, das an der Stelle des alten Wappens angebracht war, gab Namen und Tätigkeit ihrer Nachfolger an: »MISSIONARINNEN DER NÄCHSTENLIEBE – PFLEGESTATION FÜR LEPRAKRANKE.«

Pflege für Leprakranke! Geradezu symbolisch stand diese Form tätigen Mitleids für das christliche Ideal jener Frau, die seit mehr als dreißig Jahren in Indien und in der ganzen Welt menschliches Leid linderte. Ihr Leben lang hatte Mutter Teresa der Gedanke nicht losgelassen, sie müsse etwas tun, um Indiens Leprakranken ein wenig Frieden und Trost zu bringen. Sie hatte ihre Wunden versorgt, ihren Körpern Nahrung gegeben, ihre Seelen besänftigt. Sie hatte Sterbende in ihren Armen gehalten, Kinder an ihr Herz gedrückt. Ihre Hände hatten Schmerzen erträglich werden lassen, und ihr Lächeln hatte Ängste verscheucht. Sie waren ihre Gefährten, ihre Freunde gewesen, und sie hatten sie gelehrt, was Mut ist, was Teilen und was Demut. Manche ihrer freudvollsten Momente hatte sie mit ihnen erlebt.

Ihr aktiver Dienst an den Leprakranken hatte mit jenem Tag im Jahr 1957 begonnen, als fünf Arbeiter einer Fabrik in Kalkutta zu ihr gekommen waren. »Mutter, helfen Sie uns! Man hat uns soeben auf die Straße gesetzt, wegen dieser Stellen da auf unserer Haut«, hatte einer der fünf sie angefleht und dabei auf seinen Oberkörper und den seiner Kameraden gedeutet, wo charakteristische Flecken zu erkennen waren. Eine Woche später war ein mit Medikamenten, Milchpulver und Reissäcken beladener kleiner Lieferwagen unterwegs zu den elendesten Vororten der Riesenstadt, zu jenen schändlichen Behelfssiedlungen, wo die Parias der Lepra sich und ihre Not versteckten. Im Fahrzeug befanden sich Mutter Teresa und drei junge Schwestern, Inderinnen, wie sie selbst in den weißen Sari mit blauer Borte gekleidet, die das Grauen dieser Krankheit noch nie aus der Nähe erlebt hatten und erst recht keine Ahnung hatten, wie fordernd, ja zuweilen aggressiv jene sein konnten, die mit ihr geschlagen waren. Die Frau, die 1950 den Orden »Missionarinnen der Nächstenliebe« gegründet hatte, beschränkte sich nicht darauf, zu ein paar Hundert Leprakranken zu eilen und ihnen Verbände auf die Wunden zu legen. Mit ihrer staunenerregenden Gabe, das Gute im Menschen anzusprechen und zu mobilisieren, forderte sie die gesamte Stadtbevölkerung auf, mit ihr zusammen eine nie dagewesene Spendenaktion durchzuführen. Als optisches Sinnbild wählte sie das uralte Symbol des Übels, ein Glöckchen ähnlich dem, das die Verdammten früherer Zeiten mit sich führten, um die Gesunden vor ihrer unreinen Gegenwart zu warnen. Der Wahlspruch der großen Spendenaktion, den Zeitungen und Plakate verbreiteten und den man auf den Seiten ihres Lieferwagens lesen konnte, verkündete: »Laßt uns den Leprakranken die Hand reichen!« Die Ergebnisse übertrafen alle Erwartungen. Mutter Teresa konnte den Einsatz weiterer rollender Ambulanzen finanzieren. Vor allem konnte sie auf einem dreihundert Kilometer von Kalkutta entfernten Gelände, das die Regierung ihr schenkte, eine eigene Stadt für Leprakranke gründen, »Shanti Nagar – Stadt des Friedens«. Hier fing für Hunderte von Familien noch einmal ein neues und fast normales Dasein an, hier entdeckten sie Frieden und Hoffnung. Damit nicht genug, eröffnete die Ordensfrau an anderen Orten Leprastationen, Ambulanzen und nicht zuletzt Werkstätten, die bald vom Geräusch der Webstühle erfüllt waren und wo gebrochene Männer und Frauen in der Arbeit ihre Würde zurückgewannen.

Das Leprazentrum von Benares war eine ihrer jüngsten Gründungen. Die Leitung hatte sie einer Mitarbeiterin ihrer Kongregation anvertraut. Schwester Bandona glich mit ihren Schlitzaugen und den ausgeprägten Backenknochen unter der rosig überhauchten Haut ein wenig einer chinesischen Porzellanstatue. Ihr Name bedeutete »Lob Gottes«. Zur Welt gekommen in den Vorbergen von Assam, wo ihr Vater ein kümmerliches Stückchen Land bewirtschaftete, war sie eines Tages mit ihrer Familie in einem der unsäglichen Slums Kalkuttas gestrandet. Um ihrer Mutter, die bald darauf Witwe wurde, zu helfen, das Überleben der vier Geschwister zu sichern, hatte sie jahrelang die Abfallhaufen nach Metallgegenständen durchstöbert, die ein Schrotthändler ihr abkaufte. Danach hatte sie in einer Kartonfabrik gearbeitet und schließlich in einer Metallwerkstatt an der Drehbank gestanden und Lastwagenteile gefertigt.

Eines Tages hatte sich in ihrem nicht allzuweit von der Innenstadt gelegenen Slum ein französischer Ordenspriester eingefunden, um ganz mit den Armen zu leben, und plötzlich wußte sie, wozu sie berufen war: den Nächsten zu lieben und für ihn dazusein. Tag und Nacht eilte sie durch das Elendsviertel, brachte Hilfe und Beistand, und binnen kurzem war sie die Seele des »Komitees für gegenseitige Hilfe«, das der Priester gegründet hatte. Ihr Gedächtnis speicherte besser als jede Kartei die Nöte der Armen. Ihr gütiger Blick, ihr Lächeln, die Art ihrer barmherzigen Anteilnahme hatten ihr einen Beinamen eingebracht: »Anand Nagar Ka Swarga Dut – Engel der Stadt der Freude«. Nach den ersten Begegnungen mit den Schwestern von Mutter Teresa, die jede Woche kamen und sich um die Leprakranken des Elendsviertels kümmerten, bedurfte es keiner Überredung, sie entschied sich spontan für ein Leben ganz im Dienst der Mitmenschen. Obwohl im buddhistischen Glauben erzogen, war sie, die die christlichen Tugenden des Teilens und der Aufopferung täglich praktizierte, innerlich vorbereitet darauf, sich ganz dem Ideal der Missionarinnen der Nächstenliebe zu weihen. Das dreijährige Noviziat sollte sie endgültig in diesem Schritt bestätigen. Am 8. Dezember 1975, dem Fest der Unbefleckten Empfängnis, durchtrennte Mutter Teresas Schere ihren langen schwarzen Zopf: Aus der jungen Buddhistin wurde für immer »eine Braut Christi im Dienste der Armen«.

Jeden Morgen war es der gleiche Alptraum, der gleiche gespenstische, unerträgliche Anblick der an das Gitter heranbrandenden Flut von lebenden Toten. Da waren Leute ohne Füße und Hände, wie Foeten zusammengekrümmt saßen sie auf Rollbrettern, die von kaum weniger beklagenswerten Gestalten gezogen wurden; da waren Blinde mit bis auf die Knochen zerfressenem Gesicht und Krüppel in blutverschmierten Verbänden, die am Boden daherkrochen. Frauen verbargen ihre Wunden unter ihrer *Burga*, die sie vom Kopf bis zu den Füßen geisterhaft verhüllte, Mütter hielten ihre Kinder mit den Armstümpfen an sich gepreßt. Da waren die weniger Gezeichneten, die ein Fleck, eine Hautblase, ein fortschreitender Muskelschwund trotzdem bereits ins Lager der Verdammten gebracht hatte. Vor allem waren da die verkrümmten kleinen Körper mit den von Würmern aufgetriebenen Bäuchen, den spitz hervorstehenden Knochen, den unendlich schwachen Gelenken, den Armen und Beinen dünn wie Rebholzranken. Nicht wenige waren frei oder noch frei von den sichtbaren Stigmen der Lepra, litten aber wie fast alle anderen an ernsten Krankheiten: Knochentuberkulose, chronische Dünndarmentzündung oder auch beginnende Blindheit aufgrund von Vitaminmangel.

Und dennoch, immer wieder und urplötzlich kam es inmitten der Elendsversammlung zu komischen Zwischenfällen oder wundersam rührenden Szenen, immer wieder konnte man den Alptraum für einen Moment vergessen. Neben den mit ihren Gebrechen herumalbernden Kranken waren es die Geschichtenerzähler, die schwadronierend Gelächter hervorriefen. Die größte Überraschung blieben die inmitten des stinkenden Jammers fröhlich spielenden Kinder oder, oh Wunder, das Erscheinen einer Frau im Sari, schön wie eine Tempelgottheit.

Die meisten Kranken stammten nicht aus dem näheren Umland, und es war nicht einfach, sich in diesem Tohuwabohu aus Stimmen, Geschrei und Forderungen zu verständigen. Bihar, Bengalen, Orissa, der Süden: viele waren seit Jahren auf Wanderung. Irgendwo am Wegrand, an irgendwelchen Zufallsstationen, auf irgendwelchen Tempelvorplätzen oder Bahnsteigen hatten sie abgefaulte Stücke ihres Körpers zurückgelassen. Die meisten hatten niemals einen Arzt oder eine Krankenschwester gesehen.

Die Bakterien, die an ihnen fraßen, trugen den Namen des norwegischen Arztes G. H. A. Hansen, der sie 1869 entdeckt hatte. Sie hatten eine Vorliebe für die Wärme der tropischen Länder und für geschwächte Organismen. Einige Arten waren äußerst virulent. Berechnungen hatten ergeben, daß in einer zehnminütigen Unterhaltung ein Leprakranker zweihunderttausend Keime um sich verstreute. Das gemeinsame Benutzen von Wohnung, Kleidung oder Geschirr, kurz jedes Zusammenleben mit erkrankten Individuen stellte den häufigsten Ansteckungsweg dar. Eine Schürfwunde, eine Insektenstichstelle reichten dem infektiösen Erreger aus, um neue Beute zu finden. Aber diese Mikroben waren so träge, daß oft Monate, wenn nicht Jahre vergingen, bevor sie ihre Verwüstungen begannen. Ihre bevorzugten Ziele waren Haut, Nervenfasern und -knoten, Nasen- und Mundschleimhaut, Augen, Milz, Leber. Merkwürdigerweise war der Bazillus gar nicht direkt verantwortlich für die scheußlichen Wunden, sondern vielmehr mittelbar dadurch, daß er die Nervenstränge angriff und jegliche Empfindung betäubte. Auch geringfügige Verletzungen – eine Prellung, eine Verbrennung, eine Schnittwunde – führten dann zu Läsionen, die sich immer bösartiger entwickelten, bis die endgültige Verstümmelung eintrat.

Ein Baum, der in Südindien wuchs, hatte jahrhundertelang das einzige Heil- oder besser Linderungsmittel geliefert, das Chaulmoogra-Öl. Mitte des zwanzigsten Jahrhunderts dann hatten die neuentdeckten Sulfonamide und Antibiotika die Behandlung der Lepra revolutioniert. Außer bei irreversiblen Schädigungen führte die tägliche Einnahme von Tabletten nach einigen Monaten zu Rückbildungen der Symptome und oft sogar zu vollständiger Heilung. Die Behandlung kostete so wenig, daß der Franzose Raoul Follereau, der unermüdliche Apostel der Leprakranken, schrieb: »Man gebe mir das Geld, das ein einziger Atombomber kostet, und ich heile die fünfzehn Millionen Leprösen auf unserem Planeten.«

Heilen! Für die wenigen Nonnen im Sari, die da vom Morgengrauen bis zur Dunkelheit der erschreckenden Realität standzuhalten versuchten, ein verrückter Traum. Um sich wenigstens halbwegs auszukennen in der makabren Prozession, die sich an ihrem Behandlungstisch vorbeibewegte, hielten Schwester Bandona und ihre Gefährtinnen in einer primitiven Kartei den Namen des jeweiligen Patienten und seine Krankheitsmerkmale fest. Jedesmal, wenn ein Patient wiederkam, schauten sie zuerst auf seiner Karte nach. Mit ein paar raschen, präzisen Bewegungen und unter entschlossener Nichtbeachtung des Gestanks entfernten sie die Verbandfetzen, legten die Wunden frei, bepinselten sie energisch mit Jodlösung, trugen Puder und Salben auf und umwickelten alles wieder mit Gaze und sauberem Verbandsstoff. Manchmal mußten sie mit dem Skalpell an das verfaulte Fleisch herangehen, einen Nerv freilegen, ein Stück brandig zersetzten Knochen entfernen. Eine wahre Metzgerarbeit, und die einzige Hilfe brachte ihnen ein von Zeit zu Zeit gemurmeltes *Ave Maria*. Und die Genugtuung, zahlreichen Kranken fast ein neues Leben geschenkt zu haben. Denn viele in der chaotisch sich vorwärtsschiebenden Menschenschlange wiesen überhaupt keine Läsionen mehr auf. Sie waren die Wundergeheilten dieses Laboratoriums der Liebe, das da am Ganges errichtet worden war.

An einem schwülheißen Aprilmorgen sah Schwester Bandona im Gedränge der Elenden, die ihre Behelfsambulanz belagerten, eine ungewöhnliche Gestalt – die Tochter des Leichenverbrenners von Benares war tatsächlich ihren Zuhältern entkommen.

7

Los Angeles, USA – Herbst 1980 – Winter 1981 Fünf total verrückte Fälle für einen chinesischen Magier

Seine breite, von grauen Lockensträhnen eingerahmte Stirnglatze und seine rosigen Wangen waren nicht unbedingt kalifornische Attribute. Wie Michael Gottlieb stammt auch Dr. Joel D. Weisman, neununddreißig, ursprünglich von der Ostküste der Vereinigten Staaten. Als Sohn eines Volksschullehrers und Enkel eines Wäschers, den die Automaten-Waschsalons arbeitslos gemacht hatten, war er in New Brunswick im Staat New Jersey zur Welt gekommen, in derselben Geburtshilfeklinik wie Michael Gottlieb. Bisher hatte das Leben sie noch nicht zusammengebracht. Joel Weisman war praktischer Arzt, und die Gemeinschaftspraxis, in der er arbeitete, befand sich in einem rosa Stuckgebäude des Viertels Sherman Oaks, einer der unzähligen Vorstädte von Los Angeles. Der ausnehmend höfliche Mann wurde aufgrund seiner unprätentiösen Art und seiner Kompetenz allgemein geschätzt. Sein kleines Wartezimmer mit den Baumfarnen und den abstrakten Grafiken an den Wänden war stets überfüllt. Die bunt zusammengewürfelte Patientenschaft umfaßte alte Leute ebenso wie Mütter mit Kindern und Teenager in T-Shirt und Turnschuhen. Auf dem Tischchen vor den schwarzen Kunstlederbänken lagen die letzten Nummern des Gesundheitsmagazins *Being Well* mit ihren aufreizend appetitlichen Titelbildern.

In diesem Herbst 1980 brachten sie unter anderem Reportagen über eine neue Methode, den Cholesterinspiegel zu senken, über Nikotinentwöhnung per Hypnose, über Entdeckungen der Schmerzforschung.

»Ich bekam so ziemlich alle Gebrechen zu sehen, die kleinen und die großen«, berichtete Joel Weisman. »Leute mit Bluthochdruck, mit Zuckerkrankheit, mit Gicht, mit Geschwüren, mit Kehlkopfentzündung oder mit Dickdarmentzündung. Das Ermutigende an der ganzen Sache war, daß man Linderung schaffen und meistens sogar eine Heilung erzielen konnte. Ich sah fast nie einen Patienten sterben. Ich hatte auch einige der Krankheiten zu behandeln, die heute als ›sexuell übertragbar‹ bezeichnet werden. Das brachte das Viertel so mit sich; hier wohnten viele Gays.« Daß Joel Weisman selbst »gay«, das heißt homosexuell war, trug sicher zur Beliebtheit seiner Praxis bei dieser besonderen Patientengruppe bei. »Alle wußten, daß mir jegliche Verurteilung fern lag, daß es bei mir weder Tabus noch psychologische Schranken gab, daß ich ausschließlich dafür da war, ärztliche Hilfe zu geben.«

Der Anteil der Gays unter den Patienten von Dr. Joel Weisman hatte sich im Lauf der Jahre erhöht. Der Arzt sah in diesem Zulauf nicht so sehr den Dank für Kompetenz und Diskretion, er führte ihn auf das Wiederansteigen der sexuell übertragbaren Krankheiten zurück, von denen mit Vorliebe jene Risikogruppe heimgesucht wird. »Ab 1977/78 kamen dann in meine Sprechstunde mehr und mehr junge Männer, die an hohem Fieber litten, an nächtlichen Schweißausbrüchen, an Durchfällen, an allen möglichen parasitären Infektionen, wobei die Lymphknoten zu taubeneigroßen Gebilden anschwollen, am Hals, unter den Achseln, in der Leistengegend, überall. Die Entzündung der Lymphdrüsen wies ganz eindeutig auf Immunstörungen hin. Jedesmal befürchtete ich das Schlimmste: Krebs, Leukämie. Glücklicherweise kamen die Probeentnahmen mit dem Vermerk »gutartig« zurück. Gewiß, die Krankheiten, die bei bestimmten Laboranalysen festgestellt wurden, waren nicht gerade harmlos. Da waren Fälle von Mononukleose, von Hepatitis, besonders oft von Herpes, und eine hübsche Anzahl waren venerische Infektionen. Gott sei Dank betätigten sich die verantwortlichen Viren nicht als Killer, jedenfalls noch nicht. Normalerweise verschwanden die meisten Symptome nach der geeigneten Behandlung. Nur einige Patienten behielten ihre abnorm geschwollenen Lymphknoten. Nun, sie fanden sich damit ab!«

Dann, an einem Oktobermorgen des Jahres 1980, kam ein Friseur aus West Hollywood in die Sprechstunde, und dieser Besuch sollte dem relativen Optimismus von Joel Weisman einen schweren Schlag versetzen. Der fünfundzwanzigjährige Homosexuelle litt an einer akuten Erkrankung der Haut, der Schleimhäute und der Nägel. »Seine Haut ist eine einzige offene Wunde«, hatte Joel Weisman auf seiner Karteikarte notiert. Das Ausmaß des Übels brachte ihn aus der Fassung, und er hatte zum Telefonhörer gegriffen, um den Rat der einzigen Person einzuholen, die in seinen Augen fähig war, ihm in diesem Fall zu helfen.

In Los Angeles kannte die gesamte Ärzteschaft den Mann, den man mit dem Beinamen »Arzt der Ärzte« ausgezeichnet hatte. Er hieß Peng Thim Fan. Er war ein umgänglicher kleiner, bebrillter Chinese von fünfunddreißig Jahren, geboren in Singapur an dem Tag, an dem die japanische Garnison sich Mountbattens britischen Soldaten ergeben hatte. Dr. Peng Fan stand in dem Ruf, die bizarrsten Fälle erhellen zu können, Fälle, die keinerlei Muster mehr entsprachen, die sich jeder Logik entzogen, jeder Analyse, jeder rationalen Erklärung. Er war ein Hexenmeister der Diagnose. Kein anderer vermochte so detektivisch an einen rätselhaften Fall heranzugehen, ihn zu sezieren, die unwahrscheinlichsten Indizien zu entdecken, welche urplötzlich Licht in die Sache brachten. Einmal hatte ein angesehenes Krankenhaus von Los Angeles ihn dringend an das Bett einer Frau gerufen, die nach einer routinemäßig durchgeführten Scanner-Untersuchung des Gehirns in tiefe Bewußtlosigkeit gefallen war. Der »Detektivarzt« Peng Fan hatte die Sterbende gerettet, indem er die Ursache des Komas fand: eine äußerst seltene tödliche Allergie, die durch das eingespritzte Kontrastmittel hervorgerufen worden war, mit dem die Bilder ihrer Schädelhöhle lesbar gemacht werden sollten.

Einen merkwürdigen Schicksalsweg war dieser Sohn eines Kautschukpflanzers gegangen, dem mit achtzehn Jahren die Auszeichnung »Bester Schüler Singapurs« zuteil wurde. Leidenschaftlich an Philosophie interessiert, hatte er ein Stipendium für Oxford akzeptiert. Aber statt das Flugzeug nach Europa zu besteigen, ging er nach Kanada, um dort Medizin zu studieren. Sechs Jahre Winnipeg sollten ihm für immer die Kälte verleiden, und so floh der fünfundzwanzigjährige, frisch examinierte Doktor der Medizin in die Sonne Kaliforniens. Es gab vermutlich kein Fachgebiet, das so viele Menschen auf der Welt betraf wie das seine: Die Rheumatologie interessierte sich für die entzündlichen Prozesse an den Gelenken und an den Blutgefäßen, Krankheiten, die ihren Ursprung oft in irgendeiner Störung der Immunfunktionen haben. Es war eine ganz junge, aufstrebende Wissenschaft, die immer neue Entdeckungen verzeichnete.

Seit 1975 hatte Peng Fan einen Lehrauftrag für Rheumatologie am bedeutenden Wadsworth-Krankenhaus, das der kalifornischen Universität Los Angeles angegliedert war. Jeden Freitag nachmittag hielt der »Arzt der Ärzte« dort eine Sprechstunde speziell für solche Fälle ab, die sich sämtlichen klassischen Schemata entzogen. »Eines Tages stellte Joel Weisman mir einen Mann vor, der an einer extremen Gefäßerweiterung der Füße und Hände litt«, erzählte er. »Sein Körper hatte die Farbe eines Hummers, den man aus dem kochenden Wasser hievt. Er stöhnte wie ein zur Höllenstrafe Verdammter. Ich habe schließlich eine Erythromelalgie, eine Durchblutungsstörung, diagnostiziert, ein sehr gut mit Aspirin zu behandelndes Übel.«

Bei der ersten Untersuchung des erkrankten Friseurs räumte der chinesische Magier ein, noch nie vor einem derartigen Rätsel gestanden zu haben. »Ein total verrückter Fall. Ein Fall so mysteriös, daß Hitchcock vor Neid erblaßt wäre. Wie kam es, daß ein Patient, dessen Abwehrsystem nie die geringste Schwäche gezeigt hatte, urplötzlich in einen solchen Zustand der Immundepression geraten war?«

Peng Fan ging die Sache mit Elan an. Seine Fahndungsarbeit ließ keinen Hinweis, keinen Verdacht, keine Hypothese ungeprüft. Er unterzog den Patienten regelrechten Polizeiverhören, in der Hoffnung, irgendwo in seiner Vergangenheit den Ansatz einer Spur zu entdecken. Er durchforstete die medizinische Literatur, suchte sogar in seinen alten Traktaten aus der chinesischen Medizin. Er suchte den Schuldigen in Krankheiten, die sonst kaum einer kannte, so der *Acrodermatitis enterohepatica*, deren Symptome – Infektion der Schleimhäute, Pilzbefall der Nägel – eine Immunschwäche vom gleichen Typ verraten. Da die von dieser Krankheit verursachten Störungen auf einen akuten Zinkmangel im Organismus zurückgehen, zupfte er dem Patienten einige Haare aus und ließ sie untersuchen. Ihr Zinkgehalt erwies sich als normal. Daraufhin erfand Peng Fan alle möglichen Behandlungsmethoden, wobei er massive Cortisongaben mit neuartigen Substanzen verband, die die körpereigene Abwehr stimulieren sollten. Nach drei Wochen hartnäckiger Bemühungen mußte der chinesische Magier seine Ohnmacht eingestehen.

Zwei Ereignisse sollten die Lage dramatisch verändern. Zuerst trat, im Anschluß an eine Lungenkomplikation, im Zustand des unglücklichen Friseurs eine Verschlechterung ein. Dann erschien in der Sprechstunde von Joel Weisman ein zweiter Patient mit identischen Symptomen. Es handelte sich diesmal um einen jungen Publizisten aus Hollywood, auch er homosexuell und bisher nie schwer erkankt. Die Ärzte Joel Weisman und Peng Fan entdeckten bald, daß die »Lungenentzündung« ihrer Patienten in Wirklichkeit eine Pneumozystose war, jene extrem seltene Parasiteninfektion der Lunge, die ihr Kollege Michael Gottlieb bei seinem Patienten von Zimmer 516 diagnostiziert hatte.

Die Information über diese drei ähnlich gelagerten Fälle verbreitete sich wie ein Lauffeuer in den Ärztekreisen von Los Angeles. »Es war kaum vorstellbar«, so Peng Fan später, »innerhalb von knapp drei Monaten waren drei junge Männer in derselben Stadt derselben äußerst seltenen Krankheit zum Opfer gefallen. Und in keinem der drei Fälle war irgendeine Erklärung gefunden worden.«

Peng Fan und Joel Weisman setzten sich mit Michael Gottlieb in Verbindung. »Daß dieser Hexenmeister von Chinese mir verkündete, er komme genau wie ich keinen Schritt weiter, bewies, daß wir uns wirklich mit etwas Neuem herumschlugen«, berichtete der junge Immunologe.

Die drei Ärzte beschlossen, ihre Patienten in der Klinik der UCLA zusammenzulegen. »Als dann Anfang 1981 ein vierter Fall von Pneumozystose eingeliefert wurde, diesmal ein schwarzer Homosexueller, worauf bald noch Fall Nummer fünf folgte, fing die Sache langsam an, nach einer Epidemie auszusehen«, erklärte Michael Gottlieb. »Ich ahnte eine Schweinerei, die noch viel schlimmer war als damals die sogenannte Legionärskrankheit.*

* Einhundertneunundachtzig Teilnehmer an einem Treffen von Veteranen der *American Legion*, das im Juli 1976 in einem Hotel in Philadelphia stattfand, waren von einer rätselhaften Lungenentzündung befallen worden. Neunundzwanzig waren daran gestorben.

8

San Francisco – New York, USA – Herbst 1980
Millionen von Orgasmen für eine Befreiung

Weder Amerika noch die Welt ahnten es, aber das große Fest war zu Ende. Das unbekannte Übel, das jetzt am Jahresende 1980 fünf junge Homosexuelle aus Los Angeles dahinsiechen ließ, war dabei, das Ende einer Epoche einzuläuten. Einer Epoche der machtvollen Bewegungen und des kämpferischen Engagements. Zwischen 1960 und 1970 hatten Millionen von Schwarzen, von Frauen, von jungen Menschen, von Homosexuellen dafür gekämpft, daß die Gleichberechtigung in der größten Demokratie der Erde nicht eine bloße Leerformel blieb. Von allen Befreiungskampagnen jener Jahre hatte wohl keine für die amerikanische Gesellschaft so einschneidende Folgen wie die »sexuelle Revolution«. Vermutlich werden eines Tages die Soziologen die wirklichen Ursachen dieser Revolution erkennen, aber schon jetzt stehen einige der Katalysatoren fest, die zur explosionsartigen Befreiung der sechziger Jahre geführt haben: das Abbröckeln der traditionellen Familienwerte im Gefolge des Zweiten Weltkrieges, der die gewachsenen Bevölkerungsstrukturen radikal änderte, die Entdämonisierung der Geschlechtskrankheiten dank der Entdeckung des Penicillin und vor allem der allgemeine Gebrauch hormoneller und anderer Verhütungsmittel bei den Frauen.

Wohl der bewegendste Vorgang dieser Jahre der Befreiung war, daß die siebzehn Millionen Männer und Frauen von Amerikas homosexueller Gemeinschaft aus dem Dunkel hervortraten und es wagten, zu ihrem Anderssein zu stehen. Die Geschichte dieser Minderheit war bis dahin eine lange Abfolge von Akten der Unterdrükkung und Intoleranz gewesen, begangen von einer puritanischen Gesellschaft, deren Fundament Ehe und Familie war und die daher allein die Liebe zwischen Mann und Frau anerkannte. Daß plötzlich eine politische Bewegung in Gang kam, die das Recht, »gay« zu sein, auf ihre Fahnen schrieb, war ein beispielloses Phänomen von historischer Bedeutung. Wohl waren die Gründerväter der amerikanischen Verfassung auf die Rechte des Individuums eingeschworen gewesen, aber im Traum hätten sie nicht daran gedacht, daß ihre Gesetze eines Tages eine Minderheit schützen sollten, die ihre Identität nicht auf ihrer Rasse, ihrer Religion oder ihrer Sprache begründete, sondern auf der Wahl des Geschlechtspartners.

Begonnen hatte alles in der glühendheißen Sommernacht des 29. Juni 1969 in einem Lokal in Greenwich Village, dem Montmartre von New York. Der *Stonewall Inn* war überfüllt mit seinen Stammgästen, jungen Homosexuellen und Transvestiten, als ein Trupp Polizisten hereinstürmte und Befehl gab, das Lokal zu räumen. Diesmal wurde den Vertretern der öffentlichen Moral nicht der erwartete Empfang zuteil. Statt wie üblich zu fliehen, bombardierten die Gäste die Eindringlinge mit Bierflaschen und Wurfgeschossen aller Art. Während die Ordnungshüter den Rückzug antraten, versuchten andere Gays ihre Fahrzeuge in Brand zu stecken. Am nächsten Abend wurde ein neuerlicher Polizeieinsatz mit den gleichen Mitteln beantwortet, und gleichzeitig verkündeten immer mehr Mauerslogans in Greenwich Village die Geburt einer revolutionären Bewegung der Homosexuellen. Deren Anspruch wurde in zwei weiteren Nächten des Aufruhrs besiegelt. Wie ein Lauffeuer verbreitete sich die Nachricht über ganz Amerika, erfaßte jeden Universitätscampus, wurde diskutiert in den Bars, den Saunas, den Clubs, in den homosexuellen Enklaven der großen Städte, drang in die Büros und Fabriken, wo so viele Männer und Frauen bis jetzt gezwungen waren, ihre Sexualität im Verborgenen zu leben.

Unter den ersten Losungen, die die Anführer der neuen Bewegung ausgaben, war die Aufforderung an alle Homosexuellen, aus der Heimlichkeit herauszutreten und sich offen zu ihrer sexuellen Identität zu bekennen. Der Appell fand breiten Widerhall, vor allem bei der jungen Generation, und so erlebte Amerika zu Beginn der siebziger Jahre eine gewaltige Wanderungswelle: aus den Städten und Dörfern des konservativen *Middle West* zogen die Menschen in die peripheren Metropolen des Landes, nach New York, Los Angeles, San Francisco, Chicago, Boston, Atlanta oder Houston. Als mit Abstand am attraktivsten erwies sich San Francisco, die lichterfüllte, von ihrem Hügelkranz auf den Pazifik hinunterblickende ehemalige Hauptstadt des Goldrauschs.

Die aufgeschlossene, tolerante Stadt hatte sich immer schon aufnahmebereit gezeigt gegenüber den mehr oder weniger ausgeprägten Randgruppen der amerikanischen Gesellschaft. Die Goldsucher waren nur die ersten einer langen Reihe von Abenteurern und Glücksrittern gewesen, die der bald bedeutendste Hafen der Westküste angezogen hatte. Der spanisch-amerikanische Krieg und später der Zweite Weltkrieg machten aus San Francisco einen gewaltigen Durchgangs- und Umschlagplatz für die See- und Landoperationen im Pazifik. Als wieder Frieden herrschte, waren Hunderttausende hier demobilisiert und ins Zivilleben entlassen worden. Zahlreiche homosexuelle Ex-Soldaten aller Waffengattungen waren in der Stadt hängengeblieben. Im Sommer 1968, als der Vietnamkrieg wütete und Amerika spaltete, hatte eine ganze Generation von jungen Pazifisten und Hippies ihrerseits »Frisco«, Amerikas Stadt der Brüderlichkeit, zum Ort der Verkündigung ausersehen. Nur die Liebe, so die Botschaft, vermöge die Probleme unserer Welt zu lösen. Noch lange sollte San Francisco sich an die jugendlichen Heerscharen in Jeans und Turnschuhen erinnern, die aus dem ganzen Land zusammengeströmt waren, um in seinen Parks zu kampieren und dort den Kult des Glücks zu zelebrieren.

Zwar hatte die Stadt immer schon eine große homosexuelle Gemeinde beherbergt, die Befreiungsbewegung der siebziger Jahre aber sollte San Francisco zu ihrer Hauptstadt in den Vereinigten

Staaten und vermutlich auf dem ganzen Planeten machen. Genauso wie ein Jahrhundert zuvor Tausende von Amerikanern dem Lockruf des Goldes gefolgt waren und sich auf den Hügeln um die Stadt ansässig gemacht hatten, so lockte nun die Aussicht auf Freiheit und Toleranz eine ganze Generation junger Menschen an. Josef Stein, der spätere Archäologe der amerikanischen Schule in Jerusalem, gehörte zu dieser Generation. Wie die meisten der neuen Zuwanderer hatte er sich eine Wohnung im Castro gesucht, dem mitten in der Stadt gelegenen wichtigsten Homosexuellenviertel. Es dauerte nicht lange, dann hieß dieses enklavenartige und auffallend einheitlich bevölkerte Viertel allgemein »The Gay Israel«. Denn mochten New York, Chicago und Los Angeles ihre vorwiegend von Homosexuellen bewohnten Viertel haben, das Castro von San Francisco war mehr: Hier hatte sich die Befreiungsbewegung der Homosexuellen ihre erste authentische Kolonie geschaffen. Hier im Herzen von San Francisco unternahmen es Männer und Frauen, die nichts verband als ihre sexuelle Präferenz, sich eine eigene Welt aufzubauen, eine Stadt in der Stadt, wo sie endlich am hellichten Tag ein normales Leben führen, zur Bank, ins Schwimmbad, zum Arzt, zur chemischen Reinigung, zum Friseur gehen, im Restaurant zu Abend essen, an politischen Versammlungen oder an Gottesdiensten teilnehmen konnten, ohne jemandem zu begegnen, der nicht homosexuell war. Als »gay« ausgewiesen waren im Castro sogar eine Synagoge, eine protestantische Kirche sowie mehrere katholische Priester, die Trauungen vollzogen.

Um ihre Befreiung zu glorifizieren, waren die amerikanischen Gays noch weiter gegangen, sie hatten sogenannte *Gay Holidays* kreiert, nationale Feiertage wie den berühmten *Gay Freedom Day*. Zu diesem »Fest der homosexuellen Freiheit« strömten in San Francisco neben den Einheimischen Besucher aus allen Ecken des Halbkontinents zusammen, insgesamt mehr als zweihundertfünfzigtausend Menschen machten mit bei einem gigantischen, farbenfrohen Karneval. Von der Vereinigung der lesbischen Taxifahrerinnen von San Francisco zu der der homophilen Cowboys im Staat Nevada, von den Organisationen der Transsexuellen zu den Delegationen der *American Gay Indians*, von den diversen sadomasochistischen Befreiungsfronten zu den als »gay« firmierenden Invaliden-Verbänden zelebrierte das gesamte homosexuelle Amerika an jenen Tagen im kristallreinen Licht der brüderlichen Stadt das Menschenrecht, seine Neigungen und Vorlieben frei kundzutun.

Die große Mehrheit der amerikanischen Homosexuellen hatte von diesem Recht mit Mäßigung Gebrauch gemacht. Für eine bestimmte Gruppe von jungen Homosexuellen traf dies jedoch nicht zu. Das Castro-Viertel von San Francisco wurde zu einem wahren Sex-Supermarkt. Tausende von jungen Männern füllten die Bars, die Restaurants und Geschäfte, alle auf der Suche nach Abenteuern. Aufreißen und Aufgerissenwerden – die Losung beherrschte das gesamte Viertel. In Bars und Sexclubs gab es logenartige Abteile mit kreisrunden Wandöffnungen, durch die hindurch man mit anderen Gästen kopulieren konnte, ohne sich die Mühe des Kennenlernens zu machen. Dieses Recht auf zwanglose Beziehungen kostete nur drei Dollar. Aber in San Francisco wie auch andernorts fand der »befreite Sex« seinen nicht mehr zu steigernden Ausdruck in einem zweiten Typ von Etablissement. Die *Bath-houses* waren Clubs, deren Ausstattung – jedenfalls in der Luxuskategorie – Schwimmbekken, Saunas, Whirlpools, Kinos, Tanzflächen, Chambres séparées, Orgiensalons und manchmal sogar Folterkammern umfaßte, wo auf die Anhänger gewaltbetonter, sadomasochistischer Liebespraktiken Harnische, Ketten, Handschellen und andere Instrumente warteten. Die *Continental Baths* in New York boten als Zugabe ein durchgehendes Varietéprogramm. Was das legendäre *Hot House* in San Francisco betraf, so konnte es auf dreitausend Quadratmetern und vier Etagen mehrere Hundert Gäste gleichzeitig aufnehmen. Über der Bar, die das gesamte Erdgeschoß einnahm, hing eine riesige Schaukel. Für den Besitzer dieses Luxusbordells war sie »das Symbol aller Handlungen, die das Kind zu vollziehen Angst hat, ganz besonders, wenn in diesem Kind homosexuelle Neigungen vorhanden sind«.

Weil die *Bath-houses* das Recht repräsentierten, sich zusammenzutun und frei über den eigenen Körper zu verfügen, wurden sie zu

Bollwerken der homosexuellen Befreiungsbewegung. Ihre Zahl nahm rasch zu. Allein das Castro zählte ein gutes Dutzend, die Tausende von Touristen aus ganz Amerika in ihre Orgienzimmer lockten. Eine 1975 durchgeführte Erhebung des Kinsey-Instituts enthüllte, daß vierzig Prozent der befragten Männer in den *Backrooms* der Bars oder in den dampftrüben Zellen der Saunas während der letzten zwölf Monate mindestens fünfhundert Partner gehabt hatten und achtundzwanzig Prozent mehr als tausend Partner. Viele Praktikanten dieser Rekordpromiskuität gaben zu, an einem einzigen Abend zwanzig bis dreißig sexuelle Begegnungen absolviert zu haben. Natürlich begünstigten Alkohol und diverse chemische Substanzen, so beispielsweise Amylnitritlösungen, diese Art von Superleistungen.

Da es Exzesse, die keine Schäden anrichten, nicht gibt, mußten die Millionen von Orgasmen der großen Befreiung ziemlich bald auf der Gesundheitskarte des Landes ihren Niederschlag finden. Schon 1973 besagte eine Statistik des Gesundheitsministeriums, daß zwei Drittel der Homosexuellen mindestens einmal Opfer einer Geschlechtskrankheit geworden waren und daß sie, obwohl einer kleinen Minderheit angehörend, für fünfzig bis sechzig Prozent aller Fälle von Syphilis und Gonorrhöe verantwortlich waren. 1978 zeigte eine weitere Statistik, daß innerhalb von drei Jahren die Zahl der Hepatitisfälle und der Darminfektionen sich verdoppelt hatte. 1980 machte das Gesundheitsamt von San Francisco die Angabe, daß sechzig bis siebzig Prozent aller Homosexuellen der Stadt mit dem Hepatitis-B-Virus infiziert waren. Die Heterosexuellen standen nicht wesentlich besser da. In fünf Jahren, zwischen 1971 und 1976, war die Zahl der Gonorrhöefälle im ganzen Land von 624374 auf 1011014 gestiegen und hatte sich damit fast verdoppelt. Und natürlich gab diese Ziffer nur die gemeldeten Fälle wieder. Die steigende Zahl von Syphilisfällen sprach eine noch deutlichere Sprache: Zwischen 1960 und 1980 war sie um dreihundert Prozent gestiegen. Die Opfer neurologischer Komplikationen dieser Krankheit wurden in psychiatrischen Krankenhäusern behandelt, und allein hierfür gaben die Vereinigten Staaten jedes Jahr fünfzig Millionen Dollar aus.

Merkwürdigerweise schienen die verheerenden Folgen, welche die freien Sitten zeitigten, die Ärzteschaft und die Gesundheitsbehörden nicht aufgeschreckt zu haben. Nicht einmal die Opfer zeigten sich besorgt. Der Journalist Randy Shilts sollte wenig später schreiben: »Sich einen Tripper zu holen, gehört inzwischen zu den Späßchen des Lebens. Zur Ambulanz zu fahren, ist eine Routineangelegenheit. Mengenweise trifft man dort seine alten Kumpels, und gemeinsam gedenkt man all der schönen Anlässe, die einen schon hierhergebracht haben.« Für den New Yorker Arzt Dr. Joseph A. Sonnabend jedoch, der seine Praxis in der Zwölften Straße in Greenwich Village hatte, »konnte diese fulminante Häufung sexuell übertragbarer Krankheit kein harmloses Phänomen bleiben«.

Mit seinem schlecht rasierten Bart, seinen alten Tennisschuhen und seinen abgewetzten Jeans ähnelte Joseph Sonnabend mehr einem Stadtstreicher als einer Koryphäe der Medizin. Dabei gehörten zum gedruckten Lebenslauf des siebenundvierzigjährigen schüchternen Mannes acht Seiten Auszeichnungen und Ehrungen, dazu die entsprechende nobelpreisverdächtige Liste von wissenschaftlichen Artikeln und Abhandlungen. Der in Südafrika geborene Sohn jüdisch-polnischer Emigranten hatte sich sehr jung auf Infektionskrankheiten spezialisiert. Seine ersten Patienten hatte er auf Deck eines indonesischen Schiffes behandelt, das zweitausend Mekkapilger von Djakarta nach Djidda brachte. 1963 hatte der große britische Gelehrte Alec Isaacs ihn an seine Seite in das Labor geholt, wo er gerade das Interferon entdeckt hatte, eine gegen Viren hochwirksame Substanz, die von den weißen Blutkörperchen ausgeschieden wird. Joseph Sonnabend hatte anschließend an verschiedenen amerikanischen Universitäten Pathologie der Infektionskrankheiten gelehrt. 1977 hatte das Gesundheitsamt der Stadt New York ihn mit einem Lehrauftrag für Geschlechtskrankheiten betraut. Zwei Jahre später machte Joseph Sonnabend mitten im Homosexuellenviertel von New York, an vorderster Front also, eine Privatpraxis auf.

»Es war der reinste Wahnsinn«, gab er später zu Protokoll. »Hier, wo tatsächlich eine erhebliche Gesundheitsgefährdung drohte, gab es zahlreiche niedergelassene Ärzte. Und sie behandelten am Fließband Patienten mit Gonorrhöe, mit Syphilis, mit parasitären Infektionen. Damals galten Antibiotika als Allheilmittel. Mit ein bis zwei Penicillininjektionen heilte man die Syphilis. Das kostete gerade fünfundzwanzig oder dreißig Dollar. Irgendwelche gründlichere Forschung wurde nicht betrieben, ja schon die Idee der Forschung war den meisten Praktikern vollkommen fremd. Noch tragischer war ihre Weigerung, gesundheitserzieherisch auf die Patienten einzuwirken. Konnte doch der nur angedeutete Vorschlag, die leiseste Warnung bezüglich der Gefahren, die sie durch ihren Lebensstil heraufbeschworen, als moralisches Urteil aufgefaßt werden. Das war die beste Methode, seine Patienten zu verlieren. Jedenfalls war es so, daß jedermann, egal ob Praktiker vor Ort, Funktionär der *Centers for Disease Control,* der Bundesbehörde für Seuchenbekämpfung in Atlanta oder Abteilungsleiter im Gesundheitsministerium, es für zwecklos, ja albern hielt, auf das Verhalten der Bevölkerung Einfluß nehmen zu wollen. Als realistisch galt nur eine Einstellung: die Leute schnellstens wieder gesund machen. Lieber sagte man ihnen: ›Tobt euch nur weiter aus, um den Schaden kümmern wir uns schon.‹«

Der Gesundheitszustand der ersten Patienten, die an seiner Praxistür läuteten, versetzte Dr. Joseph Sonnabend einen bösen Schreck. Zwar machten die altbekannten venerischen Krankheiten noch die Mehrzahl der Fälle aus, die besondere Natur der homosexuellen Beziehungen aber hatte zu neuen Krankheitsbildern geführt. Die verschiedenen, zuweilen sehr schweren Affektionen traten nicht selten gleichzeitig auf, so die akute Virushepatitis, die starken Ausbrüche von genitalem Herpes – jene durch Parasiten hervorgerufenen Krankheiten, die fast neunzig Prozent der Männer mit häufig wechselnden Partnern befielen, sowie jene Infektionen, die auf ungemein aggressive Viren zurückgingen wie das Zytomegalovirus, das vor allem Lunge und Verdauungstrakt befällt. Die größte Gefahr lag für Joseph Sonnabend jedoch in der Tatsache, daß es gerade bei diesen Aggressionen zu wiederholten Rückfällen kam. Einige seiner Patienten konnten sich rühmen, zwischen zehn und fünfzehn Gonorrhöe-Infektionen durchgemacht zu haben, andere litten an regelmäßigen Herpes-Schüben, wieder andere lebten mit ständig entzündeten Lymphknoten. »Für mich war eines sonnenklar: So viele Attacken konnte der menschliche Körper nicht verkraften, irgend etwas ganz Elementares würde da mit der Zeit nicht mehr mitspielen.«

Die *Intercity infectious diseases rounds*, die seit zwanzig Jahren jeden Montag in einem anderen New Yorker Krankenhaus abgehaltenen Informationstreffen von Spezialisten für Infektionskrankheiten, bestätigten, was der Arzt aus Greenwich Village befürchtete.

»Seit 1978/79 präsentierte man uns immer mehr Fälle von Mehrfach-Virusinfektionen, von Erkrankungen der Lymphknoten, von Hepatitis, von schwersten Hautausschlägen«, so berichtete er. »Einmal legte man uns sogar den Fall eines Schwarzen dar, dessen Gehirn infektiös angegriffen worden war. Für mich verrieten all diese Symptome immer nur dasselbe und einzige Phänomen: den Zusammenbruch der Immunabwehr.

Niemand schien sich darüber im klaren zu sein, ich aber war mit jedem Tag fester überzeugt: Wir erlebten gerade das leichte Vorbeben einer gewaltigen Katastrophe.«

9

Boston, USA – Februar 1981
Ein neues und verheerendes Syndrom

Die eindringliche Stimme im Telefonhörer ließ keinen Zweifel bestehen. Für den Arzt Dr. Michael Gottlieb ging es an diesem Februarmorgen des Jahres 1981 darum, seinen Gesprächspartner von einer drohenden Katastrophe zu überzeugen.

»Die Patienten, die wir stationär aufgenommen haben, zeigen alle die gleichen Symptome: unerklärliches Fieber, anormaler Gewichtsverlust, nicht zu stoppender Durchfall. Auf den ersten Blick nichts wirklich Besorgniserregendes, das gebe ich zu. Sehr eigenartig ist nur, daß sie alle an Pneumozystose leiden, und diese Form der Lungenentzündung ist nun mal äußerst selten und hat ganz spezifische Ursachen. Alle fünf sind jung und homosexuell. Darin sehe ich allerdings keinerlei direkten Bezug, denn sie kennen sich nicht. Aber Sie wissen ja selbst, wenn man die Pneumozystose nicht rechtzeitig erkennt und behandelt, führt sie zu einem schnellen Exitus. Ich habe allen Grund zu der Annahme, daß wir es mit einem neuen und verheerenden Syndrom zu tun haben. Möglicherweise sind schon weitere Personen betroffen. Ich bitte Ihre Zeitschrift, mir zu erlauben, daß ich die Kollegenschaft alarmiere.«

Am anderen Ende der Leitung hörte Dr. Arnold Relman in höflichem Schweigen zu. Diese Art von Anrufen war er gewöhnt. Der siebenundfünfzigjährige Arzt leitete in Boston die angesehenste wissenschaftliche Zeitschrift der Vereinigten Staaten und vielleicht der Welt, das *New England Journal of Medicine.*

In den hundertachtundsechzig Jahren seines Erscheinens hatte das *Journal* so gut wie alle großen Fragen der Medizin aufgegriffen, die meisten wissenschaftlichen Entdeckungen auf dem Gebiet der Gesundheit an die Öffentlichkeit gebracht. Mitte des letzten Jahrhunderts hatte es den Bericht über die erste Äther-Vollnarkose gedruckt, danach die erste klinische Studie über die Möglichkeit, Angina pectoris zu heilen. Ein paar Jahrzehnte später hatte es den ersten vollständigen Forschungsbericht über Leukämie im Kindesalter vorgelegt. 1975 hatte es statistische Angaben veröffentlicht, aus denen erstmals hervorging, daß bei Brustkrebs nicht immer eine Totalamputation notwendig war, um die Ausbreitung von Metastasen zu verhindern. Auf der Basis von Informationen, die an den Stätten der ersten Atomexplosionen in Nevada gesammelt worden waren, hatte es eine erschöpfende Bilanz der Gefahren, die mit Kernstrahlung verbunden sind, erstellt. Die Untersuchung der Herzkranzgefäße, die Behandlung der perniziösen Anämie, die Verwendung von krebsbekämpfenden Substanzen wie Amygdalin und tausend andere Heilbehandlungen hatten auf seinen Seiten eine umfassende klinische Bewertung erfahren.

Der breitgefächerte Themenkatalog umfaßte ebenso die sozialen und politischen Aspekte der Medizin. Im Gesamtverzeichnis für das Jahr 1980 etwa fanden sich Artikel über die Gleichheit des Rechts auf Abtreibung, über die Haftung in der pharmazeutischen Werbung, die Verwendung von Asbest in Schulbauten, die Gesundheitspolitik Rotchinas, die Rolle der Toilettenschüsseln bei der Verbreitung der Gonorrhöe, die Rechte der Patienten, die Risiken in Kernkraftwerken, die Handgelenksverletzungen bei Rollschuhläufern.

Es kam vor, daß das *Journal* sich irrte, aber jedermann erkannte die Sorgfalt und Strenge an, mit der die Beiträge ausgewählt beziehungsweise die Informationen überprüft wurden. Jeden Donnerstag wurden seine zweihundertfünfundzwanzigtausend Exemplare von den meisten der vierhunderttausend amerikanischen Ärzte und von mehreren Tausend ausländischen Ärzten gelesen. Auch in den Wandelgängen des Kongresses und in den Büros der Wall Street las man das *New England Journal of Medicine*. Es wurde im Fernsehen und in den großen Tageszeitungen zitiert, und über die Fernschreiber der Presseagenturen gelangten seine Informationen per Satellit in die Redaktionsräume auf der ganzen Welt. Es ist sehr wahrscheinlich, daß jede einzelne Nummer des Journals Einfluß auf die Behandlung von Millionen von Kranken nahm und für Hunderte von Krankenhäusern und Privatkliniken maßgebliche Impulse gab. Ein paar Seiten über dieses oder jenes Medikament hatten die Macht, an der Börse die Aktien der entsprechenden Pharmafirma in die Höhe schnellen oder in den Keller rutschen zu lassen. Kurz, das *Journal* war eine der Bibeln der amerikanischen Medizin. Hier einen Artikel zu plazieren, war für Forscher und Kliniker, vom Nobelpreis einmal abgesehen, die allerhöchste Auszeichnung.

Mehr als viertausend Beiträge und Forschungsberichte landeten jedes Jahr auf dem Schreibtisch des Herausgebers. Weniger als vierhundert wurden angenommen, nicht einmal einer von zehn. Die strenge Auswahl bezeugte den Willen, nicht verfrüht aufzugreifen, was irgendwo Wirbel machte. Das *Journal* übte äußerste Zurückhaltung unter anderem dann, wenn eine neuartige Epidemie gemeldet wurde. Es hatte sechs Monate und eine offizielle Mahnung aus dem Gesundheitsministerium abgewartet, bevor es endlich über die von einer bestimmten Tamponmarke hervorgerufene Epidemie berichtete, von der Tausende von Frauen betroffen gewesen waren. Und gleichfalls ein halbes Jahr, bis es die Bilanz der berüchtigten Legionärskrankheit mit ihren zahlreichen Todesfällen zog.

»Haben Sie bei Ihren fünf Patienten immunologische Untersuchungen durchgeführt?« fragte Dr. Arnold Relman. Der Ton war nicht allzu verbindlich.

Als Nierenspezialist, der seine Ausbildung den exklusivsten Universitäten der Ostküste verdankte, kannte der Herausgeber des *New England Journal of Medicine* die fachlichen Spielregeln.

»Natürlich!« versicherte Michael Gottlieb.

»Welche?« hakte Arnold Relman nach, der sichergehen wollte, daß er es nicht mit einem jener quacksalberischen oder hemmungslosen Wichtigtuer zu tun hatte, die seine Zeitschrift mit ihren sensationellen Pseudoentdeckungen bombardierten.

Michael Gottlieb zählte die Labortests auf, die er bei seinen Patienten hatte vornehmen lassen, und ging sogar ins Detail der Untersuchungstechniken. Aber Arnold Relman blieb skeptisch.

»Sind Sie ganz sicher, daß es sich nicht schlicht und einfach um eine Leukämiegeschichte handelt?« fragte er weiter. »Haben Sie Knochenmarkproben entnommen?«

Vergeblich bot der Immunologe seine ganze Überzeugungskraft auf; das geheimnisvolle Übel, das in seiner Universitätsklinik fünf junge kalifornische Homosexuelle zum Siechtum verdammte, ließ den Mann, der für die angesehenste Fachzeitschrift der Welt verantwortlich zeichnete, kalt. Unter dem Vorwand, daß ohnehin lange Monate vergingen, bevor im *Journal* der kleinste Text gedruckt wurde, riet Arnold Relman seinem Gesprächspartner schließlich, seine Beobachtungen der Bundesbehörde für Seuchenbekämpfung in Atlanta zuzustellen. Deren wöchentliches Bulletin würde ihm die Möglichkeit bieten, am wirkungsvollsten und am schnellsten seine Entdeckung der amerikanischen Ärzteschaft zur Kenntnis zu bringen. Das werde das *New England Journal of Medicine* nicht hindern, »gegebenenfalls die Sache noch aufzugreifen«, schloß er das Gespräch.

10

Benares, Indien – Frühjahr 1981
Revolte im Palast des Maharadschas

Schwester Bandona erriet mühelos, woher das Mädchen kam, das sie in dem chaotischen Gedränge vor ihrer Behelfsambulanz entdeckt hatte. Der senfölglänzende, strähnige Haarschopf, die schokkierend grelle Schminke, der widerliche Patschuligeruch, der gehetzte Blick, alles verriet die Entlaufene von der Munshiganj Road, der Straße der Bordelle. Sie überging die Proteste der Leprakranken und holte sie aus der Warteschlange heraus. Unendliche Sanftmut mußte sie aufbieten, um das verwahrloste Mädchen soweit zu beruhigen, daß es sich ein paar Worte entlocken ließ. Nach und nach stellte sich heraus, daß die »Arbeitgeber« nach ihr fahndeten, um sie erneut zu verschleppen, sie zu bestrafen, vielleicht sogar zu steinigen. Ananda schluchzte, das Gesicht in den Händen vergraben. Plötzlich sah die Ordensschwester auf dem einen Handrücken den Flecken.

»Kleine Schwester, zeig mir einmal deine Hand«, sagte sie sanft.

Es war das charakteristische Symptom: Ein wenig Nasenschleim, unter das Mikroskop gebracht, bestätigte die Diagnose Lepra. Die Krankheit breitete sich offenbar rasch im Körper aus. Ohne sofortige Behandlung drohten irreparable Schäden.

Schwester Bandona strich der jungen Leprakranken über das fettige Haar.

»Hab keine Angst mehr, kleine Schwester, wir werden dich bei uns behalten und uns um dich kümmern, bis du geheilt bist. Niemand wird dir hier etwas antun.«

Die »kleine Leichenfledderin vom Ganges« senkte den Kopf. Solche Worte zu hören war eine Unberührbare nicht gewohnt. Nach einem langen Schweigen wagte sie aufzublicken. »Ich begriff nicht so richtig, was da mit mir passierte«, erzählte sie später. »Es war nur so, als hätte sich mein Karma plötzlich mit dem gesamten Gold der *Mahajan* geschmückt.«

Der Heilungsprozeß gestaltete sich lang und schwierig. Trotz hoher Sulfonamidgaben trat zunächst eine Verschlimmerung ein. Ananda spürte Kribbeln und immer wieder Juckreiz, sie hatte das Gefühl, irgendwelches Ungeziefer bahne sich einen Weg unter ihrer Haut, eine Flüssigkeit rinne an ihrem Körper herunter. Sie bemerkte an sich kugelförmige Hauterhebungen mit einer trockenrunzligen Mittelzone. Ihre Brauen fingen an auszufallen. Mehrere Monate dauerten diese Übel an, dann vergingen sie. Die Haut der Kranken sah nun aus wie Seidenpapier. Nach und nach gewann sie an den Stellen, wo die beiden ersten Flecken sich ausgebreitet hatten, ihre Empfindlichkeit zurück, bald reagierte sie nicht nur auf Nadelstiche, sondern auf leichte Berührung mit dem Finger. Das war das Zeichen, auf das Schwester Bandona gewartet hatte; sie wußte, daß die Lepra besiegt werden würde.

Ein anderes und weit tückischeres Leiden machte jedoch der jungen Inderin zu schaffen. Trotz der Liebe und Barmherzigkeit, von der sie sich umgeben sah, zeigte sie weiterhin die Reflexe des von der Gesellschaft geächteten Kindes. Sie achtete darauf, niemanden durch Berührung zu beflecken, hielt immer den Blick gesenkt, zuckte zusammen wie ein gejagtes Tier, wenn man freundlich nach ihr rief, schlich sich mit ihrer Essensration zu den räudigen Hunden. Schwester Bandonas Zuneigung glitt von ihr ab wie die Tropfen des Monsunregens. Später rechtfertigte sie sich: »Der Fluch meines Karmas war zu mächtig. Er durchtränkte jeden Zentimeter meiner dunklen Haut mit einem noch viel tieferen Schwarz. Die

Götter hatten mich zur Paria gemacht. Ihrem Willen mußte ich unterworfen bleiben. Ich war schuldig geboren. Ich hatte kein Recht, geliebt zu werden.« Zu dieser Überzeugung kam ein tiefsitzendes Mißtrauen. Zu oft war ihr übel mitgespielt worden, zu oft hatte sie Verrat erlebt, als daß sie nicht in der Güte der Schwestern einen unheilvollen Hintergedanken vermutet hätte. War es nicht schon passiert, daß ein Unbekannter auf einem Bahnsteig sie mit seiner »Großherzigkeit« grausam getäuscht hatte? Hatte sie nicht mehrfach Klage gehört über die Christen und ihre raffinierte Art, die Hindus zu bekehren?

Eines Tages nahm auch sie in dem kleinen Arbeitsraum Platz, wo mehrere Frauen, die genauso mittellos waren wie sie selbst, im Auftrag der Schwestern Säckchen mit Milchpulver oder *Dal*-Mehl füllten, die den leprakranken Müttern zukommen sollten. Hier erblickte sie zum erstenmal eine Fotografie von Mutter Teresa, wie sie ein bei der großen Flucht aus Bangladesch ausgesetztes Kind in den Armen hält. Dieses Dokument hatte die Ordensfrau, die 1979 den Friedensnobelpreis erhalten sollte, in der ganzen Welt berühmt gemacht. »Ihr Blick voller Freude und Zärtlichkeit schien alles Leiden der Menschheit umfassen zu wollen«, sagte Ananda. »Dieses Porträt bedurfte keiner erklärenden Unterschrift, keines Kommentars. Man konnte diese Frau nur immer wieder anschauen, sich vom Ausdruck des Gesichts durchdringen lassen, um irgendwann zu spüren, wie Traurigkeit, Scham und das Bedürfnis, Liebe zu geben, aus dem innersten Herzen hochstiegen.«

Endgültig legte sich das reflexhafte Mißtrauen der jungen Unberührbaren nach einem ernsten Zwischenfall. Er ereignete sich in dem großen Gewölbesaal, wo dichtgedrängt etwa dreißig Leprakranke im fortgeschrittenen Stadium lagen. Mehr eine Sterbe- als eine Krankenstation. Ein unerträglicher Geruch nach Fäulnis und Äther stieg von den fliegenbedeckten Körpern auf. Gerade kamen Schwester Bandona und Ananda herein, sie trugen eine Bahre, auf der bewegungslos ein Mann lag, dem man soeben ein Bein amputiert hatte. Da kein freier Platz mehr vorhanden war, hielt die

Schwester vor einem Patienten an, der noch relativ besser dran zu sein schien als die anderen.

»Ali«, sagte sie leise, »du mußt dein Lager für einen deiner Brüder freimachen, um den es viel schlechter steht als um dich.«

Der Kranke stemmte sich auf seinen Armstümpfen hoch und musterte murrend die Bahre mit der reglosen Gestalt. In diesem Moment passierte der Zwischenfall. Er kam so unvermutet, daß die beiden Frauen die Bahre fallen ließen. Aus der dunklen Schattenzone war vom Boden ein halbnacktes, fuß- und handloses Gespenst hochgeschnellt und hatte sich auf den Strohsack geworfen.

»Das Bett ist für mich!« brüllte der Mann und drängte dabei Ali mit der Stirn zum Rand. »Seit Tagen warte ich darauf, daß der Kerl hier abhaut und ich seinen Platz übernehmen kann. Macht, daß ihr fortkommt, ihr zwei Hündinnen!«

Wieder schnellte er vorwärts, rammte Schwester Bandona seinen Kopf in die Kniegegend. Dann packte er mit den Armstümpfen einen metallenen Eßnapf und hämmerte damit auf dem Fußboden herum. Ein anderer Leprapatient, ein bärtiger Mann mit einem Loch anstelle der Nase, ergriff seinerseits ein Eßgeschirr und verstärkte den Höllenlärm. Das war das Signal. Sehr schnell erfaßte die Revolte sämtliche Strohlager. Die beiden Frauen sahen sich einem Hagel von Stöcken, Krücken und Verbänden ausgesetzt. Sie wurden angespuckt, und sie atmeten einen widerlichen Geruch ein, nachdem die ersten Flaschen eines Desinfektionsmittels gegen die Wand geflogen waren. Ein solches Geschoß zerplatzte auf dem Bild des gekreuzigten Christus an der Wand hinter Alis Strohsack. Einzelne Stimmen wiederholten rhythmisch: »Wir sind Menschen, keine Hunde!« Oder: »Wir wollen ein Krankenhaus, keine Krepierstation!«

Geklapper der Eßgeschirre, Geschrei und Geschimpfe, Bombardement mit allen möglichen Gegenständen – der Krawall nahm immer mehr zu. Die Hand um das metallene Kruzifix an ihrem Rosenkranz gekrampft, regungslos wie eine Statue, so stand Schwester Bandona der entfesselten Horde gegenüber. Die zu Tode erschrokkene Ananda hatte sich hinter einem Pfeiler in Sicherheit gebracht.

Plötzlich hörte sie eine weibliche Stimme sich aus dem Tumult erheben. Feierlich, mit unglaublicher Ruhe schwang Schwester Bandona das Kruzifix ihres Rosenkranzes über den Köpfen hin und her, und selten war der Blick aus den Schlitzaugen gelassener, ja heiterer gewesen. »O Gott der Liebe, habe Mitleid mit deinen leidenden Kindern«, sang sie in psalmodierendem Ton, »o Gott der Liebe, schenke ihnen dein Mitleid.«

Die meuternden Leprakranken schienen verunsichert. Das Getöse wurde schwächer, dann plötzlich verstummte es. Der Haß, der die Gesichter verzerrte, machte besorgter Neugier Platz. Welche Strafe würde die Schwester Oberin gegen sie verhängen? Sie sahen, wie sie vortrat. Langsam ging sie durch die Reihen der Strohlager, bat jeden einzelnen, ihr das Gebet nachzusprechen, das sie gleich anstimmen werde. Lange sollte Ananda sich erinnern an den Anblick »dieser schmerzgequälten Hindus, Moslems und Christen, die da gemeinsam und im wiedergefundenen Frieden Satz für Satz das *Vaterunser* sprachen«.

Die Szene hatte die junge Unberührbare aufgewühlt und tief beeindruckt. Durch Schwester Bandona entdeckte sie einen Gott der Liebe. Sie entdeckte vor allem, daß auch sie selbst, genau wie diese Leprakranken, verdiente, geliebt zu werden.

Ein paar Tage später lag der Anstifter der Revolte, der struppige Geselle, dem schon Hände und Füße weggefault waren, im Sterben. Sein Lebenswille war stark, aber der angefressene Organismus hatte einer plötzlichen Blutvergiftung nichts mehr entgegenzusetzen. Weder Schwester Bandona noch sonst jemand vom Personal der Leprastation hatte in Erfahrung bringen können, wie er es geschafft hatte, sich im Saal einzuquartieren und unbemerkt zu bleiben. Er hatte tagelang zusammengekauert hinter Alis Lagerstatt gelebt und sich von Insekten und Abfällen ernährt. Nach der Meuterei hatte Schwester Bandona einen zusätzlichen Strohsack für ihn herbeibringen lassen. Als der Wundbrand offenbar wurde, brachte sie ihn persönlich in einer Fahrradrikscha zum Regierungskrankenhaus am anderen Ende der Stadt. Wie eine Löwin kämpfte sie für seine Aufnahme und Versorgung. Aber niemand, weder Ärzte noch

Pfleger, wollten diesen Todgeweihten ohne Familie und ohne Geldmittel akzeptieren. Verzweifelt mußte sie ihn wieder mitnehmen. Er starb wenige Tage später, und sein Körper – zumindest das, was davon übrig war – wurde zum flußaufwärts gelegenen Scheiterhaufen für Unberührbare geschafft. Während er mit dem Tode kämpfte, hatten Schwester Bandona und ihre Gefährtinnen sich ununterbrochen an seinem Lager abgewechselt. Sie wollten ihm ersparen, was Mutter Teresa als das grausamste Leiden erachtet: das Alleinsein.

Es bedurfte der Glaubensstärke dieser jungen Inderinnen, sonst wäre die ständige Konfrontation mit dem Tod nicht auszuhalten gewesen. Vor allem bedurften sie der unerschütterlichen Überzeugung, daß der Tod, um mit Mutter Teresa zu sprechen, nichts anderes war als »ein ganz normales Ereignis, die Heimkehr eines Menschen zu Gott, der ihn geschaffen hat«. Keinerlei vergleichbare Gewißheit jedoch half ihnen, sich Tag für Tag dem anderen großen Geheimnis zu stellen, dem des Lebens. Für Schwester Bandona war es durchaus keine Schande, »sich zuweilen geschlagen zu geben vor dem Flehen, den Schreien, der Verzweiflung, dem Wahnsinn der Kranken, in Ratlosigkeit zu versinken angesichts des Kreuzwegs, der so vielen Unschuldigen auferlegt wurde, sich selbst schwach und elend zu fühlen vor so viel Ungerechtigkeit und Unglück«. Eine einzige Waffe hatte Mutter Teresa ihren Schwestern an die Hand zu geben, um Mutlosigkeit und zorniges Aufbegehren zu überwinden: das Gebet. »Betet«, beschwor sie sie, »betet immer und immer wieder. Ohne Beten kein Glaube, ohne Glaube keine Liebe, ohne Liebe keine Hingabe, ohne Hingabe keine wahre Hilfe für Menschen in Not.« Mit besonderem Nachdruck forderte sie ein unaufhörliches, stilles Beten, ein Beten der Seele.

Stille! Im betäubenden Chaos von Benares ein leeres Wort und ein unwirklicher Traum. Um Ruhe und Andacht nicht ganz entbehren zu müssen, hatten die Schwestern ihre Kapelle in einem abgelegenen Raum eingerichtet, den die Architekten des Palastes ganz anderem Gebrauch zugedacht hatten. Kein Lärm, höchstens das gedämpfte Wäscheklatschen, das zur Arbeit der *Dhobi* unten am Ganges gehörte, oder die schrillen Schreie der Fledermäuse störten den Frieden des ehemaligen Dampfbades, das einst den Konkubinen des Maharadschas von Nepal vorbehalten gewesen war. Ein einfacher, mit einer großen Kerze geschmückter Tisch diente als Altar, und dahinter, an der mosaikgefliesten Wand, hing ein hölzerner Christus am Kreuz. Eine Inschrift neben dem dornengekrönten Haupt lautete: »I thirst – mich dürstet«; eine andere, unter den nageldurchbohrten Füßen: »Was ihr dem geringsten meiner Brüder getan habt, das habt ihr mir getan.«

Jeden Tag versammelte sich die kleine Gemeinschaft hier, um die Morgenmesse zu hören und die Eucharistie aus den kohlschwarzen Händen eines jungen Priesters zu empfangen, der in Kerala, einer südindischen Provinz, geboren war. Anschließend rezitierte Schwester Bandona die Psalmen des Tages, und ihre Gefährtinnen sprachen sie nach. An einem Morgen waren es Hymnen der Liebe, der Zuversicht, der Freude, am nächsten Schreie aus dem Leiden, aus der Not und der wilden Empörung, aber immer beschworen diese Verse eine Wirklichkeit, die alle hier unausweichlich erlebten. Es folgte eine Phase schweigender Anbetung. Danach warfen sich die Schwestern mit dem Gesicht zu Boden für jene Anrufung, die Mutter Teresa ihren über den Erdball verstreuten Missionarinnen der Nächstenliebe zur täglichen Pflicht gemacht hatte: »O Jesus Christus, der du soviel Mitgefühl gezeigt hast für die unendlich vielen Menschen in Not, der du dich gebeugt hast über die Leprösen, die Blinden, die Kranken, die Verkrüppelten, die Hungernden, die Verlassenen, die Gefangenen, der du dich ihrer angenommen hast und voller Liebe zu ihnen geredet hast, der du ihnen die Hoffnung gebracht und ihnen die Güte deines Vaters versprochen hast, o Jesus Christus, stehe uns bei. Hilf uns, deine Barmherzigkeit zu verbreiten.«

Eines Morgens im April erblickte Bandona hinten in der Kapelle eine Schattengestalt.

»Ananda!« rief sie überrascht.

Die ehemalige »kleine Leichenfledderin vom Ganges« nahm die Hand der Nonne und führte sie an ihre geheilte Wange.

»Ich bin gekommen, um deinem lieben Gott zu danken«, sagte sie und lächelte zum erstenmal.

Kein Zweifel, die ehemalige Leprösе erlebte eine religiöse Verwandlung, aber nach der Aufwallung von Dankbarkeit dem Gott ihrer Wohltäterinnen gegenüber kam dieser Prozeß erst einmal ins Stocken. Die Kapelle suchte sie nicht weiter auf. Schwester Bandona verlor jedoch nicht die Hoffnung; die in diesem Leprazentrum Tag für Tag vorgelebte tätige Nächstenliebe würde irgendwann dazu führen, daß die junge Hinduistin das Christentum für sich entdeckte. Die Zeit würde ihr Werk tun. Glauben kann man niemandem aufzwingen; zum Glauben kommt man durch Ansteckung. Vorläufig wies Ananda ihn zurück. Der Grund war die alteingewurzelte Unfähigkeit der Unberührbaren, sich anderen gleich zu fühlen. Da änderte es nichts, daß die Schwestern ihr vielfältige Beweise der Zuneigung gaben, daß sie ihren Schützling als gleichberechtigt ansahen und behandelten, unauslöschlich schien das Stigma der ehemaligen Paria Ananda. Alles, selbst die unbedeutendste Tätigkeit, blieb davon überschattet, kaum ein Tag verging ohne krisenhafte Zuspitzung.

Zum Ausbruch kam es stets, wenn Arbeit anstand, die traditionell den Unberührbaren zugemutet wurde. Sie, die im Glauben erzogen worden war, daß für ihre unreinen Hände keine Verrichtung zu niedrig sei, die ihre Kindheit damit verbracht hatte, die beflekkende Berührung der Toten auszuhalten, sie, zu deren widerwärtigen Pflichten es gehört hatte, die Latrinen in der Nähe der väterlichen Scheiterhaufen zu leeren, sie, die von Geburt an keinen Zutritt gehabt hatte zu den Tempeln der Hindugötter, sie sträubte sich, einen Besen oder Putzlappen zu ergreifen, um den Schwestern beim Reinigen der Leprastation, die sie doch aufgenommen hatte, zu helfen. »Diese Rebellion war ganz natürlich«, so Schwester Bandonas Erklärung. »Wie jede plötzlich ihrem Milieu und Schicksal entrissene Paria bildete Ananda sich ein, sie werde automatisch in unseren Augen wieder zur Unberührbaren, wenn wir sie baten, einen

Verstorbenen zu waschen oder die Latrinen sauberzumachen, während zum Beispiel eine zum Christentum bekehrte Brahmanin – unter uns waren viele Hindufrauen der obersten Kaste – ohne weiteres diese Arbeiten erledigte, sah sie darin doch einen Teil ihres Lebens im Dienste Christi.«

Mehrere Monate vergingen, bis Anandas Rebellion ihren Stachel verlor, erst dann fand sie sich bereit, die sterbliche Hülle eines Leprakranken zu waschen, zu bekleiden und mit Blumen zu schmükken. Es war ein Tag der Offenbarung für die junge Inderin. »Auch ich bin die Schwester aller Menschen«, sagte sie zu sich selbst, »auch ich habe ein Recht, zu lieben und von allen geliebt zu werden.«

Für die unermüdliche Schwester Bandona war dieser erste Sieg nur eine Etappe. Sie hegte einen viel größeren Plan: Ananda sollte begreifen, daß Gott sie noch mehr liebte als seine anderen Kinder. Sie wollte ihr helfen, das größte aller Geheimnisse zu ergründen, das Geheimnis der Liebe Gottes. Das sicherste Mittel, um zu diesem Ziel zu gelangen, war auch hier das vorgelebte Beispiel. Noch lange aber konnte die junge Unberührbare mit diesem Beispiel nichts anfangen.

»Warum verlierst du soviel Zeit damit, dich in der Kapelle einzuschließen und nichts zu tun?« fragte sie eines Tages Schwester Bandona. »Diese Zeit wäre doch besser angewendet für die Leprapatienten!«

Die Ordensschwester suchte nach einer Antwort, die in Anandas Vorstellungswelt etwas auslösen würde.

»Der Grund ist, daß ich mit Gott vermählt bin. Also muß ich einen Teil meiner Zeit ihm widmen.«

Schwester Bandona wußte, daß der Begriff der göttlichen Hochzeit allen Indern vertraut war. War es nicht so, daß *Bhakti*, die religiöse Philosophie der Hindus, die Anhänger Vishnus und Krishnas in leidenschaftlicher Liebe mit ihren Göttern vermählte, unterwarf sie sie nicht deren Willen »wie die liebende Frau ihrem Liebhaber unterworfen ist«? Folglich war die Notwendigkeit, sein Leben mit seinem Gatten zu teilen, eine Vorstellung, zu der die kleine Ex-Lepröse unmittelbaren Zugang hatte.

Geschickt führte die Nonne die Parallelität weiter aus. Kein Mensch käme auf die Idee, einen Mann anzuklagen, »seine Zeit mit seiner Gattin zu verlieren«, erklärte sie. Diese dem Partner gewidmete Zeit sei unabdingbar für die Harmonie des Paares. Menschen, die diese Zeit nicht fänden, müßten sich unausweichlich voneinander entfernen. Das gleiche gelte für sie und ihre Gefährtinnen des Leprazentrums. Auch wenn jede einzelne ihrer im Laufe eines Tages vollbrachten Handlungen eine an ihren Gott gerichtete Bekundung der Liebe darstelle, so seien sie es sich dennoch schuldig, ihm ihre Liebe direkt zu bezeugen, »fähig zu sein, jeden Tag ein oder zwei Stunden mit ihm zu verbringen, ihm ganz nahe zu sein«.

Wie Schwester Bandona es erhofft hatte, besiegte dieses Bild schließlich die Widerstände der jungen Inderin. Eines Abends, als sie sich gerade in der Kapelle niedergekniet hatte für ihre Stunde der Anbetung, vernahm die Nonne das leise Geräusch nackter Füße auf dem Marmorboden des ehemaligen Türkischen Bads. Sie wandte sich um und sah Ananda, die ihren Kopf mit einem weißen Baumwollschleier umhüllt hatte. Freundlich winkte sie sie heran. Dann wies sie auf den gekreuzigten Christus an der Wand und sagte mit klarer Stimme:

»Du siehst, o Herr, wir sind da. Wir sind total erschöpft, wir möchten im Stehen einschlafen, aber wir sind da, um mit dir zu sein, um dir zu sagen, daß wir dich lieben.«

11

Atlanta, USA – Frühjahr 1981
Ein ungewöhnliches Sonderfahndungskommando

Sandy Ford legte den Hörer auf und las noch einmal aufmerksam die Liste der Medikamente, die sie gerade in ihr Register übertragen hatte. Auf ihrer Stirn bildete sich eine Falte. Mein Gott, dachte sie, schon wieder eine Anforderung von Pentamidin! Die von heute morgen kam aus New York. Es war die sechzehnte, während sie im ganzen vergangenen Jahr gerade sieben verzeichnet hatte. Das Pentamidin war eines der ganz wenigen Medikamente, mit denen man gegen den Typ von parasitärer Pneumonie vorgehen konnte, den Michael Gottlieb bei fünf jungen Homosexuellen aus Los Angeles diagnostiziert hatte. Diese Krankheit war bisher so selten aufgetreten, daß der einzige Hersteller von Pentamidin, die britische Firma May & Baker, es nicht für rentabel befunden hatte, das Geld für die Zulassungsprozedur in den USA aufzuwenden. Wie einige andere Medikamente, mit denen man in Europa und Amerika äußerst seltene Krankheiten bekämpfen konnte, war das Pentamidin zu einer »Orphan drug«, zum »verwaisten Medikament«, geworden. Mit der Bezeichnung war gleichzeitig klargestellt, daß es nur eine einzige Bezugsquelle in den Vereinigten Staaten gab, den *Parasitic Disease Drug Service,* die Abteilung Pharmakologie parasitärer Krankheiten, wo Sandy Ford ihren Arbeitsplatz hatte.

Diese nichtkommerzielle Apotheke gehörte als einer von zahllosen Bestandteilen zu der eindrucksvollsten Organisation, die der Mensch geschaffen hat, um sich gegen Krankheit und Tod zu wehren, zu den *Centers for Disease Control*, der Bundesbehörde für Seuchenbekämpfung und Gesundheitsüberwachung. Der Hauptsitz dieser meist unter der Abkürzung CDC zitierten Gesundheitsbehörde, ein siebenstöckiges Backsteingebäude, nahm in einem Vorort von Atlanta die Fläche eines ganzen Viertels ein. Über die Eingangshalle, die von einem imposanten Marmorkopf der griechischen Göttin der Gesundheit, Hygieia, geschmückt war, gelangte man in einen wahrhaften Bienenstock, wo in Hunderten von Büros und Laboratorien mehr als viertausend Spezialisten emsig ihren einzigen Auftrag versahen: die Gesundheit des amerikanischen Volkes zu verbessern und zu schützen. Unter anderem verfügten die CDC über Epidemiologen, Mikrobiologen, Entomologen, Physiker, Chemiker, Toxikologen, Ärzte, Zahnärzte, Beamte der Gesundheitsverwaltung, Apotheker, Tierärzte, Schulberater, Statistiker, Wissenschaftsredakteure, Professoren für Sozialwissenschaften, Umweltexperten, Fachleute für Betriebshygiene. Ihr Aktionsfeld erstreckte sich in Bereiche, von denen der Laie keine Vorstellung hatte.

Ob es sich um die Vorbeugung gegen Arbeitsunfälle handelte oder um Umweltrisiken, um Familienplanung, gesundheitsgefährdendes Spielzeug, um Probleme der Ernährung und des Rauchens oder um die internationale Überwachung von Epidemien – die Zuständigkeit dieser Armee von Fachleuten und Forschern umfaßte praktisch sämtliche Gebiete des Gesundheitswesens. Ihren internationalen Ruf hatte die Behörde jedoch vor allem bei der vorbeugenden Bekämpfung und Kontrolle der ansteckenden Krankheiten und Seuchen erlangt. Gewissermaßen in letzter Instanz nahmen die Labors von Atlanta jedes Jahr aus Amerika und der ganzen Welt an die hundertsiebzigtausend Blut- und Organproben entgegen, die mit diagnostisch nicht enträtselten oder beherrschten Krankheiten infiziert waren. Die CDC waren weltweit die größte Zuchtanstalt für Bakterien, Viren und andere Mikroorganismen, eine Art Zoo des

Unsichtbaren, wo man Kulturen von nahezu ausgestorbenen Erregern wie dem der Pocken aufbewahrte, oder auch solche neuesten Datums wie den südamerikanischen Erreger, der zu schweren inneren Blutungen führt, oder die des Lassafiebers, des Marburgfiebers und des Ebolafiebers. Mit ihren riesigen Serum- und Gewebebanken, die mehr als zweihundertfünfzigtausend Einzelproben aller erfaßten Krankheiten enthielten, stellten die CDC das kollektive Gedächtnis dar, in dem sämtliche jemals irgendwo bei Menschen aufgetretene Endemien gespeichert waren. Ob Trinidad-Malaria, Bakterienstämme der afrikanischen Cholera, texanische Unterarten der Gehirnentzündung, Kinderlähmung, Flecktyphus oder Grippe, jede Probe war in einem elektronischen Katalog erfaßt und dort einer von zweihundertfünfzig Kategorien zugeordnet, wobei jeweils eine der drei Kennzeichnungen »Verfügbar«, »Verwendung eingeschränkt« und »Für zukünftige Verwendung« hinzukam.

Dieses auf Bakterien- und Virenjagd spezialisierte FBI der Medizin war im März 1942, drei Monate nach dem japanischen Angriff auf Pearl Harbour, entstanden. Es hieß damals zunächst Büro für die Bekämpfung der Malaria in den Kriegszonen. Installiert hatte man es in der Hauptstadt von Georgia, einem der Südstaaten, in denen die Malaria vorkam und wo sie für die zahlreichen Ausbildungslager eine ernste Bedrohung darstellte. Seine Zuständigkeiten waren nach und nach ausgedehnt worden, zuerst auf das Denguefieber, das ebenfalls von einer Stechmücke verbreitet wird, dann auf Gelbfieber und Flecktyphus. Im Jahr 1945 war zu den Einrichtungen ein Laboratorium hinzugekommen. Hier sollten die Tropenkrankheiten aufgespürt werden, die die GIs von den verschiedenen Schauplätzen des Zweiten Weltkriegs mitgebracht hatten.

Die Beendigung des Kriegszustands hätte eigentlich auch das Ende der Organisation bedeuten sollen. Aber hier stand ein in Gesundheitsfragen hoch spezialisiertes, eingearbeitetes Team zur Verfügung, und das bewog die Verantwortlichen in Washington sehr schnell dazu, das Büro weiterbestehen zu lassen. 1946 wurde es umbenannt in Bundesamt für übertragbare Krankheiten. Sehr bald erfolgte die Ausstattung mit einem ganzen Netz von Speziallabors, in denen Parasiten, Pilze, Bakterien, Bazillen und Viren studiert werden sollten. Im Jahre 1947 bezog man die Pest und weitere auf den Menschen übertragbare Krankheiten in die Aktivitäten dieses nationalen Instituts ein.

Nachdem 1951 ein Epidemiologischer Nachrichtendienst *(Epidemiology Intelligence Service)* geschaffen worden war, wandelte sich das Amt zum regelrechten Fahndungszentrum. Kampf gegen sämtliche Erreger, die der Volksgesundheit gefährlich werden können, so lautete der Auftrag. Als Speerspitze fungierte ein Elitekorps aus etwa einhundert jungen Ärzten, Tierärzten und Gesundheitsbeamten, die für zwei Jahre verpflichtet und einer intensiven Ausbildung unterworfen wurden. Die Detektive des EIS blieben Tag und Nacht abrufbereit, sie waren darauf eingestellt, das nächste Flugzeug nach einem beliebigen Punkt der Vereinigten Staaten oder des Globus zu besteigen, um an Ort und Stelle die Schuldigen an einer neuausgebrochenen Epidemie herauszufinden.

Systematisch hatten die CDC, die ihren heutigen Namen seit 1980 tragen, ihre Tätigkeit ausgeweitet, hatten sich immer neue Bereiche erschlossen. »Unser Auftrag lautet, die vermeidbaren Krankheiten und Todesfälle festzustellen und nach Möglichkeit auszuschalten«, pflegte ihr Generaldirektor Bill Foege zu erklären. »Das bedeutet, daß wir zum Beispiel die Südstaaten auf das Auftreten von Pferdeenzephalitis, Denguefieber, Gelbfieber überwachen müssen, daß wir die Grenzen, also ankommende Flugzeuge oder Schiffe, im Auge behalten müssen, daß wir das plötzliche Auftreten infektiöser Erkrankungen der Atemwege, die jedes Jahr Hunderttausende von Amerikanern das Leben kosten, aufmerksam registrieren müssen.«

Eine »Hot line«, ein rotes Telefon, gab rund um die Uhr Auskunft bei jeglichem Hilfeersuchen. Die tödliche Lebensmittelvergiftung bei drei New Yorkern nach dem Verzehr von verdorbenem Räucherlachs, der Erstickungstod eines Ehepaars in Virginia am Morgen nach einer Rattenbekämpfungsaktion in ihrem Haus, ein epidemisch auftretendes akutes rheumatisches Fieber bei Seeleuten der Marinebasis San Diego, die Verseuchung von hundertsiebenundfünfzig Besuchern einer Messe in North Carolina mit trimethoprimresistenten Bakterien, alles rief die CDC auf den Plan, und ihre Fahnder führten pro Jahr mehr als eintausendzweihundert Ermittlungen durch. Fast alle betrafen zwar wenig bedeutsame, lokale Vorfälle, aber etwa einhundertmal war doch ein massives Eingreifen angezeigt. Als Beispiel sei an jene merkwürdige Seuche erinnert, die im Juli 1976 in Philadelphia neunundzwanzig Veteranen der Amerikanischen Legion den Tod brachte.

Die CDC hatten sogleich mobil gemacht, um die Schuldigen der Tragödie zu entdecken. Ihre Detektivärzte versandten dreitausendfünfhundert Fragebögen, verhörten Hunderte von Tagungsteilnehmern, die Angestellten des Tagungshotels, die Bewohner und die häufigen Besucher des Stadtviertels. Sorgfältig gingen sie die Wetterberichte, den Zimmerbelegungsplan, das Programm der verschiedenen Veranstaltungen durch. Sie analysierten das Wasser, die Eiswürfelherstellung, das Eis, das Essen, untersuchten im Labor Kochtöpfe, Geschirr, Teile der Klimaanlage, Insekten, Hausstaub. Aber sie fanden für die zahlreichen Opfer nur einen einzigen gemeinsamen Nenner: die Krankheit selbst. Sie avancierte zur berühmtesten Seuche der Gegenwart. Nach vier Monaten angestrengter Bemühungen waren die Ermittler der angesehensten Gesundheitsorganisation der Welt nicht einmal so weit, daß sie den Infektionserreger eingrenzen konnten. War es ein Toxin? Ein Pilz? Eine Bakterie? Ein Bazillus? Ein Virus?

Die Fahndungsaktion schien auf blamable Weise im Sande zu verlaufen, da nahm sie doch noch eine spektakuläre Wende. Ein fensterloses Labor in Atlanta war der Schauplatz. Zwei Wissenschaftler entdeckten dort endlich in den Gewebeproben ihrer Versuchstiere den Schuldigen, eine gewöhnliche Bakterie, die sich als Aufenthaltsort die Luftzufuhr der Klimaanlagen des Kongreßhotels ausgesucht hatte. Die *Legionella pneumophila* war entdeckt, und nun hatten zahlreiche andere Fälle von tödlicher Lungenentzündung mit ungeklärter Ursache immerhin einen Namen.

Die Geschichte der CDC verzeichnete keineswegs nur Siege. In jenem Jahr hatten sie auch ein nationales Fiasko erlebt. Anlaß war die Schweinegrippe, eine auf den Menschen übergreifende Krankheit, gewesen. Überzeugt, der Ausbruch einer tödlichen Epidemie stehe unmittelbar bevor, hatten die Verantwortlichen mehr als hundertfünfzig Millionen Amerikaner impfen lassen. Doch die Seuche brach nicht aus, aber mehrere Hundert Menschen waren nach der Impfung gelähmt. Der Vorgang weitete sich zum politischen Skandal aus, und der Direktor der CDC mußte seinen Hut nehmen. Der Staat seinerseits wurde verurteilt, an die Opfer der unangebrachten Impfkampagne mehr als hundert Millionen Dollar zu zahlen.

Abgesehen von einer sich in Fieber und Hautausschlag äußernden Epidemie bei Frauen, die eine bestimmte Tamponmarke verwendeten, und vom gehäuften Auftreten von Dünndarmentzündung bei Bürgern des Staates Ohio, die Marihuana rauchten, hatte seit langem keine spektakuläre Affäre mehr den Spürsinn der Gesundheitsdetektive herausgefordert. Für das Mitglied des *Epidemiology Intelligence Service* Dr. Harold Jaffe, einen phlegmatischen Kalifornier, schien die einzige ernst zu nehmende Bedrohung der amerikanischen Volksgesundheit im letzten Viertel des Jahrhunderts darin zu liegen, daß »der Tripper gegen Antibiotika immer resistenter wird«. Vollauf mit dieser Bedrohung beschäftigt war sein siebenunddreißigjähriger Kollege Dr. James W. Curran.

Jim Curran war bei der CDC Leiter des Ermittlungsdienstes in der Abteilung für Geschlechtskrankheiten. Der eher schmächtige Arzt mit den wachsam-unruhigen Augen im ewig angespannten Gesicht war wirklich der Prototyp des Spürhundes von Atlanta. Den größten Teil seiner Karriere hatte er dem Kampf gegen die Gonorrhöe gewidmet, eine Geißel, die Jahr für Jahr fast eine Million Amerikaner traf. Unter den zahlreichen wissenschaftlichen Veröffentlichungen, zu denen diese Seuche ihn angeregt hatte, war eine erstaunliche Vergleichsstudie zur Immunresistenz gegenüber Gonokokken. Um eine möglichst schlagende Beweisführung zu erreichen, hatte er sich nicht gescheut, zwei sehr extreme Probandengruppen heranzuziehen: Prostituierte und Nonnen.

Der gute alte Tripper sollte nicht mehr lange die Hauptaufmerksamkeit des Expertenteams beanspruchen können. Bei der Bundesbehörde in Atlanta wie in den Praxen der Ärzte gab es in jenem Frühjahr 1981 Anzeichen dafür, daß die Front der sexuell übertragenen Krankheiten in Bewegung geriet. Jeden Tag läutete mittlerweile das rote Telefon, und irgendwelche beunruhigenden Beobachtungen wurden mitgeteilt. Der Anruf eines New Yorker Dermatologen Anfang April hatte die Wirkung einer kleinen Bombe. Dr. Fred Siegal erklärte, bei ihm seien mehrere junge Homosexuelle mit furchtbaren Ausbrüchen von perianalem Herpes in Behandlung. Die Geschwürbildung mache vor anderen Teilen des Körpers nicht halt. Dr. Siegal war machtlos und fragte an, zu welcher Strategie die Spezialisten der CDC in solchen Fällen rieten.

Als wenige Tage später zwei neue SOS-Rufe eintrafen, begaben sich Jim Curran und seine Mannschaft auf den Kriegspfad. Der erste Anruf kam aus Los Angeles. Nachdem Dr. Michael Gottlieb es nicht geschafft hatte, die wichtigste medizinische Zeitschrift Amerikas von seiner Entdeckung einer neuen Epidemie zu überzeugen, wandte er sich in geradezu flehendem Ton an die CDC. Er bat, im Wochenbulletin schnellstmöglich die Beschreibung jener fünf Fälle aus seinem Krankenhaus der UCLA zu veröffentlichen, in denen junge Homosexuelle an Pneumozystose dahinsiechten. Gewiß, das Bulletin von Atlanta hatte weder die Breitenwirkung noch das Ansehen des *New England Journal of Medicine*, aber der *Morbidity and Mortality Weekly Report*, der Wochenbericht über Krankheiten und Todesfälle – so hieß das knapp zwanzig Seiten umfassende Heft, das an siebenundfünfzigtausend Abonnenten verschickt wurde –, war ein unersetzliches Informationsinstrument innerhalb des nationalen Gesundheitswesens. In jeder Nummer gab es eine tabellarische Übersicht über Zahl und Ursachen der Todesfälle, die sich im Laufe der Woche in den hunderteinundzwanzig größten Städten der USA ereignet hatten. Andere Tabellen erfaßten sämtliche Fälle von Infektionskrankheiten. Verblüffende Dinge erfuhr man hier, so das Schicksal der acht Amerikaner, bei denen in den ersten zehn Monaten des Jahres 1980 eine Lepra entdeckt worden war.

Der MMWR hatte Informanten noch im kleinsten Dorf des Landes, sein allumfassender Beobachterblick verzeichnete die verschiedensten Phänomene. So fand man etwa den Praxisbericht eines Zahnarztes aus Virginia, in dem von alarmierendem Zahnschmelzschwund speziell bei Leistungsschwimmern die Rede war. Die Fahnder aus Atlanta hatten herausgebracht, daß im örtlichen Schwimmbad die Chlorkonzentration die Norm um das Hunderttausendfache übertraf. Oder man stieß auf die Nachricht, daß nach einem Schneesturm im Staat Colorado die Krankenhäuser von Denver vierzehnmal Finger abnehmen mußten, die in Schneepflüge geraten waren. Daß Ärzte in Puerto Rico, Florida oder Texas mit Überraschung festgestellt hatten, wie bei insgesamt zweiundsiebzig männlichen Flüchtlingen aus Haiti sich plötzlich ein Busen zu bilden begann, was auf Störungen des Hormonhaushalts aufgrund der unvermittelt besseren Ernährung zurückgeführt wurde.

Die Hälfte der Krankheits- und Todesfälle, die im Wochenbulletin näher dargestellt wurden, standen nicht zufällig im Zusammenhang mit Lebensmittelvergiftungen. So das Auftreten der Papageienkrankheit bei Truthahnzüchtern in Ohio oder von Asthma bei den Angestellten einer Fabrik für Krabbenkonserven in Alaska. Die Fälle von Typhus, Salmonelleninfektion und ähnlichen Vergiftungen des Verdauungstrakts, die von den Seuchendetektiven in ihrem kleinen Periodikum enthüllt wurden, ließen sich gar nicht mehr zählen. Auch wenn alles mögliche gebracht wurde, so hatte der MMWR doch seine Vorzugsthemen. Maßgeblich engagiert waren die CDC in der vorbeugenden Seuchenbekämpfung. Entsprechend widmete praktisch jede Nummer mindestens einen Text einem Syndrom von überörtlicher und überindividueller Bedeutung, so etwa der Flecktyphusepidemie, die von Flughörnchen ausgelöst wurde, der Tollwutepidemie bei den Ratten der Ostküste, der Virushepatitisepidemie in einem Dorf der mexikanischen Sierra Madre, oder schließlich der berüchtigten Legionärskrankheit von Philadelphia.

Dr. Michael Gottliebs Beobachtungen wurden vom Repräsentanten der CDC in Los Angeles gebührend überprüft, aber dann machte das eher bescheidene Bulletin von Atlanta damit Medizingeschichte.

Sie erschienen am 5. Juni 1981 unter der Überschrift »Fälle von Pneumozystose – Los Angeles« auf Seite 2 von Band 30, Heft 21 – einer historischen Nummer, hatte sie doch erstmals in der Welt eine Krankheit zur Sprache gebracht, von der eine schreckenerfüllte Menschheit demnächst unter dem Namen AIDS Kenntnis nehmen würde. Eher in den Bereich der Klatsch- als der Fachgeschichte gehörte es, daß der Chefredakteur des MMWR es nicht für opportun gehalten hatte, dem Thema die Titelseite einzuräumen. Er wählte lieber einen Artikel über zwei amerikanische Touristen, die in der Karibik Urlaub gemacht und sich dabei das Denguefieber zugezogen hatten, eine mit Hautausschlag verbundene gutartig verlaufende Krankheit, die von der Gelbfiebermücke übertragen wird.

Die fünf von Michael Gottlieb in seiner sechsundvierzig Zeilen umfassenden »Mitteilung« vorgestellten Fälle muteten nämlich nicht unbedingt sensationell an: Es handelte sich um homosexuelle junge Männer, die sich untereinander nicht kannten, von denen mindestens zwei schon einige sexuell übertragbare Krankheiten gehabt hatten, die allesamt zu giftigen Schnüffeldrogen gegriffen hatten und die nun an Pneumozystose litten, jener berüchtigten parasitären Lungenentzündung, die ausschließlich Organismen ohne Immunabwehr überwältigt. Allerdings ließ Michael Gottlieb gleich eingangs keinen Zweifel an der Schwere der Erkrankung, denn zwei seiner Patienten waren bereits gestorben.

Der zweite SOS-Ruf, der in jenem Frühjahr 1981 Jim Curran und seine Mannschaft in Aktion treten ließ, kam aus der Hauptstadt der Ostküste, aus New York. Der Chefarzt und Abteilungsleiter der Medizinischen Fakultät der Universität New York, Dr. Alvin E. Friedman-Kien, meldete das überraschende epidemische Auftreten eines anderen extrem seltenen Übels. Es hatte keinerlei Ähnlichkeit mit der Krankheit, die sich in Los Angeles ihre Opfer suchte, außer eine: Es befiel ebenfalls junge homosexuelle Männer, deren körpereigene Abwehr aus unerklärlichem Grund zusammengebrochen war.

12

Latrun, Israel – Frühjahr 1981
Zwei Körper stürzen in die Tiefe

»Halleluja, Halleluja!« schrieb Bruder Philippe Malouf an seine Eltern im Libanon. »Gott hat mir alles gegeben: Er hat mir im Herzen seiner Schöpfung Wohnung gewährt.« Mit diesen schlichten Worten brachte der Ex-Guerillakämpfer der christlichen Falangeverbände zum Ausdruck, wie glücklich er war, seiner mönchischen Berufung in der Abtei der Sieben Schmerzen leben zu dürfen, hier in Latrun, am Kreuzungspunkt der ältesten Straßen der Menschheit. Seit er seine Tage außerhalb der Klostermauern verbrachte, damit beschäftigt, die Weinberge der Priorei zu betreuen und deren Produkte an die Besucher zu verkaufen, verging keine Woche, ohne daß sein Pflug der Erde irgendein vorgeschichtliches Steinwerkzeug, die Scherbe eines kanaanitischen Tontäfelchens entriß, Dinge, die bezeugten, daß Gott diesen Ort zur Wiege seiner Schöpfung auserkoren hatte. Mit Hilfe von Bruder Antonius, einem aus Ur, der Geburtsstadt Abrahams, stammenden jungen Iraker mit rotem Kinnbärtchen, hatte Philippe Malouf das kleine Museum, das er vorgefunden hatte, in größere Räumlichkeiten verlegt. Jeden Abend nach der Vesper setzte er sich dort an einen Tisch und befestigte seine weltlichen Reliquien auf Gipssockeln. Er versah sie mit Etiketten, gruppierte sie nach Epochen auf den Regalen, wo Generationen von Flaschen mit Chablis und Muscadet einander abgelöst hatten.

Die häufigen Besuche der beiden amerikanischen Archäologen, die unweit, an der Stätte der antiken Stadt Gezer ihre Grabungen durchführten, halfen Philippe Malouf, sich zurechtzufinden im gewaltigen Strudel der Kulturen, deren Andenken seine Fundstücke wachhielten. Sie tauschten einzelne Stücke aus, verglichen ihre Entdeckungen. Josef Stein und Sam Blum hatten es sich zur Gewohnheit gemacht, sonntags unter den Kreuzgewölben der aus weißen Steinen erbauten Kirche dem Hochamt beizuwohnen. Wenn der Gesang der Mönche verklungen war, lud der Bruder Herbergsverwalter, ein knochiger, sonnengegerbter Riese, der einem Gemälde von Zurbarán entsprungen schien, sie zum Mittagessen in den Speisesaal, der den Übernachtungsgästen vorbehalten war und dessen blaßgrüne Wände keinen weiteren Schmuck trugen als ein Kruzifix aus Olivenholz. Die Spezialitäten des Menüs – Lauch in Vinaigrette und Kaninchen in Senfsauce – waren vermutlich im ganzen Orient nicht leicht wiederzufinden. Eine stilecht zubereitete und servierte Tasse türkischer Kaffee, danach ein Gläschen Brandy oder Pfefferminzlikör, beide wurden in der Abtei hergestellt, rundeten das ungewöhnliche Liebesmahl im Kloster ab. An Feiertagen erhielt Philippe Malouf vom Abt die Erlaubnis, seine beiden Freunde nach Gezer zu begleiten, »und gemeinsam tauchte man für ein paar faszinierende Stunden hinab in die Urgründe der Geschichte«.

Der schneeweiße Hügel erhob sich aus der Ebene wie eine Festung. Wachtposten über der berühmten Via Maris, der altehrwürdigen Straße, die Jahrtausende hindurch Orient und Okzident verbunden hatte, auf einer Anhöhe erbaut, das war Gezer, die Stadt im Herzen eines Landes, das wie kaum ein anderes die Heimat des Menschen ist. Immer schon hatte diese außergewöhnliche Stätte die Archäologen angezogen. Josef Stein, Sam Blum und ihre Mannschaft von der amerikanischen Schule in Jerusalem waren hier, um im Rahmen ihrer Ausgrabungsexpedition hinunter zu einer dreißigsten Schicht vorzustoßen und diese freizulegen. Es war eine herkulische Arbeit, bei der ihnen eine Hundertschaft von arabischen und jüdischen Arbeitern zu Hand ging. Ein dreißig Meter tiefer

Schacht war ausgehoben worden. Um die Tonnen von Erde und Schutt hochzuschaffen, hatten sie ein ganzes System von Winden installiert und ein kompliziert verzahntes Gerüst hinuntergebaut, wie es kühner auf kaum einem Ausgrabungsfeld anzutreffen war.

»Christ ist erstanden!« Nie war ein Osterfest so voller Verheißungen gewesen. Nachdem Bruder Philippe Malouf in seiner Abteikirche das Mysterium der Auferstehung des Erlösers gefeiert hatte, dem er sein Leben geweiht hatte, war er auf dem Weg zu einem geschichtsträchtigen Ort, um dort die Auferstehung der sterblichen Werke, die Gottes Geschöpfe geschaffen hatten, zu feiern. Zu seinem österlichen Besuch ihrer Grabungsstelle Gezer hatten seine Archäologenfreunde zwei eindrucksvolle Überraschungen bereit. Zunächst eine gerade erst endgültig freigelegte kanaanitische Terrasse, die zehn steinerne Grabsäulen und ein gewaltiges, aus einem Monolith gehauenes Becken einschloß – kolossale Zeugnisse dafür, daß diese Stadt im Altertum ein bedeutendes religiöses Zentrum gewesen war. Die zweite Überraschung war eine bemerkenswerte Entdeckung. Mit dem Erreichen der dreißigsten Schicht hatten Josef Stein und Sam Blum soeben den Eingang zu einem Tunnel freigelegt. Siebzig Meter weit in den Felsen vorgetrieben, führte dieser Tunnel zu einer riesigen, wie eine unterirdische Kathedrale geformten Höhle, die angefüllt war mit einem überreichen Schatz. Wenn man ihn sah, begriff man, warum Menschen der vorgeschichtlichen Zeit hier eine Stadt gegründet hatten. Und warum Millionen durch die Jahrtausende hindurch diesen Ort bewohnt hatten. Der Schatz war Wasser.

Die Besichtigung begann mit einem Erinnerungsfoto. Seltsame Dreieinigkeit, diese drei Männer von so verschiedener Herkunft, die sich da miteinander in Positur stellten. Josef Stein mit seinem Prophetenbart und Sam Blum mit seiner Anarchistenbrille hatten Philippe Malouf in seiner Kutte in die Mitte genommen.

Sam Blum nahm die Spitze, als die drei Freunde nun in die erste Leiter einstiegen. Der Eingang zum Tunnel war rund dreißig Meter tiefer. Von Zeit zu Zeit löste sich ein Felsstückchen von der Wand des Schachts und schlug auf dem Weg nach unten mit einem wiederholten »Bim« gegen die Rohrverstrebungen des Gerüsts. »Es war wie heller Gesang aus der Morgenröte der Zeiten«, so wird der Mönch es ausdrücken. Und dann passierte die Tragödie.

Alles ging so schnell, daß Josef Stein nie mehr die wirkliche Reihenfolge der Bilder, die seine Netzhaut trafen, rekonstruieren konnte. »Ich glaube eine Sandale von Philippe gesehen zu haben, die sich im Saum seiner Kutte verfing«, so sein Bericht. »Sein rechter Fuß war abgerutscht. Er verlor das Gleichgewicht, kippte ins Leere. Er versuchte noch, sich festzuhalten, bekam aber die Leitersprossen nicht zu fassen. Er stieß einen Schrei aus. Sam begriff blitzschnell die dramatische Situation direkt über seinem Kopf, er streckte den Arm aus, um den Stürzenden aufzuhalten. Der aber rammte ihn von oben und kippte ihn aus der Leiter. Ich hörte zwei unmenschliche Schreie und sah meine Freunde gemeinsam in der Tiefe verschwinden.«

13

New York, USA – Frühjahr 1981
Die merkwürdigen violetten Flecken eines Wiener Arztes

Die kleinen schwarzen Augen des New Yorker Arztes waren plötzlich weit aufgerissen. Noch nie hatte der sechsunddreißigjährige Dr. Alvin E. Friedman-Kien eine so hemmungslose Ausbreitung von Hautläsionen erlebt. Das gesamte Gesicht des Patienten – Stirn, Wangen, Nase, Oberlippe, Kinn – war mit merkwürdigen unregelmäßigen Flecken von rötlich-blauer Farbe übersät. Als hätte man ihn für eine burleske Opernrolle geschminkt. Dabei war Alvin Friedman-Kien einiges gewöhnt. In seinem Fachgebiet hatte er es grundsätzlich mit Störungen zu tun, die für das Auge sichtbar waren. Gerade das hatte ihn übrigens an der Dermatologie gereizt. Schon immer war er von Formen und Farben fasziniert gewesen. Mit acht Jahren hatte er angefangen zu malen und zu modellieren. Ein paar Jahre später hatte er ein Labor für Meeresbiologie besichtigen können, und von da an hatte sein Interesse an einer bunten Bilderwelt sich in die wissenschaftliche Richtung weiterentwickelt. Staunend hatte der Junge das phantastische Gewimmel des Unterwasserlebens wahrgenommen, und das Studium der Fische war seine Leidenschaft geworden. Er hatte begonnen, alle möglichen Fischarten zu sammeln, ganz gewöhnliche ebenso wie äußerst seltene. Unermüdlich hatte er unter dem Mikroskop die prachtvolle Vielfalt ihrer Schuppen betrachtet, hatte jeden Quadratmillimeter ihrer Haut untersucht, auch die unscheinbarste Flosse noch seziert. Der magische Anblick der Aquarien hatte seine Berufung zum Tierbiologen geweckt. Als jedoch die Berufswahl wirklich anstand, hatte Alvin Friedman-Kien die Wasserfauna im Stich gelassen und der menschlichen Spezies den Vorzug gegeben: Er beschloß, Arzt zu werden. In den Hörsälen der Medizinischen Fakultät von Yale begegnete er dem akademischen Lehrer, der ihm bald den Weg seiner Spezialisierung weisen sollte – der berühmte Biochemiker und Dermatologe Erren Learner hatte gerade das Geheimnis der Hautpigmentbildung gelüftet.

Achtzehn Jahre später war aus dem ehemaligen Goldfischsammler nicht nur selbst ein Dermatologe geworden, als Forscher von Rang hatte er den Lehrstuhl für Dermatologie und Mikrobiologie an der renommierten Medizinischen Fakultät der Universität New York inne. Die Arbeit des Klinikers und die des Virologen im Labor gingen bei ihm Hand in Hand, und so hatte er als einer der ersten bei der Behandlung von bis dahin als unheilbar geltenden Krankheiten Interferon eingesetzt, jene gegen Viren ungemein wirkungsvolle Substanz, die von den weißen Blutkörperchen ins Blut abgegeben wird.

Seine Experimente mit Aciclovir hatten die Wirksamkeit des einzigen Medikaments gezeigt, das gegen Herpes zur Verfügung steht: Herpes, das von den Amerikanern mit einem großen H stigmatisierte »rote Fieber«, eine der Plagen, die mit der sexuellen Befreiung über das Land gekommen waren. Jetzt, im Frühjahr 1981, war seine Arbeit an einem Impfstoff gegen diese äußerst unangenehme Krankheit so weit vorangeschritten, daß man in ihm einen der kommenden Nobelpreisträger sah. Bis der Aprilmorgen kam, der zur überraschenden Wende in Alvin Friedman-Kiens Berufsleben werden sollte.

Der Patient, der gerade in seinem Sprechzimmer Platz genommen hatte, war ein junger Schauspieler vom Broadway. Von den krankhaften Hautveränderungen abgesehen machte er einen sehr gesunden Eindruck.

»Es ist grauenhaft, Herr Doktor, ich schaffe es nicht mal mehr, diese Flecken unter der Schminke zu verbergen«, stöhnte er und betastete vorsichtig sein Gesicht.

Ein Blick hatte dem Facharzt für die Diagnose genügt. Die Gestalt und die violette Farbe dieser Hautläsionen waren absolut spezifisch für eine wohlbekannte Krankheit. Aber seine gesamte ärztliche Erfahrung sträubte sich gegen einen solchen Urteilsspruch. Wußte er doch, daß die fragliche Krankheit niemals junge Menschen befiel und daß sie nahezu ausschließlich im innersten Afrika sowie an den Rändern des Mittelmeers auftrat. Der Wiener Dermatologe, der sie 1872 erstmals beschrieb, hatte nicht ahnen können, welchen Widerhall seine Entdeckung ein Jahrhundert später finden würde. Die fünf Fälle von Hautgeschwürbildung mit tödlichem Verlauf, die damals von Professor Moritz Kaposi der Kaiserlich-Österreichischen Medizinischen Akademie vorgetragen wurden, sollten zu Grundmustern eines besonderen Typus von Hautkrebs werden, der eines Tages zu den charakteristischen Befunden der Krankheit AIDS zählen würde.

Außer in Afrika war das Kaposi-Sarkom, wie es nach seinem Entdecker genannt wurde, über lange Zeit so selten geblieben, daß ein Spezialist wie Alvin Friedman-Kien zugab, er habe in seiner ganzen Laufbahn gerade ein knappes Dutzend Fälle zu Gesicht bekommen. Befallen wurden stets ältere Männer jüdischer oder romanischer Herkunft, und als seltene Exemplare führte man sie in den Krankenhäusern und klinischen Vorlesungen vor. Ihre Krankheit entwickelte sich normalerweise so langsam, daß sie fast alle an etwas anderem starben. Und nun, an einem Morgen im April, veränderte das schlimm entstellte Gesicht eines jungen Theaterschauspielers diese beruhigende Kenntnislage. Am Abend noch bestätigte eine Biopsie die Diagnose, und der Kliniker verfiel in abgrundtiefe Ratlosigkeit.

Was in den folgenden Wochen passierte, wird Alvin Friedman-Kien im Gedächtnis haften als »eine komplette Sequenz aus einem Katastrophenfilm«. Zuerst erhielt er den Anruf eines Kollegen, der eine Allgemeinpraxis betrieb. »Ich habe hier einen Patienten mit äußerst sonderbaren Hautsymptomen. Können Sie ihn sich anschauen?« An den Schock, den der Besucher ihm verursachte, würde sich der Dermatologe noch lange erinnern. »Innerhalb vom kaum zwei Wochen hatte ich es mit zwei Fällen einer extrem seltenen Krankheit zu tun. Mitten in New York. Bei zwei jugendlichkraftvollen Amerikanern.«

Das zweite Opfer eines Kaposi-Krebses war ein junger, erfolgreicher Innenarchitekt von der Fifth Avenue. Die ersten Symptome seiner Krankheit waren mehrere Monate zuvor aufgetreten. Nach einem dramatischen, von heftigem Fieber begleiteten Gewichtsverlust, nächtlichen Schweißausbrüchen und einer Entzündung sämtlicher Lymphknoten war er ins Krankenhaus gekommen. Da seine Milz auf das Doppelte angeschwollen war, hatte man sich zu einer Entfernung entschlossen. Keine Untersuchung jedoch hatte Klarheit gebracht über den Ursprung der Störungen. Ein paar Tage später, als seine Entlassung schon unmittelbar bevorstand, hatte er auf seinen Beinen »komische bläuliche Flecken« entdeckt. Der diensthabende Assistenzarzt hatte die Achseln gezuckt. »Sie müssen sich gestoßen haben. Ganz gewöhnliche kleine Blutergüsse.« Der junge Innenarchitekt war in seine Wohnung zurückgekehrt. Zwei Wochen später erschienen ähnliche Flecken auf seinem Oberkörper, seinem Hals, seinen Armen, seinem Gesicht und sogar in seiner Mundhöhle. In Panik eilte er zu seinem Hausarzt. Angesichts solcher Symptome hilflos, hatte dieser den Dermatologen Alvin Friedman-Kien angerufen.

Mit der Energie, mit der auch Dr. Michael Gottlieb sich seiner mysteriösen Pneumozystose-Epidemie zugewendet hatte, machte sich der Dermatologe daran, die ungefähr fünfhundert Fälle von Kaposi-Tumoren durchzugehen, die seit 1872 in der medizinischen Literatur beschrieben worden waren. Sodann unterzog er seine beiden Patienten einem unerbittlichen Verhör. Beide waren homophil und sexuell sehr aktiv. Sie kannten einander nicht und hatten auch keine gemeinsamen Partner, dafür hatten sie mit einschlägigen Krankheiten so ziemlich die gleichen Erfahrungen aufzuweisen: Syphilis,

Gonorrhöe, Parasitosen, Herpes, Hepatitis B. Beide pflegten außerdem zu sogenannten »Poppers« zu greifen, Schnüffeldrogen auf der Basis von Amylnitritlösungen, die ihren Namen dem leisen »Pop« verdanken, das beim Öffnen des Fläschchens zu hören ist. Zu den weiteren Eigenschaften dieser Aufputschmittel gehört, daß sie die Gefäße, und zwar insbesondere die des Glieds und der Analschleimhaut, erweitern.

Tagelang suchte Alvin Friedman-Kien nach einem Indiz für den Ursprung des tragischen Übels. Er schrieb an sämtliche als »gay« bekannten New Yorker Ärzte, die Zulauf von homosexuellen Patienten hatten. Er fragte sie, ob sie bei dem einen oder anderen dieser Patienten violette Läsionen der Haut festgestellt hätten. Die Antworten fielen negativ aus. Alvin Friedman-Kien wollte schon aufgeben, als ihn eine Krebsspezialistin seines eigenen Krankenhauses anrief. Ihre Abteilung habe, so teilte sie mit, im Laufe der letzten zwei Jahre diverse Fälle von Krebs zu behandeln gehabt, bei denen auch Hautsymptome ähnlich denen seiner beiden Patienten festgestellt worden seien. Es seien stets Homosexuelle unter vierzig Jahren gewesen. Sie waren alle gestorben. Nein, ein Dermatologe war nicht hinzugezogen worden. »So ein Irrwitz«, erregte sich Alvin Friedman-Kien noch im nachhinein, »nur weil jede Abteilung in einem großen Krankenhaus wie mit Scheuklappen vor sich hin arbeitet, war eine Epidemie unbemerkt geblieben!«

Der Arzt bezwang seinen Zorn. Wenn der Kaposi-Krebs den Homosexuellen seiner Stadt bereits so übel mitgespielt hatte, dann mußte er unweigerlich auch anderswo zugeschlagen haben. Er rief Kollegen in Chicago, Los Angeles, San Francisco an. Wie zu erwarten, waren tatsächlich in mehreren Krankenhäusern Patienten mit violetten Hautflecken behandelt worden.

In San Francisco hatte ein junger Krebsspezialist vom General Hospital gerade erst auf der Haut und im Mund eines zweiundzwanzigjährigen homosexuellen Prostituierten, dessen Arbeitsfeld die Saunas des amerikanischen Sodom waren, einen Ausbruch von vergleichbaren Pusteln entdeckt. An der Universität hatte keine Lehrveranstaltung den mittlerweile achtundzwanzigjährigen Arzt

Paul Volberding dafür gerüstet, es mit einem solchen Krankheitsbild aufzunehmen. Der einsachtzig große, athletisch gebaute Farmersohn aus Minnesota hatte sich für die Onkologie entschieden. Als Kind hatte er oft über die elterlichen Felder hinweg zu den modernen Glasbauten hinübergespäht, aus denen eine der Hochburgen der Krebstherapie bestand, die weltberühmte Mayo-Klinik. Nun, bis zum heutigen Tag hatte sich noch kein Patient mit ähnlichen Läsionen in seiner Abteilung eingefunden. Paul Volberding wußte nicht, was tun, und fragte einen der bekanntesten Dermatologen von San Francisco um Rat.

Dr. Marcus A. Conant, fünfundvierzig, war selbst homophil und als Arzt spezialisiert auf sexuell übertragbare Krankheiten. In den sechziger Jahren, als Tausende von jungen Leuten der Hippie-Bewegung sich auf den Hügeln von Ashbury Park ansiedelten, um sich zu lieben, mittels LSD auf den Paradies-Trip zu gehen, den Vietnamkrieg zu schmähen und ihr Recht auf Glück zu verkünden, hatte Marcus Conant einigen der Opfer dieses unbürgerlichen Lebenswandels unentgeltlich ärztliche Hilfe geleistet. Und heute trennte nur ein Hügelkamm sein Sprechzimmer in der Klinik der Universität von Kalifornien von den berüchtigten Straßen des Castro, jener Homosexuellenenklave, in der auch seine Wohnung lag. Die Exzesse, deren Schauplatz das Viertel war, bescherten ihm Tag für Tag ein volles Wartezimmer. Dennoch hatte auch er nie einen Fall gesehen wie den, welchen Paul Volberding ihm zuführte.

Dessen Diagnose verblüffte ihn. Wie jeder Dermatologe wußte er, daß das Kaposi-Sarkom äußerst selten und dann auch nur bei Männern vorkam, die das sechzigste Lebensjahr überschritten hatten. Marcus Conant und Paul Volberding befragten ihre Kollegen an der Westküste. Michael Gottlieb, der Immunologe, der soeben im Bulletin der CDC von Atlanta bekanntgegeben hatte, daß eine unheimliche Lungenentzündungsepidemie die jungen Homosexuellen von Los Angeles bedrohte, bestätigte ihnen, daß in seinem Krankenhaus soeben mehrere Fälle von Kaposi-Krebs identifiziert worden seien und daß der Patiententyp der gleiche sei. In Stanford, unweit von San Francisco, hatte dieser spezielle Hautkrebs gerade erst einen jungen Redakteur des *Advocate*, einer an der Westküste vielgelesenen Zeitschrift, umgebracht. In New York kam Alvin Friedman-Kien bei seiner Zählung innerhalb von wenigen Tagen mühelos auf dreißig gleichgelagerte Fälle. Auch hier waren ausschließlich Homosexuelle betroffen, die erstens jung und zweitens sexuell sehr aktiv waren.

Das Übel, das sie befallen hatte, war nur allzu sichtbar, und entsprechend schwer taten sie sich, es hinzunehmen. Die meisten fühlten sich regelrecht als Aussätzige. Wer die Mittel hatte, versteckte sich im Einzelzimmer einer Privatklinik. Andere verkrochen sich zu Hause. Wieder andere versuchten sich umzubringen. Sehr oft blieben die Tumore nicht auf die Haut beschränkt. Sie griffen auch das Gewebe der inneren Organe an: Kehlkopf, Speiseröhre, Darm, Lunge. Die Ärzte waren machtlos. Keine Behandlung schlug wirklich und vor allem dauerhaft an. Nicht einmal die Chemotherapie oder die Strahlentherapie.

Es dauerte nur ein paar Monate, dann war der eine von Alvin Friedman-Kiens Patienten nur noch ein Wrack, als Toter auf Abruf lag er auf seinem Krankenhausbett über dem East River. Eine Woche vor dem tatsächlichen Exitus sollte der Dermatologe, der in verzweifelter Hilflosigkeit dem Leiden zusah, einen der erschütterndsten Momente seines Daseins erleben. Beim Betreten des Patientenzimmers sah er sich plötzlich einem athletischen, dynamisch wirkenden Mann gegenüber und nicht mehr dem Todkranken, den er seit Monaten behandelte. Im ersten Moment glaubte er an eine Halluzination. In Wirklichkeit handelte es sich um den Zwillingsbruder des Kranken, von dessen Existenz der Arzt nichts gewußt hatte. Seit einem schweren Streit vor zehn Jahren hatten die beiden Brüder einander nicht mehr gesehen. Mit Mühe verbarg Alvin Friedman-Kien seine Überraschung. Und plötzlich überkamen ihn schwere Schuldgefühle. »Mein Gott«, so sein Selbstvorwurf, »hätte ich das gewußt, dann hätte ich eine Knochenmarkübertragung versuchen können. Vielleicht hätte sie bei dem armen Kerl die Immunabwehr reaktiviert und ihm so das Leben gerettet.«

Der Dermatologe fragte von da an jeden neuen Patienten, ob er einen Zwillingsbruder habe.

Später sollte Alvin Friedman-Kien bedauern, daß die Behörde für Seuchenbekämpfung in Atlanta so zögernd auf seinen Appell reagierte. Sechs Wochen vergingen, bevor Jim Curran mit einem Team von Detektivärzten in New York eintraf, um seine ersten Feststellungen zu überprüfen. Merkwürdigerweise erwähnten dem New Yorker Arzt gegenüber weder Jim Curran noch sonst ein Teamkollege die Epidemie, die am anderen Ende von Amerika Michael Gottlieb festgestellt hatte. Die Verantwortlichen der CDC brauchten noch mehrere Wochen, bis sie zwischen den beiden Alarmmeldungen einen Zusammenhang sahen. Am 4. Juli 1981, einen Monat nach Bekanntgabe der Lungenepidemie, die in Los Angeles homosexuelle junge Männer dahinraffte, schockte ein zweiter Artikel des Bulletins von Atlanta die Fachwelt. Unter dem Titel »Kaposi-Sarkom und Pneumozystose bei den Homosexuellen männlichen Geschlechts« befaßte sich der Text mit den ersten sechsundzwanzig von Alvin Friedman-Kien ermittelten Fällen. Dieser war auch der Hauptverfasser, gezeichnet hatten den Artikel außerdem die verschiedenen niedergelassenen Ärzte, die ihm zugearbeitet hatten. Das Direktorium der CDC hatte dem Bericht einen dringenden Appell an die gesamte Ärzteschaft beigefügt. Die Aufforderung lautete, »äußerst wachsam zu sein angesichts der Bedrohung durch Kaposi-Krebs, Pneumozystose und andere Krankheiten, die jederzeit bei männlichen Homosexuellen mit geschwächtem Immunsystem auftreten können«.

Aber weder in Atlanta noch in New York, Los Angeles, San Francisco, dort also, wo die ersten Opfer dieser mutmaßlichen Seuche bekanntgeworden waren, war in diesem Frühsommer 1981 irgend jemand in der Lage, auch nur die Andeutung einer Antwort auf die einzige wirkliche Frage zu erbringen: Warum befanden sich diese männlichen Homosexuellen im Zustand der Immunschwäche?

14

Paris, Frankreich – Sommer 1981
Die letzte Reise des Air-France-Stewards

Das berühmte Bulletin der Mikrobenfahnder von Atlanta, der MMWR-Wochenbericht über Erkrankungen und Sterbefälle, hatte in Frankreich einen treuen Abonnenten. Mit seiner krausen Mähne, seinem selten aus der Hand gegebenen Motorradhelm und seiner ewigen Gauloise zwischen den Lippen sah der sechsunddreißigjährige Dr. Willy Rozenbaum mehr nach einem Rocksänger aus als nach einem hervorragenden Vertreter des bekannt konservativen medizinischen Establishments im Land von Louis Pasteur. Trotzdem war dieser nicht eben hochgewachsene, aber energiesprühende Franzose, der unablässig nach dem wirklich Neuen auf der Lauer lag, ein Arzt von hohen Graden.

Seine Laufbahn hatte er als Dreiundzwanzigjähriger auf der Intensivstation eines Krankenhauses begonnen, dessen Hauptaufgabe es war, Sterbende ins Leben zurückzuholen. Als Toxikologische Zentralklinik für den Großraum Paris nahm das Hôpital Fernand-Widal alle schweren Vergiftungsfälle auf, deren Ursache Unfall beziehungsweise Selbstmordversuch war. Die Intensivmedizin, die in den fünfziger Jahren begründet worden war, als es galt, die Opfer der durch Kinderlähmung verursachten Atemnot zu behandeln, eröffnete aufregende Perspektiven. Vor allem für einen jungen Arzt, der von dem brennenden Wunsch erfüllt war, Leben zu erhalten.

»Es war schon phantastisch«, so Willy Rozenbaum später. »Sie müssen sich vorstellen: Wir halfen einem Menschen, der scheinbar schon tot war, ins Leben zurück, wir konnten dem Tod eins auswischen.« Bei Vergiftungen hatte die Technik der Wiederbelebung seit einigen Jahren sensationelle Fortschritte gemacht. Die Rettungschance lag inzwischen bei fünfundneunzig Prozent.

Sein erstes »Wunder« hatte das engelhafte Gesicht einer Botticelli-Madonna. Die ganze Station verliebte sich in Véronique, zuletzt war sie fast eine Art Maskottchen des Reanimationsteams. Mit sechzehn Jahren hatte sie nicht mehr leben wollen. Um ganz sicherzugehen, hatte sie eine volle Schachtel Rattengift geschluckt. Da dieses spezielle Produkt im Handel nicht mehr erhältlich war, war es unmöglich gewesen, das genaue Gegengift herauszufinden. Eine vorprogrammierte medizinische Katastrophe. Für den reglosen, schmächtigen Körper, den der Notarztwagen brachte, standen die Überlebenschancen eins zu einer Million: tiefe Bewußtlosigkeit, Atemstillstand, Kreislaufkollaps, Nierenversagen, schwere Lähmungserscheinungen. Nach sechs Monaten Intensivstation inmitten eines Gewirrs von Schläuchen, Sonden und Kabeln, die an alle möglichen Apparate angeschlossen waren, kam dann doch der Erfolg: Véronique kehrte auf die Erde zurück. Zwar blieben schwere Dauerschäden – Verlust des Gehörs, Ausfall einer Niere –, aber sie konnte das Krankenhaus verlassen.

Willy Rozenbaum hatte sie danach besucht. Er wollte begreifen, warum sie hatte sterben wollen. Dann hatte er ihren unglaublichen Lebenshunger erkannt und weiteres Fragen aufgegeben. »Véronique atmete das Leben in vollen Zügen. Sie war geheilt.« Eines Tages jedoch hatte sie ihn nach einem gemeinsamen Kinobesuch unvermittelt gebeten, ihr bei einem erneuten Selbstmordversuch zu helfen. Sie erklärte ihm, daß es für sie auf dieser Welt zwar viel Schönes gebe, aber eben auch Dinge, die ihr die Lust zum Weiterleben nähmen. Die Todessehnsucht der jungen Véronique hatte dem angehenden Arzt eine Grundwahrheit nahegebracht. »Allmählich lernte ich zu akzeptieren, daß der Tod zu unserem Schicksal gehört«, formulierte er es später. »Ich sah ein, daß der manchmal wahnhafte

Kampf des Arztes, Leben zu erhalten, nicht immer siegreich ist. Um es mit Freud zu sagen: Immer behält der Tod das letzte Wort.«

Dr. Willy Rozenbaum wird sich mit dieser Verliererrolle niemals wirklich abfinden, aber er wird auch nie die Botschaft vergessen, die ihm das Maskottchen des Hôpital Fernand-Widal zu hinterlassen schien. »Die Verbesserung der Lebensqualität wiegt genausoviel wie die Verlängerung der Lebensspanne um jeden Preis.« Daß ein Reanimationsspezialist keineswegs allmächtig ist, war ihm bewußt. »Mit ihren an Wunder grenzenden Leistungen rettet die Intensivmedizin viele Menschen«, sagte er. »Die Leute packen es noch einmal, aber wenn man an die Lebensqualität denkt, dann kann man ihnen nicht immer gratulieren. Das seelische Leiden besteht in den meisten Fällen weiter.«

Um mit diesem Problem fertig zu werden, wechselte Willy Rozenbaum auf ein anderes Feld der Medizin, das er sogleich für »genauso aufregend wie die Intensivmedizin« erklärte. In der Tat eröffneten ihm die Infektionskrankheiten eines der dankbarsten Gebiete, eines der wenigen, wo die Erfolgsstatistik an die Hundert-Prozent-Marke heranreicht – seit dem Aufkommen der Antibiotika. »Zuckerkrankheit, Bluthochdruck, Niereninsuffizienz, das wird alles fleißig behandelt, aber nicht geheilt«, so sein Kommentar. »Während man nach überstandener Infektion, und sei es auch der schlimmsten, wieder ein normales Leben führen kann.«

Bald darauf bot sich dem ehemaligen Intensivarzt die einmalige Gelegenheit, seinen ganz eigenen Beitrag zu leisten. Damals gehörte die Statistik der Infektionskrankheiten – oder anders gesagt, die Betrachtung eines Gesundheitsproblems nicht unter individuellem, sondern unter kollektivem Aspekt, also die epidemiologische Untersuchung – noch nicht zu den Anliegen, denen die französische Medizin Dringlichkeit beimaß. Mit der Ankunft Willy Rozenbaums vor einem Pavillon des Pariser Claude-Bernard-Krankenhauses an einem Februarmorgen des Jahres 1979 sollte diese bedenkliche Lücke wenigstens teilweise geschlossen werden. Der Arzt auf seiner 1000er Kawasaki brachte nicht viel als Werkzeug mit:

von der Universität ein paar hastig erworbene Scheine in Statistik und Informatik, sein jugendliches Alter von dreiunddreißig Jahren und vor allem den Ehrgeiz, die weltweit angesehene französische Medizin mit einem Instrument der öffentlichen Gesundheitspflege auszurüsten, das ihr bis dahin offensichtlich fehlte.

Der erste Eindruck war eher abschreckend; der Krankenhauskomplex erinnerte an die trostlos aufgereihten Baracken eines Kriegsgefangenenlagers, so daß Willy Rozenbaum nicht das Gefühl hatte, einen Tempel der modernen medizinischen Wissenschaft zu betreten. Immerhin jedoch hatte der Winzerssohn, dem das Hospital seinen Namen verdankte, im letzten Jahrhundert eine der ganz wesentlichen Körperfunktionen entdeckt: die Fähigkeit der Leber, die von den Muskeln benötigte Energie zu speichern. Aber das Claude-Bernard-Krankenhaus hatte sehr viel mehr zu bieten als einen berühmten Namen. Es hatte sich auf Infektions- und Tropenkrankheiten spezialisiert und war zu einem der bedeutendsten Institute für die Erforschung bakterieller und parasitärer Erkrankungen geworden. Generationen von Militärs, Beamten, Missionaren und Siedlern, die das Abenteuer des französischen Kolonialimperialismus überlebten, hatten hier Heilung der Schäden gesucht, die ein langer Überseeaufenthalt ihrem Organismus zugefügt hatte. Später hatte der in Mode gekommene und bald explosionsartig zunehmende Ferntourismus dafür gesorgt, daß die Kette der Patienten nicht abriß. Eine Welle neuartiger Krankheitsbilder war über das Krankenhaus hereingeschwappt. Kurz, das Hôpital Claude Bernard stellte ein grandioses Versuchslaboratorium für den jungen Arzt dar, der davon träumte, in seinen Computern unter individuellem wie kollektivem Aspekt die Erinnerung an sämtliche Infektionen zu speichern, die hier behandelt wurden.

Da er begierig war, sich die Erfahrungen und Methoden des Auslands zunutze zu machen, hatte Willy Rozenbaum selbstverständlich eine Pilgerfahrt zum Mekka der Welt-Epidemiologie, den CDC in Atlanta, angetreten. Dort hatte er dann auch das MMWR abonniert, den Wochenbericht über Todes- und Krankheitsursachen. Er war einer der wenigen französischen Leser dieses erstaunlichen kleinen Periodikums, und er las darin so andächtig wie in einem Gebetbuch. »Nichts ist erregender, als jede Woche das kollektive Gesundheitsbulletin eines Riesenlandes wie der USA im Briefkasten zu finden und darin all das kleine und große Elend der Nation zu entdecken«, so seine späteren Worte. »Es gibt nichts, was die Lust zum Forschen und die Wachsamkeit stärker anregt. Bei jedem unserer Treffen, wo wir die neueste Literatur wenigstens oberflächlich aufarbeiteten, legte ich mich ins Zeug, um die ungewöhnlichen Beobachtungen aus dem kleinen Bulletin meinen Pariser Kollegen zu vermitteln. Leider war es fast immer die gleiche Pleite. Damals, am Beginn der achtziger Jahre, hatten die Franzosen mit der Epidemiologie noch nichts im Sinn.«

Die Seuche des Jahrhunderts sollte an dieser Apathie wenigstens rütteln.

Es war wie jeden Dienstag, Dr. Willy Rozenbaum konnte nicht widerstehen und schlitzte sogleich den dunkelbraunen Umschlag mit dem aufgedruckten Stempel des amerikanischen Gesundheitsministeriums auf. Wenn man nach dem Hauptartikel ging, dann versprach das MMWR vom 5. Juni 1981 keine besonders aufregenden Neuigkeiten. Daß zwei amerikanische Touristen sich während ihres Karibikurlaubs das Denguefieber geholt hatten, war sicher kein medizinisches Weltereignis. Willy Rozenbaum wollte das Bulletin schon zur Seite legen, las aber doch noch den zweiten Artikel an, der ihn neugierig machte. Daß fünf junge Homosexuelle in Los Angeles von einer rätselhaften Pneumozystose befallen worden waren, gehörte denn doch zu den interessanten Neuigkeiten. Willy Rozenbaum war ein gut informierter Arzt, das Auftreten dieser von Parasiten verursachten Lungenentzündung war ihm nicht unbekannt. Er wußte zum Beispiel, daß sie während des Zweiten Weltkriegs die unterernährten Kinder des Warschauer Gettos befallen hatte. Er wußte ebenfalls, daß manchmal Frühgeburten zu den Opfern zählten. Schließlich wußte er, daß die mikrobischen Schmarotzer sich explosionsartig bei geschwächten Patienten vermehren konnten, also solchen Kranken, deren körpereigenes Abwehrsystem gegen

Infektionen gestört oder defekt war. Hatte man nicht in den sechziger Jahren festgestellt, daß der Einsatz von immunsuppressiven Therapien bei Krebs oder bei Organverpflanzungen das Auftreten dieser Krankheit begünstigte? Wo aber, um Himmels willen, war das verbindende Element zwischen den Kindern von Warschau, den Frühgeburten, den Krebskranken, den Patienten mit Organtransplantationen und den fünf Homosexuellen von Los Angeles?

Willy Rozenbaum grübelte über diese Frage nach, als die Sprechstundenhilfe den ersten Patienten des Tages hereinführte. Es war ein etwa dreißigjähriger Mann, der als Steward bei der Air France arbeitete. Er litt an hohem Fieber und an chronischem Durchfall. Außerdem hustete er.

»Sie müssen wissen, Herr Doktor, ich habe gerade drei Wochen Urlaub am Nil hinter mir«, erklärte er. »Irgend etwas ganz Gemeines muß ich mir da eingefangen haben.«

Willy Rozenbaum fragte nach. Der Durchfall war in Ägypten plötzlich aufgetreten, ohne eindeutige Ursache, und Medikamente hatten nichts genützt. Dann, im Laufe des Gesprächs, kam unter anderem heraus, daß Air France ihn auf der Atlantik-Route eingesetzt hatte und daß er sehr häufig die Strecken Paris–New York und Paris–Los Angeles flog.

Darmstörungen nach Tropenaufenthalten – Ruhr, Amöbenruhr, Typhus – waren etwas, was Willy Rozenbaum hundertfach erlebte. Schließlich war sein Krankenhaus, das Hôpital Claude Bernard, hierauf spezialisiert. Neu und auffällig hingegen war die Kombination solcher Befunde mit einem trockenen, hartnäckigen, ja unbesiegbaren Husten. Geradezu pedantisch widmete er sich der Auskultation, dann nahm er ratlos hinter seinem Schreibtisch Platz. Schweigend dachte er nach, als sein Blick wieder auf das MMWR fiel, das auf Seite zwei aufgeschlagen schräg vor ihm lag. »Ich war auf einmal hellwach«, beschrieb er die Situation später. »Ich sah einen Zusammenhang zwischen seinen häufigen Zwischenstops in Los Angeles, seiner Krankheit und den fünf jungen Homosexuellen, über deren Schicksal ich gerade einen Kurzbericht gelesen hatte. Ich beschloß, diesem Zusammenhang nachzugehen.«

Willy Rozenbaum sandte einen Hilferuf an einen Kollegen, den Lungenspezialisten Charles Mayaud, ließ den unglücklichen Steward stationär aufnehmen und ordnete als erstes eine Alveolarspülung an, eine technisch aufwendige Untersuchung, die aus den Lungenbläschen Proben der Parasiten zutage fördert. Die Untersuchung wurde mehrmal wiederholt, dann aber stand unwiderruflich fest: Der Patient litt an derselben Krankheit wie die jungen Homosexuellen, die zwölftausend Kilometer weiter westlich im Krankenhaus lagen: an einer scheinbar unerklärlichen Pneumozystose.

Von da an sah sich der Pariser Arzt der gleichen Herausforderung gegenüber wie sein amerikanischer Kollege Michael Gottlieb. Wo lag die Ursache des Übels? Eine theoretische Erklärung gab es, und sie lautete in Paris wie in Los Angeles gleich: Diese Art von parasitärer Lungenerkrankung konnte sich ausschließlich dort entwikkeln, wo aus besonderen Gründen das Immunsystem versagte. Da die beiden Ärzte Willy Rozenbaum und Charles Mayaud das Versagen der körpereigenen Abwehr nicht begründen konnten, forschten sie zunächst in Richtung eines möglichen Lymphdrüsenkrebses, mit anderen Worten, sie überprüften die weißen Blutkörperchen, die hier eventuell in ihrer Wächterfunktion versagt hatten.

Während sie Bluttests und weitere Laboranalysen in die Wege leiteten, erinnerten sie sich nach und nach an ehemalige Patienten, die die gleichen Symptome aufgewiesen hatten. Alle waren aus letztlich unbekannter Ursache gestorben. Die Krankheit der fünf Homosexuellen von Los Angeles, das schien inzwischen mehr als wahrscheinlich, war weder amerikanisch noch neu, sondern eine Weltkrankheit, und es gab sie schon lange.

15

Atlanta, USA – Sommer 1981
Ein nicht alltäglicher Autopsiefall für die hübsche Martha

Jim Curran entwickelte eine furiose Energie. Der wildentschlossene Mikrobenjäger mit den Wühlmausaugen hatte trotzdem größte Mühe, seine schwerfällige Riesenbehörde, die CDC, aus ihrer Apathie zu reißen und die Skepsis der zahlreichen Kollegen zu erschüttern, für die diese »Schwulengeschichte« in erster Linie »lächerlich aufgebauscht« war beziehungsweise »wie eine Seifenblase zerplatzen« würde. Für ihn selbst war die Frage einfach und ungeheuer kompliziert zugleich. Was tun, um auf der Stelle die Ausbreitung der Epidemie zu stoppen? War ein ganz bestimmter Krankheitskeim schuld wie in allen Fällen von Lebensmittelvergiftungen? Was hatten die Homosexuellen gemeinsam, das zum Indiz werden könnte? Natürlich hatte er zuallererst einen Vergleich mit der Hepatitis-B-Epidemie gezogen und an ein sexuell übertragbares Virus gedacht. Diese Hypothese war ziemlich unerfreulich, denn nichts ist schwieriger, als ein Virus unschädlich zu machen. Sollte man bei den berüchtigten »Poppers« ansetzen, zu denen viele Kranke anscheinend gegriffen hatten? Konnten sie sich als der gemeinsame Nenner der verschiedenen Infektionen herausstellen? Oder bedeutete die Tatsache, daß die Homosexuellen ihre speziellen Treffpunkte hatten, nämlich Saunas, Diskotheken, die Hinterzimmer bestimmter Bars, daß Umweltfaktoren beteiligt waren?

Seltsam genug, aber die allzeit wachsame und effiziente Behörde in Atlanta schien schlecht gerüstet, um eine Antwort auf derart viele grundverschiedene Fragen zu finden. Es sah so aus, als wäre der Epidemie mit den herkömmlichen Ermittlungsmethoden nicht beizukommen. Das Problem, das ihr zugrunde lag, konnte weder als rein venerologisches noch virologisches, noch toxikologisches und auch nicht als eines der Umwelt eingegrenzt werden, sondern war vermutlich ein Konglomerat aus allen vieren. Daher auch Jim Currans Entschlossenheit, Fachleute verschiedener Disziplinen heranzuziehen und zu einem handlungsfähigen Team zusammenzufassen.

An diesem Julimorgen konnte er den ersten konkreten Erfolg verbuchen. Im Konferenzraum des Generaldirektors hatte sich der Leitungsstab der CDC vollzählig versammelt, um eine *Task force*, eine »Eingreiftruppe« gegen die tückische Epidemie ins Leben zu rufen. Versammelt waren Epidemiologen, Cancerologen, Immunologen, Virologen, Parasitologen, Umweltfachleute, Experten für Geschlechtskrankheiten und für chronische Krankheiten, Datenverarbeitungsspezialisten und sogar Soziologen.

Zunächst ernannte die neue Task force Jim Curran zu ihrem Chef, dann faßte sie ihren ersten Beschluß. Um schlagkräftig handeln zu können, mußte man sämtliche Parameter des zu bekämpfenden Übels kennen. Das war der oberste Grundsatz der Epidemiologie. Die Begründer dieser noch jungen Wissenschaft hatten eine Forschungstechnik entwickelt, die sie *Case control study* nannten – »Vergleichende Fallstudie«. Mit dieser Methode stellte man eine große Anzahl von Opfern einer bestimmten Krankheit einer großen Anzahl von gesunden Individuen vergleichend gegenüber, um die signifikanten Unterschiede zu ermitteln. Unter anderem hatten die CDC auf diese Weise den Kausalzusammenhang zwischen Rauchen und Lungenkrebs festgestellt. Das Werkzeug war jeweils ein Fragebogen von zwanzig, ja dreißig Seiten. Der Erfolg der Untersuchung hing davon ab, wieviel die Rubriken thematisch abdeckten und wie gezielt jede einzelne Frage formuliert war.

Nun, an diesem Vormittag im Monat Juli fühlten sich weder Jim

Curran noch ein einziger seiner Kollegen in der Lage, einen solchen Fragebogen zu erarbeiten. »Wir hatten einfach nicht genügend Grundinformationen über die Patienten«, erklärte Dr. Harold Jaffe, der sanftmütige Kalifornier vom *Epidemiology Intelligence Service*, später. »Wir wußten nicht, wo wir ansetzen sollten. Keiner von uns hatte bisher mit der neuen Krankheit unmittelbar zu tun gehabt. Wichtig war, daß wir uns erst einmal vor Ort begaben, daß wir die Opfer trafen, mit ihnen redeten und herausbekamen, was für eine Art Leben sie geführt hatten und führten.«

Ein Dutzend Mitglieder der Task force flogen von Atlanta zu den wichtigsten Zielorten, wo sich Krankheitsfälle und eventuelle Verdachtsmomente häuften: Los Angeles, San Francisco, New York und Miami. Harold Jaffe beispielsweise ließ sich von einem örtlichen Gesundheitsbeamten begleiten und konnte mit mehreren Patienten in San Francisco und Stanford sprechen. Der Zustand dieser Männer war für ihn eine schlimme Überraschung. Sie standen wirklich an der Schwelle des Todes. Dabei hatten sie fast alle stets auf ihre Gesundheit, ihre Ernährung, ihr Gewicht geachtet. Nicht zuletzt deshalb hatten sie immer Sport getrieben. Sie waren allesamt sehr jung. Sie stammten überwiegend aus wohlhabenden Familien und waren beruflich in guten bis sehr guten Positionen. Wie hatten sie es geschafft, all das zu zerstören, um nun Krebskranken im letzten Stadium zu gleichen?

Mit Verblüffung nahm der Abgesandte aus Atlanta zur Kenntnis, welch aktives Sexualleben diese Männer geführt hatten. »Sie hatten Hunderte, ja Tausende von Partnern gehabt. Da sie es sich finanziell leisten konnten zu reisen, hatten sie ihrer Libido an sämtlichen Ecken und Enden der USA gefrönt.« Schließlich bestätigten seine Unterhaltungen den massiven Gebrauch diverser giftiger Substanzen, insbesondere den der »Poppers«. »Meinen Interviewpartnern zufolge waren es die reinsten Wundermittel«, so Harold Jaffe. »Nicht nur erweiterten sie die Blutgefäße des Penis und der Analschleimhaut, sie wirkten gleichzeitig blutdrucksenkend und damit orgasmusverlängernd.« Er hatte schon manche Ermittlung durchgeführt, aber zum einprägsamsten Erlebnis seiner Laufbahn wurde die Exkursion in eine Bar von San Francisco, wo nach Auskunft mehrerer Patienten die besten »Poppers« der Stadt zu bekommen waren, solche, die keinerlei Kopfweh hinterließen. Im kalifornischen Sodom gab es mehrere Schlupfwinkel für den homosexuellen Sadomasochismus, und das Lokal war einer davon. Kein sehr einladender Ort mit seinem Ambiente von Ketten und Folterinstrumenten und seiner entsprechenden Fauna von bärtigen Männern in schweren Lederkombinationen, genagelten Stiefeln und metallbeschlagenen Gürteln. Harold Jaffe zögerte, bevor er eintrat. Er spürte, wie sein korrekter Beamtenanzug die feindseligen Blicke auf sich zog. Schließlich bahnte er sich einen Weg zur Theke.

»Geben Sie mir von Ihrem besten Zeugs, zwei oder drei Fläschchen«, sagte er in verlegenem Ton zu dem Barmann.

Der griff hinter sich in den mächtigen Kühlschrank und holte mehrere Ampullen heraus, deren Etikett den Hersteller verriet: Burroughs Wellcome Co., die hochangesehene Pharmafirma, stellte das Produkt her, um Angina-pectoris-Patienten zu beliefern. Des weiteren holte er drei Fläschchen von der Größe eines Parfüm-Probeflakons hervor; das Etikett Disco Roma wies sie als die gesuchtesten aller Poppers aus. Harold Jaffe steckte die Ware in die Anzugtasche, zahlte dreißig Dollar und verließ eilends das Lokal. »Nur eines machte mir angst«, erzählte er später lachend, »daß nämlich diese verdammten Poppers während des Rückflugs in meinem Koffer explodieren und ihren widerlichen Geruch nach verfaulten Bananen durch das ganze Flugzeug verbreiten könnten.« Unmittelbar nach seiner Ankunft in Atlanta übergab Harold Jaffe die Fläschchen zur chemischen Analyse an seine Kollegen von der Toxikologie.

Was Jim Curran in New York an Informationen eingebracht hatte, versprach mindestens ebenso nützlich zu sein im Hinblick auf den Fragebogen, den seine Task force von ihm erwartete. Der unermüdliche Arztdetektiv stattete systematisch all jenen Patienten Besuche ab, die der Dermatologe Alvin Friedman-Kien als Kaposi-Fälle gemeldet hatte. »Noch nie hatte ich diese Art von Hautkrebs gesehen«, berichtete er. »Die violetten Flecken waren eindrucksvoll, zumal zahlreiche Patienten wundersamerweise bei guter Gesundheit schienen. Besonders der Broadway-Schauspieler wirkte athletisch und sah überhaupt grandios aus. Zufällig waren wir beide im gleichen Vorort von Detroit groß geworden. Wir hatten dieselben Schulen besucht, waren in dieselbe Kirche gegangen. Er erzählte mir von dem Drama, das seine Homosexualität in diesem Milieu ausgelöst hatte. Ich konnte einfach nicht glauben, daß all diese häßlichen Flecken auf seinem Gesicht die direkte Folge davon waren, daß er beschlossen hatte, sein Anderssein auszuleben. Er zeigte sie mir auf seinem ganzen Körper und zwang sich dabei zu einem Lachen. Noch zeigte seine Krankheit nicht das schauerliche Gesicht, das sie ein paar Wochen oder ein paar Monate später zeigen würde, aber ich wußte bereits, daß es nichts zu lachen gab.«

Nach Atlanta zurückgekehrt, ließ Jim Curran aus den Registern, die Sandy Ford, die junge Frau vom *Parasitic Disease Drug Service*, verwaltete, sämtliche Anforderungen von Pentamidin heraussuchen. Über dieses gegen die Pneumozystose eingesetzte Medikament, das in den USA nur bei den CDC erhältlich war, fand man die Spur mehrerer Homosexueller, die 1979, 1980 und 1981 verstorben waren. Vor allem stellte man fest, daß sie in New York, Los Angeles, San Francisco oder Miami gelebt hatten, womit die Vermutung gegeben war, daß die Seuche in diesen vier Städten ihren Ursprung hatte. Als nächstes setzte der Chef der Task force die lokalen Korrespondenten der CDC in den achtzehn größten Städten Amerikas auf die Archive der Gesundheitsämter an. Es sollten alle in den vergangenen drei Jahren einwandfrei festgestellten Fälle von Kaposi-Sarkom und Pneumozystose erfaßt werden. Schließlich veranlaßte er eine landesweite Telefonaktion, bei der die Direktoren von etwa dreißig Krankenhäusern sowie zahlreiche niedergelassene Ärzte befragt wurden. Kein Fall von Pneumozystose oder Kaposi durfte seiner Behörde verborgen bleiben.

Es war genau fünf Uhr an diesem Septembermorgen, als in einem Vorort von Atlanta im Schlafzimmer einer jungen Frau das Telefon läutete. Dr. Martha Rogers schreckte hoch und tastete nach dem

Hörer. Die sechsundzwanzigjährige hübsche, dunkelhaarige, aus Georgia gebürtige Ärztin war erst vor wenigen Wochen vom *Epidemiology Intelligence Service* der CDC eingestellt worden. Der Anruf kam aus Fort Lauderdale in Florida.

»Nehmen Sie das erste Flugzeug. Er ist gerade gestorben.«

Martha Rogers und ihre Kollegen von der Task force warteten seit Tagen auf diesen Anruf. Die Bundesbehörde in Atlanta war vom Krankenhaus in Fort Lauderdale benachrichtigt worden, daß ein fünfunddreißigjähriger Kaposi-Patient, dem die Metastasen keine Chance mehr ließen, seinen Körper der Wissenschaft vermacht hatte. Die Gelegenheit würde so schnell nicht wiederkommen. Martha Rogers hatte den Auftrag, an der Autopsie teilzunehmen und von den verschiedenen krebsbefallenen Organen Proben sicherzustellen. Die Analyse der Gewebestücke würde unter Umständen hochwichtige Informationen über die Ursachen der Epidemie erbringen. Die Fachleute in Atlanta hatten anhand der Krankengeschichte eine erste Liste erstellt. Martha Rogers sollte sie an Ort und Stelle ergänzen, falls im Verlauf der Sektion noch unbekannte Läsionen zum Vorschein kämen.

Der Blitzausflug der jungen Frau dauerte nur einen Tag. Aber was für einen Tag! Als sie am Abend nach Atlanta zurückflog, ließ sie keine Sekunde das blaue Skaiköfferchen aus den Augen, das sie auf dem Nebensitz abgestellt hatte. Die Passagiere des Flugs Nr. 450 der Delta Airlines wären zumindest erstaunt gewesen, hätten sie erfahren, daß das Gepäckstück eine Kühlbox barg und daß sich darin zwei Augen, kleine Teile eines Gehirns, eines Darms und einer Leber, ein Schnipsel von einer Speiseröhre, mehrere Hautfetzen, ein Stückchen Zunge und ein Röhrchen mit Blut befanden, kurz, eine ganze Palette von Organproben, in denen vielleicht der Schlüssel zu einem der größten Rätsel der modernen Pathologie verborgen lag. Die späte Landung hinderte Martha Rogers daran, ihr wertvolles Paket sofort in den Labors der CDC abzuliefern. Sie deponierte die für die Wissenschaft unersetzlichen Beweisstücke in der häuslichen Tiefkühltruhe, zwischen zwei den Kindern zugedachten Bechern Erdbeer-Eiscreme.

16

Jerusalem, Israel – Herbst 1981
»Was hab' ich getan, o Herr, daß du mich so strafst?«

Eine Fliege an der Decke. Philippe Maloufs Universum beschränkte sich auf den Anblick eines krabbelnden Insekts an der lückenlos mit kleinen Löchern versehenen Kunststoff-Deckentäfelung. Eine Zimmerdecke zum Verrücktwerden. Wie viele Tage schon? Wie viele Nächte? Dem jungen Mönch war das Zeitgefühl abhanden gekommen. Hinter ihm lagen zweiundzwanzig Tage tiefe Bewußtlosigkeit und vier Wochen Schlaf, aus dem er nie ganz erwacht war, und dann der Tag, an dem er erfaßt hatte, wie es um ihn stand. Vom Nacken bis hinunter zu den Fußspitzen empfand er absolut nichts mehr. Sein Körper gehörte ihm nicht mehr. Er konnte weder seine Glieder bewegen noch husten, noch schlucken, noch niesen, noch essen. Auch sprechen konnte er zunächst nicht, nur versuchen, mit ein paar gekeuchten lautmalerischen Silben sich einem Besucher oder einem Arzt verständlich zu machen. Mehrere Tage lang hatte er für das, was ihm zugestoßen war, nur vage Aufmerksamkeit aufbringen können. Eines Abends dann hatte er über sich das große, bärtige Gesicht Josef Steins erkannt. Der amerikanische Archäologe zwang sich zu einem Lächeln und sogar zu einem Scherzwort: »Dabei dachte ich immer, dein lieber Gott hätte seine Engel mit Flügeln ausgerüstet!« Worauf der junge Mönch die grausamste Entdeckung gemacht hatte: Er konnte nicht einmal mehr lachen.

Was die Flügel anging, so hatte es für Philippe Malouf auch sonst keine Chance gegeben, den Sturz in den Ausgrabungsschacht abzubremsen. Sam Blum, der andere Amerikaner, hatte mehr Glück gehabt. Für ihn ließ die Vorsehung auf der Höhe der zweiten Schicht ein Brett hervorragen, es bewahrte ihn vor dem Abgrund. Er kam mit zwei gebrochenen Rippen und einem gebrochenen Schlüsselbein davon. Der Sohn des New Yorker Rabbiners hatte ziemlich wahllos dem Gott Israels, seinen Propheten und sämtlichen Gottheiten gedankt, welche die frommen Seelen des Altertums im Laufe der Zeiten an dieser kultischen Stätte verehrt hatten.

Josef Stein konnte den unmenschlichen Schrei nicht vergessen, den der stürzende Philippe ausgestoßen hatte, und auch nicht das dumpfe Aufklatschen des Körpers tief unter ihm auf dem Grund. Die Hilferufe, der rasende Abstieg in den Schacht, das Installieren einer Winde, die Ankunft eines mit dem Davidstern gekennzeichneten Rettungswagens, die Sanitäter, die Shorts trugen und deren Oberkörper nackt waren, das Abseilen einer Bahre und deren Vertäuung am Flaschenzug der Winde, das langsame Hochziehen des Bewußtlosen entlang der jahrtausendealten Wände, der Transport ins Hadassa-Krankenhaus von Jerusalem, die Türen der Notaufnahme, die sich hinter ihm schlossen, alle diese akustischen und optischen Eindrücke schoben sich im Gedächtnis des Amerikaners ineinander wie in einem surrealistischen Kaleidoskop. Schließlich das Bild des Chirurgen, wie er aus dem Operationssaal herauskommt, bleich, die blaßgrüne Maske unter dem Kinn hängend, schon eine brennende Zigarette zwischen den Lippen, Schweißperlen auf der Stirn, müde und kaum geneigt zu eingehenden Kommentaren, und wie er, als käme es darauf an, die unerträgliche Wahrheit zu entdramatisieren, in neutralem Tonfall sagt:

»Fraktur der Halswirbel vier und fünf, mit Quetschung des Rükkenmarks. Lähmung der vier Extremitäten.«

»Für immer?«

Josef Steins Bart und seine Erregung ließen die Frage seltsam gedämpft klingen. Der Chirurg hatte einen Lungenzug getan und den Rauch langsam wieder ausgeblasen.

»Nach dem gegenwärtigen Stand unserer Erkenntnisse fürchte ich, ja.«

Sehr bald überschwemmte Angst den bewegungsunfähigen Körper. Unkontrollierbare Angst, zusammengesetzt aus tausend Reaktionen, denen sein Bewußtsein ausgeliefert war, während das Blut in seinen Schläfen pochte: ein plötzliches Erstickungsgefühl, ein Blutdruckabfall, Empfindungen von Hitze oder Kälte, die Unmöglichkeit zu schwitzen, ein Gefühl der Erniedrigung und Hilflosigkeit angesichts der verlorenen Kontrolle über die natürlichen Funktionen. Und schmerzlicher noch: der demütigende Zustand der Nacktheit, des Preisgegebenseins, das Gefühl, ein medizinisches Schaustück zu sein, das immer neue Unbekannte besichtigen kamen.

Erschüttert von der Qual und Not des jungen Mönchs, suchte der Abt des Klosters von Latrun nach Worten, die ihm ein wenig Trost spenden würden. Mit der breiten, schwieligen Hand hinüberweisend zu den Dachterrassen der Jerusalemer Vorstädte, die man vom Krankenzimmer aus erblickte, rief er ihm in Erinnerung, daß »dort oben, nur ein paar hundert Meter hinter dem Hügel, er, der auf die Erde gekommen ist, um die Menschen zu erlösen, das Martyrium der Passion erlitt«. Auch der junge Trappist erlebte seine Passion, aber in jenen Tagen war sein Denken von einer Sorge abgelenkt, die, wenn menschlich auch verständlich, mit einer freiwilligen Nachfolge Christi jedoch schwerlich in Einklang zu bringen war. Vergeblich wendete er die Frage um und um, es wollte ihm nicht gelingen, die richtigen Worte zu finden. Eines Abends schließlich vertraute er Josef Stein an, was ihn quälte. Die beiden Freunde lauschten gerade der fernen Stimme eines Muezzins, der von einem Minarett herab zum Gebet aufrief.

»Sag mal, Josef«, fragte unvermittelt der junge Mönch, der inzwischen wieder leidlich artikulieren konnte, »wie ist das, glaubst du, daß ich nie wieder Erektionen haben werde?«

Auf die Angst folgte eine Phase der Revolte – für die Ärzte ein positives Anzeichen dafür, daß bei dem Gelähmten Widerstandskraft und Lebenswille vorhanden waren. So wie einst Hiob seinen Schöpfer verflucht hatte, richtete der Mönch seine Verwünschungen zunächst an den Gott der Barmherzigkeit, in dessen Dienst er sich doch gestellt hatte. »Was habe ich getan, o Herr, daß du mich so strafst?« Und da er in seinem Glauben eine befriedigende Antwort nicht fand, wandte der ehemalige Guerillakämpfer der libanesischen Falangetruppen sich mit seiner Verzweiflung gegen die, die um ihn waren. Für Wochen wurde das kleine Zimmer mit dem Blick auf Jerusalem zu einem Höllenkessel der gekeuchten und gestammelten Beschimpfungen, Vorwürfe und Drohungen.

Eine Komplikation, die nun auftrat, brachte das Leben des Schwerverletzten in Gefahr. Teile seines Körpers, die, zur Bewegungslosigkeit gezwungen, ununterbrochen auf dem Bett auflagen, begannen abzusterben. Da sie nicht mehr richtig durchblutet und folglich nicht mehr mit Sauerstoff versorgt wurden, bildeten sich häßliche offene Wunden; die Gefahr einer Wundinfektion war sehr groß. Assistenzärzte und Krankenschwestern kämpften ohne Pause gegen das Brandigwerden des Gewebes und gegen das Entstehen neuer Läsionen. So viel Engagement und Aufopferung ließen den gegen seinen Gott rebellierenden Mönch nicht ungerührt. Immer wieder dachte er nach über alles, was seit vierundzwanzig Jahren sein Leben gewesen war, und verzweifelt suchte er daraus die Kraft zur Hinnahme seines Zustands zu gewinnen. Seine Ordensbrüder kamen, um ihm bei diesem Bemühen zu helfen, indem sie ihm die Tröstung der Eucharistie und den Beistand ihres Gebets brachten. Doch erst ein unerwarteter Besuch sollte der Schock und entscheidende Anstoß sein, die er brauchte, um den allerersten Schritt aus der blinden Revolte heraus zu tun.

Es war Nachmittag. Er hatte das sanfte Gleiten der beiden gummiummantelten Räder auf dem Linoleumboden nicht gehört. Plötzlich sah er am Rand seines Kopfkissens das Gesicht einer jungen Frau. Ein scharlachrotes Stirnband hielt die schwarze Lockenpracht gefesselt, der leuchtende Blick und das strahlende Lächeln kündeten von einer so lebendigen Freude und Kraft, daß der Mönch ganz verlegen wurde. »Es war das Leben, das da in mein Zimmer getreten war«, sagte er später. »Eine Kurbel, die sie mit dem Mund betätigte, ermöglichte ihr das Steuern ihres Elektrorollstuhls. Die schlaffen Hände auf den Seitenlehnen bewiesen, daß auch sie an einer Totallähmung der Arme und Beine litt. Auf ihrem Schoß lag eine Flasche. ›Schalom!‹ sagte sie fröhlich. ›Ich heiße Ruth, wie die Frau in der Bibel. Ich habe dir eine Flasche Wein mitgebracht, damit wir auf deine Heilung anstoßen. Er stammt nicht von Latrun, sondern vom Berg Karmel. Du wirst sehen, er ist wirklich gut!‹ Dann faßte sie erneut die Kurbel zwischen die Lippen, ihr Rollstuhl wendete, und sie fuhr aus dem Zimmer heraus.«

Eine Minute später war die junge Israelin in Begleitung einer Krankenschwester zurück. Diese trug ein Tablett mit der Flasche Karmelwein und zwei gefüllten Gläsern.

»*Lechajim*, Philippe! Auf das Leben!«

Die Krankenschwester tauchte eine Pipette in das erste Glas, führte sie an die Lippen des Mönchs, der einen langen Schluck ansaugte. Sofort durchströmte ihn Wärme und verjagte den Geschmack von rostigem Blech, der ihm seit dem Unfall die Zunge aufrauhte. Tränen füllten seine Augen. Er versuchte zu sprechen, aber er war viel zu bewegt und brachte nicht ein einziges Wort hervor. Unter dem gerührten Blick der lächelnden Ruth nahm er einen zweiten Schluck von dem Wein.

»Danke, kleine Schwester«, sagte er und schloß die Augen, »dein Besuch ist das schönste Geschenk.«

Noch am Abend erfuhr Philippe Malouf von den tragischen Umständen, unter denen Ruths Leben zerstört worden war. Als Mitglied eines Kibbuz am Nordrand von Galiläa hatte sie eines Nachts an einem Patrouillengang entlang der libanesischen Grenze teilgenommen, und zwei von einem Fedajin aus nächster Nähe abgefeuerte Kugeln zerschmetterten ihr das Rückgrat.

Die Woche brachte noch ein zweites Ereignis, das zur langsamen Rückkehr des jungen Trappisten in die Welt der Lebenden beitragen sollte. Nachdem die Halswirbelbrüche ausgeheilt waren, beschlossen die Ärzte, ihn zum erstenmal in seinem Bett aufzusetzen. Das

Herz wurde mit einem starken Mittel gestützt, dann machte sich ein Pfleger daran, sachte den Oberkörper aufzurichten. Philippes Augen, die so viele Wochen lang nur das eine unveränderliche Viereck der Zimmerdecke gekannt hatten, verdrehten sich panisch auf der Suche nach neuen Fixpunkten. »Das Zimmer kippte nach allen Richtungen weg, als säße ich in einem Flugzeug, das einen Looping nach dem andern vollführt«, erzählte er. Heftige Übelkeit überkam ihn, er fing an, sich zu übergeben. Man mußte ihn schleunigst in die alte Lage zurückbringen. Neue Versuche fanden am nächsten und an den darauffolgenden Tagen statt, so lange, bis er nach und nach diese erste Etappe des Neubeginns geschafft hatte.

17

Atlanta, USA – Herbst 1981
Fünfhundert Fragen für eine unglaubliche Erhebung zu den Rätseln der Libido

Es war der detaillierteste, einfallsreichste, kühnste Fragebogen, den die führenden Köpfe der noch jungen Wissenschaft sich ausgedacht hatten. Jim Curran und die Mitglieder seiner Task force von den CDC hatten sich selbst übertroffen mit diesem kleinen Meisterwerk der Epidemiologie, von dem sie sich die Antwort auf das verwirrende Rätsel erhofften. Die ganze Erfahrung aus ihren zahlreichen Untersuchungen zu den Geschlechtskrankheiten, zu den beiden Hepatitisformen A und B sowie zu weiteren Infektionskrankheiten war in diesen Superfragebogen eingeflossen. Vier Jahre zuvor hatten zwei Forscher, die sich selbst als homosexuell bekannten, das Sexualverhalten und die Lebensgewohnheiten von rund fünfhundert amerikanischen Homosexuellen in einer Studie beschrieben und damit das Grundwissen über diese Risikogruppe, die inzwischen so schrecklich bedroht war, bereitgestellt. Das Verzeichnis sämtlicher in diesem Frühherbst 1981 in den USA diagnostizierten Fälle von Pneumozystose und Kaposi – zusammen an die vierzig – und deren weitgehend präzise Beschreibung hatte das Basismaterial vervollständigt.

Jim Curran hatte ferner Professor William Darrow eingespannt, den Hausspezialisten für soziologische Untersuchungen zu sexuellen Risikogruppen. Der fünfundvierzigjährige Wissenschaftler hatte maßgebliche Arbeiten zur gesellschaftlichen Dimension der verschiedenen Erscheinungsformen des Sexualtriebs vorgelegt. Zwanzig Jahre seines Lebens hatte er dafür aufgewendet, die Sitten jener Menschen zu analysieren, die zum zweitenmal oder öfter an Syphilis, an Gonorrhöe oder an anderen venerischen Infektionen erkrankten. »Für mich gibt es nicht den leisesten Zweifel, daß diese tückische Epidemie durch Geschlechtsverkehr übertragen wird«, erklärte er. Um sicherzugehen oder um gegebenenfalls andere Faktoren aufdecken zu können, hielten Jim Curran und sein Team es für unerläßlich, jeden einzelnen Patienten sowie eine möglichst große Anzahl von gesunden Homosexuellen einem lückenlosen Verhör zu unterziehen. Er sollte aus rund fünfhundert Fragen bestehen, die auf den dreiundzwanzig Seiten des Dokuments mit dem Codenamen »CDC Protocol 577« aufgelistet waren.

Der erste Teil des Fragebogens sollte über die wirtschaftlich-sozialen Verhältnisse des Betroffenen Aufschluß geben. War er Weißer, Schwarzer, Hispano-Amerikaner, Indianer, stammte er von den Ureinwohnern Alaskas ab, kam er von einer Insel im Pazifischen Ozean, oder welcher Herkunft war er? Verdiente er brutto weniger als zehntausend oder mehr als dreißigtausend Dollar jährlich? War er Junggeselle oder verheiratet? War er verheiratet gewesen, einmal oder mehrmals? Wie viele Jahre hatte er die Schule, das College, die Universität besucht? Welche Jobs hatte er in den letzten zehn Jahren gehabt? War er in Beruf oder Freizeit mit chemischen Stoffen in Kontakt gekommen, die industriell hergestellt, in der Landwirtschaft verwendet wurden oder die radioaktiv waren, hatte er mit Entlaubungsmitteln zu tun gehabt? Wo hatte er in den letzten zehn Jahren gewohnt? Welche Länder hatte er bereist? Hatte er Haustiere besessen? Welche? Über welche Zeitspanne genau? Hatten diese an ungewöhnlichen Krankheiten gelitten? Waren sie an diesen Krankheiten gestorben? Nahm der Befragte alkoholische Getränke zu sich? Gelegentlich, gewohnheitsmäßig? Bier, Wein, Cocktails? Welche Menge pro Tag, seit wie vielen Jahren? Hatte es in seiner Familie Fälle von Krebserkrankungen gegeben? Bei seinen Großeltern, Eltern, Schwestern, Brüdern? Welche Art von Krebs? Wann? Und im gleichen Zusammenhang: Hatte er in den letzten drei Jahren in Wohngemeinschaft mit einer Person gelebt, Mann oder Frau, Sexualpartner oder nicht, die an einem Krebs gelitten hatte oder wegen einer Infektion ins Krankenhaus gekommen war oder die aus ungeklärter Ursache stark abgenommen hatte, mit begleitendem Fieber oder ohne?

Das Verhör wurde heikler und näherte sich dem springenden Punkt mit der minuziös zu erstellenden Geschichte der einschlägigen Krankheiten des Befragten, soweit sie seiner derzeitigen Erkrankung vorausgegangen war. War er jemals an Syphilis, an Gonorrhöe, an nichtvenerischer Harnröhrenentzündung, an Herpes oder an venerischen Warzen erkrankt? Wie oft? Wann war die letzte Infektion? Wo am Körper waren die Läsionen aufgetreten? Am Penis, am Ausgang oder im Innern des Rektums? Der Fragebogen hielt sich ebenfalls lang auf bei allen durchgemachten Krankheiten, die mit dem Darmsystem zu tun hatten – Salmonelleninfektionen, Amöbiasen, Hepatitis... –, bei Hautausschlägen, Lymphknotenentzündungen, Lungenentzündungen, bei denen stationäre Behandlung erforderlich gewesen war, schließlich bei Krebsgeschwulsten. Die Art der in den letzten zehn Jahren verordneten Medikamente wurde detailliert erfragt. Handelte es sich um Penicillin, und wenn ja, war es gespritzt oder in Kapselform geschluckt worden, handelte es sich um Ampicillin in Pillenform, um Tetracyclin in Tablettenform, um spezielle Produkte gegen Amöbeninfektionen wie »Flagyl«, »Humatin« und die Oxychinoline, war Cortison dabeigewesen und das Mittel »Ascabiol« gegen Läuse und Krätzemilben? Auch nach jedem anderen Medikament wurde gefragt, und immer sollte der Betroffene sich an die Zeitspanne und die Häufigkeit der Anwendung erinnern.

Nachdem der Befragte informiert worden war, daß seine gegenwärtige Erkrankung möglicherweise mit der Verwendung von Rauschmitteln in Zusammenhang stand, wurde er gebeten, offenzulegen, ob er zu solchen Substanzen gegriffen hatte, und wenn ja, wann und in welcher Form: intravenös, als Zigarette, als Schnüffeldroge oder oral in Pulverform? Es folgte die Aufzählung der meistbenutzten Transportmittel für den Weg zu den künstlichen Paradiesen: Marihuana, Kokain, Heroin, Amphetamine, Barbiturate, LSD, »Quaalud« (Methaqualon), »Engelsstaub« und so weiter. Den »Poppers«, die von den Gays wegen ihrer sexuell stimulierenden Wirkung so sehr geschätzt wurden, war natürlich ein eigener Abschnitt gewidmet, wo es vor allem um die Häufigkeit und den Schauplatz der Verwendung ging: Saunas, Diskos, Bars, Spezialbuchhandlungen und -kinos, öffentliche Toiletten, Grünanlagen? Handelte es sich um Ampullen oder Fläschchen? Mit oder ohne Etikett? Welchen Hersteller hatte der Befragte bevorzugt? Die Marken Bolt, Bullet, Disco Roma, Hardware, Head, Highball, Hit, Kryptonite, Locker Room, Pig Poppers, Quicksilver oder Rush? Oder hatte der Befragte ein Faible für eine andere Sorte, die noch nicht im Computer von Atlanta gespeichert war, und wie war dann der Name?

Die größte Sorgfalt und Aufmerksamkeit jedoch, das verstand sich von selbst, hatten die Detektivärzte der CDC auf die Rubriken verwendet, in denen es um das Sexualverhalten ging. Der entsprechende Abschnitt informierte die Befragten gleich eingangs, daß ihre Krankheit mit hoher Wahrscheinlichkeit auf die besondere Art ihrer Sexualpraktiken zurückging. Unter »sexuellen Praktiken« verstand der Fragebogen »die Einführung Ihres Penis in den Mund, die Vagina oder den Anus eines Partners beziehungsweise die Einführung eines Penis in Ihren Mund oder in Ihren Anus«. Nachdem hier Klarheit geschaffen war, ging der Befrager den gesamten Katalog der homosexuellen Praktiken einerseits und der heterosexuellen Praktiken andererseits durch, wobei keine noch so intime Einzelheit ausgelassen wurde. Manche Fragen waren so unverblümt, daß zu befürchten stand, die Ermittler selbst würden sie überspringen. Dr. Martha Rogers, die junge Ärztin, die aus Florida die ersten Organ- und Gewebeproben von einem an Kaposi-Krebs Gestorbenen gebracht hatte, gestand später ein, wie sehr sie sich innerlich sträubte, ihre Interviewpartner zu fragen, ob sie denn lieber ihren Penis oder ihre Zunge in das Rektum ihrer Partner einführten und in wieviel Prozent der Fälle sie beides praktizierten.

Der Führungsstab der CDC hatte hier nichts dem Zufall überlassen. Um möglichen Schwächeanfällen der Ermittler vorzubeugen, hatte man ein »Desensibilisierungs-Training« angeordnet. Es bestand darin, daß der Befrager das Interview mit einem Spezialisten für sexuell übertragbare Krankheiten proben mußte. Der Befragte war sozusagen ein alter Hase, was die Beschreibung ausschweifender homosexueller Libido anging. So saß denn zu ihrer Überraschung Martha Rogers dem Direktor der Task force, Jim Curran, persönlich gegenüber, wobei dieser in die Rolle eines superaktiven Gay schlüpfte. »Ich war so aufgeregt, weil ich ausgerechnet meinem Chef derart intime Fragen stellen sollte, daß ich minutenlang kein Wort hervorbringen konnte. Um mich gründlich zu enthemmen, erfand er die anstößigsten Antworten, die er sich überhaupt denken konnte.«

Das Abenteuer der ersten Großuntersuchung, mit der man der unbekannten Seuche auf die Spur kommen wollte, begann am 1. Oktober 1981. Rund fünfzig Kranke – darunter einige, die nur noch kurze Zeit zu leben hatten – und an die zweihundert Homosexuelle, die gesund waren, aber ein typisches Risikoverhalten aufwiesen, würden bei der Operation »Protocol 577« mitmachen. Alle waren sie Freiwillige, und den Kontakt zu den CDC hatten niedergelassene Ärzte oder die Venerologischen Abteilungen verschiedener Krankenhäuser vermittelt. Die Erhebung war eingegrenzt auf die vier Städte – Los Angeles, San Francisco, New York und Miami –, wo die Krankheit zuerst zugeschlagen hatte. Man nahm noch Atlanta hinzu, weil überraschend aus einem Dorf in Georgia ein Kaposi-Sarkom gemeldet worden war, diesmal bei einem erst dreizehnjährigen Jungen. »Ein ganz unbegreiflicher Fall«, erklärte Jim Curran. »So seltsam, daß er uns vielleicht den Schlüssel zu dem ganzen Rätsel liefern konnte. Mit dem Krebs dieses Jungen ging es uns ähnlich wie Beamten der Kripo, die einen Mörder finden sollen, der zehn Prostituierte umgebracht und dabei stets einen Seidenstrumpf benutzt hat und der sich plötzlich dafür entscheidet, die elfte mit einem Küchenmesser zu töten. Es war eine unvermutete Spur, und sie war für uns der Anstoß, die Identifizierung der Krankheit aus neuen Blickwinkeln heraus zu versuchen.«

Mehr als ein Jahrhundert lang hatten die sechshundertfünfundfünfzig Zimmer des alten Hotelkastens auf der Upper East Side einen schroffen Schutzwall gebildet für die Unschuld junger Amerikanerinnen aus guter Familie, die in New York übernachten wollten. Das *Barbizon Hotel For Women* ließ männliche Gäste nicht zu. Die Anwesenheit von Vertretern des starken Geschlechts hatte sich auf den Salon im Erdgeschoß zu beschränken. Doch es kam wie anderswo auch, am Ende hatten sexuelle Revolution und Wandel der Sitten auch die Bastion New Yorker Wohlanständigkeit geschleift. Seit dem Valentinstag ebendieses Jahres 1981 nahm das Barbizon-Hotel Gäste beiderlei Geschlechts auf.

Jim Curran war zu dem Urteil gekommen, seine Zimmer, wo noch der diskrete Duft behüteter Tugend schwebte, müßte die perfekte Kulisse für die sexualmedizinischen Ermittlungen der Operation »Protocol 577« abgeben. Das Land in zwei Hälften teilend, hatte er die Nachforschungen an der Westküste Dr. Harold Jaffe anvertraut und sich selbst die Oberaufsicht über das wichtigste Operationsgebiet, New York, zugewiesen. Zu seiner Truppe gehörte Dr. Martha Rogers; sie würde ihr New Yorker Abenteuer so bald nicht vergessen. »Jeden Abend, wenn ich den letzten Analabstrich bei meinem letzten homosexuellen Besucher abgenommen hatte, stürzte ich ans Telefon, um meine Mutter anzurufen«, erinnerte sie sich. »Ich erzählte ihr alles. Die arme Frau, die in einem winzigen Dorf im tiefsten Georgia wohnte, war hin- und hergerissen zwischen dem Stolz auf ihre Tochter, die einer so prestigeträchtigen Organisation wie den CDC angehörte, und dem Entsetzen über die merkwürdigen Dinge, die sie trieb.«

Morgens beim Frühstück, während er seine Rühreier mit Speck verspeiste, las ihr unermüdlicher Chef mit pedantischer Aufmerksamkeit die ausgefüllten Fragebogen vom Vortag. Nicht immer zeigte er sich zufrieden mit der geleisteten Arbeit.

»Schaun Sie, Martha, hier hätten Sie den Knaben fragen müssen, mit wie vielen Partnern er letzte Woche geschlafen hat. Wenn wir die Gesamtzahl seiner Partner aus dem abgelaufenen Jahr durch zweiundfünfzig teilen, bringt uns das nicht unbedingt die genaue Zahl seiner Sexualkontakte der letzten Woche. Vergessen Sie nicht, Martha, daß die kleinste Einzelheit von lebenswichtiger Bedeutung sein kann.«

Da die Reisekostenpauschale eines Bundesbeamten es nicht erlaubte, sich in einem der kalifornischen First-class-Hotels einzuquartieren, entschieden Dr. Harold Jaffe und sein Team sich für das Best Western in San Francisco, ein eher bescheidenes Motel hinter der Market Street. Zur Arbeitsgruppe gehörte auch Mary Gynan, eine junge Fachärztin von der Abteilung Viruskrankheiten der CDC. Das unaufhörliche Kommen und Gehen der ausnahmslos jungen und deutlich als Gays erkennbaren Besucher erregte schließlich den Argwohn des Hotelbesitzers. Was trieben die wohl auf ihren Zimmern, diese äußerlich untadeligen und bravbürgerlichen Gäste, die sich als Ärzte im Staatsdienst ausgaben? Okay, das kalifornische Sodom drückte bei allen möglichen Perversitäten die Augen zu, aber irgendwo gab es Grenzen. Eines Nachmittags nahm der Besitzer seinen Generalschlüssel und stand plötzlich im Zimmer von Mary Gynan. Zu seiner maßlosen Verblüffung fand er die junge Frau »über einen auf dem Bauch liegenden hübschen blonden Burschen gebeugt und damit beschäftigt, mit einem Wattebausch die Ausscheidungen seines Hinterns aufzutupfen.«

Daß sie bei dieser Art von medizinischen Aktionen absolut keine Vorsichtsmaßnahmen ergriffen, sollte für die Teilnehmer der Operation »Protocol 577« zur unguten Erinnerung werden. »Wir waren uns der Gefahr einfach nicht bewußt«, gab Dr. Harold Jaffe zu. »Wir trugen weder Handschuhe noch Schutzmaske und verwendeten unsere eigenen Zimmer als Untersuchungsräume.«

Die Beflissenheit, mit der auf die Fragen, auch auf die intimsten, oder, wie beim Thema Rauschgift, die kompromittierendsten geantwortet wurde, erstaunte die Ermittler. »Man hätte meinen können, die Männer, die wir befragten, ahnten den nahenden Alptraum und wollten uns helfen, ihn zu bannen«, sagte Harold Jaffe. Er sollte noch ganz andere Überraschungen erleben. Eines Tages, als er einen kräftig gebauten Bartträger in schwarzer Lederkluft, auf der unzählige Abzeichen prangten, ausfragte und ihn bat, die Tummelplätze seiner sexuellen Aktivitäten zu nennen, konnte er die Namen diverser Hotelpaläste der Stadt notieren. Amüsiert über das erstaunte Gesicht des Arztes erläuterte der bärtige Gay: »Was soll man machen, nur diese Kästen haben Zimmer, die groß genug sind, daß ich mein ganzes Material auspacken kann.« Wie sich herausstellte, war der Mann einer der führenden Vertreter der sadomasochistischen Szene von San Francisco. Für ihre Aktivitäten benutzten er und seine Partner eine Sammlung von Militäruniformen und von Instrumenten, die in der Tat eine Menge Platz beanspruchten.

Wenn einer der kranken Probanden ans Bett gefesselt war, begaben die Ermittler sich zu ihm nach Hause oder ins Krankenhaus. Martha Rogers erinnerte sich, daß sie eines Abends sehr spät noch das Hotel verlassen mußte, um »irgendwo im hintersten Manhattan einen armen Kerl aufzusuchen, den das Kaposi-Sarkom bunt gesprenkelt hatte. Schlimmer als ein Faschingsclown sah er aus.« Zu Fuß war sie durch die menschenleeren Straßen zurückgegangen und »wie Harrison Ford als ›Jäger des verlorenen Schatzes‹« hatte sie tief in ihrer Kostümjacke »das Schächtelchen umklammert, das die Beweisstücke der tödlichen Krankheit enthielt«. Harold Jaffe seinerseits führte mehrere Befragungen in den Luxusvillen von Hollywood durch. »Es war schon ein bißchen peinlich, bei diesen Leuten anzurücken und ihnen am Swimmingpool dann all die indiskreten Fragen zu stellen«, gestand er. »Eines Tages ließ einer dieser Gastgeber, den die Untersuchung enorm interessierte, vor meinen Augen die Badehose fallen und masturbierte, um mir als Zugabe eine Spermaprobe offerieren zu können.«

Jeden Abend, bevor sie zu Bett gingen, verstauten die Abgesandten des CDC in einem mit zerstoßenem Eis gefüllten Kühlbehälter die Blut- und sonstigen Proben, die sie gesammelt hatten. Am Morgen gingen sie dann mit ihrem kostbaren Paket zum nächsten Postamt. Auf die Frage des Schalterbeamten nach dem Handelswert der Sendung gaben sie stets die gleiche Antwort: »Entfällt.« Wie sollte man auch Röhrchen und Glasplättchen in Dollar bewerten, die vielleicht den »Schuldigen« einer Tragödie enthielten, deren Ausmaß noch niemand abschätzen konnte?

18

Kalkutta, Indien – Winter 1981
»Überall, wo Menschen leiden«

54A Lower Circular Road. Ein bescheidenes Holzschild verrät, daß sich hier der Eingang zum Hauptsitz des Unternehmens befindet, das Mutter Teresa gegründet hat. Das graue, dreistöckige Haus im Herzen von Kalkutta ist längst zu einem der bekanntesten Gebäude der Riesenstadt geworden, zu einer Pilgerstätte, wo Menschen aus ganz Indien und aus dem Ausland dem Quell jenes Werkes nahekommen wollen, für das der Name der berühmten Nonne steht. Die ständig geöffneten Fenster gehen hinaus auf den zähfließenden, grollenden Strom der überladenen Straßenbahnen, der Lastwagen, der Autos und der Rikschas. Auf den Trottoirs lebt ein ganzes Volk von Obdachlosen, die sich in ihre *Dhotis* einwickeln wie in Leichentücher, von Menschen, die sich mit dem Wiederverkauf irgendwelcher Abfallprodukte über Wasser zu halten versuchen. Vor den Brunnen-Hydranten prusten und jauchzen im Rinnstein Trauben von Kindern, während an jeder Straßenecke Händler den Ärmsten ihre kümmerliche Tagesration an Tee, Fettgebäck oder Puffreis verkaufen.

Von einem schmalen Gäßchen aus, wo stets drangvolle Enge herrscht und wo man zwischen Bettlern, Leprakranken, abgemagerten Frauen mit halbverhungerten Kindern eingekeilt wird, gelangt man durch eine primitive Holztür ins Innere des Gebäudes.

Eine einfache Schnur hängt herab, mit der man ein Glöckchen betätigt. Nach jedem Läuten erscheint das von einem weißen Sari mit blauer Borte eingerahmte Gesicht einer jungen indischen Ordensschwester. Im kleinen Innenhof breitet eine große Statue der heiligen Jungfrau die Arme aus. Von hier aus führt eine Treppe in den ersten Stock, wo sich die Kapelle befindet, ein großer Raum, in dem nichts weiter steht als ein Altar und der doch wie von Leben erfüllt scheint, so sehr prägen ihn Glaube und Gebet. Wie in der Leprastation von Benares verkündet eine Inschrift an der Hinterwand neben dem hölzernen Kruzifix: »I THIRST – MICH DÜRSTET.«

Die Frau, die im Namen Jesu den Durst der Ärmsten stillt, kommt mehrmals am Tag hierher, kniet auf einem alten, geflickten Jutesack nieder und erbittet von Gott Kraft und Inspiration für die Fortführung ihres Kreuzzugs. Es ist ein Kreuzzug für die Allerärmsten, die Verlassenen, die mit Lepra Geschlagenen, die Verzweifelten, die Parias, die Ausgestoßenen aller Rassen, aller Kasten, aller Religionen. Hier in diesem Raum, der zeitweise auch als Schlafsaal und Unterrichtsstätte dient, hat Mutter Teresa Tausende von Mädchen, die von überallher aus Indien und der Welt gekommen waren, um den blauumrandeten Schleier der *Missionaries of Charity* zu nehmen, auf ihr »Priestertum der Liebe« im Dienst der Ärmsten vorbereitet. Das langgestreckte Gebäude an der Lower Circular Road beherbergt mehr als einhundert Novizinnen. Sehr früh jeden Morgen verlassen sie, nachdem sie die Eucharistie empfangen und die Psalmen gesungen haben, zu zweit das Kloster, um sich, stets den Rosenkranz in der Hand, per Straßenbahn, per Autobus, per Zug oder meistens zu Fuß zu den Sterbeasylen, den Schulen, den Waisenhäusern, den Behelfsambulatorien ihrer Kongregation zu begeben. Diese schmalen, zerbrechlichen Gestalten sind die Botschafter einer Großherzigkeit und Liebe, die den Elenden dieser unmenschlichen Metropole Hoffnung schenkt: »Wir sind da, wir lieben euch, habt keine Angst mehr.«

Jetzt, im Winter 1981, war es neunundzwanzig Jahre her, daß Mutter Teresa mit einigen Schülerinnen ihrer ehemaligen Klosterschule, wo sie Geographie unterrichtet hatte, in dieses Gebäude eingezogen war. Der Besitzer, ein Richter moslemischen Glaubens, hatte es, nachdem er sich zu einer langen Meditation in die benachbarte Moschee zurückgezogen hatte, zu einem Spottpreis abgetreten. Dem Priester gegenüber, den die Nonne mit der geschäftlichen Abwicklung beauftragt hatte, erklärte er lediglich: »Von Gott habe ich das Haus erhalten, Gott gebe ich es zurück.«

Wenige Wochen später hatte unter Führung Mutter Teresas eine kleine Prozession das Ordenshaus verlassen und sich zur katholischen Bischofskirche Unsere Liebe Frau vom Rosenkranz begeben. Dort, im kerzenerleuchteten Mittelschiff, vor dem Erzbischof von Kalkutta und den versammelten Würdenträgern der bengalischen Geistlichkeit, hatten die ersten achtzehn Novizinnen ihr Gelübde abgelegt, hatten sie sich feierlich verpflichtet, »in Städten und Dörfern überall auf der Welt und selbst dort, wo schlimmste Verkommenheit herrscht, die Ärmsten der Armen zu suchen, um sie zu pflegen, ihnen Hilfe zu bringen, sie eifrig zu besuchen, um die Liebe zu leben, die Christus ihnen entgegenbringt, und um in ihnen die Antwort auf seine unendliche Liebe zu erwecken«.

Heute hat der Orden der Missionarinnen der Nächstenliebe mehr als dreitausend Schwestern.* Ihr Wirken stützt sich auf rund vierhundert Niederlassungen in zweiundneunzig Ländern, darunter Cuba, die Sowjetunion und demnächst China und Albanien. Seitdem formieren sich jedes Jahr in immer größerer Zahl am 8. Dezember, dem Fest der Unbefleckten Empfängnis, junge Inderinnen** vor ihrem Mutterhaus an der Lower Circular Road zur Prozession, um zur Bischofskirche zu gehen und ihr Gelübde abzulegen und den gleichen Schwur zu sprechen. Am nächsten Tag bringt ein Lastwagen die neuen Missionarinnen der Nächstenliebe zum zentralen Bahnhof im Stadtteil Howrah oder zum Flughafen Dum

* Seit 1963 existiert ein männlicher Zweig der Kongregation, die »Missionsbrüder der Nächstenliebe«. Ihre Zahl beträgt mehr als tausend (Anm. d. Ü.).

** Von sehr seltenen Ausnahmen abgesehen, können die ausländischen Postulantinnen ihr Noviziat nicht in Kalkutta ableisten. Sie müssen dazu nach Rom, nach San Francisco, nach Washington, nach Tabora in Tansania, nach Tayuman auf den Philippinen oder nach Zabarow in Polen gehen.

Dum. Gesang, Lachen, Zurufe und ein paar Tränen begleiten den großen Aufbruch in die weite Welt, überallhin, wo leidende Menschen warten. Mehrere Jahre werden die Schwestern einander nicht wiedersehen. Aus dem großen Gebäude an der Lower Circular Road scheint für eine Weile das Leben ausgezogen, in der Kapelle ist Stille eingekehrt, und am Morgen klingt das Klappern der blechernen Wäscheeimer spärlicher. Aber das Ordensschiff findet schnell wieder eine neue Besatzung. Bald strömen von überallher Postulantinnen im weißen Sari zusammen. Während die meisten Orden über den Mangel an Berufungen klagen, kann Mutter Teresa gar nicht alle annehmen, die sich an der Pforte ihrer Klöster einfinden.

Eines Morgens im Dezember 1981, wenige Tage vor Weihnachten, stand eine zerbrechlich wirkende Inderin, die einen weiten Rock aus rotem Baumwollstoff trug, vor der Nr. 54A in der Lower Circular Road. Die Schwester an der Pforte erkannte sofort die Nonne mit den Schlitzaugen, von der sie begleitet wurde. Ananda, die ehemalige kleine Leprakranke von den Scheiterhaufen der heiligen Stadt Benares, hatte gegenüber Schwester Bandona den Wunsch geäußert, in die große Familie der Missionarinnen der Nächstenliebe aufgenommen zu werden.

Diese Bewerbung war neu und einzigartig, denn bisher hatten sich der Kongregation immer nur glaubensstarke junge Christinnen angeschlossen. Mutter Teresa, die vor keiner Herausforderung zurückschreckte, sah die Gelegenheit, »eine Seele zu Christus zu führen und durch Christus zu den leidenden Menschen, in denen er sich inkarniert«. Vorübergehend entband sie Schwester Bandona von der Verantwortung für die Leprastation in Benares, um ihr statt dessen die religiöse Erziehung ihres Schützlings anzuvertrauen. Eine Aufgabe, mit der diese bereits in Benares begonnen hatte und die sie nun in Kalkutta fortführen würde. Klugheit und Fingerspitzengefühl würden dazu noch eine ganze Weile erforderlich sein. In einer Umgebung, in der sämtliche Frauen von höherer Geburt waren als Ananda, bestand jederzeit die Gefahr, daß die alten Dämonen ihrer Vergangenheit sie einholten. Bandona machte sich nichts vor: Das Stigma der Paria war tief eingebrannt, und bei der geringsten wirklichen oder vermeintlichen Kränkung konnte Ananda zurückschrecken.

Bevor sie Wasser und Salz der Taufe empfangen würde, um anschließend sich den Mysterien des Glaubens zu nähern, mußte Ananda die Sprache lernen, die dem Denken und Sprechen ihrer aus allen Landschaften Indiens gebürtigen Gefährtinnen die gemeinsame Grundlage und den gemeinsamen Ausdruck verleiht. In Mutter Teresas Orden war dies das Englische. Paradoxerweise wirkte sich im Fall der jungen Bewerberin ihr Analphabetismus günstig aus. Sie glich ihre fehlende Schulbildung durch ein phänomenales auditives Gedächtnis aus, ganz wie jene Rikschakulis, die zwölftausend Verse des *Ramajana*, der indischen *Ilias*, auswendig können. Nach wenigen Wochen verstand und sprach sie das Nötigste in der europäischen Sprache.

Das Lesen- und Schreibenlernen war hingegen eine völlig andere Sache. Für diese Art von Übung war ihr Gehirn nicht programmiert. Im genetischen Erbe der Tochter eines Leichenverbrenners war einfach nicht vorgesehen, daß sie eines Tages auf Papier gedruckte Inschriften entziffern sollte. Dazu kam ein schier unüberwindliches Desinteresse an Geschriebenem oder Gedrucktem. Wozu nur konnte ein Buch nutze sein, ein lebloser Gegenstand, für den es keinerlei praktische Verwendung gab? Ein Werkzeug, ein Gerät sollte es sein, um sich Zugang zur Erkenntnis zu verschaffen? Ananda war diese Art von Begriffsbildung viel zu fremd, als daß ihr daraus irgendeine Motivation erwachsen wäre. Aber deswegen gab ihre Erzieherin die Hoffnung nicht auf, ihre schlummernde Neugier zu wecken. Man mußte nur geduldig und sanft genug vorgehen. In zweifacher Hinsicht wurde sie dabei unterstützt. Da war zum einen das Beispiel der anderen Postulantinnen, deren lautes Lesen zu jeder Tageszeit auf den drei Stockwerken des Klosters zu hören war. Zum anderen entdeckte Ananda mit jedem Tag mehr und ernsthafter jenen Gott, an den die Schwestern glaubten. Zwar war der jungen Unberührbaren die Gottesidee nicht fremd. Es war jedoch eine volkstümliche Gottesvorstellung, in der Tausende von

Figuren Platz fanden, die sich vielfältig inkarnierten, die bald Dämonen, bald Geister waren, die menschliche wie tierische Gestalt annahmen und die einer unglaublich bunten Mythologie entstammten. Diese Götterwelt war mehr dazu angetan, die Phantasie zu entflammen, als einen persönlichen, vertrauensvollen Glauben hervorzurufen. Gewiß hatte ihr langer Aufenthalt bei den Schwestern der Leprastation von Benares Ananda vertraut gemacht mit der Vorstellung eines einzigen Gottes, »der jedes seiner Geschöpfe wie das liebste seiner Kinder liebt«. Nichts, so dachte Schwester Bandona, könnte ihre Schülerin besser dazu anregen, das Lesen zu lernen, als die Entdeckung jener Texte, die von den Taten des Zimmermannssohns aus Nazareth berichten und die Botschaft der Worte Jesu überliefern. Ananda machte sich an die Arbeit, zergliederte Buchstabe für Buchstabe die einzelnen Verse der Evangelien, nahm ihren Satzbau in sich auf, versuchte indessen vorerst nicht, den Sinn zu erfassen. Es war ein langwieriges, strapaziöses Unterfangen und ein Experiment, das in die Annalen der Ordensgemeinschaft einging.

Bald hörte Mutter Teresa aus dem jugendfrischen Wettstreit ihrer laut lesenden Postulantinnen eine neue Stimme heraus: die schüchterne, unsichere Stimme der kleinen, den Scheiterhaufen von Benares entronnenen Inderin, die mühsam die Gleichnisse des Neuen Testaments entzifferte.

19

Atlanta, USA – Herbst 1981
Für sie war es der »Zorn Gottes«

Die von den CDC durchgeführte Operation »Protocol 577« endete zum 1. Dezember 1981. Einen Berg von Daten hatten die Fahnder aus Atlanta in ihren Interviews mit fünfzig kranken und zweihundert gesunden Homosexuellen zusammengetragen, und sofort begann die Auswertung. Was die Computer, denen man den Auftrag eingegeben hatte, die Tausende von Antworten auf den zweihundertfünfzig Fragebogen zu speichern, sie zu entschlüsseln und zu analysieren, als statistische Dokumentation ausspuckten, wurde zur unaufhörlich steigenden Papierflut um die Schreibtische von Dr. Jim Curran und von allen Mitgliedern seiner Task force. »Gleich zu Anfang, als wir uns die ersten Ergebnisse ansahen«, so Dr. Harold Jaffe, »beeindruckte uns ein signifikanter Unterschied: Die erkrankten Probanden waren sexuell erheblich aktiver gewesen als die gesunden Probanden. Obwohl sie auch mehr ›Poppers‹ geschnüffelt hatten, erschien uns dies am Ende als zweitrangiges Faktum gegenüber der auffälligen Differenz bei den Sexualkontakten. Es dauerte nur kurz, dann waren wir uns so gut wie sicher, daß bei dieser Epidemie alles für den sexuellen Übertragungsweg sprach.«

Was aber wurde übertragen? Die Hypothese eines Virus hatte die meiste Wahrscheinlichkeit für sich. Eines Virus, das das Immunsystem zerstörte und die Opfer gegen jene Affektionen wehrlos machte, die man »opportunistisch« nennt, weil sie auftreten, sobald sie den Ausfall oder die Schwäche der körpereigenen Abwehr ausnutzen können. Man kannte eine gewisse Anzahl dieser Krankheiten, und die in Los Angeles diagnostizierte Pneumozystose sowie der Kaposi-Krebs des New Yorker Schauspielers zählten dazu.

Seit langem schon betrieb man in der Welthauptstadt der Epidemiologie die geduldige und unversöhnliche Jagd auf die unsichtbaren Feinde der Spezies Mensch, aber was man nun an Ressourcen mobilisierte, um das mysteriöse Virus zu identifizieren, erreichte eine neue Dimension. Das gesamte Instrumentarium, das hochintelligente und phantasiebegabte Seuchendetektive entwickelt und erfunden hatten, um Körperzellen zu zwingen, die Anwesenheit infektiöser Erreger preiszugeben, wurde Zug um Zug eingesetzt. Jede biologische Probe, jeder Tropfen Schleimhautabsonderung, Blut, Sperma oder Urin, der in den Postpäckchen der Ermittler eingetroffen war, durchlief nun das ausgeklügelte Prüfsystem der Mikroskope, der Reagentien, der Computer, der Zentrifugen und der elektronischen Zähler.

Zur großen Erleichterung ihrer Familie, die mit Grausen ihre New Yorker Mission verfolgt hatte, war Martha Rogers Ende Oktober nach Atlanta zurückgekehrt, um einen neuen Auftrag wahrzunehmen: Sie organisierte und koordinierte die Verteilung des vor Ort gesammelten Beweis- und Forschungsmaterials auf die zahlreichen Spezialabteilungen der CDC. Die verschiedenen Laboratorien, die den vielgestaltigen Herpesviren auf der Spur waren, machten sich unverzüglich an die Arbeit. Eines davon war auf die Entdeckung und Untersuchung des Herpes-simplex-Virus spezialisiert, einer Virusart, die hauptsächlich die Schleimhäute der Genitalien befällt und manchmal zu so verheerenden Geschwüren führt, daß die Opfer sterben. Daneben greift dieses Virus die Lunge, den Verdauungstrakt und sogar das Gehirn und die Nervenfasern an. Ein anderes Labor widmete sich ausschließlich dem Studium des mehr und mehr berüchtigten Zytomegalovirus, das bei den Homosexuellen so weit verbreitet ist. Zwar erwies sich dieses Virus meistens als scheinbar gutartig, neueste Veröffentlichungen hatten jedoch einen sehr beunruhigenden Zusammenhang mit dem Kaposi-Sarkom festgestellt. Da die Forscher befürchteten, die plötzliche Aggressivität könnte auf eine unerklärliche Mutation zurückzuführen sein, beeilten sie sich, die von Martha Rogers geschickten Urinproben für großangelegte Kultivierungsversuche zu verwenden. Sie hofften, das vergleichende Studium dieser gezüchteten Viren und älterer Stämme des gleichen Virus, die in den Tiefkühlschränken der CDC gelagert waren, würde ihnen einen Hinweis liefern.

Ein weiteres Speziallabor forschte nach einem eventuellen Zusammenhang mit einem Virus, das nach seinen Entdeckern, zwei britischen Wissenschaftlern, benannt war. Seit Michael A. Epsteins und Y. Barrs Entdeckung wußte man, daß es für die infektiöse Mononukleose, auch Pfeiffersches Drüsenfieber genannt, verantwortliche ist. Bekannt war auch ein ziemlich enger Zusammenhang mit bestimmten Krebserkrankungen der Lymphdrüsen, der Nase und des Rachenraums. Ein viertes Labor, spezialisiert auf das Virus der Windpocken, einer beim Kind gutartig verlaufenden Krankheit, die jedoch beim Erwachsenen jene gefürchtete Gürtelrose hervorrufen kann, die sogar die Augen in Mitleidenschaft zieht, forschte nun in der gleichen Richtung. Die Abteilung für Parasitäre Krankheiten übernahm die systematische Untersuchung der Mikroorganismen, die Pneumozystose erregen, und zusätzlich die Suche nach den zahlreichen Parasiten, die als Ursache der gefürchteten Erkrankungen des Zentralnervensystems in Frage kommen. Nicht zuletzt hatten nämlich mehrere der erkrankten Probanden die Symptome beispielsweise der Toxoplasmose, der Aspergillose und der Kryptokokkose aufgewiesen. Wieder andere Teams, die sich mit Amöbeninfektionen und mit den verschiedenen Hepatitisarten beschäftigten, interessierten sich für die entsprechenden Mikroorganismen, die zum pathologischen Befund bei den befragten Patienten gehörten.

Es war eine titanische Anstrengung, und sie ließ acht Wochen lang nicht nach. Dann war klar, daß sie kein greifbares Ergebnis gebracht hatte. Zwar wurde das Vorhandensein zahlloser infektiöser Erreger vielfach und unwiderlegbar nachgewiesen, unmöglich aber war es, einen Erreger allein für den Ausbruch der seltsamen Seuche verantwortlich zu machen. Einen Schuldigen vermochten die Detektive von Atlanta also nicht zu finden, einen Namen für die Seuche hatten sie immerhin parat: GRID faßte die Anfangsbuchstaben einer nicht gerade feinfühligen Umschreibung zusammen: »Gay Related Immuno Deficiency – Homosexuell bedingte Immunschwäche«.

Viele behandelnde Ärzte und Mitglieder des Pflegepersonals, die mit diesem wirklich grauenvollen Übel konfrontiert waren, bevorzugten in jenem Herbst eine bildhaftere Benennung. Sie nannten es »The Wrath of Good« – den »Zorn Gottes«.

20

Bethesda, Maryland, USA – Herbst 1981
Gleichgültigkeit gegenüber einer »bizarren Schwulenseuche«

Man kennt mehr als tausend. Sie sind die erbittertsten Feinde der göttlichen Schöpfung. Seit die Welt besteht, haben die Viren – jene winzigen Todespartikel – mehr Menschen, Tiere und Pflanzen vernichtet als sämtliche Naturkatastrophen und kriegerischen Auseinandersetzungen zusammengenommen. Die mumifizierte Haut von Ramses II., die mit Pockennarben übersät ist, bezeugt ihr zerstörerisches Wirken für das früheste Altertum. Erst im zwanzigsten Jahrhundert jedoch, erst als man die Technik der Zelluntersuchung beherrschte, kam man den unendlich kleinen Gebilden auf die Spur, von denen die Verheerungen ausgehen. Unfähig, sich selbst fortzupflanzen, sind sie für ihr Überleben auf die Mithilfe der Zellen angewiesen, die sie angreifen. Alles Lebendige zieht sie an, keine einzige Zelle ist vor ihrer Begehrlichkeit sicher. Seit im Jahre 1952 zwei amerikanische Biologen entdeckt hatten, daß die Erbsubstanz dieser Todeserreger sich aus Nukleinsäuren zusammensetzt, wie sie ganz ähnlich in der gesunden Zelle vorhanden sind, hat das Studium der Viren – die Virologie – jener noch jungen Wissenschaft, die die Rätsel des Lebens zu durchdringen sucht und die als Molekularbiologie eingegrenzt wird, sprunghafte Fortschritte ermöglicht.

Erscheinungsbild und Wirkungsfeld der Viren sind ebenso vielgestaltig wie die Zahl der Familien, denen sie zugerechnet werden, groß ist. Ihnen schreibt man mehr als sechzig Prozent aller ansteckenden Krankheiten zu. Sie befallen so gut wie alle Organe, sie stören oder blockieren so gut wie alle Funktionen eines Organismus. Unter denen, die die geläufigsten Schäden verursachen, findet man beispielsweise das anmutige Papovavirus, das aussieht wie ein geschliffener Diamant und das an simplen Warzen ebenso schuld ist wie an häßlichen Krebsgeschwulsten; man findet darunter das Adenovirus der Atemwegsinfektionen mit seinen sechs kleinen Antennen, die einen hübsch facettierten Kern einfassen, und das gefürchtete Herpesvirus mit seiner Zahnradform, das Poxvirus der Pocken in seiner charakteristisch gezackten Hülle, das Rhabdovirus der Tollwut, das behaart aussieht wie eine Raupe, und die mikroskopische Sonne des Myxovirus, das Grippe und Mumps verursacht. Auch ein besonders kleines, rautenförmiges Virus ist dabei, das Poliovirus, das für die letzte große Seuche verantwortlich ist, die vor dem Auftauchen von Aids Amerika und einen Teil der Welt in Schrecken versetzt hat, die Poliomyelitis.

Dr. Jim Curran und seine Detektivärzte von den CDC waren zu jung, um noch persönlich am Kampf gegen die Poliomyelitis teilgenommen zu haben, aber alle kannten sie die einzelnen Phasen des Alptraums, der dem schließlichen Sieg vorausgegangen war. Jetzt, da die SOS-Rufe wegen einer neuen unheimlichen Bedrohung zu Dutzenden bei ihnen eingingen, erstand das Gespenst jenes amerikanischen Sommers von 1953 wieder auf und wurde zur düsteren Mahnung und zum Ansporn zugleich. Es war ein Sommer der Panik gewesen. Das Poliovirus befiel seine Opfer über die Verdauungs- oder Atemwege. Dort vermehrte es sich zunächst, bevor es ausschwärmte und in den schwersten Fällen das Zentralnervensystem überschwemmte, wobei es die bewegungsteuernden Neuronen im Rückenmark und im Gehirn zerstörte. Dann konnte man zusehen, wie ganze Muskelstränge schrumpften oder regelrecht verschwanden. Ein sechzig Kilo wiegender Halbwüchsiger konnte in einer knappen Woche die Hälfte seines Gewichts einbüßen. Die ersten Symptome der Krankheit zeigten sich als Gefühl der Steife im unteren Rücken und im Nacken. Es folgte eine allgemeine Erschöpfung, verbunden mit Übelkeit, Ohrensausen, Bewegungsstörungen in Armen und Beinen. Anschließend traten im ganzen Körper sehr heftige Schmerzen auf, hohes Fieber stellte sich ein. Und damit war die gefürchtete Diagnose gegeben.

Jede Woche stand in der Zeitung die neueste Statistik. Innerhalb von sechs Monaten hatte das Poliovirus fast fünftausend Amerikaner niedergestreckt. Sehr bald schon würde man die Opfer offiziell auf sechzigtausend beziffern. Aber nicht die Zahlen verbreiteten den meisten Schrecken, sondern die Unmöglichkeit, vorherzusehen, wo und wann die Seuche neue Opfer fordern würde. Man wußte lediglich, daß sie es besonders auf die Kinder abgesehen hatte. Unter dem Namen »Kinderlähmung« machte sie die Eltern verrückt vor Angst. In jenem Sommer hatten sich Amerikas Krankenhäuser mit Tausenden von schlaffen kleinen Körpern gefüllt, vor denen die medizinische Wissenschaft ihre tragische Ohnmacht erkennen mußte. Die einzige Behandlung, mit der man die Wirkungen der Krankheit abmildern konnte, bestand in der Injektion von Gammaglobulin, einem Blutextrakt, der Antikörper enthielt. Aber die Vorräte waren so begrenzt, daß man die Verabreichung auf Personen mit akutem Ansteckungsverdacht, und hier auf schwangere Frauen und Empfänger unter dreißig Jahren, beschränken mußte. In New York belagerten Eltern siebenundzwanzig Stunden lang das staatliche Gesundheitsamt, um die Herausgabe von Gammaglobulin-Ampullen für ihre Kinder zu erzwingen. Um Mißbrauch und das Entstehen eines Schwarzmarktes zu verhindern, hatte man die Verteilung den Unbestechlichen des Nationalen Mobilisierungs-Büros anvertraut. Aber die auf die wertvolle Substanz gegründete Hoffnung sollte schon im Juni 1953 jäh dahinschwinden, als ein wissenschaftlicher Artikel erschien, der die Unwirksamkeit der Behandlung aufzeigte.

Zwar waren einige Opfer der Poliomyelitis geheilt worden, wie viele andere aber waren gestorben! Ganz zu schweigen von jenen, die an allen vier Extremitäten gelähmt blieben oder die höchstens einen Arm, die Finger einer Hand oder gar nur die Augen bewegen konnten. Amerika hatte in seinen Zeitungen und Zeitschriften die Fotos jener gequälten kleinen Wesen ansehen müssen, die sich zwischen zwei Krücken dahinschleppten, wobei die toten Beine von stützenden Metallschienen umschlossen waren, oder die zusammengekrümmt, den erschlafften Körper halb unter einer Decke verborgen, zwischen den Lehnen eines Rollstuhls saßen und aus deren fahlen, erschöpften Gesichtern das Entsetzen sprach. Andere Bilder hatten der ungläubigen Nation die sargförmigen Kästen gezeigt, die als Eiserne Lunge bekannt wurden und in denen Opfer des Poliovirus mit dem Tode rangen.

Es war eine Zeit der Seufzer, der Tränen, der wilden Empörung, und danach folgte Resignation. Und dann, mitten in jenem grausamen Sommer, ging unvermutet eine Welle der Hoffnung über das Land. Der Grund war die Entdeckung eines bis dahin völlig unbekannten New Yorker Arztes. Der dreiundvierzigjährige Dr. Jonas E. Salk, Sohn eines Angestellten der Konfektionsbranche, gab bekannt, daß er im Laborversuch die Bildung von Antikörpern gegen drei Arten des Poliomyelitisvirus erreicht hatte. Auf der Grundlage dieses Erfolgs hatte er einen Impfstoff entwickelt, den er an sich, seiner Frau und den drei Söhnen ausprobiert hatte, bevor er ihn einhunderteinundsechzig Kindern mit der Lanzette in die Haut geimpft hatte. Am nächsten Morgen war das Porträt des Arztes auf den Titelseiten sämtlicher amerikanischer Zeitungen erschienen. Jonas Salk war zur prominentesten Persönlichkeit der Vereinigten Staaten geworden, eine leidenschaftlich dankbare Nation hob ihren Wohltäter in den Himmel. Auch wenn in der Folgezeit andere Forscher neue und wirkungsvollere Impfstoffe gegen das Poliovirus entwickelten, ging Jonas Salk als der Mann in die Geschichte ein, der den Alptraum verscheucht hatte.

Der schmächtige, aber unermüdliche Mann, der an diesem Septembermorgen des Jahres 1981 seinen Mietwagen durch die herbstliche Pracht der Laubbäume im Staat Maryland steuerte, hegte keinerlei Zweifel mehr: Achtundzwanzig Jahre nach dem Poliomyelitis-

Drama schickte ein ebenso tragisches, ebenso bedrohliches Übel sich an, das ahnungslose Land zu überfallen. In der Kollegmappe auf dem Beifahrersitz waren sämtliche Beweise verstaut, die Dr. Jim Curran und seine Seuchenfahnder zusammengebracht hatten: Laborberichte, Mikrofotografien, Diapositive, Bilanzen der zweihundertfünfzig Intensivbefragungen des »Protocol 577«. »Als Epidemiologe hatte ich einen vorrangigen Auftrag zu erfüllen: Ich mußte schleunigst die Wissenschaftler und die Labors davon überzeugen, daß wir es tatsächlich mit einer neuen Seuche zu tun hatten«, so sein späterer Bericht, »und daß wir alle, um den Erreger möglichst schnell zu finden, unsere Arbeit neu, und das hieß wirklichkeitsnah, ausrichten mußten.«

Jim Curran war beeindruckend dynamisch, und er war Pragmatiker. Den vermeintlichen Dogmen der medizinischen Forschung zog er die gute alte Philosophie von Willy Sutton, einem berühmten Outlaw der Wildwestgeschichte Amerikas, vor. »Kennen Sie die Sutton-Theorie?« pflegte er zu fragen. Denen, die keine Ahnung hatten, lieferte er boshaft lächelnd die Erklärung: »Als man ihn fragte, warum er Banken ausraubte, antwortete Willy Sutton: ›Weil dort das Geld ist‹.« Für den Chef der Detektivärzte von Atlanta meinte »dort« die Samenflüssigkeit und das Blut der amerikanischen Homosexuellen.

Jetzt, im Herbst 1981, hatte die Logik dieser Überlegung noch keinerlei Widerhall gefunden in der Welt der Wissenschaftler und genausowenig bei den Washingtoner Spitzenbeamten, die beauftragt waren, eben jenen Wissenschaftlern Gelder zuzuweisen. Die Chefredaktion des höchstangesehenen *New England Journal of Medicine* hatte es noch nicht einmal für notwendig gehalten, die verschiedenen Alarmrufe aufzugreifen, die die ersten Augenzeugen der Epidemie im eher bescheidenen Wochenbulletin der CDC hatten formulieren können. Ihrerseits übten die großen Zeitungen und die anderen Massenmedien, die doch sonst nach medizinischen Sensationsberichten gierten, erstaunliche Zurückhaltung. Als wäre das fragliche Übel eine Sühne, vorbehalten einer schmachvoll sündigen Minderheit. Warum im übrigen sollte man sich beunruhigen? Sagten nicht prominente Wissenschaftler, daß die betreffenden Risikopersonen nur mit dem Konsum der berüchtigten »Poppers« Schluß machen und sich bei ihren sexuellen Aktivitäten mäßigen müßten, und schon wäre es sehr wahrscheinlich, daß diese Epidemie verschwinden würde, wie sie gekommen war?

Gerade weil er mit dieser Prognose grundsätzlich nicht einverstanden war, fuhr Dr. Jim Curran an diesem Herbstmorgen des Jahres 1981 dem eindrucksvollen Gebäudekomplex der National Institutes of Health entgegen.

Auf dem einhundertsechzig Hektar großen Campus der Kleinstadt Bethesda, weniger als eine halbe Autostunde vom Zentrum der Hauptstadt Amerikas entfernt, stehen inmitten einer ländlich-friedlichen Kulisse aus Rasenflächen, hundertjährigen Bäumen und Blumenbeeten die dreizehn *National Institutes*, deren Auftrag lautet, die Gesundheit des amerikanischen Volkes zu schützen. Angefangen beim Nationalen Krebsforschungszentrum über das Herzzentrum, das Lungenzentrum, das Augenzentrum bis zu den Forschungszentren für Gerontologie, für Diabetes, für Arthritis und für Hautkrankheiten umfaßt der Gesamtkomplex der *National Institutes of Health* vier Hauptabteilungen, elf Forschungszentren, eintausendvierhundertzwanzig ultramoderne Laboratorien, ein ebenso modernes Krankenhaus mit fünfhundertvierzig Betten sowie die bedeutendste medizinische Bibliothek der Welt mit mehreren Millionen Bänden, mehr als zweitausendfünfhundert Zeitschriften aus aller Welt und einer elektronischen Datenbank, deren Informationen Tag und Nacht von jedem der vierhundertsiebzigtausend amerikanischen Ärzte abgerufen werden können. Der Campus zählt rund vierzehntausend Vollzeitbeschäftigte, darunter zweitausenddreihundert Männer und Frauen mit abgeschlossenem naturwissenschaftlichem Studium und rund eintausend Ärzte. Vermutlich ist das die eindrucksvollste Konzentration akademischer Intelligenz auf dem ganzen Erdball.

Dieser überwältigende Wissenschaftskomplex verfügte für das laufende Jahr 1981 über ein Budget von rund sechs Milliarden Dollar, das Vierfache des Haushalts der Vereinten Nationen. Ein Viertel dieser Summe ging an die Organisation, die eine Art Staatsmonopol innehatte im Kampf gegen Amerikas »Dread disease«, die Schreckenskrankheit Krebs. Seit Präsident Nixon 1971 ein Gesetz durchgebracht hatte, das als Ziel die totale Ausrottung einer Krankheit nannte, der Jahr für Jahr fast eine Million Amerikaner zum Opfer fielen, stellte das *National Cancer Institute* die Speerspitze dieser Mobilmachungsaktion ohnegleichen dar.

In seinen eigenen Einrichtungen und zusätzlich über assoziierte Laboratorien führte das NCI ein umfassendes Forschungsprogramm durch, mit dem die Ursachen der Krankheit entdeckt sowie Fragen der Vorbeugung, der Diagnose und der Therapie entschieden werden sollten. Dank seiner unerschöpflichen Finanzquellen stellte es Universitäten, Kliniken, unabhängigen Forschungszentren und allen möglichen öffentlichen oder privaten Organisationen sowie spezialisierten Ärzteteams die Mittel für einschlägige Arbeit bereit. Unzähligen Wissenschaftlern, und zwar Ausländern genauso wie Amerikanern, bot es Einzelstipendien oder Zuschüsse. Es arbeitete mit einer großen Anzahl von Vereinigungen, Industriezweigen und Berufsverbänden zusammen, die sich in Aufklärungskampagnen engagierten. Der vom NCI ausgehende Geldsegen für die Krebsforschung belief sich jedes Jahr auf mehrere Hundert Millionen Dollar, und damit war das amerikanische Institut weltweit der wichtigste Motor, aber auch Lenker des Kampfes gegen diese Krankheit. Schließlich spielte das NCI mit seiner Datenbank, die sämtliche irgendwo auf der Welt gewonnenen Resultate sammelte, ordnete, speicherte und verteilte, eine entscheidende Rolle für den internationalen Informationsfluß, indem sie Forschern und Ärzten aller Länder die Möglichkeit bot, sich über jeden noch so geringen Fortschritt auf dem laufenden zu halten.

Gewiß, auch in diesem Herbst 1981 war nicht alles eitel Sonnenschein auf dem Campus von Bethesda. Prestigekämpfe der Abteilungen, persönliche Rivalitäten und immer wieder politische Einflußnahme sorgten dafür, daß so manche Initiative sich festlief, daß so mancher ehrgeizige Forscher stillschweigend oder zähneknirschend resignierte. In regelmäßigen Abständen hatte die Leitung des Instituts den unmittelbar bevorstehenden entscheidenden Sieg angekündigt, aber es war bei Versprechungen geblieben, und das 1971 im Plan des Präsidenten Nixon gesetzte Ziel schien zehn Jahre später noch in weiter Ferne zu liegen. Die »Schreckenskrankheit« fuhr unerbittlich fort, die Friedhöfe zu bevölkern. Immerhin waren, was die Kenntnis der Erkrankungsmechanismen und die Behandlungsmethoden anging, beachtliche Fortschritte erzielt worden, so daß das NCI eine seiner Broschüren, mit denen ein ewig besorgtes Amerika beschwichtigt werden sollte, stolz betitelte: »1971–1981 – Das Jahrzehnt der Entdeckungen«.

Daß am Ende besagten Jahrzehnts bei einer wachsenden Anzahl junger Homosexueller sich krebsige Pusteln auf der Haut ausbreiteten, warf einen Schatten auf das freundlich-selbstgefällige Bild der eigenen Leistungen. Seit Mitte 1981 riefen Ärzte bei der Klinischen Abteilung des Nationalen Krebszentrums an, um eine anormale Häufung von Kaposi-Sarkom-Fällen zu melden und dringend aktive therapeutische Unterstützung zu fordern. Nicht lange, und die flehenden Stimmen zahlreicher Kranker mischten sich unter diese SOS-Rufe. Nach einigem Zögern hatte die Behörde von Bethesda schließlich im September mit dem Amt für Seuchenbekämpfung in Atlanta Kontakt aufgenommen. Die CDC schlugen ein Treffen sämtlicher Ärzte vor, die zum gegenwärtigen Zeitpunkt Patienten mit Kaposi-Krebs oder Pneumozystose behandelten, jenen beiden Krankheiten, die das Vorhandensein der merkwürdigen Epidemie an den Tag gebracht hatten.

An diesem Morgen im späten September war Dr. Jim Curran unterwegs zu dem Treffen der ersten Augenzeugen einer Bedrohung, von der die Welt demnächst unter dem Namen Aids Kenntnis nehmen würde. Der Arzt aus Atlanta war durchaus gewöhnt an die Unerfahrenheit seiner Kollegen, wenn es um epidemiologische Fragen ging, aber die Begegnung sollte ihm dennoch einen bitteren Nachgeschmack hinterlassen. »Mein Ziel war, ihnen klarzumachen, daß die Pneumozystose-Epidemie und die Hautkrebs-Epidemie von ein und derselben Krankheit herrührten«, berichtete er. »Niemand wollte mir glauben. Aus dem einfachen Grund, weil die Krebsspezialisten normalerweise nie etwas mit ansteckenden Krankheiten zu tun hatten und die Spezialisten für Infektionskrankheiten keinerlei Erfahrung mit Krebs hatten. Sie kannten einander einfach nicht. Es war kaum zu glauben: Dem Schubladendenken ihres Spezialgebiets verhaftet, weigerten sie sich einzuräumen, daß derart verschiedene Krankheitsbilder auf eine einzige gemeinsame Ursache zurückgehen könnten.«

Diese erste kontroverse Begegnung in den Räumen der höchsten Institution staatlicher Krebsforschung war kein solcher Fehlschlag, wie es im ersten Moment den Anschein hatte. Jim Curran allerdings machte sich keine falschen Hoffnungen. Wenn es auch seine Pforte einen Spaltbreit geöffnet hatte, so blieb das NCI doch eine schwerfällige Maschinerie, die vom guten Willen zahlreicher Komitees abhängig war, in denen seine Forschungspolitik festgelegt und alle wissenschaftlich-medizinischen Grundsatzentscheidungen getroffen wurden. Vorläufig fühlte sich auf dem Campus von Bethesda niemand verpflichtet, »seinen Ruf wegen dieser kümmerlichen Kleinseuche aufs Spiel zu setzen«, wo es doch Forschungsthemen von ganz anderer Dringlichkeit gab, Brustkrebs oder Lungenkrebs zum Beispiel. Andere, weniger sachbezogene Bedenken spielten ebenfalls mit. Tuschelte man nicht in bestimmten Labors, daß ein hochrangiger, selbst homosexueller Mann aus der Hierarchie von Bethesda schon einige Hebel in Bewegung gesetzt hatte, um die angesehene Institution unbedingt herauszuhalten aus der Sache?

Aber Jim Curran war nicht jemand, der schnell den Mut verlor. Er wußte, in dem großen Wissenschaftskomplex mit seinen zwischen Dogwood-Wäldchen und Azaleenbüschen verstreuten Betonwürfeln funktionierten Gehirne, die fähig waren, sein Rätsel zu lösen. Eines dieser Einzelgebäude trug die Nummer 37. Dort, im sechsten Stockwerk, inmitten der planquadratmäßig angeordneten Forschungslabors, im Büro 6A09, arbeitete ein höchstbegabter Biologe italienischer Abkunft mit dem Profil eines römischen Kaisers.

Robert Gallo war einer der ehrgeizigsten Vertreter der amerikanischen medizinischen Forschung. Er war erst fünfunddreißig gewesen, als er 1972 zum Direktor des *Laboratory of Tumor Cell Biology*, des Labors für Tumorzellbiologie am Nationalen Krebsinstitut, ernannt wurde. Inzwischen stand er im Zenit seines Ruhms. Indem er das erste mit einem bösartigen Tumor beim Menschen in Verbindung zu bringende Retrovirus identifizierte, hatte er in der Tat der medizinischen Erkenntnis ein gänzlich neues Feld eröffnet: Das Vorgehen jener unendlich kleinen Erreger, die das Leben des Menschen bedrohen, war an einem entscheidenden Punkt erhellt worden. Gallos revolutionäre Entdeckung war wahrscheinlich für die Zukunft der Menschheit genauso wichtig wie seinerzeit die Isolierung des Tollwutvirus durch Pasteur oder die Entdeckung des Tuberkulosebazillus durch Robert Koch.

Wie aber konnte er, das fragte sich Jim Curran, diesen hervorragenden Wissenschaftler dazu bringen, daß er seinen Ruf, ja vielleicht seine Karriere aufs Spiel setzte, indem er sich auf etwas einließ, was so viele medizinische Autoritäten hartnäckig als »bizarre Schwulenseuche« abtaten?

21

Bethesda, USA – Winter 1982
Ein Genie mit Raubtierallüren

Man kann ihn beneiden oder sogar hassen, am Ende wird man immer seinem Charme erliegen. Mit seinem unwiderstehlichen Lächeln, seinen Raubtierkiefern, seinen graumelierten Stirnlocken, seiner ausgebeulten Hose und seiner nachlässig gebundenen Krawatte ähnelt der fünfundvierzigjährige Robert C. Gallo eher einem ewigen Studenten als dem Typus des erlauchten Wissenschaftlers. Der Sohn italienischer Einwanderer ist eine der faszinierendsten Persönlichkeiten auf dem Campus von Bethesda und vielleicht der gesamten Wissenschaftlerzunft Amerikas. Der Blick hinter den dicken Gläsern seiner randlosen Brille ist abwechselnd schalkhaft, spöttisch oder plötzlich fähig, mit seinem Ernst den blasiertesten Gesprächspartner zu hypnotisieren. Frappierend an diesem Charmeur mit den überraschenden Geistesblitzen ist die offensichtliche Fähigkeit, ständig mehrere Gedankenfäden gleichzeitig zu spinnen. Gefürchtet und vergöttert von der kleinen Clique internationaler Gelehrter, die ihn umdrängen, hat er seine Forschungsgruppe für experimentelle Tumorzellbiologie zu einer Art Leuchtfeuer gemacht, an dem sich die Virologen Amerikas und der ganzen Welt orientieren. Jene, die das Glück haben, der Forschungsgruppe selbst anzugehören, signieren mehr Artikel in den führenden wissenschaftlichen Zeitschriften als die Teams der meisten anderen Labors. Mit Robert Gallo arbeiten bedeutet, daß man gleichsam an der Quelle des Entdeckens sitzt, wo es von originellen Ideen, Hypothesen und intuitiven Einsichten nur so sprudelt. Kein Wunder, daß regelmäßig einige der klügsten Forscher des Planeten zu fruchtbar-kontroversem Gedankenaustausch anreisen.

Als Gelehrter genial, ist dieser energiegeladene Mann auch von seltener Aufgeschlossenheit, kennt Hunderte von anderen Forschern persönlich, empfängt vor seinen Mikroskopen und Zentrifugen die Besucher und oft die produktivsten Überläufer aus anderen Instituten. Daß er nichts gegen Publicity hat und zudem die unerreichte Fähigkeit mitbringt, sich auch noch auf den ungebildetsten Journalisten einzustellen, hat ihn zum Liebling der Medien werden lassen. Souverän wie ein Hollywoodstar bewegt er sich vor den Fernsehkameras, geschickt popularisiert er hochkomplizierte biologische Vorgänge zu simplen Modellen herunter, geschmeidig erhält er sich die Gunst sämtlicher großen Fachzeitschriften. Ein solcher Mann muß herausstechen aus dem Milieu der medizinischen Forschung. Allerdings hätten alle diese Talente nicht genügt, ihm eine derartige Sonderstellung zu verschaffen, hätte er nicht in den siebziger Jahren den medizinisch-biologischen Wissensschatz um die grundlegende Entdeckung bereichert, die ihm im November dieses Jahres 1982 eine hochbegehrte Auszeichnung, den Lasker Award, einbrachte.

Seine Laufbahn hatte ihren Ursprung in einer Tragödie. Seine jüngere Schwester, die er sehr liebte, war im Alter von dreizehn Jahren von einer Krankheit hinweggerafft worden.

»Ich wußte nicht, daß Judith krank war«, erzählte er eines Tages. »Niemand hatte mich zunächst informiert. Ihre Krankheit war während unserer Sommerferien am Meer ausgebrochen. Sie zeigte sich in Schüttelfrost, Fieber und bleierner Müdigkeit. Meine Eltern glaubten, es handle sich um eine einfache Grippe. Eines Spätnachmittags, als ich aus der Schule kam, bin ich sofort in ihr Zimmer gegangen. Judith war nicht mehr da. Meine Eltern hatten sie in die Bostoner Universitätsklinik bringen lassen, wo man damals neue

Medikamente testete. Am Sonntag darauf, als sie sie wieder besuchen fuhren, nahmen sie mich mit. Ich hatte noch nie ein Krankenhaus betreten. Eine Menge von Ärzten folgten einander an ihrem Krankenbett, tasteten sie ab, untersuchten sie wie ein wehrloses Versuchskaninchen. Tropfenweise rann fremdes Blut in ihre Vene. Auch verabfolgte man ihr endlose Infusionen mit chemischen Substanzen, deren Heilwirkung man erproben wollte. Sie verursachten ihr solche Übelkeit, daß sie nichts mehr hinunterbrachte. Ihr Gesicht wirkte mit jedem Tag ein wenig eingefallener. Am eindrucksvollsten war die gelbe Farbe, die ihre Haut angenommen hatte. Schließlich ähnelte sie einer düsteren Theatermaske. Dennoch besserte sich ihr Zustand, und die Ärzte erlaubten meinen Eltern, sie mit nach Hause zu nehmen. Wir sind alle am folgenden Sonntag hingefahren und haben sie abgeholt. Dann aber kam ein Rückfall.

Eines Tages, als ich ihr Zimmer betrat, versuchte sie mit großer Anstrengung, sich aufzurichten und mir die Arme entgegenzustrecken. Erschöpft fiel sie sogleich auf das Kissen zurück. Sie wollte etwas zu mir sagen. Ihre Lippen fingen an zu zittern. Aus ihrem Mund kam ein Strom von Blut. Die chemische Behandlung hatte ihre Blutplättchen zerstört, und Blutung folgte auf Blutung. Später erfuhr ich, daß sie die dritte oder vierte Kranke auf der Welt gewesen war, bei der die Chemotherapie angewandt wurde. Nun, damals verfügte man nicht über Blutplättchenkonzentrate, mit denen man die von der neuen Therapie verursachten Schäden hätte beheben können. Sie starb ein paar Wochen später. Erst am Tag ihres Todes, als wir alle weinend ihren ausgebluteten Körper umstanden, hörte ich den Namen des Übels, dem sie zum Opfer gefallen war. Meine kleine Schwester war an Leukämie gestorben. Es war der erste große Schock meines Lebens und das Ende meiner unbeschwerten Jugend.«

Die Tragödie stürzte die Familie in einen Abgrund der Verzweiflung. Der Vater verlor fast den Verstand. Er kümmerte sich nicht mehr um sein Eisenwerk, wo er während des Krieges die Armierungsbleche für die *Liberty Ships* gefertigt hatte, die die Soldaten und Waffen des Sieges nach Europa schafften, und kampierte wochenlang am Grab seiner Tochter. Nach Hause zurückgekehrt, irrte er ganze Nächte hindurch von Zimmer zu Zimmer und küßte die Bilder von Judith, die er überall an die Wand geheftet hatte. Er wurde von Schuldgefühlen niedergedrückt und versuchte nun, die Zuneigung, die er mangels Zeit seiner Tochter nicht hatte geben können, auf seinen Sohn zu übertragen, indem er ihn über alle Maßen verwöhnte.

Nichts konnte den Kummer des Jungen und vor allem nichts seine Empörung besänftigen. »Ich habe erlebt, wie meine Schwester starb, während sich all diese Koryphäen über sie beugten«, so seine fortdauernde Entrüstung, »alle diese Wissenschaftler, die sie wie eine Versuchsperson beobachteten. Ich habe gesehen, wie sie ihr flaschenweise Blut und ihre famosen Medikamentenmischungen injizierten. Trotz all ihres Wissens haben sie sie nicht gesund machen können. *Sie wußten nicht genug.*«

Jemand, dem diese herbe Enttäuschung wohlbewußt war, ein enger Freund der Familie, sollte den jungen Gallo in eine Bahn lenken, an die er nie gedacht hatte. Dr. Marcus Cox war zuständig für pathologische Anatomie am Saint-Mary-Krankenhaus der Kleinstadt Waterbury in Connecticut, wo die Eltern Gallo sich nach ihrer Ankunft aus Italien niedergelassen hatten. Er war es, der in seinen Reagenzgläsern die erbarmungslose Krankheit entdeckt hatte, an der Judith gestorben war. Geistig ungeheuer wach, genauso neugierig wie mißtrauisch gegenüber allem Neuen, was die Wissenschaft ausbrütete, stellte er alles ständig in Frage, verschonte er niemand mit seiner ätzenden Kritik. Kurz, er war ein idealer Lehrmeister für einen begabten, aber vom ersten Kontakt mit der Welt der Heilberufe grausam enttäuschten Jungen.

Seine High-School-Ferien verbrachte Robert Gallo damit, daß er ehrfürchtig Dr. Cox bei seiner täglichen Arbeit im Saint-Mary-Krankenhaus beobachtete. Aufgrund seines Fachgebiets war dieser in der privilegierten Lage, die Kompetenz seiner Kollegen taxieren zu können: Er untersuchte die Gewebeproben aus den kranken Organen und führte die Autopsien durch. »Nichts entging diesem

Sherlock Holmes des Skalpells und des Mikroskops«, erinnerte sich Robert Gallo. »Er konnte augenblicklich sagen, ob der oder jener Arzt einen Patienten korrekt therapiert hatte oder nicht. Für mich war es eine Lehrzeit, und sie weckte meine Berufung. Lange bevor ich die Pforten der Universität durchschritt, hatte ich beschlossen, Arzt zu werden. Das aggressive Urteil, das Marcus Cox über seinen Berufsstand fällte, brachte mich jedoch von dem Wunsch ab, am Krankenbett zu wirken. Immer noch loderte in mir der Zorn gegen die, die unfähig gewesen waren, meine Schwester zu retten. Ich wollte statt dessen in die Forschung gehen, immer mehr und mehr wissen, um mit Hilfe der Wissenschaft Judith zu rächen.«

Judith rächen. Ein erregender Gedanke, von dem der junge Robert Gallo sich jedoch wieder entfernen sollte, als er tatsächlich sein Medizinstudium begann. »Ich war immer noch zu geschockt durch den Tod meiner Schwester, um mich sogleich für die Welt der Zellen zu interessieren. Beim Wort Leukämie bekam ich eine Gänsehaut.« Also wandte er sich zunächst einem anderen Fachgebiet zu, den Stoffwechselstörungen. Seine Begegnung mit einem der größten Biologen dieser Zeit, dem Dänen Allan Preslav, sorgte sehr schnell dafür, daß ihm sein ursprüngliches Ziel wieder in den Blick kam. Allan Preslav leitete an der Universität Philadelphia ein Institut für Zellbiologie. Er hatte sich von der Begabung des brillanten Studenten überzeugen können und nahm ihn in sein Team auf.

Robert Gallo wird sich eng an diesen neuen Lehrmeister anschließen, »der aufgrund seines vulkanisch aufbrausenden, leidenschaftlichen Charakters so wenig skandinavisch wirkte«. Eines Sommers betraut ihn der Wissenschaftler mit einem Experiment an Knochenmarkzellen. Es geht gründlich schief. Der junge Robert hat sich blamiert. Dennoch ist der erste Schritt getan. Er ist nun wirklich eingetreten in die Welt der Zentrifugen und Reagenzgläser. Um die Scharte auszuwetzen, erbietet er sich, zu erforschen, warum chronisch Lungenkranke nicht genügend rote Blutkörperchen erzeugen. Die sehr eigenständige Arbeit lohnt sich: Stolz sieht er zum erstenmal seinen Namen unter einem wissenschaftlichen Artikel. Überzeugt, daß sein Schüler alles mitbringt für dauerhafte Erfolge, schickt ihn Allan Preslav für die Assistenzarztzeit an die Universität Chicago, ein hochangesehenes Zentrum der Zellbiologie.

Die Kliniken dieser Universität zogen aus ganz Amerika die ungewöhnlichen und verzweifelten Fälle an sich, was dem jungen Assistenzarzt Gelegenheit verschaffte, sich mit so unterschiedlichen Persönlichkeiten anzufreunden wie Jesse Owens, dem schwarzen Leichtathleten, der bei den Olympischen Spielen von Berlin 1936 den Hundertmeterlauf gewonnen hatte, oder wie der aufwühlenden Gospelsängerin Mahalia Jackson; auch der Witwe Enrico Fermis, eines der Pioniere der Atombombe, begegnete er hier. Abends und sonntags ließ Robert Gallo seine junge Frau Mary-Jane und ihr Baby Marcus (so benannt zu Ehren des geschätzten Dr. Marcus Cox) allein, um sich in einem Labor einzuschließen und dort seine Forschung an den Blutzellen voranzutreiben. Eine Beharrlichkeit, die ihm bald eine spektakuläre berufliche Veränderung einbringen sollte, nämlich einen Posten als Forscher am NCI, dem *National Cancer Institute* in Bethesda bei Washington. Ein triumphierendes Lächeln trat auf das Gesicht, dessen mattbrauner Teint die mediterrane Abkunft verriet – der karrierebewußte Nachwuchsforscher war gerade achtundzwanzig Jahre alt.

Da in keinem der Biologielabors sofort eine Stelle frei war, wurde Robert Gallo ausgerechnet in die Abteilung für leukämiekranke Kinder des Krankenhauses beordert, das dem Forschungsinstitut angeschlossen war. Sechzehn Jahre waren seit dem Tod seiner Schwester vergangen, sechzehn Jahre, in deren Verlauf vielfältige, hier auf dem Campus von Bethesda entwickelte Behandlungsmethoden den Blutkrebs in seiner mörderischen Wirksamkeit wenigstens hatten bremsen können. Durch einen merkwürdigen Zufall gehörte zu denen, die für diese Fortschritte verantwortlich waren, eine Frau, die einst Judith behandelt hatte. In ihrem Archiv hielt sie eine Überraschung für den Neuankömmling bereit. Eines Tages warf sie für ihn eine Serie von Diapositiven auf die Leinwand, und er erblickte die erkrankten Lymphknoten seiner kleinen, von der Leukämie schon geschwächten Schwester.

Es war ein Schock und eine Offenbarung. Nach Jahren des intimen Umgangs mit den roten Blutkörperchen beschloß Robert Gallo, von nun an alles daranzusetzen, die Geheimnisse der weißen Blutkörperchen zu durchdringen, jener Beschützer des Lebens, deren Schwächeanfälle die Menschen zum Sterben verurteilen.

Gallo traf seine Entscheidung zu einem Zeitpunkt, da in der medizinischen Forschung sich eine neue Ära ankündigte. Zwei historische Fakten waren der Grund dafür, daß die Forscher mit neuen Waffen ihren Feldzug fortsetzen konnten. Zum einen waren riesige Budgets für den Kampf gegen den Krebs verfügbar geworden, seit die meisten Infektionskrankheiten dank den Antibiotika ausgerottet worden waren. Zum andern hatte sich in der Zellbiologie eine wahre Revolution vollzogen. Seit den späten fünfziger Jahren kannte man nahezu alle Geheimnisse des Lebens der Zellen. Man wußte, wie man sie zum Wachsen anregt, wie man sie züchtet bzw. im Labor vermehrt. Vor allem ermöglichte die Beherrschung des sehr banalen Werkstoffs Plastik den Forschern, sich mit maßgefertigten Instrumenten aller Art auszurüsten, Art und Zahl der Experimente zu vervielfachen und das Feld ihrer Erkenntnisse immer stärker auszuweiten. Kunststoff und Zellbiologie hatten sich vermählt, und Frucht dieser Ehe war die industrialisierte Herstellung von Forschungsausrüstung, was einer größeren Anzahl von Spezialisten und Laboratorien neue Forschungsgebiete eröffnete.

Das Jahr, das der junge Robert Gallo unter den leukämiekranken Kindern des Nationalen Krebsforschungszentrums verbrachte, wurde zu einer entscheidenden Erfahrung. »An der Universität Chicago hatte ich nur über physiologisch normale Zellen gearbeitet«, berichtete er, »und plötzlich sah ich mich Zellen gegenüber, die verrückt spielten, die außer Rand und Band geraten waren, die auf Selbstmord aus waren.« Unmittelbar nachdem er eine Planstelle in einem Forschungslabor erhalten hatte, organisierte er mit kühlem Verstand seine berufliche Zukunft. »Ich hatte das Glück, mich inmitten eines phantastischen Reservoirs fähiger Gehirne zu befinden, die auf einen fanatischen Wettbewerb eingeschworen waren.

Ich beeilte mich, diese einmalige Chance zu nutzen, um mir ein ganzes Netz von beruflichen Beziehungen aufzubauen. Eine Partie Tennis mit einem chinesischen Wissenschaftler, der enger Mitarbeiter eines mit dem Nobelpreis ausgezeichneten Molekularbiologen gewesen war, sollte mir neue Horizonte eröffnen. ›Hör zu, Bob‹, riet mir eines Tages der Chinese zwischen zwei Sätzen, ›am besten kann man menschliche Krebszellen studieren, wenn man als Anschauungsmaterial und Modell tierische Geschwulste heranzieht, die von Viren hervorgerufen wurden‹.«

Viren! Der Chinese hatte das magische Wort ausgesprochen, das so vielen Krebsforschern nicht mehr aus dem Sinn ging. Robert Gallo allerdings hatte nur ein Achselzucken übrig. »Ich hatte nie auch nur einen Hauch von Interesse für die Virologie empfunden«, bekannte er fast treuherzig, »und ich hatte nie mit Virologen zusammengearbeitet. Ich hatte nicht die geringste Ahnung von den dämonischen kleinen Gebilden, und ich fand die Leute reichlich naiv, die gewagt hatten, sich ausgerechnet hier ihr Spezialgebiet zu suchen.«

Dabei hatte sie wilde Hoffnungen aufgerührt, die These vom viralen Hintergrund zahlreicher Krebsarten! Seit jenem Tag des Jahres 1910, an dem ein Amerikaner namens Francis Peyton Rous bekanntgab, daß er per Impfung bei Hühnern Krebsgeschwulste hatte erzeugen können, hatte sich die Phantasie der Forscher immer von neuem entzündet. Vierzig Jahre später wurde ein Virus entdeckt, das bei Mäusen Leukämie erzeugte, und damit war der mögliche virale Ursprung bestimmter Krebsarten überzeugend bestätigt. Die höchsten Autoritäten des Landes unterstützten die Hypothese. 1962 versicherte der Direktor der Abteilung Infektionskrankheiten der Nationalen Gesundheitsinstitute, daß »Krebs beim Menschen auch durch Viren verursacht werden kann« und daß er »in diesem Fall als gewöhnliche Infektionskrankheit betrachtet werden muß«. Daß dieser Mann so überzeugt war, hatte zu einem ziemlich großzügig finanzierten Sonderforschungsprogramm geführt.

Von jetzt an suchte eine ganze Generation von Forschern die mikroskopisch winzigen Todeserreger zu identifizieren, um sie alsdann mit geeigneten Impfstoffen zu bekämpfen! Das Beispiel eines Jonas Salk, des Siegers über die Kinderlähmung, hielt überall den Ehrgeiz wach. Ein erbitterter Konkurrenzkampf zwischen den verschiedenen Forschungszentren kam in Gang, und die ganzen sechziger Jahre hindurch regnete es vermeintliche Entdeckungen zur Rolle der Viren bei den Krebserkrankungen des Menschen. Diese Pseudo-Durchbrüche waren denn auch nur Strohfeuer. Allenfalls hatte man nachweisen können, daß einige Viren in begrenztem Umfang als Co-Faktoren die Entwicklung bestimmter Tumore beeinflußten. So stellte sich heraus, daß das von den englischen Medizinern Michael A. Epstein und Y. Barr beschriebene Virus der infektiösen Mononukleose etwas mit der Bildung von Lymphomen oder von Krebs des Nasen-Rachen-Raumes zu tun hatte. Nachgewiesen war ferner die Beteiligung des Papillomavirus bei Gebärmutterhalstumoren und die des Hepatitis-B-Virus bei Leberkrebs.

Dagegen hatte noch niemand die geringste direkte Schuld einer sehr eigenartigen Familie von Viren beweisen können – der Retroviren. Ihr Vorhandensein hatte über die Jahrzehnte hinweg die Wissenschaft beunruhigt, seit 1910 in Krebsgeschwulsten von Hühnern das erste Retrovirus entdeckt worden war. Schien doch die Vorgehensweise der Retroviren sämtliche Gesetze der Biologie auf den Kopf zu stellen. Nach diesen Gesetzen spielt sich die Weitergabe des Lebens in einem unveränderlichen, inzwischen bestens bekannten Prozeß ab. Im Kern jeder einzelnen Zelle befindet sich eine Nukleinsäure mit dem Namen DNS*, die die Erbinformationen, deren Träger sie ist, an eine andere Nukleinsäure namens RNS** weitergibt, welche ihrerseits diese Information umsetzt in spezifische Proteine, die für das Leben und die Aktivität der Zellen notwendig sind. Da die herkömmlichen Viren mit einem gleichartigen biologischen System ausgestattet sind, kann ihre DNS sich in die DNS der Zellen, die sie angreifen, einschleusen. Vermehren sich nun die

* Es handelt sich um die doppelsträngig in Form von zwei Schraubenleitern aufgerollte Desoxyribonukleinsäure. Der amerikanische Biochemiker James Dewey Watson und seine englischen Kollegen Maurice H. F. Wilkins und Francis H. Crick erhielten 1962 den Nobelpreis für Medizin aufgrund ihrer Entdeckung der »Doppelhelix«-Molekularstruktur der DNS.

** Einsträngige Ribonukleinsäure.

Wirtszellen, so reproduzieren sie automatisch die Viren, die sie beherbergen. Die Retroviren allerdings besitzen keine DNS, sondern nur eine RNS, und dadurch sind sie gezwungen, einen Mittler einzuschalten, um von der DNS der ausersehenen Wirtszellen akzeptiert zu werden und so die eigene Vermehrung sicherzustellen.

Erst im Jahre 1970 wurde dieser Mittler entdeckt.* Es handelt sich um ein Enzym, das den Namen »Reverse Transkriptase«, also »Umkehr-Transkriptase« erhielt, weil es den Retroviren ein Manöver ermöglicht, das umgekehrt verläuft wie bei der normalen Virenproduktion. Dieses »Übersetzungs-Enzym« schreibt nämlich ihre RNS und damit ihre Erbinformation in die zelleigene DNS um, ohne die sie sich nicht vermehren könnten. Man hat das Enzym als »Signatur«, als Unterschrift, bezeichnet, aus der man die Präsenz eines Retrovirus in einem Organismus ablesen kann. Seine Entdekkung gab der Forschung ein unvergleichliches Instrument an die Hand. Man brauchte nur seine Anwesenheit aufzudecken, und der Beweis war erbracht, daß man es nicht mit einem gewöhnlichen Virus zu tun hatte, sondern mit einem Retrovirus.

Ob »Signatur«, »biologische Unterschrift« oder »Fingerabdruck«, Robert Gallo sah hier jedenfalls den experimentellen Weg, den er gehen mußte, um eine intuitiv schon gewonnene Einsicht abzusichern und in ein gezieltes Forschungsvorhaben umzusetzen: Er würde beweisen, daß Retroviren nicht nur bei Tieren existieren, sondern auch der Spezies Mensch gefährlich werden. Dieser Ansatz sollte auf dem Campus von Bethesda allgemein Skepsis wachrufen, denn niemand glaubte hier an das Vorhandensein von Retroviren beim Menschen. Eines der von den ungläubigen Kollegen vorgebrachten Argumente schien unwiderlegbar: Kein noch so starkes Elektronenmikroskop hatte je ihre Spur in erkrankten menschlichen Zellen aufgedeckt. Die Feststellung mußte jeden verunsichern, zumal dieser Virustyp, wenn er beim Tier in Erscheinung trat, stets sehr starke Vermehrung zeigte. Daher das offizielle Dogma: Würden Retroviren auch den Menschen angrei-

* Von drei jungen amerikanischen Forschern, David Baltimore, Renato Dulbecco und Howard Temin. Die Entdeckung brachte ihnen 1975 den Medizin-Nobelpreis ein.

fen, dann hätte man ihr Vorhandensein vor langer Zeit schon entdeckt.

Robert Gallo bewies seine Genialität dadurch, daß er die umgekehrte Hypothese in Betracht zog. Warum sollte man sich nicht Retroviren vorstellen können, die so heimtückisch und so diskret vorgingen, daß sie bisher kein Mikroskop hatte enttarnen können? Unempfindlich gegen alle Spötteleien, startete der energiegeladene Forscher seinen persönlichen Feldzug. Als erstes studierte er sämtliche Berichte, Aufsätze und Dokumente, mit denen bekannte oder unbekannte Tierärzte und Virologen das Auftreten ungeklärter Krankheiten und insbesondere verschiedener Leukämiearten bei Katzen, Affen, Kühen, Eichhörnchen und sogar Känguruhs bezeugten. Nach dieser Erhebung war er überzeugt, daß in der Tierwelt eine Menge weiterer Retroviren vorkam, die noch nie systematisch erfaßt worden waren. Sie gingen oft derart geheim vor, daß es praktisch unmöglich war, sie aufzuspüren. Selbst die »Unterschrift« ihrer reversen Transkriptase erwies sich als unleserlich.

Man erging sich nun erst recht in sarkastischen und abschätzigen Bemerkungen über Robert Gallo, der »darauf bestand, im Toten Meer zu angeln«. Seine Fachkollegen beharrten steif und fest auf ihrer Ansicht, für sie gab es keine anderen Retroviren als die wissenschaftlich nachgewiesenen bei Huhn, Maus und Katze. »Sollte man mir eines Tages den Nobelpreis zuerkennen«, sagte Gallo in Erinnerung an diese Episode seines Forscherlebens, »dann für alles, was ich damals einstecken mußte. Ich konnte bei keiner Fachkonferenz, keinem Colloquium, keinem Vortrag erscheinen, ohne daß man auf mich losging und mich an den Pranger stellte.«

Eines der Haupthindernisse für den Nachweis von Humanretroviren konnte er lange Zeit nicht überwinden: Immer wieder scheiterte der Versuch, ihre »Signatur« in menschlichen Krebszellen festzustellen. Er konnte tun, was er wollte, konnte von diesen Zellen Kulturen anlegen und sie darin verhätscheln und umhegen, sie verweigerten das Entscheidende: sich in ausreichender Anzahl zu teilen und zu vermehren, um eine Viruspräsenz in ihrem Kern zu offenbaren.

Gallo verlor nun doch den Mut und wollte schon aufgeben, da kam ihm das Glück zu Hilfe in Gestalt eines auf den ersten Blick harmlosen wissenschaftlichen Artikels. Ein Labor der Universität von Pennsylvania hatte gerade aus einer Pflanze ein Protein isoliert, das Phytohämagglutinin, das in überraschender Weise auf bestimmte weiße Blutkörperchen wirkte. Im Kontakt mit diesem Eiweißstoff wuchsen die Lymphozyten plötzlich, zeigten sich unglaublich aktiv und teilten sich. Gallo stellte fest, daß die pflanzliche Substanz insbesondere die T-Lymphozyten stimulierte, jene weißen Blutkörperchen, die beauftragt sind, die Immunantwort des Organismus auf Aggressionen von außen zu veranlassen. Vor allem registrierte er, daß bei Anwesenheit des Proteins diese besondere Kategorie von weißen Blutkörperchen eine Art Zellnahrung auszuscheiden begann, wie sie effizienter kaum zu denken war. Er gab diesem für die T-Lymphozyten spezifischen Wachstumsfaktor den Namen Interleukin 2. War das der Wunderdünger, den er brauchte, um menschliche Krebszellen zu massiver Vermehrung zu nötigen und sie gleichzeitig zu zwingen, gegebenenfalls die »Signatur« eines Retrovirus preiszugeben?

1980, fünf Jahre nachdem die Forschergemeinschaft von Bethesda jede weitere Suche nach einem viralen Ursprung bestimmter Krebsarten aufgegeben hatte, gab der Bruder der kleinen Judith bekannt, daß soeben zwei Wissenschaftler seines Labors, Bernard Poiesz und Frank Ruscetti, das erste Retrovirus beim Menschen nachgewiesen hatten. Die Zellen, die dieses großartige Ergebnis ermöglicht hatten, stammten von einer Patientengruppe mit einer ziemlich seltenen Leukämieart, für die eine anarchische Vermehrung der T-Lymphozyten charakteristisch war. Der erste dieser Patienten, ein schwarzer ehemaliger Basketballspieler, wohnte auf einer Farm in Alabama; die zweite Patientin, eine ebenfalls schwarze New Yorkerin, kam ursprünglich von einer Karibikinsel; der dritte Patient, ein irischer Seemann, lebte zurückgezogen in Boston. Robert Gallo erfuhr, daß der Seemann einen guten Teil seines Lebens das Japanische Meer befahren und daß er die Freudenhäuser von Kyushu frequentiert hatte. Die Information war für ihn um so aufregender, als im Jahr 1977 ein japanischer Forscher namens Kiyoshi Takatsuki die wissenschaftliche Welt über mehrere Fälle einer exakt gleichartigen Leukämie informiert hatte. Danach wurde diese Leukämie durch Blutkontakt, Geschlechtsverkehr sowie während der Schwangerschaft von der Mutter auf das Kind übertragen. Dieser dreifache Übertragungsweg bedeutete, daß ein infektiöser Erreger im Spiel war. Bald sollte die gleiche Art von Leukämie in Afrika auftreten. Es war ganz klar, daß dieser Erreger bereits eine gewisse Anzahl von Individuen in der Welt befallen hatte.

Robert Gallo erfand für ihn einen Namen: HTLV (H für *Human*, T für *T-cell*, L für *Leukemia* oder auch *Lymphotropic* beziehungsweise *Lymphadenopathy*, schließlich V für *Virus*.*) Das Auftauchen dieser Abkürzung aus vier Buchstaben bedeutete den Beginn einer neuen Epoche, was das Verständnis bestimmter Krebsarten beim Menschen und weiterer unerklärter Krankheiten, die die Menschheit dezimieren, betraf. Man ahnte nun, wie sich diese pathologischen Entwicklungen vollziehen. Der Mann, der unbedingt »im Toten Meer angeln« wollte, konnte endlich den Kopf wieder hoch tragen und sich genüßlich der »Lawine von wissenschaftlichen Preisen« stellen – so seine eigenen Worte –, die sehr bald auf ihn und seine Mannschaft niederging »anstelle der bis dahin gewohnten Tritte in den Hintern«. Unter anderem empfing er am 19. November 1982 den Lasker Award, die ruhmvollste medizinische Auszeichnung der Vereinigten Staaten. Diese Belohnung trägt den Namen eines Werbemoguls der zwanziger Jahre, der die Zigarettenmarke Lucky Strike groß herausgebracht und ganz Amerika bewogen hatte, sie zu rauchen. Am Abend seines Lebens hatte der Milliardär Albert Lasker Zigaretten und Werbung ade gesagt, um sich einem leidenschaftlichen Kampf gegen den Krebs zu verschreiben.

Ein paar Jahre später brachten seine Veröffentlichungen dem außergewöhnlichen Forscher Robert Gallo die nicht alltägliche Ehre ein, als erster Wissenschaftler zum zweitenmal mit dem Lasker Award belohnt zu werden.

* 1982 entdeckte Robert Gallo ein zweites Humanretrovirus aus der gleichen Familie. Von da an hießen die beiden Viren HTLV-I und HTLV-II.

22

Bethesda, USA – Winter/Frühjahr 1982
»Um Himmels willen, Sie dürfen jetzt nicht auf Ihren Lorbeeren einschlafen!«

War es ein schlechtes Vorzeichen? Über den verschneiten Campus von Bethesda hatte sich sibirische Kälte gelegt. Dennoch, der unermüdliche Dr. Jim Curran hätte auch dem Eis der Arktis getrotzt, um an diesem Februartag des Jahres 1982 im Nationalen Krebsinstitut vor dem Komitee sprechen zu können, das die Vergabe der Forschungsmittel zu regeln hatte. Er hoffte natürlich, bei diesen mittelbaren Geldgebern einen nachhaltigen Eindruck zu erzielen, vor allem aber hoffte er, den vom Nimbus des Ruhms umgebenen Robert Gallo zu überzeugen, der seine revolutionäre Entdeckung des ersten Humanretrovirus hier erläutern würde.

Seit der Chef der Detektivärzte von Atlanta seinen ersten Versuch unternommen hatte, die Forscher von Bethesda für seinen Kreuzzug zu gewinnen, hatte das Problem sich dramatisch verschärft. Das Register der CDC bezifferte inzwischen die offiziell erfaßten Opfer auf zweihundertundzwei. Die führenden medizinischen Fachzeitschriften, an ihrer Spitze das Bostoner *New England Journal of Medicine* und das in London erscheinende *Lancet*, hatten endlich ihr Schweigen gebrochen. Fünf Artikel, gezeichnet von fünf verschiedenen Forschergruppen, hatten die Vergleichbarkeit der lokalen Erscheinungsformen der Epidemie eindeutig aufgezeigt. Die ersten Schlußfolgerungen klangen auch deshalb so erschreckend, weil innerhalb weniger Monate die Sterbequote auf vierzig Prozent gestiegen war.

Der erste Patient, dessen Symptome Dr. Michael Gottlieb im Oktober 1980 in Los Angeles entsprechend gedeutet hatte, der als »Rätsel von Zimmer 516« bekannte junge Mann, war im Mai darauf gestorben. Die vier anderen, deren Krankheitsbild erstmals im Wochenbericht der CDC beschrieben worden war, hatten den Zusammenbruch ihres Immunsystems ebenfalls nicht lange überlebt. Auch der junge Schauspieler hatte es nicht mehr lange geschafft, die Verwüstungen seines Hautkrebses unter der Schminke zu verbergen, bevor er schließlich zugrunde ging. In Bethesda selbst, auf der Station von Dr. Samuel Broder, dem Direktor des Forschungsprogramms Klinische Onkologie des NCI, war schon im Frühjahr 1981 ein Mann gestorben. In diese Abteilung, die die vorderste Front der Medizin darstellte, wurden nur solche außergewöhnlichen Fälle aufgenommen, die der Wissenschaft dienen konnten. Sam Broder erinnerte sich mit Grauen an »diesen lebenden Toten von einunddreißig Jahren, den Infektionen heimsuchten, wie wir sie noch nie erlebt hatten«. Nachdem der Patient verstorben war, hatten er und seine Assistenten nur noch gehofft, »niemals wieder eine solche Tragödie erleben zu müssen«. Auch für den im Claude-Bernard-Krankenhaus von Paris behandelten Steward der Air France war nach acht Monaten qualvollen Siechtums das Ende gekommen, als die Viren ihren letzten Angriff auf das Gehirn richteten. »Kaum hatten wir eine Infektion in den Griff bekommen«, berichtete sein behandelnder Arzt Willy Rozenbaum, »stellte eine neue, noch schlimmere alles wieder in Frage.« Jeden Tag sah sich der junge Klinikarzt zu der gleichen Feststellung veranlaßt: »Es herrschte eine enorme Diskrepanz zwischen unserem Krankenhausalltag und dieser radikal neuen Situation.«

Nach zwölf Monaten Fahndungsarbeit gab es für Jim Curran überhaupt keinen Zweifel mehr. Nur ein Virus konnte für die »neue Situation« verantwortlich sein. Und diese These würde er am heutigen Tag vor den Komiteemitgliedern des Krebsinstituts verfechten. Er hatte die Reise in der Hoffnung unternommen, sie zur sofortigen Ankurbelung eines nationalen Forschungsprogramms bewegen zu können. Um seinen Ausführungen Gewicht zu verleihen, hatte er ein Dokument mitgebracht: ein in Atlanta gefertigtes Diapositiv mit einer statistischen Übersicht, die mehr aussagte als alle Reden und Vorträge. Daraus ging der wichtigste Unterschied zwischen den erkrankten und nicht erkrankten Homosexuellen der großen Befragung hervor: die Anzahl der jeweiligen Sexualpartner während einer identischen Zeitspanne. Bei den Erkrankten war die Zahl zehn- bis zwölfmal höher gewesen. Für Jim Curran und seine Mannschaft war das der klare Beweis, daß hier ein infektiöser Erreger übertragen worden war, vermutlich ein geheimnisvolles Retrovirus, das auch ihre Supermikroskope nicht hatten enttarnen können. »Ich wußte, welche feindseligen Reaktionen ich mir einhandeln würde mit meiner Virushypothese«, sagte Jim Curran später, »denn für Forscher und Ärzte gibt es nun mal kein heikleres Abenteuer als die Konfrontation mit einem Virus.«

Der Empfang, den die ranghohen Vertreter von Bethesda ihm bereiteten, mutete ihn genauso frostig an wie die Schneedecke, unter der das ländliche Maryland begraben lag. Selbst die sprichwörtliche mediterrane Begeisterungsfähigkeit eines Robert Gallo wirkte hoffnungslos eingefroren. Ungestüm wandte sich Jim Curran an den prominenten Wissenschaftler, um ihn doch noch aus der Reserve zu locken. »Um Himmels willen, Sie dürfen jetzt nicht auf Ihren Lorbeeren einschlafen«, beschwor er ihn und deutete auf einen imaginären Punkt jenseits der Saalwand. »Ich versichere Ihnen, daß da draußen ein weiteres *Retrovirus* frei herumläuft!«

»Diese Befunde waren sehr sonderbar, kein Zweifel, aber besteht nicht die Forschung ausschließlich aus sehr sonderbaren Phänomenen?« rechtfertigte Robert Gallo sich später, daß er den inständigen Appellen des Abgesandten aus Atlanta gegenüber taub geblieben war. »Das Ganze roch irgendwie nach Sensationsaffäre, und wenn ich sage ›roch‹, dann meine ich anrüchig und fast abstoßend. Jedenfalls nahm ich entschlossen Abstand von den Unternehmen. Die CDC hatten da eine äußerst beeindruckende Fahndungsarbeit geleistet, aber für ein Labor wie das meine, wo Grundlagenforschung getrieben wurde und wo wir alle in zahlreichen langfristigen Projekten steckten, war es undenkbar, einfach Stop zu sagen und dafür in diese Geschichte mit den promiskuitiven Homosexuellen einzusteigen.«

Die Detektivärzte in Atlanta sollten bald feststellen, daß dieser Standpunkt von der Mehrheit der großen Forschungsinstitute geteilt wurde. Zur grundsätzlichen Einstellung kamen praktische Überlegungen. Robert Gallo und die meisten seiner Fachkollegen waren überzeugt, es mit einer derart komplizierten Sachlage zu tun zu haben, daß ihnen kaum Chancen blieben, hier hilfreich tätig zu werden. »Die Patienten schienen von so vielen verschiedenen Infektionen befallen, daß wir es für unmöglich hielten, die exakte Ursache des Übels herauszufinden«, so Gallo weiter. »Wozu uns also an einem unlösbaren Rätsel verausgaben?« Daß die Forscher in diesen ersten Monaten der Epidemie sich ausweichend bis ablehnend verhielten, hatte noch einen dritten, den möglicherweise eigentlichen Grund: Sie hatten Angst, einen mysteriösen Todeserreger in ihre mehr oder weniger gesicherten Laborsäle einzuschleppen. Der Nobelpreisträger David Baltimore, Mitentdecker des Umprogrammierungsenzyms reverse Transkriptase, das Robert Gallo die Entdeckung des ersten Retrovirus beim Menschen ermöglicht hatte, erklärte, er weigere sich, in seinem Labor am *Massachusetts Institute of Technology* bei Boston auch nur die kleinste Gewebe- oder Blutprobe, die von einem Aids-Kranken stammte, entgegenzunehmen. Bis heute hat er die Entscheidung nicht revidiert.

Die meisten amerikanischen Institute für Molekularbiologie zeigten den gleichen Kleinmut. Robert Gallo verteidigte später ihre Einstellung und hob die reale Gefahr hervor, die das Einbringen eines infektiösen Erregers, dessen Vorgehen total unbekannt ist, für jedes Labor bedeutet. »Wie wollen Sie denn wissen, ob das Virus, das schon solche Scheußlichkeiten angerichtet hat, Ihnen nicht beim ersten Experiment ins Gesicht springt, ob es nicht durch eine harmlose Unterhaltung oder einen simplen Händedruck weiterwandert? Außerdem waren da all die weiteren Mikroorganismen, die für die vielfältigen Infektionen verantwortlich waren, mit denen die Opfer aufgrund der Zerstörung ihres Immunsystems zu kämpfen hatten. Erreger, die gesunde Menschen wie Sie und mich vielleicht nicht infiziert hätten. Aber hatte man das Recht, ein solches Risiko einzugehen?« Um seinem Plädoyer Nachdruck zu verleihen, enthüllte Gallo, daß in Bethesda bereits mehrere Forscher gestorben waren, nachdem sie sich in ihren supergesicherten Labors mit Viren infiziert hatten.

Genau acht Wochen nach der schroffen Absage seitens des *Establishment* von Bethesda flatterte Jim Curran eine Hausmitteilung auf den Schreibtisch, die der Leiter des Apothekendienstes verfaßt hatte. Sie betraf ein neues Faktum, das geeignet war, die Position der wissenschaftlichen Zunft zu der Epidemie über den Haufen zu werfen. Ein Arzt aus Denver im Staat Colorado verlangte eine Eilsendung Pentamidin für einen seiner Patienten, der ebenfalls von einer sehr schweren Pneumozystose befallen worden war. Im Gegensatz zu ähnlichen, seit knapp einem Jahr beim Monopoldienst der CDC eingegangenen Ersuchen war diesmal das Medikament nicht für einen Empfänger bestimmt, dessen Abwehrsystem nach einer Organverpflanzung ausgeschaltet war, und auch nicht für ein homosexuelles Opfer der neuartigen Seuche. Der Kranke von Denver, der an jener sehr seltenen Form von Lungenentzündung litt, entsprach keinem einzigen der üblichen Kriterien. Weder war er Stammgast der *Bathhouses* gewesen noch drogensüchtig, noch hatte er Amylnitritlösungen geschnüffelt. Er war der kreuzbrave neunundfünfzigjährige Vater einer kinderreichen Familie, der immer in demselben bürgerlichen Viertel seiner amerikanischen Provinzstadt gelebt und niemals eine immunsuppressive Behandlung gebraucht hatte. Eigentlich hätte nichts die Tore seines Organismus der tödlichen Invasion von Einzellern öffnen dürfen, deren Opfer er nun war. Nichts, außer einer Anomalie seiner Erbsubstanz, die allerdings ein ständiges Ansteckungsrisiko bedeutete. Er war Bluter.

An diesem Aprilmorgen des Jahres 1982 löste die Information bei den Detektivärzten der CDC helle Aufregung aus. Jim Curran erfaßte blitzartig die direkten und indirekten Konsequenzen. Der Patient von Denver gehörte zu der kleinen Gruppe von Amerikanern – es waren ungefähr zwanzigtausend –, deren Blutgerinnungssystem eine entscheidende Lücke aufwies und die deswegen regelmäßig Transfusionen mit Gerinnungsfaktoren erhielten, so daß sie gegen die unter Umständen lebensgefährlichen Blutungen einigermaßen geschützt waren. Um eine umfassende Verträglichkeitsgarantie zu bieten und um den Vorschriften der obersten Gesundheitsbehörde gerecht zu werden, mußten die Blutprodukte, die seit Beginn der sechziger Jahre kommerziell vertrieben wurden, von einer Spendergruppe aus mindestens tausend Individuen stammen. Tatsächlich wurden die meisten Dosismengen aus dem Blut von zehn- bis zwanzigtausend Spendern hergestellt, die über sämtliche Regionen der USA verstreut lebten. Bei durchschnittlich zehn Transfusionen erhielt also jeder Bluter pro Jahr das Blut von rund zweihunderttausend Spendern. Extrem strenge Filterverfahren schlossen im übrigen jedes Risiko einer Verseuchung mit infektiösen Erregern wie Bakterien oder Einzellern aus. Die einzigen lebenden Gebilde, die diese Sperren überwinden konnten, waren die Viren.

»Der erkrankte Bluter aus Denver half uns einen entscheidenden Schritt weiter«, berichtete Jim Curran. »Er lieferte uns den diesmal unumstößlichen Beweis, daß die Immunschwäche-Epidemie von Viren herrührte. Kein Forscher konnte künftig noch vor unserer wohlbegründeten und offensiv vorgebrachten Hypothese einfach den Kopf in den Sand stecken. Zumal die Bluter in unserem Forschungszusammenhang eine ungemein interessante Kategorie darstellten. Dadurch, daß die Blutprodukte, die man ihnen injizierte, von so aufgesplitterter Herkunft waren, stellten sie im Verhältnis zu den Empfängern gewöhnlicher Bluttransfusionen genau das dar, was die Homosexuellen mit häufig wechselnden Partnern im Verhältnis zu den Gays mit normalen Sexualbeziehungen darstellten.«

Kaum drei Stunden nach dem Anruf aus Denver flog ein Detektivarzt der CDC nach Colorado. Zehn Tage lang unterwarf Dr. Dale

Lawrence den Patienten, die Mitglieder seiner Familie und seine Ärzte mitleidlosen Überprüfungen. Er kontrollierte minuziös sämtliche Parameter der Immunbilanzen, veranlaßte neue Untersuchungen von Lungengewebe, bezog in seine pedantisch genauen Nachforschungen sämtliche Blutplasmapräparate ein, die dem Patienten in den letzten fünf Jahren verabreicht worden waren. Dank dieser ameisenhaften Arbeit konnte er schließlich bestätigen, daß der Familienvater sehr wohl an dem gleichen Übel litt wie die bisher betroffenen Homosexuellen.

Eine knappe Woche später erfuhr die Bundesbehörde für Seuchenbekämpfung in Atlanta von einem zweiten ähnlichen Fall. Der Kranke war ein siebenundzwanzigjähriger Bluter aus einer im nordöstlichen Ohio gelegenen Kleinstadt, die er nie verlassen hatte. Wieder bestieg Dr. Dale Lawrence das Flugzeug. Verbissen wie ein Schnüffler vom FBI verhörte er sämtliche ehemaligen und gegenwärtigen Bekannten des jungen Mannes. Er traf sich mit seinen Eltern, seinen Brüdern, seinen Schwestern, seinen alten Schulkameraden, seinen Sportkameraden, seinen Arbeitskollegen, den Frauen, mit denen er eine Beziehung gehabt hatte. Er versuchte herauszubekommen, ob er daneben noch geheimgehaltene Beziehungen gepflegt hatte. Er durchforstete hemmungslos seine Vergangenheit. Da er wußte, daß Bluter oft zu Betäubungsmitteln greifen, um ihre Gelenkschmerzen zu lindern, stellte er dem Kranken entsprechende Fragen. Aber auch diesmal lief alles auf einen absolut klaren Fall hinaus. Einzig die Transfusionen mit Blutkonzentraten konnten die Ursache seines Übels sein.

Dr. Dale Lawrence war gerade nach Atlanta zurückgekehrt, da sorgte die dritte brisante Nachricht bei den CDC erneut für hektische Besprechungen. Ein Arzt aus Westchester County, einem Wohnbezirk am Stadtrand von New York, teilte mit, eine Lungenbiopsie bei einem seiner Patienten, einem zweiundsechzigjährigen Pensionär, habe eine massive Infektion mit *Pneumocystis carinii* an den Tag gebracht, den Erregern der Pneumozystose. Wie in den zwei vorausgegangenen Fällen war der Patient Bluter und erhielt regelmäßig Injektionen mit Blutprodukten.

Die Geschichte der Medizin wird die Namen dieser drei unschuldigen Opfer nicht festhalten. Trotzdem, ihr Opfergang »warf sämtliche Steine auf dem Spielbrett durcheinander«, wie Jim Curran anmerkte. Trotz der äußerst unschönen Aussichten, die mit der plötzlichen Ausweitung der Seuche gegeben waren, jubelte der Chef der Detektivärzte von Atlanta innerlich. Die Gemeinschaft der Wissenschaftler, die seine »kümmerliche Schwulenseuche« so rüde abgetan hatte, würde endlich von ihrem Olymp herunter in die Arena steigen müssen, denn zusätzlich zu den zwanzigtausend Blutern empfingen jedes Jahr rund dreieinhalb Millionen Amerikaner Bluttransfusionen. Die Entdeckung des infektiösen Erregers wurde zur vorrangigen nationalen Aufgabe. Das war die wichtigste Herausforderung, aber ein Reigen dringlicher Vorhaben war damit gekoppelt: Man mußte einen entsprechenden Test entwickeln, die gesamte Herstellung von Transfusionsblut und Blutbestandteilen drakonischen Kontrollen unterwerfen, Substanzen und Behandlungsmethoden erarbeiten, die gegen die Viren direkt etwas ausrichteten. Schließlich mußte ein Impfstoff entwickelt werden. Eine Titanenaufgabe, die Berge von Dollar und die Mitwirkung zahlloser hochtrainierter Gehirne erfordern würde.

Die Verantwortlichen des Seuchenkontrollzentrums von Atlanta beschlossen, diese entscheidende Etappe anzugehen, indem sie die Epidemie neu benannten. Sie hatten Verständnis für die Empörung homosexueller Kreise, die eine Einbeziehung des Wortes »Gay« in den Krankheitsnamen für Ehrabschneidung hielten, deshalb vermieden sie die übliche Bezeichnung GRID* und tauften die Seuche AIDS**. Diese vier Initialen sollten bald als der schrille Fluch des zu Ende gehenden Jahrtausends ihren Widerhall finden.

* *Gay Related Immuno Deficiency* – Mit Homosexualität in Zusammenhang stehende Immunschwäche.

** *Acquired Immuno Deficiency Syndrom* – Erworbenes Immundefekt-Syndrom.

Zweiter Teil

Sieg der Magier des Unsichtbaren

23

Antwerpen, Belgien – Winter 1982
Eine weltumspannende Kette der Liebe

Sie war jung gewesen, schön, reich, und es hatte so ausgesehen, als würde das Schicksal sie alle Zeit auf Händen tragen. Ihre Eltern gehörten zur großbürgerlichen Prominenz des belgischen Hafens Antwerpen, und sie war aufgewachsen im diskreten Luxus einer jener Stadtresidenzen, die Rubens so gern gemalt hatte. Sie war schlank und stattlich zugleich und bewegte sich mit sportlichem Elan, aber ihr Gesicht mit den sehr großen, leuchtend hellblauen Augen war auffallend feingeschnitten. Jacqueline de Decker war mit ihren achtzehn Jahren eine der begehrtesten Partien im Königreich Belgien. Ihre Schönheit und ihre gesellschaftliche Position verursachten so manchem Anwärter Herzklopfen. In einem Alter, in dem die Mädchen ihrer Kreise davon träumten, am Arm eines Märchenprinzen durch die Ballsäle zu schweben und sich an die mondänen Strände der Côte d'Azur entführen zu lassen, schloß sie sich lieber lange Stunden in einer Kapelle ein, um der inneren Stimme zu lauschen, die sie zu gänzlich anderer Betätigung rief.

Überzeugt, daß Gott ihr gebot, Ordensschwester zu werden und nach Indien zu gehen, um dort die Armen und die Leprakranken zu pflegen, packte sie ihren Koffer und klopfte an die Pforte des Klosters der Marianischen Missionsschwestern. Die Schwestern zeigten sich beglückt, die junge Frau aus der vornehmen Gesellschaft aufnehmen zu dürfen, und wollten ihr ein königliches Abendessen bieten. Doch die zu ihren Ehren geöffnete Dose Lachs war verdorben – um ein Haar hätte Jacqueline die Nacht nicht überlebt. Sie aber sah in dieser Vergiftung ein Zeichen und schleppte sich beim ersten Morgenlicht zum Büro der Schwester Oberin. Sie werde nach Hause zurückkehren, verkündete sie ihr. »Ich war entschlossen, mich Gott zu weihen und nach Indien zu gehen, um die Armen zu pflegen«, sagte sie später, »aber ich würde in der Welt bleiben.«

Ein mit dem Erzbischof von Madras befreundeter belgischer Jesuit suchte Freiwillige, um in einer besonders vernachlässigten Gegend des Bundesstaats Tamil Nadu ein Zentrum für medizinische und soziale Betreuung aufzubauen. Schon hatten sich sieben junge Antwerpenerinnen für die Aufgabe zusammengefunden. Voller Begeisterung schloß sich Jacqueline de Decker ihnen an. Die Invasion Europas durch die Panzer Hitlers bereitete jedoch allen Träumen ein brutales Ende. Elend und Leid suchten Belgien heim, und Jacqueline und ihre Kameradinnen beeilten sich, ihr Krankenschwesterdiplom zu erwerben, um anschließend in den Dienst des Roten Kreuzes zu treten. Die vier Jahre unter Bombenangriffen und in überfüllten Krankenhäusern wurden für die junge Frau zur harten Schule der Nächstenliebe. Aber sie hielt mit unermüdlicher Hingabe fest an ihrem Ideal, und als die Befreiung kam, wurde sie öffentlich als Heldin gewürdigt. Schon versuchten mehrere hochangesehene und wohlhabende Bürger, über die Eltern eine Verbindung ihres Sohnes mit diesem weißgekleideten, medaillengeschmückten Engel einzufädeln. Jacqueline aber lag der Gedanke an Heirat fern. Der Krieg hatte die kleine Gruppe ihrer Freundinnen, mit denen sie nach Indien hatte gehen wollen, auseinandergerissen. Mehrere waren in den Bombennächten umgekommen, eine war in ein Kloster eingetreten, die anderen hatten geheiratet. Nur Jacqueline war übrig und weiterhin bereit, das Abenteuer zu wagen. Am 31. Dezember 1946 bestieg sie ein Schiff nach Madras.

Bei ihrer Ankunft erfuhr sie, daß der belgische Jesuit, der sie mit seinem Projekt inspiriert hatte, genau an dem Tag, an dem sie Antwerpen verließ, gestorben war. Sie war auf einmal völlig auf sich gestellt. Zwei Jahre lang lebte sie in der Nähe von Madras, angetan mit dem Baumwollsari der Dorffrauen, unter den Armen. Sie brachte ihnen Hilfe, soweit das in der kleinen, äußerst behelfsmäßig ausgestatteten Dorfkrankenstation möglich war. Sie, die einzige Europäerin auf Kilometer im Umkreis, begnügte sich mit einem täglichen Teller Reis, den sie mit Gewürzen schmackhaft machte, und mit ein paar Gläsern Tee, schlief in einer durch Ratten und Kakerlaken verseuchten Bretterhütte auf dem Boden und teilte so das leidvolle, entbehrungsreiche Leben der landlosen Bauern, der Menschen ohne Arbeit, der Tuberkulose- und Leprakranken. Es war eine weitere harte Lehrzeit, in der ihr nur ein gefestigter Glaube half, zumal ihr, der weißen Ausländerin, nicht selten Feindseligkeit entgegenschlug.

Eines Tages, als sie sich sehr mutlos fühlte, machte sie sich zu Fuß nach Madras auf, um dort den geistlichen Beistand eines Priesters zu suchen. Ein Missionar erzählte ihr von einer europäischen Nonne, die gerade ihr Kloster in Kalkutta verlassen hatte, um einen neuen Orden zu gründen. Die Schwestern sollten »in den Slums unter den Allerärmsten leben, die Kranken und die Sterbenden pflegen, den Kindern der Straße Erziehung geben, sich der Bettler annehmen, den Verlassenen Obdach gewähren«. Zwei Tage später stieg die junge belgische Krankenschwester im Bahnhof der bengalischen Riesenstadt aus einem Dritter-Klasse-Waggon. Sie mußte sich mehrere Tage durchfragen, bis sie endlich bei amerikanischen Missions-Krankenschwestern, deren Orden in Patna, der Bihar benachbarten Provinz, eine Niederlassung hatte, der Gesuchten gegenüberstand. Die künftige Mutter Teresa war, bevor sie ihre Arbeit in den Slums aufnahm, hierhergekommen, um sich in Erster Hilfe und Krankenpflege unterweisen zu lassen.

Sie war inzwischen achtunddreißig, die von der Körpergröße her alles andere als imposante Frau mit dem lichtvollen Lächeln, und sie lebte seit nunmehr neunzehn Jahren in Indien. Im damals zu Albanien gehörenden Skopje 1910 als Tochter eines wohlhabenden Bauunternehmers zur Welt gekommen, hatte Agnes Gonxha Bojaxhio sich schon sehr früh zu einem Klosterleben hingezogen gefühlt. Mit achtzehn Jahren war sie in den irischen Orden von Loreto eingetreten, wobei sie zu Ehren der demütigen »kleinen Blume von Lisieux«, die sie inbrünstig verehrte, den Namen Teresa annahm. Am 6. Januar 1929 ging sie im Hafen von Kalkutta, der nach London damals größten Metropole des *British Empire*, von Bord eines Dampfers. Sechzehn Jahre lang hatte sie unter dem schwarzen Schleier ihrer Kongregation an einer der vornehmsten Klosterschulen der Stadt die Töchter bengalischer Großbürgerfamilien in Erdkunde unterrichtet. Bis zu jenem 10. September 1946, als sie im Zug, der sie für ihren jährlichen Erholungsaufenthalt nach Darjeeling, zu den Vorbergen des Himalaya, hinaufbrachte, ein neuer Ruf Gottes erreichte – mit umstürzenden Folgen für ihr Leben. »Es war ein Befehl. Ich mußte den schützenden Komfort meines Klosters verlassen, auf alles verzichten und ihm, Christus, nachfolgen in die Elendshütten, um ihm zu dienen im Dienst der Ärmsten unter den Armen.«

Ihre Ordensoberin, der Erzbischof von Kalkutta und die anderen geistlichen Würdenträger hatten versucht, sie zur Aufgabe ihres Plans zu bewegen, sie zu überzeugen, daß der neue »Ruf« doch wohl nur eine Sinnestäuschung gewesen war, zurückzuführen auf die Erschöpfung durch ein kaum erträgliches Klima, auf die gespannte Atmosphäre in der Stadt, wo im Zeichen der nationalen Unabhängigkeitskämpfe Aufruhr und Zusammenstöße zwischen den Bevölkerungsgruppen und Religionsgemeinschaften wüteten. Sie hatte sich unbeugsam gezeigt, hatte nach Rom geschrieben und nach einer Wartezeit von fast zwei Jahren die Erlaubnis des Heiligen Vaters erhalten. Am 8. August 1948 hatte sie das Portal ihres Klosters durchschritten und ihr Nonnengewand mit dem billigsten im Bazar gefundenen Sari vertauscht. Im Behelfskrankenhaus der amerikanischen Missionsschwestern hatte sie ihre Konfrontation mit Krankheit und akutem Leid nicht gerade mit Glanz bestanden. Beim Anblick von Blut war sie ohnmächtig geworden. Aber ihr unzähmbarer Wille und ihr Glaube sollten ihr nach und nach Ausdauer und Härte auch für die unangenehmsten Aufgaben verleihen. Erschöpft kniete sie abends vor dem Kruzifix in der Kapelle der Missionsstation nieder, holte sich neue Kraft aus Gebet und Betrachtung.

Dort, in der Kapelle, machte Jacqueline de Decker ihre Bekanntschaft. Es war eine Begegnung, die weder die eine noch die andere vergessen würde. Sie hatten sich so viel zu sagen, fühlten in so vielen Dingen gleich. Die zwei strapaziösen Jahre, die die junge Belgierin damit zugebracht hatte, auf sich gestellt das elende Los der Bauern in der Gegend von Madras zu lindern, wurden für Teresa zur wertvollen Quelle von Erfahrungen. Ihrerseits brachte Teresa Jacqueline ein langfristiges Projekt nahe: die Gründung einer religiösen Kongregation, die sich ausschließlich dem Dienst an den Ärmsten unter den Armen widmen würde. Sie hoffte, damit auf hochgestimmte Seelen, die ihr Armutsideal zu teilen wünschten, Anziehung auszuüben. Einige ehemalige Schülerinnen hatten sie schon wissen lassen, daß sie sich ihr anschließen würden. Einstweilen allerdings mußte sie die Regeln der neuen Ordensgemeinschaft aufsetzen, sie Rom vorlegen und dafür beten, daß eine päpstliche Urkunde sie ermächtigen würde, den Orden der »Missionarinnen der Nächstenliebe« zu gründen. Zusätzlich zu den drei üblichen Gelöbnissen der Armut, der Keuschheit und des Gehorsams würden ihre Schwestern ein viertes einhalten: Sie würden sich »uneingeschränkt und mit ganzem Herzen in den unentgeltlichen Dienst der Armen stellen«.

Von der Aussicht begeistert, ihrem eigenen Ideal nicht mehr in Einsamkeit, sondern in einer Gemeinschaft zu leben, schloß sich Jacqueline de Decker dem Projekt Teresas sofort an. Sie wollte ihre erste Gefährtin sein. Aber das Schicksal sollte anders entscheiden. Während sie schon Vorbereitungen traf, ihrer neuen Freundin in die Slums von Kalkutta zu folgen, fand sie sich plötzlich durch unerträgliche Schmerzen in der Wirbelsäule gelähmt. Der Ursprung des Übels lag möglicherweise in ihrem fünfzehnten Lebensjahr, als sie beim Sprung in ein Schwimmbecken unglücklich aufgekommen war. Trotz intensiver ärztlicher Bemühungen verschlimmerte sich jetzt ihr Zustand so sehr, daß man anfing, für ihr Leben zu fürchten.

Bald blieb keine andere Wahl, als sie nach Belgien zurückzutransportieren.

Jacqueline de Decker schwor Teresa, zurückzukommen, sobald sie wiederhergestellt wäre. Auf dem Schiff, das sie nach Antwerpen zurückbrachte, wurde sie von dem Gefühl überfallen, hoffnungslos gescheitert zu sein, so daß sie mehrfach daran dachte, Selbstmord zu begehen. »Ich war nutzlos geworden und hatte nur noch einen Gedanken – mich aus der Welt zu schaffen. Gott hatte mich nach Indien gerufen, und ich hatte seinen Ruf verraten«, schrieb sie später. »Unaufhörlich betete ich zu ihm, aber ich spürte seine Gegenwart nicht mehr. Wenn ich noch eine Rolle auf dieser Erde zu spielen hatte, dann mußte der Herr mir ein Zeichen geben.«

Auf dieses Zeichen würde sie warten, all die Leidensmonate in den Kliniken ihrer Heimatstadt hindurch, wo Chirurgen sie mehrfach operierten und fünfzehn Knochenspanverpflanzungen vornahmen, um wenigstens zu versuchen, ihr die Totallähmung zu ersparen. Sie durchlebte ein wahres Martyrium. Es waren Monate unerträglicher Schmerzen, an deren Ende sie sich vom Nacken bis zur Hüfte in einem Gipskorsett eingezwängt fand. Als ihr klarwurde, daß sie nie mehr nach Indien würde zurückgehen können, um dort mit ihrer Freundin Teresa zu arbeiten, schrieb sie ihr einen herzzerreißenden Brief, den verzweifelten Abschiedsgruß einer Frau, die ihren Traum zerrinnen, ihren Lebenssinn entschwinden sieht.

Einige Zeit später erhielt sie ein auf dem Hauptpostamt von Kalkutta abgestempeltes blaues Aerogramm. In wenigen Zeilen legte ihr Mutter Teresa einen einzigartigen Plan dar: die Gründung einer Art Laienkongregation, die über Länder und Ozeane hinweg das Band einer mystischen Gemeinschaft zwischen jenen knüpfen würde, denen körperliche Leiden jegliche Aktivität unmöglich machen, die aber das Bedürfnis nach Handeln fühlen, und jenen, die handeln und, um handeln zu können, das Gebet der anderen brauchen. »Ich mache Dir heute einen Vorschlag, der Dich mit Glück erfüllen wird«, schrieb Teresa ihrer belgischen Freundin in jener Oktobernacht des Jahres 1952. »Willst Du meine Zwillingsschwester sein und voll und ganz zu einer Missionarin der Nächstenliebe werden? Mit Deinem Leib in Belgien, aber mit Deiner Seele in Indien. Indem Du Dich spirituell mit unseren Bemühungen verbindest, wirst Du durch die Opfergabe Deines Leidens und durch Dein Gebet an unserer Arbeit in den Elendsvierteln teilnehmen. Unsere Aufgabe ist gigantisch, und ich brauche viele Arbeiter. Aber ich brauche auch Seelen wie die Deine, die leiden und beten für den Erfolg unseres Unternehmens. Wirst Du bereit sein, Dein Leiden für Deine Schwestern hier darzubringen, um ihnen jeden Tag die Kraft zu geben, ihr Werk der Barmherzigkeit zu vollbringen?«

War dies das erwartete Zeichen? Jacqueline de Decker schrieb ein inbrünstiges Ja, und sie brachte den Willen auf, andere behinderte Menschen anzuwerben, die fähig waren, dieses Ideal zu teilen. Ein hohes Ideal, umschloß und verband es doch gleich zwei große Mysterien des christlichen Glaubens, das der erlösenden Kraft des Leidens und das der »Gemeinschaft der Heiligen«, in der alle Seelen guten Willens zusammengeschlossen sind. So entstand die »Vereinigung der Kranken und Leidenden«, die angeschlossen war an den Orden der Missionarinnen der Nächstenliebe, eine »Kette der Liebe, die die Welt umspannen würde wie ein Rosenkranz«. Die ersten Mitglieder waren siebenundzwanzig schwer und unheilbar behinderte Menschen, alle von der Sehnsucht erfüllt, das Siechtum ihres Körpers für den Erfolg der täglichen Arbeit der ersten siebenundzwanzig jungen Schwestern – fünfundzwanzig Inderinnen und zwei Europäerinnen – darzubringen, die Mutter Teresa in die Slums von Kalkutta gefolgt waren. Fünfunddreißig Jahre später waren es Tausende von schwer oder unheilbar Kranken und von Behinderten, die sich durch ihr Gebet und die Darbringung ihres Leidens verbunden wußten mit den Schwestern, die in den von Mutter Teresa auf der ganzen Welt gegründeten Lepra- und Krankenstationen, Waisenhäusern und Sterbeasylen wirkten.

Trotz ihres fortgeschrittenen Alters und ihrer nie abklingenden Schmerzen leitete Jacqueline de Decker von ihrer bescheidenen Wohnung in einem Vorort von Antwerpen aus diese mystische Weltgemeinschaft und empfing und beantwortete Briefe aus aller Welt.

An diesem Wintertag des Jahres 1982 fand ein Brief, der in Jerusalem aufgegeben worden war, ihre gerührte Aufmerksamkeit. Unfähig, selbst einen Stift in die Hand zu nehmen, hatte der Verfasser, Philippe Malouf, ihn einem Freund diktiert.

»Liebe Jacqueline, meine Schwester,
damit eine Rose schön erblüht, so heißt es, muß man manchmal einige Zweige des Rosenstocks opfern«, begann der junge libanesische Mönch von der Abtei der Sieben Schmerzen in Latrun, Israel. *»In der Zeit seit dem Unfall, der mich des Gebrauchs meiner Glieder beraubt hat, habe ich nicht gespürt, daß der Saft dieser Rose mich durchtränkt hätte. Im Gegenteil, ich habe mich den Schreien des Zorns, dem Schluchzen der Empörung hingegeben. Auch mit der Zuneigung all derer, die um mich sind, habe ich es nicht geschafft, über meine Behinderung hinwegzukommen, in Gott die Kraft zu finden, mein Schicksal anzunehmen.*

Dennoch, nachdem mich in meinem Krankenhauszimmer eine junge Israelin besucht hat, die ebenfalls gelähmt ist und im Rollstuhl sitzt, hat mich eine Woge der Hoffnung überflutet. Das Mädchen hat mich aufgefordert, mit ihr ›auf das Leben‹ anzustoßen. Sie hat mich aus meiner Bitternis gerissen, hat meinen ohnmächtigen Zorn einfach beiseite gewischt: Ich habe gespürt, daß ich aufhören mußte, mein Unglück zu beweinen, ich muß es endlich akzeptieren, muß mich auf einer anderen Lebensbahn verwirklichen. Aber als ich ins Kloster zurückkehrte, hat sich die Welt erneut verfinstert, und die Dämonen der Revolte zerrten wieder an mir. Revolte gegen Gott, den Schöpfer des Lebens, Empörung gegen die Gesunden um mich herum. Meine Behinderung lenkte mich ab von allem Lebendigen. Sie machte mich selbstsüchtig, löschte alles übrige aus. Immerhin, ich wollte ankämpfen gegen diesen Niedergang.

Wie oft habe ich versucht, all meinen Glauben aufzubieten, um an Christus den Gekreuzigten zu denken! Irgendwann sagte dabei eine Stimme zu mir: ›Vergeude nicht dein Leiden. Du kannst dich nicht mehr bewegen, aber du hast Gott, und mit ihm kannst du die Welt retten.‹

Philippe Malouf erzählte dann, daß ein amerikanischer Freund und Archäologe ihm die Nummer des *Life Magazine* mitgebracht hatte, die Mutter Teresa von Kalkutta gewidmet war und wo insbesondere von den Tausenden kranken und leidgeprüften Menschen in aller Welt die Rede war, mit denen ihre Missionarinnen der Nächstenliebe in spiritueller Verbindung standen. Sofort hatte er an die Ordensfrau geschrieben, und sie hatte ihm in ihrer runden, klaren Schrift geantwortet. »Sie können auf Ihrem Schmerzenslager viel mehr tun als ich auf meinen zwei Beinen«, hatte sie geschrieben und dem jungen Mönch ins Gedächtnis gerufen, daß das Leid eine Schule des Heldentums und der Heiligkeit ist. Sie hatte ihn aufgefordert, seine persönliche Prüfung anzunehmen, sie mit seinem Gebet für eine ihrer Schwestern aufzuopfern. »Sie braucht Sie, um die Kraft zu gewinnen, ihre aktive Aufgabe im Dienst der Armen Gottes zu erfüllen.« Mutter Teresa hatte mit dem Vorschlag geschlossen, Philippe Malouf möge nach Antwerpen an die Person schreiben, die beauftragt sei, eine jede ihrer Schwestern mit ihrem »geistlichen Beistand zu vermählen«.

Jacqueline de Decker las den Brief des jungen Mönches mehrmals und legte ihn ganz oben auf ihren Stapel unerledigter Post. Dann entnahm sie einem Ordner ein Blatt Papier, worauf eine leitende Schwester des Mutterhauses in Kalkutta die Namen der Nonnen aufgelistet hatte, die zuletzt in die Kongregation eingetreten waren. Ganz oben stand der eines aus Benares gebürtigen Mädchens, das gerade einem der aufreibendsten Einsatzorte zugeteilt worden war, dem Sterbehaus zum Reinen Herzen in Kalkutta, letzte Etappe auf dieser Erde für die Todgeweihten, die von den Straßen der unmenschlichen Stadt aufgelesen wurden. Diese Novizin würde aufgrund ihrer leidvollen Vergangenheit der besonderen Fürbitte bedürfen. Jacqueline de Decker schrieb Philippe Maloufs Namen in die Spalte gegenüber dem der ehemaligen »kleinen Leichenfledderin vom Ganges«. Mutter Teresa hatte ihr geraten, ihren Namen nicht gegen den einer Heiligen der Christenheit einzutauschen, sondern sich auch als Ordensschwester so zu nennen, wie ihre Eltern es bei ihrer Geburt beschlossen hatten. Die Tochter des Leichenverbrenners von Benares hieß jetzt Schwester Ananda – Schwester Freude.

24

Bethesda, USA – Sommer 1982
Die »Musiker« von Bau 37

Der großgewachsene, noch junge Mann mit den ungebändigten Haarsträhnen, der an diesem schwülen Julivormittag nach einem Direktflug Paris–Washington auf dem Campus von Bethesda eintraf, konnte sich auf keinerlei Mandat berufen: Keine französische Wissenschaftsbehörde, kein Forschungsteam, keine Ärztevereinigung hatte ihn beauftragt. Einzig seine persönliche Intuition hatte ihn veranlaßt, den nächsten Flug zu buchen und den Atlantik zu überqueren, um den Entdecker des ersten Humanretrovirus aufzusuchen. Ihn wollte er dazu bringen, vorbehaltlos den Kampf gegen die Seuche Aids aufzunehmen. Dr. Jacques Leibowitch, dreiunddreißig, Sohn eines bekannten Pariser Zahnarztes, gelegentlichen Auftritten als Schauspieler und Kneipensänger nicht abgeneigter Arzt, hatte zunächst als Dirigent Karriere zu machen versucht. Die letztlich doch mittelmäßige Begabung hatte ihn schon bald die Partituren und Pulte gegen die Hörsäle der Medizinischen Fakultät von Paris eintauschen lassen. Als er zwanzig war und gerade das zweite Jahr seines Medizinstudiums beendete, hatte ein mit der Familie befreundeter amerikanischer Biologe ihn für die Sommerferien in die USA eingeladen. Außer der Neuen Welt hatte er das Universum der medizinischen Forschung entdeckt. Keine der blendend aussehenden Amerikanerinnen, denen er abends auf der Straßenterrasse des

Café Figaro in Greenwich Village sein äußerst aktives Interesse bekundete, wäre auf die Idee gekommen, daß dieser französische Charmeur gerade einen Arbeitstag damit hinter sich gebracht hatte, Ratten mit einem Schlag gegen die Tischkante zu töten, um anschließend aus ihrer Leber Zellen zu extrahieren, die einem Laborteam der Universität New York zugedacht waren. »Eine mehr als aufschlußreiche Erfahrung«, sagte er später.

Jacques Leibowitch sollte mit der Überzeugung heimkehren, die Robert Gallo auf so schmerzvolle Weise nach dem Tod seiner Schwester gewonnen hatte: daß man, »um überhaupt Heilerfolge zu erzielen, zunächst lernen muß, wie die Dinge laufen, daß man vor allem anderen die Rätsel des Lebens durchschauen muß«. Den Schlüssel dazu gab es: die Zellbiologie, eine Wissenschaft, die kaum älter war als er selbst. Nach dem Erwerb des Doktorgrads in Paris war er erneut in die Vereinigten Staaten geflogen, um in Harvard genau diesen Weg zu gehen. Es waren zwei äußerst harte, erbarmungslose Lernjahre gewesen, die er damit verbrachte, bis zum Überdruß Zellen zu kultivieren, nach tausend Rezepten aufzubereiten, zu zerstoßen. Nach Frankreich zurückgekehrt, hatte er sich dafür entschieden, in der Universitätsklinik Raymond Poincaré in Garches einen Lehrauftrag für Immunologie anzunehmen.

Gleich als er die Nachricht von der seltsamen Seuche unter Amerikas Homosexuellen erfuhr, entzündete sich die Phantasie dieses wißbegierigen Mediziners: er erinnerte sich, einige Jahre zuvor mit mehreren ähnlichen Fällen zu tun gehabt zu haben, insbesondere mit dem eines portugiesischen Gastarbeiters. Felix Pereira, ein zweiunddreißigjähriger Lastwagenfahrer, stammte aus Lissabon. Im August 1977, dreieinhalb Jahre bevor Dr. Michael Gottlieb in Los Angeles seinen ersten Kranken entdeckte, waren seine Pariser Ärzte mit der gleichen erstaunlichen Häufung klinischer Befunde konfrontiert gewesen: Befall der Mundhöhle und der Speiseröhrenwand mit Candida-albicans-Pilzen, Hautausschläge auf verschiedenen Körperteilen, trockener, hartnäckiger, unerklärlicher Husten. Die Störungen hatten Jacques Leibowitch und seine Kollegen gleich zu Anfang dazu gebracht, eine Lungenentzündung aufgrund von Pneumocystis carinii-Parasiten festzustellen. Gehirnabszesse, die ernsteste neurologische Komplikationen bedeuteten, verschlechterten die Lage. Parallel zu diesen Symptomen war ein krasses Defizit an weißen Blutkörperchen vom Typ T 4 festzustellen gewesen, was eindeutig hieß, daß die Immunabwehr nicht mehr existierte. Felix Pereira war schließlich in sein Heimatland zurückgekehrt, wo er nach einem Jahr des Siechtums am 10. März 1980 gestorben war.

Seinerzeit völlig unerklärlich und unaufgeklärt, empfing dieser Fall nun seine grausam helle Beleuchtung. Für Jacques Leibowitch bestand hier keinerlei Zweifel: »Dieser Mann war ein Aids-Toter.« Nun, in eklatantem Widerspruch zu den jenseits des Atlantiks registrierten Fällen war dieser Portugiese weder homosexuell noch drogensüchtig, noch Bluter. Wie hatte er sich die Krankheit geholt? Der Pariser Immunologe begann unverzüglich mit der Spurensuche. Er zeichnete den Lebensweg des Patienten nach. Bevor Felix Pereira nach Frankreich auswanderte, war er fünf Jahre lang Taxifahrer in den damaligen portugiesischen Kolonien gewesen, zuerst in Maputo, der Hauptstadt von Mosambik, dann in Luanda, der Hauptstadt von Angola. Jacques Leibowitch machte noch zahlreiche Vorstöße auf unsicherem Terrain, dann war für ihn klar, daß ein Zusammenhang gegeben war mit zwei weiteren Fällen: zwei Frauen, die zur gleichen Zeit in Paris gestorben waren, wobei die Befunde absolut in die gleiche Richtung wiesen. Nun befand er sich tatsächlich auf der gesuchten Spur. Mochten diese beiden Frauen auch keinerlei Gemeinsamkeiten mit den amerikanischen Homosexuellen haben, mit dem portugiesischen Taxifahrer hatten sie zumindest eines gemeinsam: Beide hatten lange in Zaire gelebt, einem gleichfalls afrikanischen Land. Angola? Mosambik? Zaire? Hatte die Seuche sich, mehr als drei Jahre bevor sie die Neue Welt heimsuchte, zunächst auf dem afrikanischen Kontinent entwickelt?

Etwa gleichzeitig erfuhr Jacques Leibowitch, daß Wissenschaftler bei afrikanischen Patienten das von Robert Gallo entdeckte erste Humanretrovirus HTLV festgestellt hatten. Für ihn lag es nur allzu nahe, den Erreger – oder eine leicht abgewandelte Form des Erregers, warum nicht? – auch für die Epidemie Aids verantwortlich zu machen. Und der temperamentvolle Pariser Immunologe fackelte nicht lange. »Das war auch alles andere als abwegig«, betonte er später. »Wenn das HTLV-Virus bestimmte Arten von Leukämie hervorrief, indem es die anarchische Vermehrung der weißen Blutkörperchen erzwang, dann war es doch sehr gut vorstellbar, daß eine subtile Veränderung der Erbsubstanz bei diesem Virus ganz im Gegenteil, aber wie eben bei Aids, das Absterben der befallenen Lymphozyten hervorrief. Es war jedenfalls eine verlockende Folgerung.«

Seine Hypothese erschien ihm noch überzeugender, nachdem er auf den Fall eines jungen französischen Geologen gestoßen war, der 1979 auf einer Karibikinsel gestorben war, die enge Beziehungen zu Afrika unterhielt. Claude Chardon, vierundzwanzig, hatte noch keinen Sexualkontakt gehabt, als er in den Stand der Ehe trat, und ganz wie im Märchen war er so verliebt in seine Frau, daß er niemals eine andere auch nur anschaute. Er kam als Entwicklungshelfer nach Haiti, und gemeinsam erkundete das Paar an den Wochenenden die reizvollsten Plätze dieser wunderschönen Karibikinsel. Eines Tages verlor in einer Haarnadelkurve ihr Fahrer die Herrschaft über das Steuer, und das Auto krachte gegen einen Baum. Der schwerverletzte Geologe wurde ins französische Krankenhaus von Port-au-Prince gebracht, wo sofort eine Blutübertragung angeordnet wurde. Er bekam acht Einzeldosen, die von acht verschiedenen einheimischen Spendern stammten. Er starb dreizehn Monate später an einer Krankheit, die man im nachhinein als Aids identifizieren sollte.

Dr. Jacques Leibowitch sah in dem neuen Fall eine so schlagende Bestätigung seiner intuitiven Erkenntnis, daß er beschloß, auf der Stelle die Nummer 4966007 in Bethesda zu wählen. Man teilte ihm mit, daß Robert Gallo nicht zu erreichen sei, aber seine Sekretärin Louise Burkhardt war gern bereit, sein Anliegen zu stenografieren, eine sibyllinische, in Form einer Gleichung übermittelte Botschaft: »Afrika – Haiti – Heterosexuelle – Bluttransfusionen – HTLV = Aids.« Jacques Leibowitch hatte danach noch seine Telefonnummer angegeben, »für den Fall, daß der Professor mich erreichen möchte«.

Die Botschaft hatte ins Schwarze getroffen. Eigentlich hatte Robert Gallo nach wie vor nur geringe Lust, sein Labor in die Aids-Geschichte hineinziehen zu lassen, aber er rief tatsächlich zurück und legte dem französischen Immunologen nahe, ihn in Bethesda zu besuchen.

Das Thermosköfferchen, das Jacques Leibowitch an diesem Sommertag des Jahres 1982 dem amerikanischen Gelehrten auf den Schreibtisch stellte, enthielt keines der gastronomischen Erzeugnisse, für die Robert Gallo eine ausgeprägte Schwäche hatte – keinen Camembert aus der Normandie, keine Gänseleberpastete aus dem Périgord und noch weniger das unter dem Namen Rillettes du Mans bekannte gebratene Schweinemett –, sondern ein Präsent, das für den Chef eines Forschungslabors von unschätzbarem Wert war. Es war eine ganze Sammlung von Röhrchen und Fläschchen, die da sorgfältig in den Styroporwaben verstaut worden war und die einen wirklichen Schatz darstellte. Bevor er den Flug nach Amerika antrat, hatte Jacques Leibowitch eine Razzia in den Tiefkühlschränken der Pariser Krankenhäuser veranstaltet, um sich Blutproben von sämtlichen Patienten zu verschaffen, die mutmaßliche Opfer der Seuche Aids gewesen waren.

Da waren sie, die Beweisstücke, in diesem Köfferchen, das dem weltbekannten Virologen von einem eher namenlosen Fachkollegen überbracht wurde. »Plötzlich also saß dieser Mann mit dem ansteckenden Enthusiasmus in meinem Büro und offerierte mir seine wertvollen Proben. Ich muß sagen, daß meine ablehnende Haltung ernsthaft ins Wanken geriet«, bekannte Robert Gallo später. »›Bob, Bob!‹ sagte er mehrmals, ›handeln tut not! Sie müssen sich überwinden, müssen sich voll reinhängen und das verdammte Virus finden!‹«

Sich voll reinhängen! Konnte man vernünftigerweise annehmen, daß der vorsichtige Robert Gallo sich in eine blindwütige Verfolgungsjagd stürzen würde, um ein nur vermutetes Virus dingfest zu machen? Dennoch, die Ausbreitung der Seuche über die Homosexuellenszene hinaus und die von Jacques Leibowitch präsentierten klinischen Proben zerstreuten schließlich seine Bedenken. Gleich bei der nächsten offiziellen Arbeitsbesprechung mit seinem »Orchester« legte er einem seiner Musiker nahe, sich der Entzifferung der Aids-Partitur zu widmen.

An dem betreffenden Tag war kein Platz unbesetzt unter den bleichen Neonleuchten des kleinen, im Mittelpunkt der seltsam geräuscharmen Welt der Tiefkühlschränke, Zentrifugen und Mikroskope gelegenen Vortragssaals. Bau 37 des Campus von Bethesda stellte nicht nur eine akustisch gedämpfte, sondern eine behütete Welt dar, wo die Begriffe Krankheit, Siechtum und Sterben so abstrakt blieben wie ein Gemälde von Mondrian, wo man ein ganzes Leben lang mörderische Viren manipulieren konnte, ohne jemals das monströse Schauspiel ihrer Untaten zu erblicken. Eine tausend Meilen vom Schlachtfeld abgelegene Welt, aber eine Welt, die bewohnt wurde von einigen wenigen Magiern, die über Leben oder Tod unzähliger Menschen entscheiden sollten.

Der Meister nahm seinen gewohnten Platz vor der Tafel ein und betrachtete einen Moment das Team, das er im Laufe der Jahre um sich geschart hatte. Es waren Männer und Frauen aller Altersstufen und von sehr unterschiedlicher Herkunft, die aufgrund seines Ansehens zu ihm gekommen waren und die zusammengeschweißt wurden durch die gleiche »verrückte« Leidenschaft für die unsichtbaren Partikel, die die rätselhafte Grundstruktur des Lebens mitbestimmten. Sie sahen eher aus wie ein Trupp Studenten oder Kibbuzniks, nicht wie eine Versammlung hochintellektueller Mediziner, aber er war stolz auf sie. Merkwürdigerweise zählte sein Team nur sehr wenige Landsleute. »Statt von der Mystik der Grundlagenforschung lassen die jungen Amerikaner sich heute lieber von den Gehältern verlocken, die ihnen die Pharmalabors der Privatwirtschaft oder die Firmen für Biotechnologie bieten«, klagte er oft. Seine ersten Geigen, seine Solisten, seine Tenöre, seine Diven waren meist Ausländer: Deutsche, Chinesen, Finnen, Franzosen, Inder, Japaner, Pakistani, Schweden und so weiter. Jeder auf seinem Spezialgebiet ein As oder doch hochqualifiziert.

Niemand konnte besser ein Virus zerlegen und seine Gene zum Reden bringen als die fünfunddreißigjährige reizende, puppenhafte Chinesin Flossie Wong-Staal. Als Doktor der Molekularbiologie und hochbegabte Forscherin war sie in zehn Jahren zum Alter ego des Maestro und zu einer der Solistinnen seines Orchesters geworden. Genauso wie Syed Zaki Salahuddin, ein pittoresker Pakistani ohne allzu viele Diplome, aber dafür ein solcher Hexenmeister in der Kunst, für nicht kultivierbar gehaltene Zellen in seinen Kulturen zum Wachsen zu bringen, daß man ihm nachsagte, er könne auch Kieselsteine zur Reproduktion zwingen. Ein weiterer Artist des unsichtbaren Lebens war der Tscheche Mikulaş Popovic, ein Forscher, der aus der Kälte kam, ein Genie, das so besessen war von Geheimhaltung und Spionagefurcht, daß er sein Experimentallabor in einen Bunker verwandelt hatte. Kurz, an Talenten mangelte es im sechsten Stock von Bau 37 gewiß nicht. Sie waren sogar so zahlreich, daß ihr Meister keinerlei Schwierigkeiten haben würde, eines von ihnen von den laufenden Arbeiten freizustellen und auf das vertrackte Rätsel der neuen Seuche anzusetzen.

Robert Gallo wartete, bis alle Tagesordnungspunkte abgehandelt waren, dann enthüllte er seine Absichten. In gedrängter Form referierte er den Wissensstand und sprach sich für die Möglichkeit viraler Übertragung der Seuche aus. »Die Tatsache, daß der Aids-Erreger sich an die gleichen Lymphozyten heranmacht wie unser Retrovirus HTLV, gestattet die Annahme, daß es sich um ein Retrovirus aus der gleichen Familie handelt«, erklärte er. Weitere Analogien ließen die Hypothese noch stichhaltiger erscheinen. Neueste Arbeiten über dieses Retrovirus, das seltene Leukämiearten hervorrief, hätten bestätigt, daß es auf sexuellem Weg sowie durch verseuchtes Blut übertragen wurde und daß es außerdem in den Ländern Afrikas sein Unwesen trieb, wo man Fälle von Aids ausgemacht hatte. Diese Verwandtschaftsthese finde sich erhärtet durch die Veröffentlichung des Veterinärmediziners Max Essex. Der prominente Forscher der Harvard-Universität, Spezialist für Katzenleukämie, habe festgestellt, daß der infektiöse Erreger des beim Tier auftretenden Blutkrebses so ziemlich identisch war mit dem Retrovirus, das die gleiche Krankheit beim Menschen verschuldete. Der einzige Unterschied lag in einer geringfügig anders gearteten Hülle. »Wie groß auch die Anzahl der in der Natur vorkommenden Retroviren sein mag, die Vorstellung ist logisch, daß sie sehr nah benachbarten Familien angehören und daß das Aids-Retrovirus eine Variante desjenigen ist, das wir bereits identifiziert haben«, schloß Robert Gallo seine Ausführungen.

Die Konsequenz, sich in die Suche nach dem Virus einzuschalten, fiel ihm nicht leicht. Die verrücktesten Gerüchte liefen in jenem Sommer bereits um über die Gefahren, die die Handhabung eines derart mysteriösen Virus darstellte. Er wußte von Forschungszentren, deren Personal wie Schnee an der Sonne weggeschmolzen war, kaum waren die ersten Proben mit verseuchtem Blut eingetroffen. Und kaum hatte man gemunkelt, daß sein Team wahrscheinlich demnächst über Aids arbeiten werde, da hatten sich für bestimmte Technikerposten in seinem eigenen Labor überhaupt keine Bewerber mehr gemeldet. Er wußte außerdem, daß die Sicherheitsnormen ebendieser Labors nicht dem allerhöchsten Standard entsprachen. Allerdings verfügten nur wenige Labors in Amerika über die sehr kostspielige Höchstsicherheitsausstattung P 4, die nur üblich war, wenn mit umfangreichen Konzentraten als sehr ansteckend geltender Viren gearbeitet wurde. Einstweilen würden seine Mannschaft und er selbst gezwungen sein, sich mit ihren alten Sterilbänken zu begnügen. Immerhin traf Robert Gallo eine neue Vorsichtsmaßnahme. Er ordnete an, daß niemand Spritzen und Instrumente aus Glas verwenden dürfe, da ein Kanülenstich oder ein unbedeutender Schnitt zur tödlichen Ansteckung führen konnten. Man würde ausschließlich mit Kunststoff arbeiten.

Aus einem Grund, den er später mit einem »Mangel an echter Motivation«, der ihn damals den ganzen Sommer durch gelähmt habe, in Verbindung bringen wird, vertraute Robert Gallo die Operation AIDS einem zweiundfünfzigjährigen, eher zaghaften Biochemiker indischer Herkunft an, der eigentlich mehr auf Verwaltungsaufgaben spezialisiert war. Von seinem Chef auf eine Bahn gesetzt, die sich als Holzweg erweisen sollte, unfähig, es mit der diabolischen Raffinesse des Gegners, den er enttarnen sollte, aufzunehmen, fast ganz auf sich allein gestellt, würde der unglückselige Prem S. Sarin unfreiwillig Amerikas bekanntestes Virologielabor einem demütigenden Fiasko entgegenführen.

25

Paris, Frankreich – Herbst 1982 – Winter 1983
Ein Modedesigner als Nothelfer der Wissenschaft

Der energische Arzt mit der krausen Mähne setzte Himmel und Hölle in Bewegung, aber die französischen Forscher bekundeten ebensoviel Desinteresse an der »bizarren Schwulenseuche« wie ihre amerikanischen Kollegen. Dr. Willy Rozenbaum war zu einem regelrechten Kreuzzug aufgebrochen, um jene, die im Land Louis Pasteurs für die Volksgesundheit Verantwortung trugen, zu interessieren und zu mobilisieren. Kaum war er mit dem unglücklichen Schicksal des Air-France-Stewards konfrontiert, da war er aktiv geworden und hatte in seinem Pavillon des Claude-Bernard-Krankenhauses eine provisorische Beobachtungsstation eingerichtet. Als erstes alarmierte er sämtliche ihm bekannten Fachärzte für Infektionskrankheiten: Immunologen, Dermatologen, Lungenärzte. Dann wandte er sich an den Vorstand der *Association des médecins gais*, der Vereinigung homosexueller Ärzte, in Paris. Dieser Schritt hinterließ ihm eine eher bittere Erinnerung. »Sie begegneten mir mit Mißtrauen«, berichtete er. »Sie befürchteten eine ungute Art von Politisierung des Phänomens Aids. Bestand nicht Gefahr, daß sich einmal mehr die sogenannten anständigen Bürger gegen die Homosexualität verbünden würden? Wie sollte ich ihnen da klarmachen, daß eine Vogel-Strauß-Haltung nicht länger anging, daß wir es mit einer tödlichen Krankheit zu tun hatten und daß der Kreis der Informierten unbedingt und sofort größer werden mußte? Glücklicherweise war mein Plädoyer dann doch nicht vergeblich, und die Männer, die sehr oft als erste die verheerenden Wirkungen der neuen Epidemie konstatierten, erklärten sich zur Mitarbeit bereit.«

Parallel hierzu organisierte der einfallsreiche Willy Rozenbaum zusammen mit Fachleuten, darunter mehreren Krebsspezialisten, eine Art Braintrust gegen Aids. Zu den dynamischsten Mitgliedern dieses Teams zählte nicht zufällig Jacques Leibowitch, der junge Immunologe, der in den Vereinigten Staaten Robert Gallo zu überreden versucht hatte, sich endlich in die Jagd nach dem Aids-Virus zu stürzen. Jacques Leibowitch war inzwischen zu einem Vertrauten des berühmten Virologen geworden und konnte so seinen Pariser Kollegen den wertvollen Kontakt zur amerikanischen medizinischen Forschung vermitteln, die in jeder Hinsicht am besten für die Auseinandersetzung mit dem so komplexen Problem gerüstet war. In Frankreich waren die größeren auf Humanretroviren spezialisierten Labors an den Fingern einer Hand abzuzählen. Systematisch nahmen Willy Rozenbaum und Jacques Leibowitch Kontakt zu ihnen auf. Überlastung durch laufende Arbeiten vorschützend, formulierten sie allesamt Absagen beziehungsweise erklärten sich für nicht zuständig.*

Der erste französische Aids-Arzt ließ sich nicht entmutigen. Daß er eine Einladung erhielt, vor etwa vierzig Klinikern, Virologen und Immunologen des Pasteur-Instituts über die Epidemie zu sprechen, war nicht unbedingt der Ausdruck eines plötzlich erwachten Interesses seitens des ruhmreichen Forschungszentrums. Ein wohlwollender ehemaliger Kollege aus der Assistenzarztzeit hatte die Begegnung vermittelt und organisiert. Willy Rozenbaum nahm die Gelegenheit, französischen Forschern sein Anliegen nahezubringen, entschlossen wahr. Mit seinem jungenhaften Temperament skizzierte er die düstere Realität der Seuche und schilderte mit

* Eingeschlossen Professor Dominique Stehelin vom Pasteur-Institut in Lille, einer der Väter der Entdeckung der Onkogene, jener Gene, die die Umwandlung normaler Zellen in anormale, krebsige Zellen ermöglichen.

Nachdruck die Gefahren einer Ausbreitung. Detailliert legte er die Gründe dar, die eine Schuldzuweisung an einen bestimmten Verursacher bereits jetzt als gerechtfertigt erscheinen ließen, wobei er sich die Information, mit der er die Zuhörerschaft auf seine Seite zu bringen hoffte, für den Schluß aufhob. Er dachte, an dieser Stätte, wo seit fast einem Jahrhundert verbissene Kämpfe gegen die Heere der Mikroben ausgefochten wurden, brauche man letztlich nur das Wort Retrovirus auszusprechen, um einen Knalleffekt zu erzielen.

»Ist zufällig ein Retrovirologe anwesend?« fragte er und nahm prüfend sein Publikum ins Visier.

Nicht eine einzige Hand ging hoch. Die drei wichtigsten Spezialisten, die auf den Appell hätten reagieren können, waren vom Vortrag des Dr. Rozenbaum nicht benachrichtigt worden.

Einer dieser Abwesenden erinnerte mit seinem dünnen grauen Schnurrbart, seinen rosigen Wangen und seiner gesetzten Sprechweise mehr an einen Notar aus der Provinz als an einen Gelehrten, der von leidenschaftlichem Forscherdrang erfüllt war. Als Direktor der Abteilung Virusonkologie am Pasteur-Institut von Paris war der fünfundfünfzigjährige Professor Luc Montagnier in allem der krasse Gegensatz zu dem Amerikaner Robert Gallo. Einzig eine Überzeugung verband die beiden Wissenschaftler: Wie Gallo war sich Montagnier sicher, daß Retroviren für zahlreiche Krankheiten beim Menschen verantwortlich waren, wobei Krebs das maßgebliche Stichwort war.

Schon 1975 hatte er innerhalb seiner Abteilung ein Forschungslabor eingerichtet, das sich dem Studium der Humanretroviren widmen sollte. Mit zwei Forschern, zwei Technischen Angestellten und einer bescheidenen apparativen Ausstattung war es, verglichen mit dem Zentrum, über das Robert Gallo in Bethesda gebot, ein recht kümmerlicher Kleinbetrieb. Ausgangsmaterial für die Arbeit des kleinen Teams waren Retroviren, die bei Leukämie- und anderen Krebserkrankungen von Mäusen im Spiel waren, und die Suche galt identischen pathogenen Erregern beim Menschen und hier vor allem bei Brustkrebs. Erfolge waren allerdings noch nicht erzielt worden.

Daß sich die Seuche Aids so brutal Eingang in die Szene der internationalen Virologie verschafft hatte, erregte nicht sofort die Aufmerksamkeit der kleinen französischen Forschungsgruppe. Die von den rötlich-blauen oder braunvioletten Pusteln des Kaposi-Sarkoms entstellten Gesichter, die von den Pneumocystis carinii zerfressenen Lungen, die von Toxoplasmosen zerstörten Gehirne, das ganze Grauen, das Willy Rozenbaum und seine Arztkollegen Tag und Nacht verfolgte – für die Belegschaft der Laboratorien waren es vage und ferne Abstraktionen.

Zwei Telefonanrufe Mitte November 1982 sollten Luc Montagnier und seine Mitarbeiter jäh ins Zentrum des tragischen Geschehens versetzen. Der erste war ein Hilferuf seitens des Wissenschaftlichen Direktors der Hauptabteilung Produktion des Pasteur-Instituts, Paul Prunet. Der Mann, der für Herstellung und Verkauf der Impfstoffe und Seren verantwortlich war, machte sich Sorgen wegen einer möglichen Verseuchung seiner Produkte mit dem Aids-Erreger. Der gerade erst von seinem Hause entwickelte Impfstoff gegen Hepatitis B wurde in der Tat aus großen Mengen Blutplasma hergestellt, das man in den Vereinigten Staaten und in Afrika kaufte, zwei Weltzonen, wo das Mördervirus jeden Tag erneut zuschlagen konnte. Was hier auf dem Spiel stand, konnte Montagnier nicht entgehen. Er versprach denn auch, über das Problem nachzudenken.

Dazu blieb ihm allerdings kaum Zeit, denn es kam ein zweiter Anruf, diesmal von einer hübschen jungen Frau, die einst seine Schülerin gewesen war. Françoise Brun-Vézinet, vierunddreißig, Tochter eines Allgemeinarztes, leitete das Virologische Labor am Hôpital Claude Bernard. Der Posten bedeutete, daß sie jahraus, jahrein mit den Viren umzugehen hatte, auf deren Folgeerscheinungen das bekannte Krankenhaus sich spezialisiert hatte. Es hatte sich ergeben, daß seit nunmehr achtzehn Monaten einer ihrer regsten Zulieferer von infizierten Blut- und Organproben ihr Nachbar am Krankenhaus war – Dr. Willy Rozenbaum. Kein Patient mit

Aids-Symptomen verließ sein Sprechzimmer, ohne daß ein wenig von seinem Blut, ein Schnipsel Haut oder Lymphknoten unverzüglich an Françoise Brun-Vézinet weitergeleitet wurde. Das ganze Jahr 1982 hindurch hatten sich beide hartnäckig bemüht, die Schuld verschiedener Viren an der Auslösung der Krankheit zu ergründen. Mit so geringen Resultaten, daß die junge Frau schließlich ihrem Kollegen vorgeschlagen hatte, Luc Montagnier einzuschalten, dessen Vorlesungen über Retroviren sie im Pasteur-Institut besucht hatte. Für sie war es ein Gebot der Klugheit, den Klinikern, die sich direkt mit der Krankheit auseinandersetzten, ein Labor beizuordnen, das Grundlagenforschung über Retroviren betrieb.

Die Würfel waren also gefallen: Acht Wochen nach Amerika wagte Frankreich einen zaghaften Start zum Wettlauf um die Entdeckung des Aids-Erregers.

Die Nachrichten, die jetzt zum Jahresende 1982 über den Atlantik herüberdrangen, stimmten die französischen Forscher nicht gerade optimistisch. Man trat offensichtlich auf der Stelle. Die Detektivärzte der CDC von Atlanta hatten gegen keines der bekannten Viren Anklage erheben können. Was den indischen Virologen von Bau 37 in Bethesda anging, so hatte er immer noch nichts gefunden, was eine mögliche Schuld des von seinem Chef entdeckten HTLV bestätigt hätte. Dennoch folgte das Team des Pasteur-Instituts von Anfang an der gleichen Spur. Im Gegensatz zu dem indischen Forscher allerdings, der auf Weisung Gallos ohne lange Präliminarien mit den hochkomplexen Experimenten, die hier nötig waren, begonnen hatte, beschlossen die Franzosen, sich mit ganz kleinen Schritten vorzutasten. Sie wollten ihren neuen Gegner zunächst ausführlicher kennenlernen. Eine Vorsichtstaktik, aus der eine originelle Idee mit unberechenbaren Folgen entspringen sollte. Da die Besonderheit des inkriminierten Virus darin bestand, daß es sich in die Lymphozyten einschleuste, um sich in ihrem Innern zu vermehren, bevor es sie zerstörte und mit ihnen gemeinsam zugrunde ging, war es doch wohl besser, das Virus ganz im Anfangsstadium einer Infektion zu suchen und nicht erst in der akuten Phase der Krankheit.

Also dann, wenn gute Chancen bestanden, daß es noch sehr lebendig, sehr aktiv und damit leichter zu enttarnen war.

Ein paar Taage vor Weihnachten kam ein blonder junger Mann in Lederkleidung in die Sprechstunde, die Dr. Rozenbaum im Krankenhaus Pitié-Salpêtrière eingerichtet hatte. Sein Beruf hatte den Modedesigner Christian Brunetto zu zahlreichen Aufenthalten nach New York geführt. Er gab bereitwillig zu, daß er homosexuell war, sehr viele Partner gehabt und sich dabei ziemlich häufig eine Geschlechtskrankheit geholt hatte. Aber erst als er seinen Seidenschal löste, begriff der Arzt, warum er gekommen war. Am Halsansatz zeigte sich ein taubeneigroßer Lymphknoten. Bei einer gründlichen Untersuchung stellte Rozenbaum weiter hypertrophierte Lymphknoten an anderen Körperteilen fest. Die Befürchtungen dieses Patienten schienen berechtigt.

»Es wäre wünschenswert, eine Biopsie dieses kleinen Knotens hier vorzunehmen«, sagte der Arzt, den Hals abtastend. »Und zwar je schneller, desto besser.«

Während er die Worte aussprach, wurde ihm plötzlich klar, daß er mit diesem Reservoir an frisch infizierten Zellen wahrscheinlich das ideale Forschungsmaterial für Luc Montagnier und sein Team vom Pasteur-Institut an der Hand hatte. Ein Material, womit vielleicht zu vollbringen war, was Robert Gallo und sein Superlabor noch nicht geschafft hatten, die Isolierung des Erregers der tödlichen Seuche.

26

Kalkutta, Indien – Herbst 1982 – Winter 1983 Ein türmchenbewehrtes Vorzimmer zum Haus des Himmlischen Vaters

Still ruhten sie in dem türmchenbewehrten, lichtdurchfluteten Gemäuer auf ihren Strohlagern, die einhundertsiebzig Männer und Frauen. Kein bekanntes oder unbekanntes Virus hatte sie befallen, keine Epidemie war über sie hereingebrochen, sie waren Opfer des ältesten aller Übel, des Elends, und sie hatten hier Aufnahme gefunden, bevor die Kälte, die auf die Backofenhitze des tropischen Sommers und auf die Regenfluten des Monsuns folgte, sie dahinraffen konnte. Dreihunderttausend waren es in Kalkutta, die ohne jegliches Obdach auf der Straße lebten und in den Abfallhaufen nach Gemüseschalen und anderen Nahrungsresten stocherten. Denen, die keinerlei Angehörige mehr hatten, bot Mutter Teresas Sterbeasyl die letzte Hoffnung, diese Welt nicht wie ein Tier verlassen zu müssen, ein wenig Pflege zu erfahren und Worte des Mitgefühls zu vernehmen.

Nur ein paar Schritte vom Tempel der Göttin Kali, der Schutzpatronin der Stadt, die hier als »die Grausame« dargestellt ist, mitten in einem Viertel gelegen, das als Hochburg des Hinduismus gelten konnte, war das Haus des Reinen Herzens die erste Gründung der »Heiligen von Kalkutta«. An diesem Novembermorgen des Jahres 1982 schickte die Ordensfrau sich an, das dreißigjährige Bestehen des Hauses zu feiern. In ihrem kleinen weißen Renault hatte sie sich drei Tage lang von ihrem alten moslemischen Chauffeur Aslan – auch er war einst bei ihr gestrandet, hatte die »Reise ans Ende der Nacht« aber überlebt – durch die Stadt fahren lassen und hatte die, die sie kannte, herzlich aufgefordert, den freudigen Anlaß mit ihr gemeinsam zu würdigen. Jetzt hörte der Reigen der Mercedes und Ambassador nicht mehr auf, die vor der schmalen Pforte überquellende Körbe mit Gemüsen, Früchten, Fisch, Fleisch und süßen Backwaren und ebenso Pakete mit Bettwäsche und Kleidungsstücken absetzten. Nicht selten erschienen, in Festtagssaris gekleidet, die Stifterinnen persönlich und kümmerten sich um die Übergabe. Der Geschenkeberg wuchs zusätzlich durch die Spenden von Vereinigungen, Klubs, Geschäften und Industriebetrieben.

Innen erinnerte das Hospiz an einen überreich dekorierten Prozessionsaltar. Überall hingen Girlanden aus indischen Nelken, standen Jasminsträuße, war der Fußboden kunstvoll mit Rosenblättern bestreut, und vor lauter Düften und fröhlichen Farben verdrängte man fast den Desinfektionsgeruch und den Anblick der ausgemergelten, verkrümmten Gestalten, die da in langen Reihen auf ihren Strohlagern ruhten. Im Vorraum zwischen dem Männersaal und dem Frauensaal hatte die Ordensfrau für die Feier der Messe einen Altar errichten lassen. Die Decke hatten Leprakranke in einer ihrer Stationen gefertigt. Wo sonst eine Atmosphäre entrückter Ruhe herrschte, ging es in dieser Morgenstunde beinahe betriebsam zu. Die vier dem Sterbehaus zugeteilten Novizinnen waren eifrig damit beschäftigt, die Elendsgestalten zu waschen und zurechtzumachen. Auf manchen Gesichtern spannte sich über den Backenknochen die durchscheinende Haut zum Zerreißen. Nicht wenige Körper ließen in ihrer Stellung schon die Totenstarre vorausahnen, und die eingefallenen, verdrehten Augen schienen bereits in die andere Welt hinüberzublicken. Verzerrte Münder blieben zu stummem Lachen verdammt. Da und dort suchte eine ausgestreckte Hand, wenn die Schwestern vorbeigingen, barmherzige Berührung oder wollte Dankbarkeit ausdrücken.

Es waren menschliche Wracks, die von einem Bahnsteig, den Stufen eines Tempels, dem Rand eines Gehsteigs oder von der Fahrbahn selbst aufgelesen worden waren. Kein Krankenhaus wäre bereit gewesen, sie aufzunehmen. Die meisten waren arme Bauern, die eine der klimabedingten Katastrophen, wie sie für Kalkuttas großes Hinterland typisch sind, eines Tages der trügerisch lockenden Riesenstadt zugetrieben hatte. Der Schock, der sie dort erwartete, war grausam gewesen. Die verpestete, ja vergiftete Luft, das Notquartier auf einem Fleckchen Trottoir zwischen Ratten und Ungeziefer, ohne Dach über dem Kopf, das bakterienverseuchte Wasser aus den wenigen Hydrantenbrunnen, die krassen Temperaturunterschiede zwischen Tag und Nacht, der Zwang, sich als Zugtier für wahrhaft unmenschliche Lasten zu verdingen, um knapp das Überleben des nächsten Tages zu sichern, hatten die Widerstandskraft der meisten besiegt. Eines Tages waren sie zusammengebrochen und nicht mehr aufgestanden. Die vollkommen unzureichende Ernährung hatte ihre körpereigene Abwehr ruiniert, so daß sie der Tuberkulose, der Ruhr, dem Typhus oder der Cholera nichts mehr entgegenzusetzen hatten. Nachdem das stützende Muskelgewebe weggeschrumpft war, wurde ihre Haut rissig, ging schließlich in Fetzen ab, was zu vielfachen und meist infizierten Wunden führte. Solange der Energiebedarf ihres Gehirns gedeckt blieb, schafften es die zerfallenden Jammergestalten, zu reden, zu stöhnen und zu flehen. Aber bald überkam sie ein Dämmerzustand, den krampfartige Anfälle unterbrachen. Bis sie sich nicht mehr rührten und als lebende Leichen in Bewußtlosigkeit versanken. Zwischen zehn- und fünfzehntausend mittellose Menschen – das Dreißig- bis Vierzigfache der im Westen für das Jahr 1982 insgesamt registrierten Aids-Opfer – gingen jährlich in Kalkutta auf diese Weise zugrunde, und kaum jemand zeigte etwas anderes als Gleichgültigkeit ihrem Schicksal gegenüber.

Die Zahlen wurden allerdings der Wirklichkeit nicht ganz gerecht, denn Mutter Teresa bewahrte sie zu Tausenden vor dem anonymen Krepieren am Straßenrand. Ein Eintrag im seit 1952 geführten Aufnahmeregister ihres Sterbehauses besagte an diesem Jubiläumsmorgen mehr über das, was sie vollbracht hatte, als jede Rede. Bei Tagesanbruch war ein Lastwagen der Städtischen Straßenreinigung vorgefahren, und die Schwestern hatten den 52410. Hilflosen in Obhut genommen.

Das Schwesternteam des alten Gebäudes mit den vielen Türmchen hatte in diesem Herbst einen Neuzugang verzeichnet. Ananda hatte soeben das zweite Jahr ihres Noviziats angetreten. Ihre Gefährtinnen hatten sie für den guten Willen und den Mut bewundert, womit sie Schritt für Schritt ihre Handikaps überwunden hatte. Inzwischen sprach, las und schrieb sie genügend Englisch, um voll am Leben der Gemeinschaft teilzunehmen. Auch in die unerbittliche Disziplin des Ordens und in die Kargheit der Lebensführung hatte sie sich gefügt. Sie hatte gelernt, um halb fünf Uhr morgens aufzustehen, um die Texte ihres Gebetbuchs zu entziffern und taumelnd vor Schlaf die Psalmen zu singen.

Am meisten beeindrucken mußte der geistige Wandlungsprozeß, den die junge Unberührbare durchgemacht hatte. Mit Geduld und Zuneigung, aber mit noch mehr Energie hatte Schwester Bandona, ihre Wohltäterin von Benares, sie an die Mysterien des religiösen Lebens herangeführt, hatte sie ihr behutsam die Größe jenes Gottes der Liebe nahegebracht, dessen »Braut« sie bald werden sollte. Eine junge Inderin dazu zu bringen, daß sie die Schicksalhaftigkeit eines finsteren Karma schließlich verneinte, ihr dabei zu helfen, den Panzer abzuwerfen, den Verachtung und Schande um sie gelegt hatten und in dem sie sich hoffnungslos gefangen fühlte, sie davon zu überzeugen, daß der Gott des Evangeliums sie genauso wie alle seine Geschöpfe liebte und daß sie ihn nicht fürchten, sondern im Gegenteil sich seiner Barmherzigkeit überlassen sollte, all das war nicht einfach gewesen. Um diese Erziehung zu vollenden, führte Bandona sie eines Morgens zu Fuß quer durch die Stadt bis zur Pforte des Sterbehauses zum Reinen Herzen.

Bericht der ehemaligen kleinen Leprakranken von Benares, jetzt genannt Schwester Freude

»Als ich den großen Saal voller Männer, die vom Tode gezeichnet waren, betrat, wurde ich von heftigem Widerwillen gepackt. Ich machte kehrt und wollte fliehen. Bandona hat meine Hand ergriffen und mich zurückgehalten. ›Hab keine Angst‹, hat sie gesagt, ›alle diese Männer sind unsere Brüder. Du bist ihre Schwester. Du hast das Recht, sie zu berühren, ihnen zu dienen, ihr Leiden zu lindern. Jesus liebt jeden von ihnen mit der gleichen Liebe, mit der er auch dich liebt.‹ Ich aber las schon in den Augen von manchen, was ich befürchtete. Es waren Brahmanen, und sie hatten ganz bestimmt gesehen, daß ich eine Paria war. Sie würden mich zurückstoßen, mich schlagen, mir ins Gesicht spucken. Dessen war ich sicher. Da waren Schwestern und freiwillige Helferinnen, die die Strohlager von Exkrementen säuberten. Andere wuschen in einer Ecke des Raumes einen Gestorbenen. Jetzt wußte ich es, sie hatten mich hergeholt, damit ich diese scheußliche und niedrige Arbeit erledigte. Der Schock war schlimm! Plötzlich klebte mir meine ganze Vergangenheit an der Haut, ich war wieder die Unberührbare! Nein, ich wollte fliehen. Bandona hat versucht, mich zur Vernunft zu bringen. Sie hat auf einen Mann gedeutet, der nur noch ein trauriges Gerippe war und wie ein Ungeborenes in sich zusammengekrümmt dalag. Es war ein Hindu. Er atmete ganz, ganz schwach. Und sie hat zu mir gesagt: ›Schau diesen Menschen. Und sage dir, daß du Christus siehst.‹

In diesem Moment ist Schwester Paul, die Leiterin des Sterbehauses, gekommen. Bandona hat etwas auf bengali zu ihr gesagt, und Schwester Paul hat mir zugelächelt. Sie hat mich bei der Hand genommen und mich gebeten, sie in den Frauensaal zu begleiten. Von ihr ging so viel ruhige und beruhigende Kraft aus, daß ich das Verlangen spürte, mitzugehen. Ich habe zu Bandona auf Wiedersehn gesagt. Und dann ist das Sterbeasyl des Reinen Herzens meine neue Heimat geworden.

Schwester Paul arbeitete hier seit vierzehn Jahren. Sie war eine kräftig gebaute Frau, kam aus dem Süden, sang und lachte gern. Von Zeit zu Zeit machte sie zwischen zwei Lagern halt, nahm ihren Rosenkranz und betete laut ein Dutzend *Ave Maria*. Bei ihr konnte man fast vergessen, daß die meisten dieser Leute hier waren, um zu sterben. Sie machte den Eindruck, jeden persönlich zu kennen, und an keinem ging sie einfach vorbei, immer faßte sie seine Hände und sprach ein paar Worte. Sie mußte selbst kaum etwas dazutun, denn unzählige Hände streckten sich ihr entgegen, kaum daß sie auftauchte. Die Sterbenden nannten sie ›*Mâ* – Mutter‹. Schwester Paul behauptete, diese körperliche Berührung heile besser als jede medizinische Behandlung, diese Art, unglücklichen Menschen etwas Liebe zu schenken, was ihnen vielleicht ihr Leben lang nicht widerfahren war, sei wirksamer als jede Spritze. Sie hatte recht. Auch ich habe es sehr oft feststellen können. Die einfache Berührung einer Hand, der Klang einer fürsorglichen Stimme konnten Wunder bewirken. Aber manchmal hatte es keinen Erfolg. Es gab Sterbende, die verschlossen sich in radikalem Schweigen und hielten lieber die Augen geschlossen, so als wollten sie nichts mehr vom Leben sehen, als hätten sie schon mit allem abgeschlossen. Ein schrecklicher Eindruck!

Meist wußte man gar nichts über die Leute, über ihre Vergangenheit, ihren Dialekt, ihre Religion, ihr Alter. Jemand hatte sie gebracht, und das war alles.

Eines Tages kam eine Dame per Taxi und vertraute uns einen dieser unglückseligen Menschen an. Sie hatte ihn beim großen Zentralbahnhof im Stadtteil Howrah gefunden. Dort lag er, am ganzen Körper mit Maschinenöl beschmiert. Seine Haut ging schon in Fetzen ab und legte große weißliche Fleischpartien frei. Er konnte nicht älter als dreißig sein und artikulierte nur ein einziges Wort: ›Pakistan‹. Zehn Tage später ist er gestorben, ohne mehr gesagt zu haben. Schwester Paul bekam instinktiv heraus, woher ein solcher unbekannter Mensch, der am Ende war, stammte. Unscheinbare Hinweise genügten ihr: ein bestimmter Zug des Gesichts, das allgemeine Aussehen, irgend etwas im Verhalten. Wie sie zum Beispiel ihre Notdurft verrichteten, war bereits aufschlußreich. Man wußte dann, wer in einer Hütte oder einem Haus gelebt hatte, und Schwester Paul sprach von den ›House persons‹. Die anderen, die nur den Straßenrand gekannt hatten, waren die ›Street persons‹. Erstere baten stets, zur Toilette geführt zu werden, oder verlangten nach einem Eimer. Die anderen machten einfach alles unter sich.

Da Schwester Paul von sehr vielen Sprachen und Dialekten ein paar Brocken kannte, vermochte sie fast immer Erinnerungen zu wecken und Antworten auf ihre Fragen zu erhalten. Die Bengalis waren zahlreich vertreten, aber viele kamen aus anderen, manchmal sehr fernen Gegenden, aus Karnataka und Kerala zum Beispiel, oder aus Nepal. Ihre Religionszugehörigkeit zu bestimmen war schwierig. Wenn kein äußeres Zeichen, etwa das Kinnbärtchen bei vielen Moslems, vorhanden war, wie sollte man dann wissen, ob so ein bewußtlos hereingetragener Mensch Hindu, Moslem, Buddhist oder vielleicht Christ war? Die Frage bekam immerhin Bedeutung, wenn der Tod eintrat, denn die Riten danach und der Bestimmungsort der Leiche waren nicht gleich. Bei den Männern konnte man allerdings die Moslems herausfinden: Im Zweifelsfall untersuchte Schwester Paul den Verstorbenen darauf, ob er beschnitten war.

Viele kamen in einem solchen Erschöpfungszustand bei uns an, daß sie nicht die kleinste Nahrungsmenge zu sich nehmen konnten. Dann mußte man ihnen eine Nadel in die Vene stechen für eine Zuckerwasserinfusion. Sonst riskierte man die totale Austrocknung und damit den Tod innerhalb weniger Stunden. Schwester Paul ließ nie die Hoffnung sinken. ›*Babu, babu,* kleiner Vater, du mußt dich bemühen zu leben‹, sagte sie ganz sanft zu jenen, die den Kampf schon aufgegeben hatten, ›Gott allein hat das Recht, dein Leben zurückzunehmen, du nicht. Und solange Gott nicht beschlossen hat, dir die Pforte seines Paradieses zu öffnen, mußt du bei uns bleiben.‹ Manchmal mußte sie es drei- oder viermal versuchen, bevor sie eine Reaktion wachrief. Aber Mißerfolg hatte sie selten. Erstes Zeichen dafür, daß ihre Worte ihren Zweck erreicht hatten, war eine sehr natürliche Überlebensäußerung: Der Mund öffnete sich, um ein wenig Nahrung aufzunehmen. Die Augen hingegen gingen erst später auf. Der Sieg war jedesmal für uns ein festlicher Augenblick.

Rasch holten wir saubere neue Kleidung für den Menschen, der sich da für das Leben entschieden hatte. Wir wuschen ihn, schnitten ihm die Nägel, rasierten ihn und kämmten ihm das Haar, kurz, wir umhegten ihn auf alle erdenkliche Art.

Solche ›Auferstehungen‹ waren auch Anlaß zu ganz besonderen kleinen Verwöhnungsaktionen. Eine Schwester oder einer der ehrenamtlichen Helfer eilten zum nahe gelegenen Bazar, um die köstlichen, mit sehr süßer Milch bereiteten Leckereien, die *Rasa gula* heißen, zu erstehen, oder einen Becher *Doi*, die örtliche Yoghurtart. Manchmal ließ Schwester Paul auch ein Päckchen *Bidi*, die kleinen handgefertigten Zigaretten, holen, und sie selbst zündete eine davon an und steckte sie ihrem Schützling zwischen die Lippen. Ich habe immer gestaunt, welch wohltuende Wirkung so eine Zigarette hat. Man hätte meinen können, daß sie dem, der Augenblicke vorher noch hatte sterben wollen, den Schritt zurück ins Leben ermöglichte.

Nicht alle unsere Pflegebefohlenen standen auf der Schwelle des Todes. Viele waren von selbst gekommen, sie hofften auf einen Unterschlupf für ein paar Tage, um sich wieder hochzurappeln, vor allem zur Zeit der großen Monsunregen. Es war nicht immer leicht, die herauszufinden, die vorrangig Aufnahme verdienten. Man mußte sich wachsam zeigen, und in dieser Millionenstadt, wo so ungeheuer viel Not existierte, war die Unterbringung von einhundertsiebzig Männern und Frauen wirklich nur der Tropfen auf den heißen Stein oder besser der Tropfen in den Ozean. Mutter Teresa sagt trotz allem: ›Gäbe es diesen Tropfen nicht, er würde dem Ozean fehlen.‹ Schwester Paul hatte eine unfehlbare Methode, um solche blinden Passagiere zu überführen: Sie untersuchte ihr Kopfhaar. In Indien reiben sich Männer und Frauen die Haare mit Senföl ein, und man muß schon in absoluter Armut leben, um diesen Ritus nicht mehr einzuhalten. Alle die, deren Kopf Senfölspuren aufwies, mußten ihren Platz für Bedürftigere räumen.

Obwohl das Sterbehaus des Reinen Herzens eigentlich nicht als medizinische Station gedacht war, sondern als Asyl der Ruhe und des Friedens, wo man auf den Tod wartete, gaben wir denen, die schwer krank waren oder unerträgliche Schmerzen erduldeten, Medikamente. Ein kleiner Metallschrank enthielt unsere Apotheke, und die ausländischen Ärzte, die kamen, um uns zu helfen, staunten immer über die geringe Auswahl unserer Präparate. Wir verwendeten nur ein Dutzend Medikamente sowie für schwerere Fälle von Blutarmut ein paar Vitamin-, Eisen- und andere Mineraltabletten.

Wir hatten ein Heft, in dem wir notierten, was den einzelnen Kranken zu verabreichen war, wobei jeweils ihre Nummer vermerkt wurde. Denn im Sterbehaus kannte man die einzelnen Leute nur über die Nummer ihres Strohlagers. Man sagte: ›Der von siebenundfünfzig hat sich den Tropf herausgerissen‹, oder: ›Die von vierundzwanzig ist gestorben.‹ Ein Spendenkomitee aus Italien schickte uns Thunfischdosen, und deren Deckel dienten uns als Verteilungsschälchen für die Pillen und Tabletten. Der Fabrikant* hätte sich sicher sehr über diese Verwendung gewundert. Der indische Arzt, der unentgeltlich das Sterbehaus mitbetreute, schrieb selbst seine Verordnungen in das Heft. Im allgemeinen kam er zweimal pro Woche. Auch einige ausländische Ärzte halfen von Zeit zu Zeit, natürlich ohne Bezahlung. Ihre Bemühungen waren für uns sehr wertvoll, denn keine der hierhergeschickten Novizinnen hatte eine medizinische oder pflegerische Ausbildung. Das gehörte nicht zum Unterricht, den Mutter Teresa für die Schwestern vorsah, und ich weiß, daß Leute ihr das gelegentlich zum Vorwurf machten. Jedoch hatten wir das Glück, von Schwester Paul angelernt zu werden, die in all den Jahren im Kontakt mit Tausenden von Kranken fast alles gelernt hatte. So schnell machte es ihr keine nach, wie sie im ersten Ansatz schon die Nadel in der Vene eines erbarmungswürdig dünnen Armes hatte. Bei Leuten, die nur noch Haut und Knochen waren, stellte das wirklich eine Leistung dar. Geduldig unterwies sie mich in den Geheimnissen ihrer Technik, aber vergeblich, ich fand ihren Dreh nie heraus. Ich hielt mich lieber an die Fußvenen, die fallen nicht so leicht zusammen wie die der Arme. Aber angeblich ist es gefährlich für die Patienten, weil es zu Blutgerinnseln und damit zu Embolien führen kann.

* Die Firma Maruzella in Genua.

Nur wenn das Essen ausgeteilt wurde, ging es für einige Zeit lebhafter zu in den beiden Sälen. Überall sah man kraftlose Körper sich aufrichten, sobald die Kochtöpfe mit dem dampfenden, nach Safran duftenden Reis hereingetragen wurden. Unsere ausländischen Helfer, die meist nur für kurze Zeit zu uns kamen, erlebten staunend dieses Schauspiel. Sie entdeckten ein Lebenselement wieder, das ihnen gar nicht mehr bewußt war, sie mußten ja nicht Tag für Tag um ein wenig Nahrung bangen.

Es war paradox, aber viele zeigten am Ende ihres armseligen Lebens nicht einmal mehr das Verlangen nach dieser Nahrung, so als hätte ihr Magen sich für alle Ewigkeit verschlossen. Dann mußte man unendlich vorsichtig sein, denn die ersten Bissen drohten Übelkeit und Erbrechen, katastrophalen Blutdruckabfall oder heftigen Durchfall hervorzurufen. Nur mit winzigen und über den Tag verteilten Mengen einer leichtverdaulichen Speise – etwas Reis, eine zerdrückte Kartoffel – bekam man ihren Motor wieder in Gang. Selbst diese Maßnahme erwies sich manchmal als unzureichend. Nach so vielen Jahren der Entbehrungen war der Schock für den Organismus zu stark, und einige starben, kaum daß sie die erste kleine Portion hinuntergeschluckt hatten.

Trotz dieser traurigen Zwischenfälle waren die Mahlzeiten für uns Novizinnen wie auch für die freiwilligen Helfer die gute Gelegenheit, unsere Beziehung zu den Männern und Frauen, denen wir dienten, zu vertiefen. Die meisten unserer Pflegebefohlenen hatten nicht mehr die Kraft, aus einer Schale zu essen. Mit einem Löffel und sehr langsam mußte man sie füttern. Von Dankbarkeit überströmende Blicke belohnten uns für die aufgebrachte Geduld. Diese Blicke haben mich auf den Gedanken gebracht, daß unsere hilfreiche Geste vielleicht wichtiger war als die Nahrung selbst.

Merkwürdig, aber ich mußte feststellen, daß Männer für diese Zuwendung viel empfänglicher waren als Frauen; sie schätzten es sichtlich mehr, ein wenig verwöhnt und umsorgt zu werden. Allerdings ergab sich daraus, daß sie auch anspruchsvoller und schwieriger waren; sie forderten mehr Aufmerksamkeit, mehr Pflege. Wogegen die Frauen von unserem Mitgefühl weniger berührt schienen. Sie waren auch härter, gegenüber ihrem Leiden und ihren Schmerzen widerstandsfähiger. Schwester Paul erklärte dies damit, daß in unserem Land die Frauen von Kindheit an gewöhnt sind an schwerste und unangenehmste Arbeit und daß die totale Unterwerfung unter den männlichen Willen und die männlichen Launen Leitidee ihrer gesamten Erziehung ist. Ergebnis ist ein stärkerer Charakter, sagte sie, während die Männer eher verweichlicht werden, weil sie es zu leicht haben.

Die Tage im Sterbehaus waren lang, oft übermäßig anstrengend, aber fast immer brachten sie seelische Bereicherung. Welches Glück, zu erleben, wie nach soviel Pflegebemühung ein Todgeweihter sich lächelnd erhob, als wäre er auferstanden, und wie er dann eines Tages sich zum Abschiedsgruß verneigte und aufrecht, ohne fremde Hilfe, seines Weges ging. Vor allem wenn es sich um einen ganz jungen Menschen handelte, der einige Wochen oder einige Monate zuvor in einem hoffnungslos scheinenden Zusand der Unterernährung eingeliefert worden war. Dennoch achtete Schwester Paul sehr darauf, daß diese dem Alltag abgerungenen Wunder uns nicht von unserer eigentlichen Aufgabe ablenkten, die uns von Mutter Teresa zugewiesen war: unseren Schutzbefohlenen dabei zu helfen, friedlich in das Haus des himmlischen Vaters einzugehen.

Die ausländischen Freunde, die unserem Asyl Besuche abstatteten, zeigten sich davon immer wieder überrascht. Hier war der Tod etwas so Natürliches, daß er als Fortsetzung des Lebens erschien. Es gab kein Weinen, kein Jammern, keine Auflehnung, es gab nur das ruhige Sichfügen in den Übergang zum Jenseits. Vor allem fiel ihnen auf, daß die Gesichter keinerlei Angst zeigten. Diese Menschen empfanden den Tod anders, für sie war er nicht dieses widersinnige Ende, das Empörung und Widerstand auslöst, nicht das sensenschwingende Gerippe, nicht eine schreiende Ungerechtigkeit, eine schreckliche Strafe – das endgültige Scheitern.

Schwester Paul erklärte, daß in den Ländern des Westens der Tod Angst mache, weil viele Menschen nicht wüßten, wohin er sie führe. Sie fügte hinzu, es sei normal, daß der Tod einem Furcht einflöße, wenn man das Glück gehabt habe, auf Erden ein angenehmes

Leben zu verbringen, und wenn man an das himmlische Königreich nicht glaube. Ganz anders sei es bei uns in Indien; hier sind die Leute überzeugt, daß sie nach ihrem Tode glücklicher sein werden. Vor allem die Armen, denen Gott nur ein besseres Leben wird bieten können. Ganz gleich, welcher Religion sie angehören, die Inder stehen so fest im Glauben, daß sie den göttlichen Willen akzeptieren.

Das Sterben eines Menschen nahm trotzdem alle, die hier arbeiteten, jedesmal sehr mit, selbst Schwester Paul. Sie wußte instinktiv, wann es soweit war. Dann brachte man den Sterbenden oder die Sterbende in eine große, abgeschirmte Nische, die zwischen Männersaal und Frauensaal lag. Wenn es ein Mann war, kleideten wir ihn, nachdem wir ihn gewaschen hatten, in einen neuen *Longhi.* Schwester Paul ließ vom Bazar eine Nelkengirlande holen, die wir ihm wie für ein Fest um den Hals drapierten. Dann wechselten wir uns an seinem Lager ab, um ihm die Hand zu halten, ihm die Stirn mit einem Schwamm abzuwischen, ihn zu trösten und für ihn zu beten. Schwester Paul hatte eine besondere Art, zu den Sterbenden zu sprechen. Mit ruhigen Worten wies sie auf das Glück hin, ›heimkehren‹ zu dürfen, und sie beschrieb ihnen das wunderschöne Leben, das sie im Paradies erwartete, nicht zuletzt die Überfülle der Lebensmittel, die sie dort vorfinden würden. Für die Sterbenden, die noch bei vollem Bewußtsein waren, kann ich bezeugen, daß sie ihnen damit half, in Frieden ihren Abschied zu nehmen. Ihre Finger krallten sich mit erstaunlicher Kraft um unsere Hände, dann ließen sie plötzlich los. Es war zu Ende.

Das Zurechtmachen des Verstorbenen nahm nur einige Minuten in Anspruch. Wir hüllten den Leichnam in ein großes weißes Baumwolltuch. Wenn es sich um einen Hindu handelte, bat Schwester Paul jemand, einen der Brahmanenpriester des benachbarten Kali-Tempels zu benachrichtigen. Dann kamen die Totengräber aus der Kaste der Dhôm, der Kaste meiner Familie, und holten die Leiche auf einer Bahre ab, um sie zu den Scheiterhaufen am Ufer des Hooghly zu bringen. War es ein Moslem, dann telephonierte Schwester Paul mit einer islamischen Organisation, die sich um Verstorbene ohne Angehörige kümmerte. Einige Stunden später übernahm ein Lieferwagen die Leiche und brachte sie zum Massengrab des Moslemfriedhofs im Stadtteil Gobra. Was die wenigen Christen betraf, so brachte unser kleiner Krankenwagen sie zum Friedhof von Tollygunge im Süden der Stadt.

Es ist wahr, im Haus des Reinen Herzens war der Tod kein einschneidendes Ereignis. Meine Kindheitsjahre im Rauch und Geruch der Scheiterhaufen hatten mich wahrscheinlich besser als jede andere dafür bereit gemacht, ihn als Selbstverständlichkeit hinzunehmen. Dennoch überkam mich zuweilen eine Art Zorn angesichts der grausamen Agonie, die manche durchleiden mußten. Nie werde ich das Sterben des erst zwanzigjährigen Moslems vergessen, der zum Skelett abgemagert und mit Wunden bedeckt zu uns gebracht worden war. Man hatte ihn in der Toilette eines aus Madras kommenden Zuges gefunden. Gegen die Gepflogenheiten, die jede intensive ärztliche Bemühung ausschlossen, hatte ich verbissen alles darangesetzt, ihn zu retten. Ich weiß nicht, wie viele Flaschen Serum ich ihm in die Vene habe tropfen lassen, und auch nicht, wie viele Fläschchen Antibiotika-, Vitamin- und Eisentabletten er unter meiner Aufsicht hinunterschlucken mußte. Mit seinen abstehenden Ohren und seinem Kraushaar erinnerte er ein wenig an meinen kleinen Bruder, mit dem ich früher in den Ganges stieg, um Goldzähne und Schmuck der eingeäscherten Reichen aus dem Schlamm zu fischen. Sein Name war Abdul. Aber er hatte zuviel durchgemacht; sein Motor hatte nicht die Kraft, noch einmal anzuspringen. Wir blieben Stunden zusammen. Er wollte meine Hände nicht loslassen. Er nannte mich ›*Didi* – Große Schwester‹.

Jeden Abend, wenn es für uns Zeit wurde, in unser Kloster am anderen Ende der Stadt zurückzukehren, wurde Abdul von Verzweiflung geschüttelt. Er klammerte sich an meinen Sari mit einer Kraft, die man einem so geschwächten Körper nicht zugetraut hätte. ›Laß mich nicht allein, Große Schwester‹, flehte er. Eines Abends ging mir sein Jammern noch mehr ans Herz als sonst. Da habe ich mich zum größten Liebeszeichen entschlossen, das ich ihm bieten konnte. Ich habe das kleine Metallkruzifix, das ich zum Antritt meines Noviziats von Mutter Teresa erhalten hatte, von meiner Schulter gelöst.

›Schau, kleiner Bruder‹, habe ich gesagt, während ich es ihm in die Hand legte, ›es ist das Kostbarste auf der Welt, was ich besitze. Das ist, als würde deine ›Große Schwester‹ bei dir bleiben.‹

Sofort besänftigte sich der Ausdruck seines Gesichts.

›*Didi*, jetzt darfst du gehen‹, murmelte er.

Als ich am nächsten Morgen ins Sterbehaus zurückkam, war Abdul tot. Das Kruzifix ruhte zwischen den auf der Brust zusammengelegten Händen. Ich bin auf die Knie gefallen und habe laut geschluchzt.

Ich weinte noch, da spürte ich die leise Berührung von Schwester Pauls Hand. Sie brachte ein Kuvert mit vielen ausländischen Briefmarken, worauf mit der Maschine geschrieben mein Name stand. Ein junger libanesischer Mönch schrieb mir aus Israel. Er war gelähmt, aber er war bereit, sein Leiden und seine Gebete für mich darzubringen, um mir so zu helfen, ›stark und tapfer zu sein in der Arbeit als Dienerin der Armen Gottes‹.«

27

Paris, Frankreich – Winter 1983
Ein wohlig warmes Nachtlager für die Wirte des Mörders

Christian Brunetto, der Modedesigner, lag friedlich eingeschlafen auf dem Operationstisch. Kaum hatte der Chirurg die Exzision beendet, nahm Dr. Françoise Brun-Vézinet, die Chefvirologin vom Claude-Bernard-Krankenhaus, den Lymphknoten, um ihn in mehrere Scheiben zu zerschneiden. An Ort und Stelle Biopsiematerial in Empfang zu nehmen, gehörte zu ihrer Arbeit, egal ob während des Tages oder der Nacht oder am Wochenende, und dies in sämtlichen Krankenhäusern des Großraums Paris, überall dort, wo ein mit der gebotenen Eile entnommenes Organ- oder Gewebestück eines Patienten oder eines eben Verstorbenen die Sofortdiagnose eines Tumors, das Studium von noch warmen Gehirnzellen oder die Entdeckung eines Virus, das ein ungeklärtes Krankheitsbild verursacht hatte, möglich machen konnte.

Die junge Frau verteilte die einzelnen Schnittstücke auf kleine Flakons. Die ersten beiden würde sie sogleich an die Labors für Pathologische Anatomie und für Bakteriologie des Krankenhauses senden und das dritte für ihre eigenen virologischen Tests zurückbehalten. Das vierte und größte war das Geschenk, das sie und Dr. Willy Rozenbaum Professor Luc Montagnier und seiner Arbeitsgruppe vom Pasteur-Institut zugedacht hatten. Um sicherzugehen, daß die wertvolle Probe der befallenen Drüse durch den Transport keinen Schaden litt, hatte sie sie in eine sterile Lösung gelegt. Ein letztes Teilstückchen war übrig. Dieses war weder für ein Experiment noch sonst für irgendeine weitere Handhabung bestimmt. Es diente der Dokumentation des Lymphknotens, der an diesem Tag dem Pariser Designer entnommen worden war. In einem der mächtigen Gefrierschränke verwahrt, würde es in absehbarer Zeit zum Kapital einer Zellbank gehören. In einem Jahr, in zehn Jahren, in einem Jahrhundert vielleicht könnten dann Wissenschaftler, die über neue Erkenntnisse und neue Techniken verfügen würden, es aus seinem Eisesschlaf wecken und Informationen erhalten, deren Preisgabe es jetzt noch erfolgreich verweigerte.

Zwanzig Minuten später parkte Françoise Brun-Vézinet ihren roten Alfa Romeo unter den hundertjährigen Kastanienbäumen des Pasteur-Instituts. An keinem Ort der Welt war es Menschen gelungen, mehr Geheimnisse der Infektionen zu durchdringen, als in dieser Entdeckerwerkstatt mitten in Paris. Hinter diesen Mauern waren die großen Seuchen besiegt worden: die Diphtherie, die Pocken, die Cholera, der Flecktyphus, die Pest, der Wundstarrkrampf, das Gelbfieber, die Tuberkulose und die Kinderlähmung. Hier waren die ersten Medikamente gegen Infektionen und die Sulfonamide entwickelt worden; hier war der Malariaparasit entdeckt worden, der jedes Jahr den Tod von einer Million Kindern verursachte; hier war bewiesen worden, daß Einzeller den Ausbruch der Parasitosen verschulden; hier waren die Prinzipien der Zellimmunität, die Rolle der Antikörper bei der Abwehr von Aggressionen und die der Antihistamine bei der Behandlung von Allergien geklärt worden. Hier war die Gesetzmäßigkeit beschrieben worden, mit der die Gene in Aktion treten und sich in den lebenden Organismen ausprägen.

Schon um dreizehn Uhr erreichte die junge Frau das Labor ihres ehemaligen Lehrers. Es lag im Anbau jenes Gebäudes, wo Louis Pasteur die letzten Jahre seines Lebens verbracht hatte und wo er jetzt in einem Marmorgrab ruhte. Zufällig begann an diesem Tag der Virologiekurs, dessen Leitung Luc Montagnier hatte. Erst am Abend würde er Zeit finden, persönlich die Kulturen der Zellen anzulegen.

Seit der zwölfjährige Luc Montagnier im Keller des elterlichen Hauses in Châtellerault an seinen ersten chemischen Versuchen herumgebastelt hatte, war er von der Leidenschaft des Experimentierens nie mehr losgekommen. Seine Sonntage verbrachte er damit, Parfüms zu destillieren oder allerlei Feuerwerk zu fabrizieren. Der in der Provinz aufgewachsene Abiturient, dessen Vater aus der Auvergne und dessen Mutter aus dem Berry stammten, war nach Paris gegangen, um Medizin und Naturwissenschaften zu studieren, hatte aber nach bestandenen Examina dem Stethoskop des Klinikers das Mikroskop des Forschers vorgezogen. Mit dreiundzwanzig hatte er eine Stellung in einem Labor der Curie-Stiftung angetreten, wo er die faszinierende Welt der Zellbiologie entdecken sollte, die damals einen mächtigen Neuaufschwung erlebte. In Amerika erfundene Techniken der Zell- und Virenzüchtung gaben der Forschung revolutionäre Werkzeuge an die Hand. Der junge Wissenschaftler beschloß, sich dem Studium der Lymphozyten zu widmen, jener weißen Blutkörperchen, die in seinem Leben noch eine so überragende Rolle spielen würden.

Einer der rabiatesten Aggressoren der weißen Blutkörperchen, das Virus der Maul- und Klauenseuche, lieferte Luc Montagnier das Thema seiner medizinischen Doktorarbeit. Die Arbeit daran führte ihn endgültig auf die Bahn der Virologie. Ein Stipendium verschaffte ihm den Zugang zu einem der damaligen Tempel der Wissenschaft, dem Institut von Carshalton in England. An der Seite eines frankophilen Briten namens Kingsley Sanders erlebte er dort die zögernden ersten Schritte in einer ganz neuen Fachrichtung mit, der eine phantastische Zukunft beschieden war, einer Wissenschaft, die nicht mehr nur die Lebensäußerungen der Zelle studierte, sondern weiter und tiefer drang, die das Erbgut dieser Zelle in seiner innersten Struktur erfassen und erhellen wollte: die Molekularbiologie. Weil die Viren relativ einfache biologische Systeme darstellen, waren sie bevorzugte Studienobjekte, und sie erlaubten den Pionieren der Molekularbiologie denn auch, mit Riesenschritten voranzukommen. Der junge Mann aus der Auvergne konnte zu den Bemühungen seiner Lehrmeister einen eigenen Beitrag leisten, indem er bestimmte Mechanismen der Vermehrung eines Virus offenlegte, das Mäuse in weniger als achtundvierzig Stunden tötete. Keine Sensation, aber doch schon eine hervorragende Leistung, und die Befriedigung, mit der er seinen Namen unter dem Artikel in der berühmten britischen Fachzeitschrift *Nature* las, war durchaus berechtigt.

Nach Carshalton kam Glasgow. Der lange Aufenthalt jenseits des Kanals brachte den französischen Forscher in Kontakt mit einigen der produktivsten Gehirne seiner Zeit. Außerdem verfügte er bald problemlos über das Englische, ohne das die wissenschaftliche Kommunikation inzwischen nicht mehr denkbar war. Die nächsten acht Jahre verbrachte er in verschiedenen Pariser Instituten, wo er mit kriminalistischer Akribie den Viren ihre Mittäterschaft bei bestimmten Krebserkrankungen nachzuweisen suchte. Seine hartnäckigen Anstrengungen hatten ihm mit vierzig Jahren die ehrenvolle Berufung an das Pasteur-Institut eingebracht.

»Pasteurianer« sein heißt, einem Orden angehören, dessen Gemeinschaftsgeist sich in einem besonderen Stil, auch nach außen hin, manifestiert, der aber trotzdem seine Clans und Fraktionen kennt. So hatten bestimmte Pasteurianer ganz und gar nicht gewünscht, daß der Name ihres ruhmreichen Instituts in einem Atemzug mit jener Epidemie genannt würde, die allerlei unangenehme Assoziationen auslöste. Dabei gab es, wie Luc Montagnier später sagte, »kaum eine andere Forschungsaufgabe, die so sehr den Zielen und der Ethik von Louis Pasteur entsprach wie jetzt das Aids-Projekt. Kein Zweifel, daß er, wäre er noch am Leben gewesen, sich als erster und mit seiner ganzen Energie in das Abenteuer gestürzt hätte«.

Kein harmloses Unterfangen, wahrlich. Die Natur mutete den Virologen grundsätzlich schwierige Aufgaben zu, aber die Identifizierung eines Humanretrovirus war eine geradezu höhnische Herausforderung. In der Tat wurde seit fast einem Jahrhundert mikrobiologische Fahndungsarbeit geleistet, aber nur ein einziges dieser »Superviren« mit der komplizierten Vorgehensweise war beim

Menschen enttarnt worden: das von Robert Gallo 1977 beschriebene HTLV, das bestimmte seltene Leukämieformen verursacht. Luc Montagnier hatte bereits in seinen Kulturen Milliarden Zellen gehegt, die im Verdacht standen, solche Viren zu beherbergen. Er kannte ihre Vorlieben, ihre Launen, ihre Lieblingsnahrung. Einer seiner Kühlschränke war gespickt mit Phiolen, auf deren Inhalt sie ganz wild waren, und unter diesen feinen Speisen und Saucen war am begehrtesten eine ausgeklügelte Mischung aus Mineralsalzen, Kalzium, Magnesium und Kalbsfoetenserum. Zellgastronomisch gesehen ein Schlemmermahl, dieses Serum! Genau wie die großen Weine hatte es seine Jahrgänge und seine Lagen- beziehungsweise Herkunftsbezeichnungen. Das beste, so hieß es, kam aus Neuseeland. Der Forscher verfügte auch über ein hochwirksames, aus einer Bohnenart gewonnenes Anregungsmittel, das ihre Kräfte verzehnfachte. Diese Substanz setzte sich an der Außenwand der Zellen fest und mimte genau das Signal, das sie beim Anrücken eines äußeren Feindes mobilisieren sollte.

Darauf bedacht, ohne Verzug mit einer Forschungsarbeit zu beginnen, über deren Bedeutung er sich klar war, schloß sich der eher kleine, provinzbürgerlich distinguiert wirkende Mann nach dem Ende der Lehrveranstaltung in sein Labor ein. Er wollte Kulturen von den Zellen ansetzen, die der von seiner ehemaligen Schülerin Brun-Vézinet überbrachte infizierte Lymphknoten enthielt. Da der Umgang mit einem unbekannten Virus immer ein gefährliches Unterfangen ist, zog er seinen weißen Kittel und seine Gummihandschuhe an, schützte sein Gesicht mit einer Gazemaske und plazierte endlich den Flakon hinter der Plexiglasscheibe der einzigen Sterilbank, über die er zu jener Zeit verfügte. Um jede Kontamination in der einen wie in der andern Richtung zu verhindern, erzeugte ein Apparat auf diesem Arbeitstisch einen vertikalen Strom steriler Luft, der Experimentator und Versuchsgegenstand gegeneinander abschirmte. Die Handgriffe, zu denen Luc Montagnier sich nun anschickte, hatte er hundertemal vollführt. Kulturen von Zellen anlegen, um sie am Leben zu erhalten und ihnen die Reproduktion zu ermöglichen, ist in einer virologischen Abteilung eine Routineangelegenheit. Aber es ist auch eine schwierige Kunst, die wegen der erforderlichen harmonischen Abstimmung einiges mit Musik zu tun hat, mit raffinierter Kochkunst, weil es auf die Wahl der Zutaten, sprich der zu verabreichenden Nährstoffe ankommt, und desgleichen mit Taschenspielerkunst, weil spezifische Übung und manuelles Geschick unerläßlich sind.

Der Forscher zerschnitt das scheibenförmige Stückchen Lymphknoten, zerdrückte es, zerstückelte es weiter, sofern dieser Ausdruck noch angebracht war, um die weißen Blutkörperchen herauszulösen, zentrifugierte es, reinigte es, bis er schließlich eine mit Schwebestoffen angereicherte Flüssigkeit in fünf konisch geformte Fläschchen abfüllen konnte. In jedes kamen ein paar Tropfen seiner Wachstumselixiere, dazu ein wenig Kohlensäure und Stickstoff, um die Atmung zu gewährleisten. Er achtete auf den absolut dichten Verschluß der fünf Fläschchen, bevor er sie in ein siebenunddreißig Grad warmes Wasserbad stellte. Dann legte er Atemmaske, Kittel und Handschuhe ab, protokollierte die Arbeitsschritte im Laborjournal, löschte systematisch die Lichter, schloß die Türen des Laboratoriums ab, zog seinen Mantel an und schritt langsam die Treppe zum Hof hinunter, wo sein grauer Lancia wartete. In einer halben Stunde würde er zurück in seinem Häuschen im Vorort Robinson sein und sich mit der Familie an den Tisch zum Abendessen setzen.

Reichlich mit Nahrung versorgt und von wohliger Wärme umhegt, würden die infizierten Zellen eine angenehme Nacht verbringen. Morgen könnte das Team seines Labors für Retrovirologie damit beginnen, in ihrem Kern nach dem mysteriösen Aids-Virus zu forschen, dessen Beherbergung man ihnen unterstellte.

Es war einundzwanzig Uhr fünfzehn, und man schrieb Montag, den 3. Januar 1983.

28

Atlanta, USA – Winter 1983
»Wie viele Tote brauchen Sie denn?«

Der Chef der Anti-Aids-Einheit an den *Centers for Disease Control* in Atlanta durfte stolz sein. Wieder einmal hatte sich Dr. Jim Curran selbst übertroffen. Obwohl er seine Konferenz erst in letzter Minute angesetzt und organisiert hatte, war sie ein Erfolg. An diesem Morgen des 4. Januar 1983 drängten sich im Vortragssaal A seines Hauptquartiers mehr Teilnehmer, als er nach seiner optimistischen Schätzung erwartet hatte. Die einhundertfünfzig Besucher waren am Tag zuvor und in der Nacht von überall aus den Vereinigten Staaten herbeigeeilt. Alle arbeiteten sie auf einem Sektor, der zu den empfindlichsten des Landes zählte, alle hatten sie mit einer Industrie zu tun, die das wohl kostbarste Wirtschaftsgut einer Nation zusammentrug, lagerte und verkaufte, jene unersetzliche Flüssigkeit, die jedes Jahr dreieinhalb Millionen Amerikanern Gesundheit und Leben rettete: das für Transfusionen bestimmte Blut. Ein blühender Geschäftszweig, der, an seinem jährlichen Gesamtumsatz von zweieinhalb Milliarden Dollar gemessen, unter den fünfhundert größten Unternehmen Amerikas rangierte. Allein das amerikanische Rote Kreuz besorgte die Verteilung von rund sechs Millionen Litern Blut, genug, um gegebenenfalls bei einer Million Menschen eine Totaltransfusion durchzuführen. Der eigentliche Stolz der Herstellerbranche war ihr tadelloser Ruf. In der Tat ließ kein anderer Industriezweig bei der Handhabung und beim Verkauf seiner Produkte so viel Sorgfalt und Vorsicht walten. Die ganze Welt importierte amerikanische Blutkonserven.

Jim Curran machte sich keine Illusionen: Die Nachricht, die er gleich verkünden würde, drohte dem schönen Gebäude einen bösen Riß zuzufügen. Aber hier stand etwas auf dem Spiel, was ihm schonungslose Offenheit zur Pflicht machte. Unweigerlich würde sein Alarmruf unmittelbare Auswirkungen haben. Er sah seine Gäste schon aufspringen aus ihren Klappsesseln, zu den Telefonen stürzen und die Sofortmaßnahmen diktieren, die in ihrem jeweiligen Verantwortungsbereich erforderlich waren. Handelte es sich nicht um eines der tragischsten Probleme, mit denen Amerika sich jemals auseinanderzusetzen hatte? Jim Curran selbst fiel es schwer zu glauben, daß eine solche Katastrophe möglich gewesen war: die Blutvorräte der Vereinigten Staaten waren mit dem Aids-Virus verseucht.

Das von den CDC zusammengetragene Beweismaterial war nicht zu widerlegen. Nach den drei ersten Blutern, die sich durch eine Injektion von Blutplasma angesteckt und den vergangenen Herbst nicht überlebt hatten, waren neun weitere Hämophile erkrankt und gestorben. Und jetzt ließ ein verblüffender Fall, der knapp vor Weihnachten bekannt geworden war, besondere Eile und besondere Anstrengungen geboten erscheinen; daher die sofort zu Beginn dieses Jahres 1983 einberufene Konferenz. Diesmal hatte die Seuche ihre bekannte Zielgruppe links liegenlassen, um in einer neuen Richtung und auf eine neue Art zuzuschlagen.

Ein Kinderarzt in San Francisco hatte die Diagnose Aids bei einem zwanzig Monate alten Kleinkind gestellt. Zuerst hatte man nicht über genügend Hinweise verfügt, um den Ursprung der Krankheit näher einzugrenzen. Man wußte von einigen wenigen Kindern, die über ihre Mutter infiziert worden waren. Aber der Fall dieses Babys lag anders, keine drogensüchtige, von Prostitution lebende oder aus Haiti stammende Mutter hatte ihm das Virus während der Schwangerschaft weitergegeben. Jim Currans Detektivärzte hatten weitergesucht und schließlich herausgefunden, daß es während und nach der Geburt erhebliche Komplikationen gegeben hatte. Nicht nur war ein Kaiserschnitt nötig gewesen, das Neugeborene litt auch an einer seltenen Blutanomalie und hatte mehrere Transfusionen bekommen. In seinen ersten vier Lebenswochen waren ihm insgesamt neunzehn Flaschen Blut injiziert worden. Obwohl man bis dahin Aids noch nie mit Frischblut-Transfusionen in Verbindung gebracht hatte, ermittelten die Leute aus Atlanta die neunzehn Spender. Alle schieden sie als Verdächtige aus, außer dem letzten.

Der achtundvierzigjährige unverheiratete Kaufmann aus San Francisco war seit acht Monaten tot. Wie Millionen von Amerikanern, die regelmäßig auf diese Weise Solidarität praktizieren, hatte er unentgeltlich Blut gespendet. An jenem 10. März 1981, als er sich bei der Ortsfiliale der *Memorial Blood Bank* eingefunden hatte, schien er bei bester Gesundheit, und nichts in seinem Verhalten hätte den Homosexuellen verraten können. Ein halbes Jahr später hatte er über Erschöpfung und Appetitlosigkeit geklagt. Sein Hausarzt hatte die Entzündung eines Lymphknotens unter der rechten Achsel festgestellt. Verdächtige Flecken erschienen auf der Netzhaut des linken Auges, und ein paar Wochen später war er mit infektiöser Lungenentzündung ins Krankenhaus gekommen. Bei den Untersuchungen hatte sich herausgestellt, daß es mit seiner Immunabwehr rapide bergab ging. Die schützenden Lymphozyten waren fast auf Null zurückgegangen. An der Art seiner Krankheit war kein Zweifel mehr erlaubt. Es dauerte noch drei Wochen, dann kam für den unglücklichen Blutspender der Tod durch Aids.

Kaltes Entsetzen packte die Fahnder aus Atlanta, als sie dieses Drama aufgedeckt hatten. »Wir mußten davon ausgehen, daß in den Krankenhäusern und Blutbanken des Landes Tausende Liter Blut lagerten, die von ihren aidskranken Spendern her mit dem Virus verseucht waren«, berichtete Jim Curran. »Das hieß, daß Tausende von Amerikanern, die demnächst eine Bluttransfusion erhalten würden, in Lebensgefahr schwebten. Wir hatten eine einzige Möglichkeit, diese Katastrophe abzuwenden und künftigen vorzubeugen: auf der Stelle sämtliche existierenden Blutkonserven durchzutesten. Im übrigen galt es, ab sofort Risikospender von den Blutsammelstellen fernzuhalten.«

Um die Männer, die das »rote Gold« zu verkaufen hatten und die in der Presse zuweilen als die »amerikanischen Scheichs« betitelt wurden, von seiner Strategie zu überzeugen, beauftragte Jim Curran seinen Stellvertreter Harold Jaffe, ihnen die Lage in ihrer ganzen Dramatik zu schildern. Achthunderteinundachtzig Amerikaner waren bisher an Aids erkrankt. Davon waren dreihundertsiebzehn tot. Die Sterberate war damit höher als bei den verheerendsten Seuchen des Mittelalters. Und auch die Überlebenden waren Menschen auf Abruf. Die Patienten mit Kaposi-Sarkom starben durchschnittlich nach sechzehn Monaten, die mit infektiöser Lungenentzündung nach neun Monaten. Die Zahl der Aids-Fälle verdoppelte sich alle sechs Monate. Was bedeutete, daß in weniger als fünf Jahren hunderttausend Amerikaner von der Epidemie erfaßt sein würden.

Die Ärzte der CDC in Atlanta waren auf alles gefaßt, nur nicht auf die unfaßbare Reaktion ihrer Diskussionspartner. »Sie lehnten schlichtweg ab, uns zu glauben«, empörte sich Harold Jaffe. »Sie behaupteten, unsere Zahlen seien nicht beweiskräftig und basierten auf zu wenig Fällen, als daß die Bluttransfusionen mit Sicherheit verantwortlich gemacht werden könnten, daß Überprüfungen astronomische, in keinem Verhältnis zum realen Risiko stehende Summen kosten würden und daß ein nur für Homosexuelle geltendes Verbot, Blut zu spenden, als Anschlag auf die Rechte des Individuums gewertet werden würde.«

Der 4. Januar 1983 sollte dem Team von Atlanta, das einen Kreuzzug gegen eine immer bedrohlicher grassierende Seuche angetreten hatte, als schwarzer Tag in Erinnerung bleiben. Keinerlei Schutzmaßnahme, keinerlei Kontrollbeschluß konnte der ungläubigen Versammlung abgerungen werden. Bevor die Konferenz zu Ende ging, faßte ein junger Forscher der Organisation, Dr. Donald Francis, die Enttäuschung seiner Kollegen und ihre alptraumhafte Furcht am Mikrophon zusammen:

»Wie viele Tote brauchen Sie denn, bevor Sie sich zum Handeln entschließen?«*

Eine andere Nachricht wurde geradezu als Geschenk empfunden: Die Franzosen hatten sich auf den Wettbewerb der Virusentdekkung eingelassen. Instinktiv erfaßten Jim Curran und seine Detektivärzte die günstigen Auswirkungen der am Pasteur-Institut angelaufenen Forschungsarbeit. Würde doch ihr Landsmann Robert Gallo nicht umhin können, die Herausforderung anzunehmen, seine Truppe anzufeuern und ihr die benötigten Mittel zur Verfügung zu stellen, kurz, sie auf den Erfolg einzuschwören. Das verlangte sein Ruf, der führende Retrovirologe der Welt zu sein. Die gesamte amerikanische Medizinforschung, die schon in den letzten Jahren so fruchtbar gewesen war, würde sich zu einer Sonderanstrengung aufraffen müssen.

Die Mannschaft der CDC von Atlanta täuschte sich aber. Robert Gallo hatte keine Lust, auch nur ein Jota an seinem Forschungsprogramm zu ändern. Er war der Ansicht, daß er von den Franzosen nichts zu befürchten habe, diesen »Anfängern«, die international in der Retrovirologie alles andere als eine maßgebliche Rolle spielten. Konkurrenten – diese »Froschschenkelesser«? Diese eher komischen und rückständigen Provinzler mit ihren antiquierten Methoden und ihrer vorsintflutlichen Art, ihre Resultate zu präsentieren? Höchstens als Störenfriede konnten sie in Erscheinung treten. Wenn der Erreger von Aids wirklich ein Retrovirus war, dann würde er, Robert Gallo, und er allein es identifizieren. Hatte nicht er das erste Retrovirus beim Menschen entdeckt? Hatte nicht er die spezielle Technik für diese Art von Forschung entwickelt? Es war nur natürlich, daß er sich immer noch so indifferent verhielt und sich nicht wirklich auf diesem Schlachtfeld engagierte. »Ich war überzeugt, daß mein Mitarbeiter Prem Sarin schließlich etwas fin-

* Mehr als ein Jahr mußte noch vergehen, bevor die Verantwortlichen der amerikanischen Blutkonservenindustrie anfingen, eine ernsthafte Antwort auf diese Frage zu geben. Während dieses Zeitraums wurden weiterhin mehr als eineinhalb Millionen Einheiten Blut, das in keiner Weise auf Aids kontrolliert wurde, durch die Blutbanken und Krankenhäuser eingebracht, gelagert und ausgegeben.

den würde«, gestand er ein, »und es erschien mir überflüssig, mich als Aufpasser neben ihn zu stellen. Ich hätte es gar nicht gewagt, er war länger im Institut als ich. Nun, das war mein Fehler.«

Der wirkliche Fehler des prominenten Wissenschaftlers lag anderswo. Er lag in seiner übergroßen Zuversicht. Der Entdecker des einzigen bis dato bekannten Humanretrovirus ließ an seiner Überzeugung nicht rütteln, daß andere Humanretroviren, sollten sie in der Natur vorkommen, zwangsläufig zur selben Familie gehörten. Der Aids-Erreger konnte nur ein naher Verwandter des von ihm gefundenen Prototyps sein. Davon ging er aus, so kategorisch, daß er es nicht für nötig erachtete, seinem Mitarbeiter das klassische Verfahren der Virussuche anzuraten. Unnötig, die Zellkulturen Tag für Tag in der Hoffnung auf das »Ausschlüpfen« eines Virus zu überwachen, wenn doch die gesicherte Erkenntnis vorlag, daß das Mustervirus erst nach etwa dreißig Tagen in Erscheinung trat. Es genügte also, diese Zeitspanne abzuwarten, um es dann nachzuweisen und mittels eines genetischen Vergleichs seine unausweichliche Verwandtschaft mit dem von ihm selbst entdeckten HTLV festzustellen. Und damit wäre die Sache gelaufen.

Entsprechend hatte sein indischer Mitarbeiter sein Forschungsprogramm auf den Kalender abgestimmt. Erst ab dem dreißigsten Tag begann er mit der Untersuchung seiner Zellkultur-Röhrchen. Als disziplinierter Laborarbeiter hielt er seine Beobachtungen im Journal fest. Und merkwürdigerweise schienen die konstant negativen Ergebnisse ihn zu keinem Zeitpunkt zu verwundern. Dabei waren es durchaus überraschende Resultate. Statt der anarchischen Vermehrung weißer Blutkörperchen, die man gewöhnlich nach dreißig Tagen in den Kulturen feststellte, die mit Gallos HTLV infiziert waren, fand Prem Sarin auf dem Grund seiner Röhrchen nurmehr einen Lymphozytenfriedhof und nicht die geringste Spur eines Virus. Das ruhmreiche Labor brauchte Monate, bis es wegen dieses seltsamen Phänomens endlich Verdacht schöpfte.

29

Kalkutta, Indien – Winter 1983
»Die Fahne des Aufstands soll sie schwingen, die berühmte alte Dame!«

Wie zarte weiße Segel auf einem friedlichen Ozean, so waren sie paarweise unterwegs durch die wimmelnde Stadt zu einem Leprazentrum, einem Waisenhaus, einer Krankenstation, einer Schule, einem Sterbeasyl. Jeden Morgen nach der Messe um fünf Uhr fünfundvierzig verließen Mutter Teresas Schwestern und Novizinnen das Kloster an der Lower Circular Road, um sich zu ihrem Arbeitsplatz zu begeben. Die Armen und Leidenden der Stadt kannten die Wege, die sie nahmen. Immer wieder streckten sich ihnen Hände entgegen, hielten Mütter ihre halbverhungerten Kinder hoch, klammerten sich Leprakranke an ihre Saris. Es war ein Korridor des Elends, und sie gingen hindurch, indem sie *Ave Maria* an *Ave Maria* reihten. So unbeirrt pochte Mutter Teresa auf die wohltätige Wirkung des Rosenkranzbetens, daß die Schwestern die Entfernungen nicht in Kilometern und nicht in Gehzeit maßen, sondern nach »Gesätzen« des Rosenkranzes. Für Ananda, die ehemalige kleine Lepröse von Benares, und für Schwester Alice, ihre Weggefährtin, lag die Pforte des Hauses zum Reinen Herzen, wo sie arbeiteten, zweihundertachtzig *Ave Maria* vom Mutterhaus entfernt.

Am Anfang hatte Ananda sich über all die mit Hinwegen und Rückwegen vergeudete Zeit gewundert, wo man doch diese verlorenen Stunden auf die Linderung von Leid hätte verwenden können.

Aber sehr bald hatte auch sie Sinn und Wert dieses Betens, das nur scheinbar eintönig war, empfunden. Sie hatte sich daran erinnert, was Bandona, ihre Wohltäterin von Benares, gesagt hatte. Inzwischen wußte auch sie ihre Zeit für Gott zu verlieren, ihn selbstlos zu lieben und ihm zu sagen: »Ich bete diesen Rosenkranz einzig um der Freude willen, ein paar Augenblicke mit dir zusammenzusein wie eine Gattin mit ihrem Gatten.«

Anandas erste Arbeitstage im Sterbeasyl von Kalkutta waren eine harte Prüfung gewesen. Wie sie es befürchtete, hatten weder das an der Schulter angeheftete Kruzifix noch der am Gürtel hängende Rosenkranz, noch ihr schneeweißer Novizinnensari, noch die blaue Schürze, die sie als Dienerin der Armen auswies, zu bewirken vermocht, daß das Stigma ihrer Geburt gnädigem Vergessen anheimfiel. Die Hindus hatten nicht lange gebraucht, um die Herkunft ihrer neuen Pflegerin zu erraten. Von der tiefdunklen Hautfarbe über die Art zu gehen und die rauhe Stimmlage bis zu dem manchmal ungelenken Benehmen bezeugte auch jetzt noch alles die Unberührbare. So sah man Todgeweihte die hilfreiche Hand zurückstoßen, die ihnen einen Löffel Reis darbot. Sofort ließ Ananda den Betreffenden in Ruhe. Ihre Tränen niederkämpfend, begab sie sich zu einem anderen Bedürftigen, einem Moslem oder einem, der Paria war wie sie selbst oder der zu geschwächt war, um die helfende Hand zu unterscheiden. Trotzdem verletzte die schroffe Zurückweisung das Mädchen gerade da, wo es am empfindlichsten war: Wenn diese Menschen wirklich ihre Brüder und Schwestern waren und wenn Jesus Christus in jedem von ihnen gegenwärtig war, wie Mutter Teresa versicherte, warum reagierten sie dann so grausam? Weder Schwester Bandona noch Schwester Paul gaben ihr befriedigende Antwort. Einzig der Zeit würde es vielleicht gelingen, ihre Wunden vernarben zu lassen, denn es ist für einen Armen schmerzvoller als für einen Reichen, die Demütigungen zu ertragen, die von einem Armen kommen.

Ein unerwartetes Ereignis sollte in diesem Winter die kleine Pflegerinnengruppe erschüttern. Seit drei Jahren assistierte die achtundzwanzigjährige Domenica ihrer Vorgesetzten, Schwester Paul, bei den Leitungsaufgaben, und von Anfang an hatte sie in dem alten Gebäude mit den Türmchen zu den beliebtesten Schwestern gehört. Sie stammte von der Insel Mauritius und hatte sich den singenden Akzent und das überschwengliche Temperament ihrer Heimat bewahrt. Sie sah blendend aus, war hochgewachsen, hatte einen katzenhaften Gang und eine sehr helle Haut, und damit brachte sie einen Hauch von Exotik in die karge Welt des Hauses zum Reinen Herzen. Selbst Schwester Paul schöpfte Mut und Trost aus der Gelassenheit und Fröhlichkeit dieser Arbeitsgefährtin. Wenn Schwester Domenica in einem Bogengang auftauchte, wandten sich ihr die Köpfe von selbst zu. Immer bereit, sich über einen Sterbenden zu beugen, ihm zu trinken zu geben, seine Hand zu nehmen, ihm die Stirn abzutupfen, wußte sie, wie man mit wenigen Worten Besänftigung bewirkt.

Nichts in ihrer Herkunft hatte sie zu derart opfervollem Dienst bestimmt. Als Tochter eines vermögenden Hindukaufmanns war sie in einer großen Säulenvilla, die auf den Ozean hinaussah, aufgewachsen. Den ersten bedrängenden Anblick des Elends hatte sie erlebt, als ihre Eltern sie nach Bombay geschickt hatten. In einem klösterlichen Internat sollte hier ihre schulische Erziehung abgeschlossen werden, bevor sie heiraten würde. Sie war fünfzehn Jahre alt. Jeden Tag behielt sie ein Stück Brot für den Bettler zurück, der vor der Tür des Internats kauerte. Eines Sonntags, als sie ihn nicht an seinem gewohnten Platz vorfand, machte sie sich auf die Suche nach ihm und geriet in den Slum, der unmittelbar hinter ihrem Klosterinstitut sein Elend ausbreitete. Der Gang durch dieses Viertel wurde zum prägenden Eindruck ihres Lebens.

Vier Jahre später verkündete Domenica zur Verzweiflung ihrer Eltern und trotz Heiratsanträgen der begehrtesten jungen Männer von Mauritius ihre Absicht, nach Kalkutta zu gehen und den blauweißen Sari der Missionarinnen der Nächstenliebe anzulegen. Sie hatte ihren Entschluß nie bereut, auch wenn sie sich zuweilen wünschte, direkt auf die Ursachen der Armut einwirken zu können, statt immer nur die Folgen zu lindern.

»Ich hätte gern gesehen, daß Mutter Teresa bei den Ungerechtigkeiten ansetzt, die das soziale Elend hervorbringen«, sagte Domenica später, »daß sie ihr Charisma und ihr Ansehen einsetzt, um Regierende und Besitzende zu zwingen, radikale Maßnahmen zu ergreifen.« Im zu Ende gehenden 20. Jahrhundert kannten eine halbe Milliarde Inder noch immer nicht das einfache Glück eines gefüllten Magens. Hunderttausende von Kindern vegetierten in finsteren Werkstätten, wie Sträflinge verdammt zu unmenschlicher Arbeit. Und immer noch versuchten Hunderttausende von landlosen Bauern in der Hölle der Slums zu überleben. Diese Situation war nicht ausschließlich für Indien typisch. Wer aber konnte eine solche Herausforderung annehmen, wenn nicht die Frau, die in den Augen der Menschheit die Idee der barmherzigen Liebe verkörperte? Die in ganz Indien und in der ganzen Welt, einschließlich der Großstädte Süd- und Nordamerikas und bis nach Rotchina hinein ihre Behelfskrankenhäuser, ihre Waisenhäuser, ihre Hospize eingerichtet hatte; die herbeieilte, jedesmal wenn an irgendeinem Punkt des Globus eine Katastrophe Tod und Verzweiflung brachte; die von Universitäten und Regierungen mit Ehrungen und Auszeichnungen überhäuft wurde; die als Symbolfigur der Menschlichkeit und des liebevollen Mitleids mit dem Friedensnobelpreis ausgezeichnet worden war.

Domenica träumte nicht als einzige davon, daß die berühmte alte Dame eines Tages im Namen der Armen die Fahne des Aufstands schwingen würde. Eines gewaltlosen Aufstands natürlich. Warum zum Beispiel setzte sie sich nicht zum Hungerstreik nieder vor der Tür des indischen Premierministers? Auch spektakuläre Aktionen im Ausland waren denkbar, vor dem Buckingham Palace etwa, vor dem Sitz der Vereinten Nationen, dem Kreml, in Paris, Rom oder Peking. Überall, wo politisch Verantwortliche etwas für die Unterdrückten tun konnten.

Dieses ungestillte ideale Verlangen glühte tief verborgen im Herzen der jungen Frau von der Insel Mauritius. Vorläufig begnügte sie sich damit, Sterbekandidaten zu waschen, ihnen ihre Mahlzeiten auszuteilen, ihnen eine Zigarette zwischen die Lippen zu stecken, mit einer Spritze, einem Lächeln, ein paar tröstenden Worten ihre Schmerzen zu mildern. Mehr konnte sie nicht tun, ihre medizinischen Kenntnisse waren zu beschränkt. Das bedauerte sie. Aber die Schwestern waren weniger zum Heilen berufen als dazu, zu lindern und zu trösten. Dies tat sie in einer Weise, daß die Pflegegäste des Sterbehauses aus ihrer Vorliebe für die sanfte und schöne Mauritierin kein Hehl machten. Ihre Gefährtinnen reagierten darauf manchmal etwas empfindlich. Und Domenica tat, als würde sie dies nicht bemerken.

In diesem Winter setzte sich die junge Ordensfrau innerlich mit besonders aufwühlenden Fragen auseinander. War es die ungewöhnlich scharfe Kälte, die ihr so sehr zusetzte, daß schließlich Lebensmut und innerer Frieden erschüttert wurden? Oder die frustrierende Erkenntnis, daß die medizinisch besser ausgebildeten ausländischen Helfer auch entsprechend erfolgreicher waren? Sie wurde immer unruhiger. Verlangt Gott von mir einzig und allein, daß ich diese bescheidenen Arbeiten verrichte? fragte sie sich. Hat er mir tatsächlich nichts zu bieten, was mich mehr fordert und mir ermöglicht, den Armen wirksamer zu dienen?

Mit seinen im Nacken zum Pferdeschwanz zusammengebundenen blonden Strähnen, dem kleinen, im linken Ohrläppchen befestigten Diamanten, den beiden auf die Unterarme tätowierten blau-rosa Schmetterlingen und dem eindringlichen Duft nach teurem Rasierwasser entsprach der zweiunddreißigjährige deutsche Arzt Rudolph Benz nicht unbedingt dem Bild, das man sich von einem Apostel tätiger Menschenliebe macht. Die Belegschaft des Sterbeasyls wußte jedoch, daß dieser Mann sich der Sache der indischen Ärmsten verschrieben hatte. Während eines ersten Aufenthalts in Kalkutta zwei Jahre zuvor hatte er sich an der Pforte des alten Gebäudes mit den Türmchen gemeldet und mehrere Wochen lang ehrenamtliche Helferarbeit geleistet.

Bestürzt über den Dilettantismus, mit dem die Schwestern medizinische Aufgaben angingen, hatte er ihnen ein paar Grundbegriffe von Hygiene und Keimfreiheit beizubringen versucht. Seine Bemühungen sollten die Sterberate erheblich senken und dazu beitragen, daß das Hospiz sich nicht mehr ausschließlich als Ort verstand, wo Sterbenden Beistand geleistet wurde. Die Schwestern bewahrten dem vom Himmel geschickten Freund eine grenzenlose Dankbarkeit. In seine Heimat zurückgekehrt, hatte Rudolph Benz Vorträge gehalten, Artikel geschrieben, in Vereinen und Schulen Dias gezeigt. Da er überzeugt war, man müsse das Übel an der Wurzel anpacken, kam er auf die Idee, zehn Dörfern einer Elendszone im Gangesdelta ein Bewässerungssystem vorzuschlagen, das den Bauern zu jeder Jahreszeit Reis und Linsen garantieren sollte. Um das Projekt zu finanzieren, schuf er sich eine eigene organisatorische Basis. Das deutsche Hilfskomitee »Arbeit und Reis für eintausend indische Familien« zählte sehr bald fünftausend feste Spender. Es war möglich, sofort mit der Anlage der ersten Kanäle zu beginnen. Rudolph Benz hatte in Kalkutta Station gemacht, um die aus Deutschland überwiesenen Gelder in Empfang zu nehmen. Eine solche Formalität war immer kompliziert in einem Land, dessen Bürokratie besonders kleinlich und mißtrauisch ist. Man ließ ihn warten, und er nahm die Gelegenheit wahr, seine Freundinnen vom Reinen Herzen zu besuchen, sie über seine Initiative zu unterrichten und gleich ein paar Tage an ihrer Seite zu arbeiten.

Kaum war der deutsche Arzt da, fing Schwester Domenica wieder an, heftig am Nutzen ihrer Arbeit, gemessen an ihrem Ideal, zu zweifeln. Ihre Frustration verstärkte sich, auch sie wollte jetzt einen Weg finden, an den Wurzeln der Armut anzusetzen. Eines Morgens stellte Schwester Paul das Fehlen der jungen Mauritierin fest. Beunruhigt telefonierte sie mit dem Mutterhaus. Man teilte ihr mit, Domenica habe sich wie gewöhnlich nach der Messe und dem Frühstück auf den Weg gemacht. Ein wenig später gefundener Brief erklärte dann das Verschwinden. Er war an Mutter Teresa gerichtet.

Heilige, hochverehrte Mutter,
ich weiß, welchen Kummer Ihnen mein Weggang verursachen wird. Sehen Sie darin weder eine unüberlegte Tat noch eine Auflehnung, sondern nur den Ausdruck des Bedürfnisses, Gottes Armen auf andere Weise zu dienen. Mit mir nehme ich das Ideal, das Sie mir nahegebracht haben. Ich werde mich bemühen, mich seiner würdig zu erweisen. In meinem Herzen bleibe ich eine Missionarin der Nächstenliebe. Gott ruft mich, seinen Willen auf anderen Wegen zu erfüllen. Sobald Sie zurück sind, werde ich Sie aufsuchen. Beten Sie für mich.

Ihre Ihnen getreue, ergebene und in Zuneigung verbundene
Domenica

Mit Domenica verlor die »Heilige von Kalkutta« nicht die erste ihrer Missionarinnen der Nächstenliebe. Die erdrückende Disziplin, die extrem kargen materiellen Bedingungen, die Verlockungen eines Lebens in der Welt, das alles führte unvermeidlich dazu, daß einige den Orden verließen. Aber es waren nur einige, und der ununterbrochene Zustrom von neuen Anwärterinnen bewirkte weit mehr als nur einen Ausgleich. Unter den Pflegerinnen des Sterbehauses herrschte nach diesem brüsken Weggang nichtsdestoweniger große Bestürzung. Am tiefsten getroffen fühlte sich Ananda. Domenica war ihre große Schwester und zugleich ihr Vorbild gewesen, jemand, der gelassen jegliche Situation meisterte und den kein Tabu jemals lähmen konnte.

30

Paris, Frankreich – Winter 1983
Forschungsabenteuer in einer ehemaligen Waschküche

Der »Tollwutbau« war nie umbenannt worden, seit Louis Pasteur hier Kaninchen tödliche Keime eingeimpft hatte, um das rettende Serum zu erhalten. Im Unterschied zu afrikanischen und asiatischen Ländern, wo die schreckliche Krankheit sich häufig Opfer suchte, kamen seit langem in Frankreich kaum mehr Tollwutfälle vor. Die Räumlichkeiten wurden denn auch längst anderweitig genutzt. Einer der Räume im ersten Stock war eine ehemalige Waschküche mit schuppig bröckelndem Wandanstrich, in der nie etwas anderes zu hören gewesen war als das Brummen der Sterilisationsapparate. Nur der in Grau und Gold geflieste Boden wollte zu der banalen Ausstattung nicht recht passen. Nun allerdings besagte ein Schildchen an der Tür, daß man den »Raum Bru« betrat. Die Benennung ehrte keinen Gelehrten und verriet keine Forschungsmethode. »Bru« war ganz einfach die erste Silbe des Familiennamens jenes Pariser Modedesigners, von dem ein Stückchen Lymphknoten am Vortag den Weg in Luc Montagniers Abteilung gefunden hatte.

Die kleine Arbeitsgruppe, die jetzt das als Aids-Erreger verdächtigte Virus finden sollte, bestand aus zwei erprobten Forschern und zwei Laborassistentinnen. Sie hatte sich auf die ungemein schwierige Technik spezialisiert, mit der man die Aktivität von Retroviren im Innern der Zelle erkennen konnte. Da diese Aktivität nicht direkt feststellbar war, mußte man statt dessen die reverse Transkriptase dingfest machen, jenes berühmte Enzym, mit dessen Hilfe die Retroviren es schaffen, sich in den Zellkern einzuschleusen. Hauptaufgabe der vier Teamkollegen von »Raum Bru« würde demnach sein, den Nachweis dieses Enzyms zu erbringen.

Ihre Erfolgschancen mochten gering erscheinen. Anders als das machtvolle »Symphonieorchester« des Amerikaners Robert Gallo hatte das bescheidene französische »Quartett« nicht besonders viel Erfahrung in Humanretrovirologie, und seine Arbeit hatte noch nicht zu einer größeren Entdeckung geführt. Daß es eher unauffällig agierte, sollte sich paradoxerweise als größter Vorzug erweisen, denn es stürzte sich ohne übermäßige Zuversicht in sein Abenteuer, ohne allzuviel Gewißheiten, ohne vorgefaßte Meinungen oder sonstige Axiome. Es wählte eine andere Art des Einstiegs, es beschloß, mit dieser Forschungsarbeit bei Null anzufangen und Schritt für Schritt vorzugehen.

Sein Chef, der einzige Mann der Gruppe, war ein kräftig gebauter, zweiundvierzigjähriger Pariser, der für seine naturwissenschaftliche Habilitation und für die endgültige Berufung an das ehrwürdige Pasteur-Institut hart gearbeitet hatte. Der von der Mutter aufgezogene – tagsüber arbeitete sie als Schneiderin und abends als Platzanweiserin im Theater – ehemalige Rugbyspieler Jean-Claude Chermann verdankte die Bekanntschaft mit der Medizin einem Motorradunfall. Unter anderem hatte er für immer den Geruchssinn eingebüßt, und Vielfachknochenbrüche hatten zahlreiche Operationen nötig gemacht. Auf eine davon war eine ernste Infektion mit hartnäckigen Staphylococcus-aureus-Bakterien gefolgt. Diese Erfahrung hatte in ihm den Wunsch, Arzt zu werden, geweckt. Da er jedoch das Gefühl hatte, ein so langes Studium finanziell nicht durchstehen zu können, entschied er sich für die naturwissenschaftliche Fakultät. Die Promotion lag schon hinter ihm, da hatte er sich eines Tages in die Hauptvorlesung Biologie des späteren Nobelpreisträgers Jacques Monod gesetzt. »Es war Liebe auf den ersten Blick – das war meine Disziplin«, sagte er später. »Die DNS, die Gene, die Vererbung, die Strukturgeheimnisse des Lebens, alles plötzlich vor meinen Augen enthüllt durch einen genialen Hexenmeister! Ein leuchtender Pfad tat sich vor mir auf. Nur daß man, wenn man keine Mittel und keine Beziehungen hat, genausogut von der Eroberung des Mondes träumen kann wie von einer Forscherlaufbahn.«

In einem Straßencafé der Rue Princesse, gegenüber der Sanitätsstation des Polizeipräsidiums, kam das Glück dem Traum zu Hilfe. Seine Mutter hatte dieses Lokal in der Hoffnung gepachtet, so das Studium ihres Sohnes mitfinanzieren zu können. Eines Tages, als Jean-Claude Chermann seine Verzweiflung kundtat, niemanden zu kennen, der ihm die Tür eines Forschungslabors öffnen konnte, kritzelte ein Gast, der mitgehört hatte, einen Namen auf ein Blatt Papier.

»Nehmen Sie das, junger Mann«, sagte er, »besuchen Sie diesen Herrn hier mit schönen Grüßen von mir. Erklären Sie ihm, daß sein Freund Dr. Juin vom Polizeipräsidium Sie schickt.«

Der junge Mann eilte zu der angegebenen Adresse und fand sich vor dem Gittertor des Pasteur-Instituts wieder, wo der fragliche Herr als einer der maßgeblichen Immunologen arbeitete. Der stellte ihn ein und gab ihn in die Obhut seiner fähigsten Mitarbeiterin. Alles, was Jean-Claude Chermann heute wußte, verdankte er Monique Dijeon, »einem fünfundvierzigjährigen, ein wenig bigotten, aber erleuchteten Fräulein, das ein Dauerverhältnis mit der Wissenschaft unterhielt«. Ihr verdankte er wirklich alles, von der Methodenstrenge bis zum Kult der Wahrheit. Achtzehn Jahre gründliches Studium der Viren hatten aus dem jungen Wissenschaftler einen der herausragenden französischen Fachleute für die unsichtbaren Killerpartikel gemacht. Sein systematischer Aufstieg hatte ihn an die Spitze des Laboratoriums geführt, das an Luc Montagniers Abteilung für Virusonkologie angeschlossen war.

An seiner Seite arbeitete eine brillante und sehr gut aussehende Frau von fünfunddreißig Jahren, die nebenbei auch noch eine Meisterköchin war. Françoise Barré-Sinoussi kriegte einfach jedes Gericht hin, egal ob ein Blanquette à l'ancienne oder ein Soufflé au Grand Marnier, und genauso liebevoll kultivierte sie empfindliche Lymphozyten. Ihre Lieblingslektüre reichte von den großen angelsächsischen Medizinzeitschriften bis zum Standardwerk der Kochkunst, dem *Larousse Gastronomique.* »Ein Rezept ist dazu da, daß man es schöpferisch abwandelt«, pflegte sie halb scherzhaft zu sagen. Auf den Pfaden der Wissenschaft waren ihre ersten Lehrmeister die Gefährten der Kindheit gewesen, ihre Katze Pussy, ihre weiße Maus, ihr Wellensittich. Was sie ihr geboten hatten, war die »aufregende Beobachtung all der Schätze, die sich im Buch des Lebens verstecken«. Instinkt, Ausbildung der Arten, Vererbung, lauter Mysterien gab es zu erforschen, wenn man einen Heißhunger nach Wissen hatte, wenn man alles verstehen wollte! Françoise Barré-Sinoussi war wenig ausgegangen und hatte nicht im Club Méditerranée Ferien gemacht, sie hatte sich lieber eine eindrucksvolle Sammlung von Seminarscheinen, Zertifikaten und Diplomen zugelegt. Die verbissene Arbeit hatte ihr eines Tages einen Praktikumsplatz im Allerheiligsten der französischen Forschung eingebracht. Sie war gerade dreiundzwanzig Jahre alt geworden. Jean-Claude Chermann, der die Abteilung leitete, nahm sie sogleich unter seine Fittiche. »Geben Sie mir Aufträge, wie Sie gerade Lust haben«, erklärte sie ihm, »aber ich muß Sie warnen: Ich werde mich nie an einem Tier vergreifen.«

Zwölf Jahre später machte das Abenteuer Aids Françoise keineswegs angst. Sie hatte 1979 einen Studienaufenthalt in den Vereinigten Staaten absolviert, davon mehrere Wochen im Labor von Robert Gallo in Bethesda, wo sie die aktuellste Technik der Retrovirusforschung kennengelernt hatte. Obwohl der prominente Amerikaner von seinen französischen Fachkollegen nicht unbedingt viel hielt, hatte er sich doch beeindruckt gezeigt von »der hübschen Pariserin, deren dunkel getönte Brillengläser die schönen Augen einer lernbegeisterten Mata Hari verbargen«.

Die ganz großen Forschungsabenteuer beginnen fast immer banal. Nichtsdestoweniger sollte an diesem Morgen des 4. Januar 1983 die Untersuchung der fünf von Luc Montagnier angesetzten Flakons in der ehemaligen Waschküche eine gewisse Spannung erzeugen. Nicht von ungefähr hatte Jean-Claude Chermann diesen Raum zum Versuchslabor ausersehen. Nie hatte hier jemand auch nur mit dem unbedeutendsten Parasiten hantiert, und deshalb könnte die Entdeckung eines Virus in den Reagenzgläsern auch nicht auf Umweltkontamination zurückgeführt werden. Im übrigen war die Arbeitsgruppe von »Raum Bru« nicht ohne Grund so gespannt. Chermann hatte seine Mitarbeiter auf die Gefahren des Unternehmens hingewiesen. »Wir haben keine Ahnung, was wir finden werden, und es kann durchaus sein, daß es ein tödliches liebes Tierchen ist«, hatte er erklärt. Alle hatten mit ruhiger Entschlossenheit das Risiko in Kauf genommen. Und dennoch, in den wenigen, so harmlos aussehenden Zentilitern Flüssigkeit dieser Fläschchen lebten Millionen von weißen Blutkörperchen, von denen jedes einzelne den Todeserreger der neuen Epidemie beherbergen konnte.

Man wußte sehr wenig über ihn, außer daß er genau wie das beim Menschen auftretende HTLV und die schon bekannten Tierretroviren sehr lange Zeit im Innern seiner Beutezelle inaktiv bleiben konnte, bevor er sie schließlich umbrachte. Für die Entfesselung seines Mörderinstinkts schien ein Anstoß von außen notwendig. So konnte beispielsweise die Zellreproduktion genügen. Indem die Zellen sich teilen und vermehren, wecken sie die in ihnen schlafenden Viren, und diese nehmen den Vorgang zum Anlaß, sich ihrerseits massenhaft zu vermehren, bevor sie dann wirklich in Aktion treten. Ein Prozeß, den die Forscher von »Raum Bru« einkalkulierten, um eine erste und entscheidende Etappe hinter sich zu bringen: Sie wollten eine genügende Menge Viren zur Verfügung haben, wenn es an die Bestimmung ging. Mit anderen Worten, man mußte die befallenen Lymphozyten des Pariser Designers zwingen, die Massenerzeugung des Virus anzukurbeln, als dessen Quartiergeber sie in Verdacht standen. Dafür gab es nur ein Mittel: Man mußte sie umhegen, hätscheln, mit Leckerbissen verwöhnen, auf daß sie sich in großem Stil teilten und vermehrten. Françoise Barré-Sinoussi wußte, das würde nicht leicht sein.

Zellen sind lebende Wesen, ja eigenständige Persönlichkeiten, sie zeigen Vorlieben und heftige Abneigungen, und vor allem wollen sie respektiert werden. Man kann sie nicht wie Dinge behandeln. Sie verlangen, daß man sie mit Sanftheit und Zärtlichkeit umhegt; sie pochen darauf, daß man ihnen zuhört und daß man selbst den richtigen Ton findet. Wie viele Forscherlehrlinge, denen das Gefühl für diese sehr spezielle Beziehung abging und die allzu zielstrebig vorgingen, waren nicht schon gescheitert in der Welt der Pipetten und Kulturgefäße!

Erfolgreich kommt man ihnen nur nah, wenn man ein vertieftes Wissen davon hat, wie Wachstum und Vermehrung der Zellen gesteuert werden. Man weiß zum Beispiel, daß die Natur den menschlichen Körper bestimmte Stoffe erzeugen läßt, deren Auftrag lautet, die Zellen zu aktivieren, um ihre Vermehrung zu begünstigen. Sobald man sie aus ihrer natürlichen Umgebung herauslöst, um sie ins Reagenzglas zu verpflanzen, finden sich die Zellen dieser unabdingbaren Hefe beraubt. Sie werden zu Fischen auf dem Trockenen. Sie verkümmern, siechen dahin, sterben schließlich. Zwar vermag Nahrung, die so ausgeklügelt ist wie Kalbsfoetenserum, ihren Todeskampf hinauszuzögern, Einhalt gebieten kann sie ihm nicht. Ein Jahrhundert hindurch verhinderte dieses Phänomen, daß die Biologen mit Laborkulturen* von Lymphozyten Erfolg hatten. Aber dieses Hindernis wurde im Jahre 1975 überwunden, als Robert Gallo und sein Team das Interleukin-2 isolierten, den vom menschlichen Körper erzeugten Zellwachstumsstoff, der es heute den Forschern ermöglicht, ihre Reagenzglaskulturen über beachtliche Zeiträume bei Wachstumslaune zu halten.

Selbstverständlich ist Interleukin-2 nirgends in einer Apotheke erhältlich, aber Luc Montagnier hatte genügend Beziehungen zu anderen Forschungsinstituten, um seinem Team von »Raum Bru« eine ausreichende Arbeitsmenge zu beschaffen. Françoise Barré-Sinoussi beeilte sich, das kostbare Produkt auf die Fläschchen zu ver-

* Das heißt, *in vitro*, im Gegensatz zum natürlichen Zellwachstum *in vivo*.

teilen, die die infizierten Lymphozyten des Pariser Designers enthielten. Sie stellte sich bereits vor, wie sie auf dieses Doping hin jäh aus ihrem Dämmerschlaf erwachten, wie sie in Myriaden nagelneuer Zellen auseinanderbrachen, die sogleich die Viren, die in ihren Kernen auf der Lauer lagen, zu Millionen aktivieren würden. Ein Traum, den man in Taten umsetzen mußte, wollte man wirklich das Mördervirus zwingen, das Visier aufzuklappen und sich zu erkennen zu geben.

Die kleine Arbeitsgruppe wußte, was auf dem Spiel stand, sie überließ nichts dem Zufall, ging langsam und methodisch vor, überwand so Hindernis um Hindernis. Ein solches war die Eigenschaft der Lymphozyten, bei der ersten Aggression durch ein Virus eine antivirale Substanz auszuscheiden. Die normalerweise sehr positive Wirkung dieser Interferon genannten Substanz drohte hier in Unheil umzuschlagen. Die befallenen Lymphozyten konnten nämlich, kaum wären sie durch das zugeführte Interleukin-2 angeregt, starke Dosen Interferon erzeugen, um gegen das Virus, das man doch vermehren wollte, anzukämpfen. Zwar hatte das Interferon allein nicht die Fähigkeit, den weißen Blutkörperchen die Viren vom Hals zu schaffen – sonst hätte es schließlich kein Aids gegeben. Doch bestand die Möglichkeit, daß es die Vervielfachung der Virenmasse zumindest hemmte.

Es gab nur ein Mittel, diese Gefahr abzuwenden: Man mußte das Interferon neutralisieren. Nun hatten Luc Montagnier und Jean-Claude Chermann im Zusammenhang mit Krebs viel über Interferon gearbeitet, und sie hatten tatsächlich ein Serum entwickelt, dem die Lösung des Problems zuzutrauen war. Um sich davon einige Dosen zu verschaffen, ließ das Team von »Raum Bru« einem Schaf menschliches Interferon einspritzen. Von diesem Fremdkörper angegriffen, reagierte das Blut des Tieres augenblicklich, indem es millionenweise Antikörper erzeugte. Es genügte, einige Zentiliter dieses von Antikörpern strotzenden Serums in die Reagenzgläser einzuträufeln, die die Lymphozyten des Pariser Designers enthielten, um das von ihnen erzeugte Interferon an seiner vollen Wirkung zu hindern. Mit dieser Strategie hofften die Forscher von »Raum Bru« das Virus aus den Zellen herauszulocken.

Das Schwierigste aber blieb ihnen noch zu vollbringen: Sie mußten den Schuldigen in ihren Glasröhrchen und Fläschchen finden und dann beweisen, daß er tatsächlich für die grausame Epidemie verantwortlich war.

31

New York, USA – Winter 1983
Jeden Tag eine neue Katastrophe

Der junge Arzt griff sich seinen Gabardinemantel und verließ im Laufschritt das Krankenhaus. Draußen stürzte er auf den erstbesten gelben Straßenkreuzer zu.

»Setzen Sie mich vor irgendeinem Kino am Broadway ab«, stieß er hervor und ließ sich auf die hintere Sitzbank des Taxis fallen.

Der dreißigjährige Dr. Jack Dehovitz, Oberarzt der Abteilung für Infektionskrankheiten am Saint-Clare-Krankenhaus in New York, holte ein Taschentuch hervor, um sich den Schweiß von der Stirn, den eingefallenen Wangen, dem Schädel mit dem sehr kurzgeschnittenen Haar zu wischen. Und dann konnte er das Verlangen, das ihm schon den ganzen Vormittag zugesetzt hatte, nicht mehr unterdrücken: Er weinte kurz und heftig. Seit Tagen ahnte er, daß seine Nerven nicht mehr lange mitmachen würden. »Es war zuviel auf einmal und kam zu schnell, ich war innerlich nicht vorbereitet«, kommentierte er später die Situation, mit der er plötzlich fertig werden sollte.

Immer mehr praktizierende Ärzte in Amerika wurden mit der um sich greifenden Epidemie konfrontiert, und die meisten waren, was das unheimliche Übel anging, genauso unerfahren wie Jack Dehovitz. Das Bulletin der *Centers for Disease Control* in Atlanta spiegelte eine von Woche zu Woche erbarmungslosere Realität wider.

Jetzt zu Beginn des Jahres 1983 stellte man jeden Tag bei vier neuen Patienten die Diagnose Aids, und die Statistik kündete von einer sich beschleunigenden Entwicklung. »Die Symptome dieser Krankheit waren so erschreckend, daß ich meinen Augen nicht trauen wollte«, sagte Dr. Dehovitz.

Ein Eingeständnis, das besonders schwer wog, wenn man Person und Werdegang in Betracht zog. Jack Dehovitz stammte aus einer alten Arztfamilie, die in Saint-Louis, Missouri, ansässig war. Am Endes seines Medizinstudiums hatte er beschlossen, die abgesehen von der Chirurgie einzige Fachausbildung zu machen, die seiner Ansicht nach fast immer Heilerfolge gewährleistete. »Nehmen Sie beispielsweise die Kardiologie«, so seine Erläuterung. »Jemand erleidet einen Herzinfarkt. Natürlich kann man ihn durchbringen, aber der Muskel ist geschädigt. Der Patient wird irgendwann einen weiteren Infarkt bekommen. Nehmen Sie die Nephrologie: Jemand leidet an Niereninsuffizienz. Natürlich kann man ihn dreimal pro Woche an die künstliche Niere hängen. Dann wird er zwar weiterleben, aber immer mit einem Damoklesschwert über sich. Das gleiche gilt für die Lungenkrankheiten und ganz allgemein für sämtliche chronischen Krankheiten, bei denen die Medizin eigentlich nur Linderung bringt. Ich wollte etwas anderes, ich wollte über Mittel verfügen, mit denen ich das Übel ein für allemal besiegen würde.«

Der Ehrgeiz war nicht unbegründet. Seit fast einem halben Jahrhundert feierten auf einem ausgedehnten Gebiet der Humanpathologie, dem der sogenannten Infektionskrankheiten, die Antibiotika Triumphe. Sie waren der Zauberstab in der Hand der Medizin geworden. »Mögen manche dieser Krankheiten weiterhin schwer zu behandeln sein«, so Jack Dehovitz weiter, »wir wissen doch zu unserer großen Erleichterung, daß keine mehr schicksalhaft tödlich ist.« Wie seinen Pariser Kollegen Willy Rozenbaum hatten ihn außerdem die immensen Möglichkeiten gereizt, die sich gerade hier für die öffentliche Gesundheitspflege eröffneten. Information der Bevölkerung, Vorbeugung, Kontrolle der Ansteckungswege und der ausgebrochenen Epidemien, das waren Tätigkeitsfelder, auf denen man über die Behandlung von Einzelfällen hinauskam. »Selbst wenn Sie sich bei einer Nutte eine richtige schöne Syphilis holen«, faßte er seine Anschauungen nicht ohne einen gewissen Zynismus zusammen, »dann können Sie wenigstens dafür sorgen, daß Ihre Gattin sie nicht auch noch kriegt.«

Und nun war es auf einmal kaputt, das Schema beruhigender Gewißheiten. Die Reiter der Apokalypse waren am Horizont aufgetaucht. In New York fanden sich nur einige wenige Krankenhäuser bereit, die ersten Opfer der neuen Pest aufzunehmen. Daß es an gesicherten Daten über die Krankheit fehlte und daß gerade deswegen das Klinikpersonal sich in Angst und Schrecken versetzen ließ, gefährdete mancherorts bereits die Pflegeleistungen. Die Zeitungen berichteten von Stationen, wo das Essen vor den Zimmertüren abgestellt wurde, wo die Krankenschwestern sich dem Bett des Patienten nur noch mit Atemmaske, sterilem Kittel und Handschuhen näherten. Die unverantwortlichsten Gerüchte liefen in dieser Zeit um. Wurde nicht sogar behauptet, eine bloße Unterhaltung sei ausreichend für die Übertragung? Und da die Krankheit Randgruppen wie die Homosexuellen oder die Drogensüchtigen betraf, war es nicht weit bis zur gesellschaftlichen Ächtung der Opfer. Schließlich zeigten sich höchste Stellen beunruhigt. »Wenn auch die Sünde verdammenswert ist, so haben wir doch nicht das Recht, den Sünder im Stich zu lassen«, erklärte öffentlich der Erzbischof von New York, Kardinal John O'Connor.

Der Geistliche kam auf die Idee, im alten Saint-Clare-Krankenhaus, das aus Mitteln seiner Erzdiözese unterhalten wurde, eine Spezialstation für Aids-Kranke einzurichten. Besonders motivierte Ärzte wurden eingestellt, darunter Jack Dehovitz. Zwei Stockwerke wurden für die Aufnahme von etwa zwanzig Patienten eingerichtet. Die Presse zollte der Maßnahme Beifall, und an Anwärtern für die Betten mangelte es von Anfang an nicht. Endlich hatte New York ein Krankenhaus, wo Aids wie eine normale Krankheit behandelt wurde. Die Initiative wurde zur segensreichen Fügung sowohl für die Kranken als auch für die maroden Finanzen des Hauses, das einst von einer Nonne zu dem Zweck gegründet worden war, den armen

Einwanderern der West Side Hilfe zu bieten. Aber für Ärzte und Pflegepersonal bedeutete sie seelische Belastungen, die in dieser Härte niemand sich vorgestellt hatte.

Dr. Jack Dehovitz' Bericht

»Jeden Tag fühlte ich mich in eine andere Katastrophe katapultiert. Eines Morgens hatte ich ein Ehepaar in meiner Sprechstunde, beide etwa dreißig Jahre alt. Er lehrte Englisch an einem College in der Nähe von New York; sie arbeitete in einem Reisebüro. Intelligente und scheinbar verantwortungsbewußt lebende Leute. Ihm ging es ausgesprochen schlecht. Ich richtete es so ein, daß ich mit der Frau unter vier Augen sprechen konnte, denn sie mußte sich darüber klarwerden, daß ihr Mann keine achtundvierzig Stunden mehr zu leben hatte. Ich erklärte ihr, daß es sinnlos sei, ihn noch mit irgendwelchen Intensivbehandlungen zu foltern. Es war einfach zu spät. Vor allem versuchte ich ihr begreiflich zu machen, daß sie selbst in Gefahr schwebte. Ich fragte sie, ob man bei ihr in letzter Zeit Laboruntersuchungen angeordnet habe. ›Ja‹, antwortete sie fast erstaunt, ›mein Gynäkologe hat solche Untersuchungen veranlaßt. Er hat mir gesagt, ich sei wahrscheinlich Träger des Virus, aber ich sollte mir keine Sorgen machen, für mich würde alles gutgehen.‹ Sie hatte einen zweijährigen Sohn, und dieses Kind war aller Wahrscheinlichkeit nach während der Schwangerschaft infiziert worden. Bei beiden würde sich vermutlich Aids entwickeln, aber diese Frau war sich keiner Gefahr bewußt. So viel naive Sorglosigkeit bei doch verantwortungsbewußten Menschen war einfach nicht zu fassen. Ich wiederholte mit allem Nachdruck, daß gründliche Laboranalysen angezeigt seien. Wir machten einen Termin für den nächsten Tag aus. Aber sie ist nicht wiedergekommen. Ich erfuhr dann, daß ihr Mann tatsächlich zwei Tage später gestorben war.

Patienten klarzumachen, daß sie von einer tödlichen Krankheit befallen sind, ist nicht einfach, nicht einmal für Ärzte, die abgehärteter sind als ich. Es gibt keine Standardformulierung, um so einem armen Kerl zu offenbaren, daß seine ›Bronchitis‹ in Wirklichkeit eine Pneumocystosis carinii ist und seine violetten Pusteln im Gesicht ein Kaposi-Sarkom, kurz, daß er Aids hat. Während meines Studiums sollte ich einmal einem Patienten erklären, daß er Lungenkrebs hatte. Es handelte sich um einen etwa sechzigjährigen, sehr sympathischen Schwarzen, der ein starker Raucher gewesen war. Er hatte höchstens noch ein halbes Jahr zu leben. Ich fand es entsetzlich, ihm seine Krankheit benennen zu müssen, aber ich hatte wenigstens die Möglichkeit, die Nachricht in lauter schöne, beruhigende Worte zu verpacken bezüglich der Waffen, über die die moderne Medizin verfügte: Chirurgie, Chemotherapie, Strahlentherapie. Gegen Aids hatte ich nur albernes Gerede zu bieten. Manchmal wartete ich vier, fünf Tage, bis ich mich zum Sprechen entschloß.

Das Gespräch verlief entsprechend der Person und ihrem Wesen jedesmal anders. Mit den Homosexuellen war es im allgemeinen leichter, weil sie über den Ernst der Krankheit Aids schon im Bilde waren. Sie hatten erlebt, wie Freunde oder Bekannte starben. Sie waren auf das Schlimmste gefaßt. Der junge Werbemann aus Baltimore, dem ich neulich die Wahrheit sagen mußte, hat dennoch ziemlich unerwartet reagiert. Ich werde unsere Unterredung nie vergessen.

›Wir haben gerade das Ergebnis Ihrer Bronchoskopie bekommen‹, sagte ich zu ihm. ›Es bestätigt, daß Sie eine Pneumozystose haben.‹

›Herr Doktor, was bedeutet das?‹

›Daß Ihr Immunsystem in einem schlechten Zustand ist‹, versuchte ich zu erklären, ›und dadurch war es möglich, daß diese Infektion ausgebrochen ist.‹

Diese Erklärung führt gewöhnlich die Kranken dazu, die Schicksalsfrage zu stellen: ›Herr Doktor, habe ich Aids?‹ Aber dieser Patient hat nichts gefragt. Er blieb stumm. Ich mußte ihm selbst erläutern, daß man von dieser Diagnose auf Aids schließen könne. Er hat zugehört, ohne mit der Wimper zu zucken. Aber dann zog er sich wie ein Foetus in der Bettmitte zusammen. Es war auf grausame Weise rührend. Nach einer längeren Zeit hat er den Kopf wieder erhoben.

›Herr Doktor‹, sagte er, ›ich bin erst dreißig. Es ist schon hart zu erfahren, daß ich die Vierzig nicht mehr erleben werde.‹

Und ich dachte mir: Mein armer alter Junge, du wirst nicht mal die Einunddreißig schaffen. Und ich habe mein Sprüchlein aufgesagt von der Generalmobilmachung der medizinischen Forschung. Ich habe erzählt, daß Tausende von Wissenschaftlern überall auf dem Globus daran arbeiteten, die Ursachen des Übels zu bestimmen, und daß es innerhalb der nächsten Monate zum großen Durchbruch kommen werde. Ich habe versucht, ihm jede nur mögliche Hoffnung einzuflößen. Aber er zeigte keine Reaktion. Weder an diesem Tag noch am Tag darauf gab er das kleinste Lebenszeichen von sich. Allmählich war ich sehr beunruhigt. Meine Besorgnis war um so ernster, als ich mir mein eigenes Verhalten unter solchen Umständen vorstellte. Wir waren gleich alt. An seiner Stelle hätte ich mich wahrscheinlich genauso wie eine Larve in mich eingesponnen und hätte mit niemandem mehr reden wollen.

Aber dieser Patient hatte noch eine letzte Überraschung für mich parat. Am sechsten Tag, als ich ihn gerade untersuchte, hat er meine Hand genommen und erklärt:

›Kommt nicht in Frage, daß ich mir das gefallen lasse, Doc. Ich werde ihr eins vor den Latz knallen, eurer dreckigen kleinen Krankheit!‹«

32

Latrun, Israel – Winter 1983
Hilfe von elf Mönchen in Israel für zwei junge Dienerinnen der Armen

Philippe Malouf betrachtete lange die drei Briefmarken auf dem Umschlag. Es kam dem Gelähmten vor, als umringe das große Indien mit seinen Emblemen und Sinnbildern plötzlich seine Lagerstatt. Neben der Bäuerin im Sari, die mit der einen Hand einen großen Wasserkrug auf dem Kopf festhielt und mit der anderen ihre Kuh führte, und der futuristischen Zwiebel des ersten Atomreaktors Asiens erkannte er die großen, abstehenden Ohren und den polierten Schädel des Mahatma Gandhi, über den der Postbeamte von Kalkutta einen kuriosen Heiligenschein gestempelt hatte.

Das Kuvert enthielt einen mehrere Seiten langen Brief und zwei Fotografien. Eine davon war das bekannte Bild, auf dem Mutter Teresa ein Baby in den Armen hält. Unwillkürlich dachte man an die Jungfrau mit dem Kinde. Der Text dazu war aus Jesaia: »Ich will deiner nicht vergessen. In meinen Händen trage ich dich eingezeichnet. Ich habe dich bei deinem Namen gerufen. Du bist in meinen Augen teuer und wertvoll, und ich liebe dich.« Darunter hatte Mutter Teresa eigenhändig die guten Wünsche geschrieben, die sie an der Schwelle dieses Jahres 1983 dem gelähmten jungen Mönch in Israel sandte, der sein Leiden Gott darbrachte, um einer ihrer Missionarinnen der Nächstenliebe für ihre Aufgabe Kraft zu spenden: »Frohes neues Jahr, lieber Bruder Philippe. Liebe stets Deine Nächsten, wie Jesus Dich liebt. Möge er Dich beschützen und Dich segnen. M. Teresa.«

Die zweite Aufnahme zeigte eine Schwester in weißem Sari und mit blauer Schürze, wie sie einen zum Skelett abgemagerten Mann fütterte. Man erkannte ähnliche Körper auf den benachbarten Strohlagern. Die fotografische Linse hatte etwas von der Intensität der Beziehung zwischen den beiden Menschen eingefangen, zwischen der Nonne mit dem zärtlichen Lächeln und dem ausgehungerten Mann, der mit einem rührenden Ausdruck der Dankbarkeit seinen Mund für den dargebotenen Löffel Reis öffnete. Philippe Malouf ahnte, daß es sich um Ananda handelte, die junge indische Schwester, der er in einem spirituellen Sinne »angetraut« war. Er erforschte die Züge ihres Gesichts, bemerkte die feingliedrigen Hände, die zerbrechlich zarte Gestalt, studierte den Hintergrund. Er versuchte sich die Geräusche und Gerüche vorzustellen. Er dachte an den Krieg im Libanon und an die Notlazarette, wo die Christen ihre Verwundeten versorgten. Auf diesem Foto trug niemand einen Verband. Man sah nur ausgezehrte Unglücksgestalten und lächelnde junge Inderinnen, die ihnen zu essen gaben.

Merkwürdigerweise war der Brief nicht von Ananda, sondern von der Leiterin des Sterbeasyls in Kalkutta, wo sie arbeitete, unterzeichnet.

Lieber Bruder Philippe,
ich muß Ihnen etwas sehr Trauriges mitteilen, schrieb Schwester Paul. *Unsere liebe Schwester Ananda ist Opfer eines Unfalls geworden, und wir fürchten, daß der liebe Gott sie aus unserer Mitte hinwegnimmt. Als sie vor ein paar Tagen morgens mit Schwester Alice hier vor dem Sterbehaus eintraf, wurden beide von einem tollwütigen Hund sehr schlimm gebissen.*

Es gibt in unserem Viertel viele streunende Hunde. Sie werden von den Abfällen der Tieropfer angelockt, die im benachbarten Hindutempel vollzogen werden. Jeden Tag bringen dort Familien Zicklein oder Hühner und bitten die Tempelpriester, diesen nach dem Ritual den Kopf abzuschlagen und so die Göttin Kali für die Erhörung ihrer Wünsche geneigt zu stimmen. Das Tier, das unsere Schwestern gebissen hat, hatte bereits zwei Kinder angefallen. Es hatte Schaum um die Lefzen und stieß ein schauerliches Geheul aus. Leute aus dem Viertel haben versucht, es mit einem Leinensack einzufangen, aber es ist ihnen entkommen. Es hat sich unter dem Karren eines Süßigkeitenhändlers, genau vor der Tür des Sterbehauses, verkrochen, dann ist es auf ein kleines Mädchen losgesprungen, das gerade vorbeikam.

Unsere beiden Schwestern sind hinzugeeilt, um das Kind zu beschützen. Da hat der Hund sie an den Händen und im Gesicht gebissen. Ein Rikschamann hat die Deichseln seines Fahrzeugs losgelassen, um den Hund zu verfolgen, aber der ist verschwunden. Später ist er am Flußufer eingefangen worden, dort wo die Hindus ihre Toten verbrennen. Ein Polizeiwagen ist gekommen und hat ihn abtransportiert.

Am Nachmittag sind dann zwei Polizisten erschienen. Sie brachten eine Bescheinigung vom Tierärztlichen Dienst der Stadtverwaltung, worin stand, daß ›das Gehirn des Hundes tatsächlich das eines tollwütigen Tieres‹ ist. Ich habe sofort eines der Taxis, die vor dem benachbarten Tempel stehen, gerufen und selbst unsere beiden verletzten Schwestern zur Notaufnahme des Government Hospital gebracht. Aber dort war kein Antitollwut-Serum verfügbar. Man hat uns ein anderes Krankenhaus genannt. Auch dort fehlte das Serum, und man hat uns zu einem dritten Krankenhaus geschickt...

Schwester Paul berichtete anschließend ausführlich von der Irrfahrt, die sie mit Ananda und Alice auf der Suche nach dem unerläßlichen Serum von Krankenhaus zu Krankenhaus geführt hatte. Nirgends in der Riesenstadt schien an diesem Tag auch nur eine Dosis vorrätig. Schließlich hatte jemand ihnen geraten, es in der Convent Road bei einer privaten medizinischen Einrichtung zu versuchen, die den Namen Pasteur-Institut führte. Dort hielt man angeblich ein paar Schafe, um kleine Mengen des kostbaren Serums herzustellen. Aber sie fanden nur ein verlassenes Gebäude, dessen Dach und Fassade die Gewalt der Monsungewitter verrieten. Von einem Nachbarn erfuhren sie, daß das Institut vor langem schon seine Pforten geschlossen hatte und daß das Personal die Schafe geschlachtet und verzehrt hatte. Am Ende waren die drei Schwestern zum Mutterhaus an der Lower Circular Road zurückgefahren, wohin dann ein Arzt für eine Untersuchung gekommen war. In Abwesenheit von Mutter Teresa, die sich auf einer Auslandsreise befand, schickte ihre Assistentin ein Telegramm nach Neu-Delhi mit der dringenden Bitte um die Zustellung von Serum. Bis zu dem Tag, an dem Schwester Paul ihren Brief an Philippe schrieb, war die Sendung noch nicht eingetroffen.

Wir sind voller Besorgnis, schloß sie, *denn wie Sie wissen, ist die Tollwut eine tödliche Krankheit. Wenn sie erst einmal ausbricht, ist nichts mehr zu retten. Sollte das Serum nicht innerhalb von achtundvierzig Stunden in unsere Hände gelangen, wird es vielleicht zu spät sein.*

Lieber Bruder, was wir jetzt brauchen, ist Ihr Gebet.

Philippe Malouf sah nach dem Datum oben auf der ersten Seite. Der Brief war vor zwölf Tagen geschrieben worden. Erschüttert ließ er den Abt rufen.

»Vater«, sagte er zu dem bärtigen alten Mann, »lesen Sie schnell diesen Brief. Unsere Gemeinschaft muß unverzüglich beweisen, daß die Gemeinschaft der Heiligen eine lebendige Realität ist.«

Der Abt las den Brief, dann hastete er wortlos zur Klosterglocke, um die Mönche in die Kapelle zu rufen. In dieser Andacht und in allen Gottesdiensten der folgenden Tage und Nächte schlossen die zehn Trappisten der Abtei der Sieben Schmerzen sich mit ihren Gesängen und Gebeten dem Leidensopfer ihres gelähmten Bruders an, »damit Gott zwei junge indische Schwestern vor dem Tod bewahrte, die ihr Leben einsetzen, um das Leiden der Menschen zu lindern«.

33

Paris, Frankreich – Winter 1983
Wettlauf mit der Zeit, um Mörderviren zu retten

Der Anblick war von solcher Schönheit, daß Françoise Barré-Sinoussi die Augen nicht wieder abwenden konnte. Den fluoreszierenden Schmuckteppich aus Myriaden von goldenen Kügelchen und Stäbchen, mit dem das Glasplättchen unter der Linse ihres Mikroskops ausgelegt war, hätte kein Goldschmied schaffen oder auch nur sich ausdenken können. Im Laufe ihrer Karriere hatte sie Zellen zu Milliarden in Augenschein genommen, und dennoch war ihr das grandiose Schauspiel einer Natur, die bei der Schaffung dieser unendlich kleinen Elementarkörper ihre ganze Kraft der Harmonie entfaltet, niemals langweilig geworden.

An diesem Winternachmittag stand jedoch Entscheidendes auf dem Spiel, so daß die junge Biologin sich rasch wieder der Arbeit zuwandte. Sie hatte eine dringende Aufgabe zu erfüllen. Sie mußte die Lymphozyten, die in der Nährflüssigkeit ihrer Reagenzröhrchen schwammen, kontrollieren und sich vergewissern, daß ihre Anzahl den Erwartungen gerecht wurde. Sie wußte, daß bei zu großer oder zu geringer Dichte der Flüssigkeit die Gefahr bestand, daß ihr Wachstum nicht normal verlief. Der Objektträger, auf dem sie ihre Probe aufgebracht hatte, war in winzige Quadrate unterteilt, was ein Zählen ermöglichte. Sie hob den Kopf. »Alles in Ordnung«, sagte sie lächelnd.

Seit Tagen war in der stickigen Laborluft von Raum Bru des Pariser Pasteur-Instituts jeder vollauf mit seinen Reagenzgläsern, Pipetten und Zentrifugen beschäftigt, um die entscheidende Manipulation vorzubereiten. Entweder es würde gelingen, oder es würde nicht gelingen, die Anwesenheit eines Retrovirus in den weißen Blutkörperchen aus dem infizierten Lymphknoten des Pariser Designers zu bestätigen. Das Problem war, wie man das Enzym, das ihm als Schlüssel diente, um sich den Zellkern aufzusperren, dazu bringen konnte, sich zu manifestieren. Es handelte sich um eines der heikelsten und komplexesten Verfahren der Zellbiologie. Françoise Barré-Sinoussi fixierte die Glasröhrchen in einer Zentrifuge, die sie auf tausend Umdrehungen pro Minute schaltete. Durch die Rotation würden die Lymphozyten sich am Boden der Gefäße absetzen, so daß man der Viruspartikel habhaft werden konnte, die in der überstehenden Flüssigkeit präsent blieben. Ein zweiter Rotationslauf, diesmal mit hunderttausend Umdrehungen pro Minute, sorgte für die Konzentration dieser Viruspartikel. Für den nächsten Arbeitsgang begab sie sich zur Sterilbank. Hinter der Glasabschirmung gab sie dem Viruskonzentrat einige Tropfen einer einfachen Detergenslösung zu. Falls sich alles gemäß ihrer Erwartung abspielte, würde das Detergens die Zellen zum Platzen bringen und gleichzeitig das spezifische Enzym freisetzen, das dem Retrovirus als Mittler diente. Danach bliebe ihr der Beweis für die Anwesenheit dieser Umkehrtranskriptase zu erbringen sowie die entsprechende Messung vorzunehmen, eine Routineoperation, deren Hauptwerkzeug eine opalisierende Mixtur war. Mit ihren verschiedenen Ingredienzen sollte sie das Signatur-Enzym des gesuchten Retrovirus zu verräterischer Aktivität anregen.

Das Zusammenbrauen dieser Nährcocktails übernahm die junge Frau grundsätzlich selbst. Sie mixte mehrere Varianten, indem sie bald Mangan, bald Magnesium, bald eine andere Substanz hinzufügte, je nach dem Enzymtyp, den sie festzustellen hoffte. Grundbestandteil blieb jedoch eine Präparation, die im Tiefkühlschrank aufbewahrt wurde und die im Laborjargon »Köder« hieß, ein Name, der die Zweckbestimmung treffend wiedergibt. Die durchsichtige

Lösung stellte eine raffinierte Falle dar. Sie enthielt eine teuflische Lockspeise, bestehend aus einem Stückchen DNS, der Trägerin des genetischen Codes der Zellen. Das Enzym würde davon unwiderstehlich angezogen werden. Die Falle wäre zugeschnappt, und die »Signatur« des Retrovirus könnte entdeckt werden. Dazu wiederum würde es nötig sein, eine radioaktive Substanz zuzugeben, die eine spezifische Absonderung des Signatur-Enzyms »markieren« sollte.

Nachdem die Biologin ihre ausgetüftelte Mischung den Viruskonzentraten, die sich am Boden der Reagenzgläser abgelagert hatten, zugesetzt hatte, stellte sie ihre Röhrchen in die Wabenkammern eines Schüttelinkubators. Die Schüttelbewegung sollte eine vollständige gegenseitige Durchdringung der verschiedenen Elemente ermöglichen. Die Manipulation erreichte ihre kritische Phase. Jetzt oder nie konnte das Enzym, das rettungslos von der Köder-DNS angezogen wurde, dank seiner radioaktiven Absonderung nachgewiesen werden. Unter der Bedingung, das war der Biologin klar, daß die Röhrchen wirklich das gesuchte Retrovirus enthielten. Der Schüttler des Brutschranks arbeitete über eine Stunde lang. Der entscheidende Augenblick rückte näher. Es galt nun die Lösung auf eine Anzahl kreisförmiger Filter von der Größe einer Oblate aufzustreichen, um sie zu trocknen. Ihre Laborkollegen gingen ihr zur Hand, als sie jetzt diese hauchdünnen »Oblaten« für etwa zehn Minuten in eine auf neunzig Grad aufgeheizte Ofenkammer einschloß. Nachdem dieser Backvorgang beendet war, verteilte sie die Oblaten auf gläserne Deckelschälchen und gab jeweils ein paar Tropfen eines Szintillators hinzu. Jetzt mußte sie nur noch die flachbodigen Gefäße in den Apparat mit der elektronischen Zählvorrichtung einschieben, und der würde es übernehmen, das Urteil zu sprechen.

Und dann stand die gesamte Laborbesatzung vor dem grünlichen Anzeigeschirm und hoffte auf das Erscheinen der schicksalhaften Ziffern. Sie würden den Nachweis bedeuten, daß der Mörder, der die Seuche Aids auf dem Gewissen hatte, tatsächlich ein Retrovirus war und daß die Forscher des Pasteur-Instituts ihn soeben anhand seines Fingerabdrucks identifiziert hatten. Aber die Anzeige blieb leer, und der Drucker schwieg. Der Mißerfolg stand fest. Wie bei Robert Gallo in Bethesda weigerten sich die Zellen, irgend etwas von sich preiszugeben. Also mußte man wieder von vorn anfangen, den Ködercocktail abwandeln, die Verfahrensschritte beim Aufspüren des stumm gebliebenen Enzyms überprüfen, möglichen Handhabungsfehlern nachgehen. In der biologischen Forschung gehören solche Mißerfolge zum Alltag. Alle wußten es. Dennoch waren an diesem eisigen Januarabend die Nachfolger Louis Pasteurs enttäuscht und deprimiert.

»Nein, immer noch nichts. Der Zähler zeigt keinerlei Radioaktivität an.«

Luc Montagnier quittierte die Auskunft, indem er mit verdrießlicher Miene den Telefonhörer auflegte. Seit vierzehn Abenden gaben seine Mitarbeiter ihm die gleiche Antwort. Auch sie waren inzwischen ziemlich frustriert. Hatten sie doch alles ins Werk gesetzt – und mit welcher Verbissenheit –, um ihre Reagenzröhrchen zum Reden zu bringen! Wenn wirklich ein Retrovirus den Lymphknoten des Pariser Modedesigners befallen hatte, dann schien es unmöglich, daß dieser Agent des Todes sein Inkognito noch wahren konnte, obwohl man so lange schon auf seiner Spur war. Allmählich beschlichen Zweifel die Laborgefährten von »Raum Bru«. Hatten sie überhaupt die technischen Mittel, um es mit einem solchen Gegner aufzunehmen? Und wenn dieses Virus gar nicht existierte? Wenn es nur eine Erfindung, eine Wahnvorstellung der Kliniker und Epidemiologen war, die irgendwie ihre Machtlosigkeit der Krankheit gegenüber bemänteln mußten?

In diese düstere Stimmung hinein ertönte am Morgen des fünfzehnten Tages der Freudenschrei, von dem an alles anders werden sollte. Auf der Anzeige des elektronischen Zählers war soeben die Ziffer »3000« erschienen. Eine armselige Ziffer, gewiß, aber dennoch das erste unwiderlegbare Anzeichen für die Anwesenheit einer radioaktiven Substanz am Boden der Röhrchen, vielleicht die erste Daseinsbekundung des Enzyms, mit dem die französischen Forscher die Existenz des mutmaßlichen Erregers von Aids zu beweisen hofften. Die Bestätigung mußte umgehend erbracht werden. Sie kam drei Tage später, in Form von diesmal sechstausend Impulsen pro Minute. Noch drei Tage, und die Ziffer kletterte auf neuntausend. Luc Montagnier eilte herbei und beglückwünschte seine Kollegen. Euphorische Aufgeregtheit hatte die Zweifel der vorausgegangenen Woche verjagt – da passierte es.

Der dramatische Rückschlag kam im Zuge einer Routinemanipulation. Das Wohlverhalten der Lymphozytenkulturen, die Luc Montagnier zwanzig Tage zuvor der Mannschaft von »Raum Bru« anvertraut hatte, wurde überprüft. Die Kontrolle war von so eminenter Bedeutung, daß Françoise Barré-Sinoussi sie persönlich mehrmals am Tag vornahm. Weil man die weißen Blutkörperchen aus dem Lymphknoten des Modedesigners verdächtigte, den berüchtigten Aids-Erreger zu enthalten, stellten sie ein unschätzbares Kapital dar. Bis zu diesem Tag hatten sie sich geradezu bewundernswert verhalten, und die Biologin war ganz stolz darauf, daß die Grundlage aller weiteren Hoffnungen so gefestigt schien. Wenn sie ihnen nur unermüdliche Zuwendung entgegenbrachte und ihnen genügend Zeit ließ, dann, so war die junge Frau überzeugt, würden sie sich unter ihren Augen in genügender Anzahl vermehren und gleichzeitig die Vermehrung des Mördervirus, das sie beherbergten, einleiten, was schließlich dessen Identifikation erlauben mußte. Das trostlose Schauspiel, dessen sie im Licht ihres Mikroskops ansichtig wurde, vernichtete diese schöne Hoffnung. Sie mußte zusehen, wie die Zellen abstarben. Der prachtvolle Schmuckteppich aus phosphoreszierenden Kügelchen und Stäbchen, vor dem sie so oft in Verzückung geraten war, hatte einem kläglichen Bild Platz gemacht. Manche wie Zeppeline aufgeblähte Zellen standen dicht vor dem Zerplatzen. Andere hatten sich zu riesigen, grotesken Gebilden verklumpt. Statt zu funkeln wie die Facetten eines Diamanten, hatten sich ihre Membrane schwarz verfärbt. Sie waren körnig, fielen auseinander, bekamen stachlige Auswüchse – alles Zeichen ihres bevorstehenden Endes.

Bestürzung bemächtigte sich der französischen Forscher. Woher kam dieses Desaster? Welchen Fehler hatten sie gemacht? In welchem Stadium, auf welcher Ebene? Bei der Ernährung, bei der Warmhaltung, bei der Beatmung der Kulturen? War es möglich, daß ein Fremdkörper die Pipetten, die Glasröhrchen, die Filter kontaminiert hatte? Jean-Claude Chermann und Françoise Barré-Sinoussi überprüften systematisch die Möglichkeiten. Keinerlei Fremdursache konnte festgestellt werden. Da kam ihnen plötzlich beiden derselbe intuitive Verdacht: Und wenn der Schuldige an der Katastrophe das Retrovirus selbst war? Das Virus, dessen Existenz sie über die verräterische Präsenz des Enzyms, das ihm als Nachschlüssel zum Zellkern diente, zu beweisen suchten? Als sie diese Alternative ins Auge faßten, wurde ihnen schwindlig. Wenn der Erreger, der ihre Kulturen von weißen Blutkörperchen abtötete, tatsächlich ein Retrovirus war, dann handelte es sich um ein unbekanntes Retrovirus, denn es verhielt sich entgegengesetzt wie das erste, von Robert Gallo entdeckte Humanretrovirus und wie sämtliche bei Tieren gefundenen Retroviren. Anstatt die irrsinnige, anarchische Vermehrung der weißen Blutkörperchen, die es befiel, auszulösen, wie es bei einer Leukämie der Fall war, brachte es sie ganz einfach um.

War es möglich, daß ein menschliches Retrovirus existierte, das aus einer ganz anderen Familie stammte als das von dem Amerikaner entdeckte Retrovirus? Eine Hypothese, die in der Tat schwindlig machen konnte. Sollte sie sich bestätigen, wäre das ein sensationeller Etappensieg im Wettlauf der medizinischen Forschung! Für das Team von »Raum Bru« wäre es der Durchbruch zum Ruhm! Aber es gab auch eine beängstigende Perspektive. »Der Tod der Lymphozyten des jungen Designers drohte uns den Gegenstand unserer Entdeckung selbst zu rauben«, so Jean-Claude Chermann. »Er würde nämlich mit Sicherheit zur Zerstörung des Virus führen, das die Lymphozyten beherbergten. Wenn mit den Zellen Schluß war, war auch mit dem Virus Schluß.« Um diese Katastrophe abzuwenden, mußte man schleunigst versuchen, das Leben der siechenden Kulturen zu verlängern, indem man gesunde Zellen zuführte.

Inkubatoren und Tiefkühlschränke eines Laboratoriums sind zu jeder Zeit gefüllt mit angezüchteten Zellen, die für die diversen laufenden Forschungsprogramme bestimmt sind. Jean-Claude Chermanns Vorratsfächer enthielten in jenem Winter eine große Anzahl Zellen von Mäusen, von Nerzen und anderen Pelztieren. Würde das Virus des Designers im Kontakt mit diesen Tierzellen zu neuem Leben erwachen? Würde es zu ihrer Belagerung schreiten? Würde es fähig sein, in sie einzubrechen und sich in ihren Kern einzuschleusen, sie zu zwingen, seine Replikation zu besorgen? Sämtliche Versuche gingen negativ aus. Einzig die Zufuhr menschlicher Zellen konnte eventuell das Desaster verhindern.

Wer von den Spendern, die sich an jenem 24. Januar 1983 in der Blutspendestelle des Pasteur-Instituts einfanden, hätte sich vorstellen können, daß sein Blut wenig später möglicherweise dem Virus neue Energie einflößen würde, das an der schlimmsten Seuche der Gegenwart schuld war? Das Blut des anonymen Spenders wurde in »Raum Bru« wie ein Schatz entgegengenommen. Eilends isolierte Françoise Barré-Sinoussi die Lymphozyten heraus, bevor sie sie in eine Lösung aus Vitaminen und Wachstumsstoffen eintauchte. Aus Vorsicht goß die Biologin die Hälfte ihrer Präparation in ein fabrikneues Reagenzglas. »Wir mußten überprüfen, ob der Spender nicht zufällig bereits das von uns gesuchte Virus in sich trug«, so ihre Erklärung. »Oder ob er Träger eines anderen Virus war, das uns dann womöglich auf eine falsche Spur führen würde.« Dann füllte sie den Rest der Lösung in eines der Röhrchen mit den todgeweihten Lymphozyten aus dem infizierten Lymphknoten. Man würde mehrere Tage Geduld aufbringen müssen, bevor man das Ergebnis dieses Wiederbelebungsversuchs feststellen konnte.

Sollte der kleine grüne Schirm eine höhere Anzahl radioaktiver Impulse anzeigen, wäre das der Beweis, daß das Virus gerettet worden war, daß es die frischen Zellen angriff, die seine Vermehrung bewirkten. Dann könnten die französischen Forscher es endlich isolieren, es näher bestimmen, es vielleicht sogar unter dem Elektronenmikroskop beobachten.

34

New York, USA – Winter 1983
»Keine Wiederbelebung!«

Währenddessen weitete sich die Tragödie unaufhörlich aus. »Es war wie in der Fabel von den Blinden und dem Elefanten«, erinnerte sich Jack Dehovitz, der Oberarzt am Saint-Clare-Krankenhaus in New York. »Die Forscher mit ihren Teströhrchen und wir an der Patientenfront ertasteten jeweils einen anderen Aspekt des ›Tiers‹ und nahmen seine Realität entsprechend verschieden wahr. Für erstere war der Elefant Aids nur ein Virenkonzentrat am Boden diverser Glasröhrchen, für uns, die behandelnden Ärzte, war er eine Totenmaske auf weißem Kopfkissen und zwei fiebrig geweitete Augen, die schon den Tod erblickten.« Unerträgliche Bilder, die Jack Dehovitz jeden Abend mitnahm, nach Hause, ins Restaurant, ins Kino, auf die Straße, in die Untergrundbahn; schreckliche Bilder, die ihn noch verfolgten, wenn er mit seiner Freundin schlief oder wenn er die *New York Times* las. »Es war unmöglich, abzuschalten, selbst wenn man raus war aus dem Krankenhaus«, so sein Situationsbericht. »Zu viele Patienten waren in meinem Alter, hatten den gleichen Bildungshintergrund oder etwas anderes, womit ich mich identifizieren konnte. Ich bekam den jungen Mann aus Baltimore nicht mehr aus dem Sinn, wie er vor meinen Augen buchstäblich aus dem Leim ging, als er die Diagnose Aids erfuhr.«

Daß die amerikanischen Ärzte dem Zwang unterlagen, vor bestimmten, sehr ernsten Behandlungsschritten die förmliche Zustimmung ihrer Patienten einzuholen, machte die Dinge nicht leichter. Einverständnis oder Weigerung mußten vom Patienten durch Unterschrift auf einem amtlichen Dokument bestätigt werden. So gehörte zu jeder Krankenakte ein Blatt mit der Überschrift »*Living Will* – Erklärung des Lebenswillens«. Jedermann sprach in Wirklichkeit vom DNR und gebrauchte damit die Abkürzung der Formel »*Do not resuscitate* – Keine Wiederbelebung!« Jeder hatte das Recht, sich mit Hilfe der modernen Reanimationstechnik ans Leben anzuklammern oder dies nicht zu tun, und die Ärzte mußten die Kranken über diese Wahlmöglichkeit aufklären und sie zu einer Entscheidung veranlassen.

Anfang 1983 geriet Dr. Dehovitz immer häufiger unter diesen Zwang. »Die katastrophale Epidemie verlangte uns gerade hier unorthodoxes Reagieren ab«, erinnerte er sich. »Es gab keine Patentformulierung für die Frage an den Patienten, ob er wollte, daß man ihn an ein Dutzend Apparate anschloß, um, koste es was es wolle, sein Leben zu verlängern, wenn die Stunde kam. Wir mußten uns auf das Individuum, auf die Persönlichkeit einstellen, selbst wenn der Tenor der Worte gleich blieb: Alles ist in Ordnung heute, es steht jedoch zu befürchten, daß sich die Lage eines Tages verschlechtert und daß entschieden werden muß, ob es angebracht ist weiterzukämpfen. Für den Fall, daß Sie dann nicht mehr in der Lage sein sollten, Ihrem Willen Ausdruck zu geben, ist es angezeigt, Vorsichtsmaßnahmen zu treffen und schon jetzt festzulegen, ob Sie dann auf die Intensivstation verlegt zu werden wünschen oder nicht... Ich bemühte mich, diese Botschaft wirklich behutsam an den Mann zu bringen, und vermied peinlich jede Beeinflussung in die eine oder in die andere Richtung. Ich riet meinen Patienten, ein paar Tage darüber nachzudenken, die Angelegenheit mit ihrer Familie, mit Krankenschwestern oder anderen Ärzten, mit Mitpatienten zu besprechen. Innerlich hoffte ich stets, sie würden auf die Fortsetzung eines hoffnungslos gewordenen Kampfes verzichten.«

War dies der Fall, dann holte Jack Dehovitz aus der Tasche seines Arztkittels das Blatt mit den Initialen DNR und ließ es von seinem

Patienten unterschreiben. Anschließend vervollständigte er das Dokument, indem er darauf das Resümee der Unterredung festhielt. Manchmal wollten die Patienten, bevor sie ihre Entscheidung trafen, sehen, was sich hinter dem Begriff Intensivbehandlung verbarg. In Saint-Clare waren ständig ein oder zwei Patienten auf der Intensivstation. Das beeindruckende Gewirr von Schläuchen und Kabeln, über das diese Unglücklichen an das Arsenal von Flaschen und Apparaten angeschlossen waren, die sie künstlich am Leben hielten, hatte fast immer die gleiche Wirkung: Der Wunsch, sich an die irdische Existenz anzuklammern, erlosch. Zuweilen war der Schock des Anblicks so groß, daß der Patient Sonderanweisungen verfaßte, womit seine Eltern oder ein ihm Nahestehender gebeten wurden, jeden Versuch zu unterbinden – notfalls per gerichtlicher Verfügung –, sein Leben unter ähnlichen Bedingungen zu verlängern. Dieses Verhalten beunruhigte die Ärzte, die sich bewußt waren, daß sie umgekehrt der fahrlässigen Tötung angeklagt werden konnten, wenn sie in ihrem Kampf nicht bis zum Alleräußersten gingen.

Jack Dehovitz wunderte sich über die kraß gegensätzlichen Reaktionen, die diese Verwaltungsvorschrift hervorrief. Manche Kranke weigerten sich in ihrem Schwächezustand, auf das Thema einzugehen. Andere wurden höhnisch aggressiv gegen ihn, forderten seinen unbegrenzten ärztlichen Einsatz und drohten mit juristischen Konsequenzen. In manchen Fällen hatte die Krankheit das Gehirn angegriffen, was die Verständigung weiter komplizierte.

Den besten Kontakt hatte der Arzt zu den Mitgliedern jener Gemeinschaft, über die die Seuche zuerst hergefallen war. Von ihrem gesellschaftlichen und kulturellen Status her stellten die Homosexuellen auf der Station von Saint-Clare eine Sondergruppe dar. Die meisten hatten sich als Opfer häufiger Infektionen schon in Krankenhäusern aufgehalten und waren mit den medizinischen Prozeduren entsprechend vertraut. Sie kannten ihre Rechte, darunter das, Medikamentenverordnungen gegebenenfalls zurückzuweisen. Die Beipackzettel entgingen ihrer Aufmerksamkeit grundsätzlich nicht, und besonders wachsam lasen sie den Abschnitt über mögliche Nebenwirkungen. Jack Dehovitz bedauerte oft, daß Patienten ihr Verhalten an Prioritäten ausrichteten, die ihm angesichts ihres ernsten Zustands geradezu läppisch vorkamen. Wenn sie eine Information entdeckten, die ihnen mißfiel, verwarfen sie pauschal die Behandlung.

Bestimmte Zusammenstöße würde der Arzt nicht so leicht vergessen. Eines Tages bekam einer seiner Patienten, den eine Virusinfektion mit akuter Blindheit bedrohte, heraus, daß das verschriebene Medikament unter Umständen unbedeutende Läsionen an seinen Genitalien hervorrufen würde. Kaum hatte er auf dem Zettel die Worte »Hoden« und »Störungen« erfaßt, hatte er sich wie eine angriffsbereite Kobra auf seinem Bett aufgerichtet.

»Doktor, ich verbiete, daß man mir an die Eier geht!« schrie er wutentbrannt.

»John, wir wollen Ihnen doch die Sehfähigkeit erhalten«, argumentierte Jack Dehovitz.

»Meine Augen sind mir scheißegal! Für mich zählen nur meine Eier!«

Andere Patienten gaben sich cool-informiert und verblüfften damit mehr als einmal den Arzt. »Da verkündeten Sie so einem jungen Kerl, daß Sie ihn jetzt an den Tropf hängen wollen und er die Brust freimachen solle, und er gibt zur Antwort: ›Nein, Doc, ich will nicht, daß Sie mir eine Infusion in die Subclavia legen‹, was die fachlich korrekte Bezeichnung des beabsichtigten Vorgangs war.« Auch die Weigerung, bestimmte ärztliche Maßnahmen zu akzeptieren, erstaunte Jack Dehovitz immer wieder. »Da glaubte man, daß diese in Lebensgefahr schwebenden Patienten einen bitten würden, alles zu tun, was man für nützlich hielt, aber dem war nicht so. Die Gays hatten eine sehr eigene Art, die Dinge zu sehen. Die meisten waren zuallererst darauf bedacht, sich eine gewisse Lebensqualität zu erhalten und weiter selbst über sich zu bestimmen. Sie wollten nicht diese Schläuche, an denen man weiterlebt wie eine Gemüsepflanze.«

Diese Einstellung wurde von einer anderen Kategorie von Patienten, die Saint-Clare in zunehmender Anzahl aufnahm, nicht geteilt. Die Drogensüchtigen machten sich um ihre letzten Augenblicke so gut wie keine Gedanken. Sie lehnten sogar ab, darüber zu diskutieren, und flüchteten sich lieber in Aggressivität oder offene Auflehnung, was den Ärzten und dem Pflegepersonal ihre Aufgabe nicht leichter machte. Bevor man sie wegen Aids behandelte, mußte man versuchen, sie von der Droge herunterzubringen. Wochen, manchmal Monate vergingen, bevor ein zaghafter Dialog in Gang kam, bevor sich ein Minimum an Vertrauen bildete. »Sie verhielten sich so, daß mehr als eine unserer Krankenschwestern uns verließ«, erinnerte sich Jack Dehovitz. »Für diese Patienten, die nur eines beschäftigte, nämlich das Rauschgift, an das sie nicht mehr herankamen, waren ihre dem Candida-Pilz zu verdankenden Erstickungsanfälle oder die entstellenden Läsionen eines Kaposi-Sarkoms absolut nebensächlich. Statt mit ihnen die Umstände ihres Ablebens zu erörtern und ihnen nahezulegen, im voraus auf ein künstliches Weiterleben zu verzichten, hätte man genausogut beschließen können, mit Blinden über die Farbnuancen des Regenbogens zu diskutieren.«

In jenem Winter gab es viele Sterbefälle im Saint-Clare. Der erste Patient, der Abschied nehmen mußte, war der junge Werbefachmann aus Baltimore. Trotz rührender Unterstützung durch seinen Lebensgefährten, der ständig in dem von Blumen und Musik erfüllten Krankenzimmer anwesend war, trotz Jack Dehovitz' hartnäckigen Anstrengungen hatte er sein Versprechen, der »dreckigen kleinen Krankheit eins vor den Latz zu knallen«, nicht halten können. Er war friedlich eingeschlafen, umgeben von seiner Mutter, seinen Brüdern und seinen Freunden, und auf dem Nachttisch war ein Marketing-Handbuch zurückgeblieben, das er nicht mehr hatte zu Ende lesen können.

Merkwürdig, aber der junge Oberarzt empfand weder seinen Tod noch den der anderen als Niederlagen, was überraschen mochte bei einem Mann, dessen Glücksvorstellung und ärztliches Ideal so sehr mit dem Wort Heilen verbunden waren. »Die Auswirkungen dieser

Krankheit sind derart scheußlich, daß sie mich beinahe dahin gebracht hat, mit dem Tod zu sympathisieren«, gestand er ein. »In so einem Fall ist nämlich der Tod in meinen Augen kein ärztlicher Mißerfolg mehr, sondern ein Sieg über das Leiden. Niemand kann es einfach hinnehmen, daß Leute sich zu lange auf diese Weise quälen. Obwohl ich wie ein Löwe gekämpft habe, um dem Tod den Weg zu versperren, habe ich zuweilen das Ende eines Patienten direkt herbeigewünscht. Eine Gewißheit wurde mir dann zum Trost. Ich wußte, daß eines nicht fernen Tages der Tod nicht mehr der unausweichliche Schlußpunkt sein würde, daß man mit wirklichen Behandlungsmethoden die ›dreckige kleine Krankheit‹ in ihre Schranken verweisen würde. Da bestand für mich kein Zweifel.

Mit heißem Herzen hing ich dieser Überzeugung an, und das hat mich über jenen Winter hinweggebracht. Und ich hoffte, meine Erfahrung als Klinikarzt, der tief in die alltägliche Tragödie Aids verstrickt war, würde ein wenig mit dazu beitragen, daß der Krieg gegen dieses Menschheitsübel gewonnen wurde.«

35

Paris, Frankreich – Winter 1983
Hunderttausende von Retroviren in einer Boeing

Seit drei Tagen und drei Nächten hatte das Team von »Raum Bru« alles versucht, um den Radioaktivitätsmesser endlich zur Anzeige einer erfreulichen Ziffer zu bewegen. Da Françoise Barré-Sinoussi befürchtete, das siechende Virus des Pariser Designers werde allein mit den Lymphozyten des Blutspenders nicht ausreichend zu stimulieren sein, war sie zur nächsten Geburtshilfeklinik geeilt. Die Blutstammzellen aus der Nabelschnur eines Neugeborenen mit ihrer außergewöhnlichen Fähigkeit zu schneller Vermehrung verschafften ihr die optimale Nahrung für ihre kränkelnden Kulturen weißer Blutkörperchen.

Am 27. Januar kurz vor zwölf Uhr mittags trug die Biologin das Röhrchen mit ihrer neuen Lösung zu dem Gerät, das auf dem Flur installiert war. Endlose Sekunden vergingen. Dann gab es ein leises Klicken, und eine Ziffer erschien auf der Zähleranzeige.

»Achtzehntausend!« rief sie leise aus.

Das war doppelt soviel wie das beste bis dahin erzielte Ergebnis.

»Die Kultur ist wieder angegangen!« rief nun auch Jean-Claude Chermann.

Françoise Barré-Sinoussi ging noch einen Schritt weiter. »Diesmal ist es sicher, wir haben was gefunden!« verkündete sie und zündete sich eine Marlboro an.

Die Franzosen hatten tatsächlich etwas gefunden, aber was? Offenbar ein Retrovirus, das wurde durch die Aktivität des Signatur-Enzyms bewiesen, die der Radioaktivitätsmesser zweifelsfrei anzeigte. Aber welches Retrovirus? Konnte es identisch sein mit dem HTLV, das Robert Gallo anhand seltener Leukämiearten bestimmt hatte und das immer noch das einzige jemals beim Menschen entdeckte Retrovirus war? Gehörte es vielleicht zu dessen Familie, wie dasjenige, das Prem Sarin, der indische Mitarbeiter des amerikanischen Forschers, zu finden hoffte? Oder handelte es sich im Gegenteil um ein völlig anderes Retrovirus? Jean-Claude Chermann und Françoise Barré-Sinoussi hatten persönlich nicht den geringsten Zweifel: Ihr Retrovirus hatte nichts gemein mit dem von Robert Gallo. Das seine vermehrte die Lymphozyten, das ihre tötete sie ab. Verwandte aber, und seien sie dritten Grades, konnten unmöglich dieses diametral entgegensetzte Verhalten an den Tag legen.

Nach der Euphorie kam erneut die Beklommenheit. Die Franzosen wußten, ihre Entdeckung würde unter den Tisch fallen, wenn sie es nicht schafften, die internationale Fachwelt mit einem spektakulären Nachweis zu beeindrucken. Keine sehr ermutigende Aussicht! Wer würde schon einer Gruppe praktisch unbekannter Virologen glauben? Bestimmt nicht Robert Gallo, der erbittert die Gegenthese verfocht und vor dem die Retrovirologen der ganzen Welt kuschten. Dessen innerster Überzeugung nach war es ganz zwangsläufig »sein« Retrovirus, das die Pasteurianer gerade in ihren Reagenzgläsern ausgemacht hatten. Der Amerikaner war jedoch viel zu gewandt, um nicht zumindest vorzugeben, er interessiere sich sehr für die Resultate seiner Konkurrenten. Er zögerte auch nicht, ihnen zwei Zellinien, die sein HTLV produzierten, zu schicken, dazu einige Proben von dessen spezifischen Antikörpern. Auf diese Weise könnten die Franzosen den Viruserreger, den sie entdeckt zu haben glaubten, mit dem amerikanischen Retrovirus vergleichen und feststellen, daß es sich schlicht und einfach um das gleiche Virus handelte.

Die Passagiere des Flugs 021 der Air France, die an diesem Abend auf dem Dulles-Flughafen von Washington an Bord gingen, ahnten nicht, mit welchen Reisegefährten sie den Atlantik überqueren würden. Im Innern zweier kleiner Behälter – der eine mit Watte ausgestopft, der andere mit zerstoßenem Eis gefüllt –, die in einem der Gepäckräume verstaut waren, befanden sich zwei Flakons mit einer leicht opalisierenden Flüssigkeit. Im ersten, wattegeschützten, schwammen Hunderttausende von Trägerzellen des hochgradig krebserregenden amerikanischen Retrovirus und im zweiten, eisgekühlten, ebensoviele Antikörper, die fähig waren, diesen tödlichen Erreger zu erkennen.

Françoise Barré-Sinoussi beeilte sich, die kostbare Sendung gleich nach ihrem Eintreffen in Paris eigenhändig in Empfang zu nehmen. Sie wußte, ihr Inhalt konnte sämtliche Hoffnungen der Arbeitsgruppe von »Raum Bru« zunichte machen oder ihnen die Anwartschaft auf den Nobelpreis einbringen. Robert Gallos Päckchen würde die entscheidende Kontrolloperation ermöglichen: Sein Retrovirus HTLV würde mit Antikörpern zusammengebracht werden, die von den infizierten Lymphozyten des Pariser Modedesigners stammten, und falls sich diese Antikörper sofort auf das amerikanische Retrovirus stürzten, wäre der Beweis erbracht, daß sie zur selben Familie gehörten und daß der von den französischen Forschern nachgewiesene Erreger in Wirklichkeit identisch war mit dem von Gallo entdeckten ersten Humanretrovirus. Falls umgekehrt die zusammengebrachten Partner den Kontakt verweigerten, dann wäre das der Hinweis darauf, daß die beiden Retroviren nicht von gleicher Beschaffenheit waren.

Auf zweierlei Weise konnte man dieses Kontrollverfahren durchführen. Während Luc Montagnier selbst die erste Methode einsetzte, vertrauten Jean-Claude Chermann und Françoise Barré-Sinoussi einer ihrer besten Technikerinnen die Anwendungen der zweiten an. Die Kunst der Immunfluoreszenzmethode hatte für die siebenundzwanzigjährige hübsche Marie-Thérèse Nugeyre schon lange nichts Geheimnisvolles mehr an sich. Eine Harfenistin hätte sie um die Feinfühligkeit beneiden können, mit der jetzt ihre langen, mit einer Pipette bewehrten Finger auf einem Objektträger eine Probe der den Gallo-Virus enthaltenden Lymphozyten mit dessen spezifischen Antikörpern, die vorher noch mit Fluoreszein eingefärbt worden waren, vermischten. Dann mischte sie auf einem zweiten Glasplättchen amerikanische Antikörper mit Lymphozyten, die das französische Retrovirus beherbergten. Nun mußte man nur noch Geduld aufbringen, bevor man das Ergebnis dieser Zwangsvermählungen in Augenschein nehmen konnte.

Noch am selben Abend hatte die junge Biologisch-Technische Assistentin plötzlich das Gefühl, daß ihr »das Herz stehenblieb«. Eine gallertartige Schicht aus miteinander vermischten Zellen und Viruspartikeln war soeben im unwirklichen Licht des Fluoreszenzmikroskops sichtbar geworden. Der Kontrast zwischen den beiden Objektträgern war faszinierend. Der erste sah aus wie eine funkelnde Smaragdbrosche. In ihrer Umklammerung mit ihren fluoreszeingefärbten amerikanischen Antikörpern sprühten die von Gallos Retroviren befallenen Zellen zauberhaftes Feuer. Auf dem anderen waren die vom französischen Retrovirus befallenen Zellen völlig schwarz geblieben. Die amerikanischen Antikörper hatten sie nicht in ihr leuchtendes Flittergrün gehüllt. Wie ein Organ, das ein Transplantat abstößt, hatten sie jeden Kontakt mit den ihnen fremden Viruspartikeln verweigert.

Marie-Thérèse Nugeyre lief in den Flur hinaus.

»Kommt mal her«, rief sie, »ich glaube, diesmal ist es wichtig!«

Alle eilten herbei, um sich in den unvergeßlichen Anblick zu vertiefen. Der sonst eher gestrenge und reservierte Luc Montagnier sah plötzlich aus wie ein »Einserabiturient nach dem dritten Glas Champagner«. Die aufgeregte Freude rund um das Mikroskop war so groß, daß die Pasteurianer »beinahe angefangen hätten, sich im Tanz herumzuschwenken«, erinnerte sich Françoise Barré-Sinoussi. Jean-Claude Chermann malte sich schon aus, »welches Gesicht Robert Gallo machen wird, wenn er erfährt, daß er nicht mehr der einzige Entdecker eines Humanretrovirus ist.«

So entscheidend dieser optische Nachweis auch war, das Team von »Raum Bru« wußte, daß es nur den ersten Akt über die Bühne gebracht hatte. Bevor es seine Entdeckung der internationalen Fachwelt bekanntgeben konnte, mußte es das neue Humanretrovirus eingehend charakterisieren, seine Morphologie, seine Dichte bestimmen, seine verschiedenen Eiweißbestandteile analysieren, deren Molekulargewicht angeben, seine Gene katalogisieren, kurz, sämtliche Informationen zusammenstellen, ohne die es keine Identität annehmen konnte. Um dieses Unternehmen erfolgreich durchzuführen, würden die französischen Forscher auf vielfältige Mitwirkung angewiesen sein. Am wertvollsten würde die eines kleinen, jovialen und bescheidenen Mannes sein, der sein gesamtes Berufsleben am Pasteur-Institut verbracht hatte, im künstlichen Licht eines winzigen Raumes ohne Fenster.

36

Kalkutta, Indien – Winter 1983
Qualvoller Tod einer jungen indischen Schwester

Schwester Paul hatte alle Hebel in Bewegung gesetzt, um das Serum zu beschaffen. Während sie auf die rettenden Ampullen wartete, sorgte sie dafür, daß die beiden Novizinnen, die von einem tollwütigen Hund gebissen worden waren, absolute Bettruhe einhielten. Aber ihr Krankenzimmer lag für solcherart erzwungene Muße eher ungünstig. Es befand sich unmittelbar neben einem der wichtigsten Zentren, die Mutter Teresa gegründet hatte, um die Not in der unmenschlichen Riesenstadt zu lindern.

Der Name des Zentrums stand in mächtigen schwarzen Lettern auf der gelb gestrichenen Fassade: »PREM DAN – GESCHENK DER LIEBE«. Das Gebäude war der Ordensgründerin im Jahr 1975 von dem britischen multinationalen Unternehmen Imperial Chemical Industries geschenkt worden, nachdem die Belegschaft sich geweigert hatte, den bestialischen Gestank der nahen Gerbereien auszuhalten. Von weitem hätte man den langgestreckten Bau inmitten der üppigen tropischen Gartenvegetation für einen angenehmen Urlaubsort halten können. Und drinnen vergaß man beinahe, daß man nahezu lückenlos von slumähnlichen Behausungen umzingelt war. Die ehemaligen Laboratorien, Fertigungsräume und Büros waren jetzt Obdach für eine wimmelnde Schar bemitleidenswerter Menschen. Alle hatten zum Strandgut des Lebens gehört, und viele waren hier, weil sie den Verstand verloren hatten. Prem Dan war unter anderem die größte Irrenanstalt in Bengalen. Dennoch war es kein Abladeplatz für gebrochene, geschlagene, abgewrackte Menschen. Im Gegenteil, mit den Schwestern als treibender Kraft war das Hospiz ein Ort lebendiger, vielfältiger Aktivität. Man traf auf Insassen, die singend Strohmatten fertigten, andere webten Säcke oder flochten Seile aus Kokosfasern, die auf Mülldeponien gesammelt worden waren. Es war Mutter Teresa gewesen, die auf die Idee gekommen war, die Stadt von einem Teil ihres Mülls zu befreien und gleichzeitig ihren Schützlingen zu nützlicher Beschäftigung zu verhelfen. Sie nannte es »Gold aus Abfällen machen«. In einem weiteren Raum hatten behinderte Opfer der Kinderlähmung gerade ihre Heilgymnastikstunde. Der Betreuer, auch er ein freiwilliger Helfer, leitete sie dabei an, Schritt für Schritt den Weg duch einen Barren hinter sich zu bringen. Und eine weitere ehrenamtliche Helferin, diesmal eine Amerikanerin, bemühte sich, geisteskranken Patienten die Klänge ihrer Gitarre nahezubringen, während in einer anderen Ecke gelähmte Jugendliche einer Gruppe von Greisen sorgfältig die Haare nach Läusen absuchten.

Nachdem Schwester Ananda und Schwester Alice es müde geworden waren, untätig auf das Eintreffen des Serums zu warten, brachen sie eines Morgens ihr Gehorsamsgelübde, um sich bei den Insassen des Hospizes nützlich zu machen. Die ehemalige kleine Lepröse von Benares war sogleich fasziniert von der Fröhlichkeit einer alten, verschrumpelten Frau. Ihr Lachen und ihr Temperament verbreiteten eine überraschend fröhliche Stimmung in dem großen Schlafsaal. Sie ergriff die Hand der jungen Novizin und gab ihr zu verstehen, daß sie massiert werden wollte. Ananda ließ sich neben dem kümmerlichen kleinen Körper auf die Knie nieder und fing an, ihn behutsam zu kneten. Sie erfuhr, daß diese Frau viele, viele Jahre zuvor von einem Jäger in den Wäldern des Himalaya gefunden worden war. Man kam damals zu der Annahme, daß sie von Bären aufgezogen worden war, denn sie bewegte sich ausschließlich auf allen vieren. Man hatte Monate gebraucht, um ihren Magen an Menschennahrung zu gewöhnen, und lange Zeit war sie nicht bereit gewesen, anders als vom Fußboden zu essen. Mit sehr viel Geduld hatten ihr die Schwestern schließlich beigebracht, aufrecht zu stehen und einen Fuß vor den anderen zu setzen. Ihr Dasein in der Wildnis hatte die Entwicklung der Sprache verhindert. Sie drückte sich vor allem durch Brumm- und Knurrlaute aus. Ihr größtes Glück schien erreicht, wenn sie massiert wurde. Die Schwestern fragten sich, ob nicht die Zunge der Bären sie diesen Genuß gelehrt hatte.

Dann allerdings erschien plötzlich Schwester Paul und machte dem unerlaubten Ausflug der beiden Novizinnen ein Ende. Die Nonne brachte endlich die Ampullen mit dem Serum gegen die Tollwut. Sie wurde von einem jungen englischen Arzt begleitet, der für kurze Zeit im Sterbehaus arbeitete und der nun unverzüglich eine erste Injektion vornehmen sollte. Die sehr schmerzhafte Behandlung mußte vierzehn Tage lang alle vierundzwanzig Stunden wiederholt werden. Im vorliegenden Fall war wegen der überschrittenen Frist keine Erfolgsgarantie mehr gegeben.

Drei Wochen später bekam Bruder Philippe Malouf von der Abtei der Sieben Schmerzen im israelischen Latrun Post aus England. Der Umschlag enthielt eine kurze Mitteilung auf einem Blatt mit dem Briefkopf der *Missionaries of Charity* sowie einen Brief, den ein gewisser Dr. Williams unterzeichnet hatte. Der Mönch erkannte die Schrift von Schwester Paul, und eine Sekunde lang krampfte sich sein Herz zusammen.

Teurer Bruder Philippe,
ich muß Ihnen mitteilen, daß wir sehr traurig sind, las er voller Ungeduld. *Vermutlich haben wir nicht genügend gebetet. Der Herr hat soeben unsere Schwester Alice aus unserer Mitte hinweggenommen. Unter welch schrecklichen Umständen, wird Ihnen Dr. Williams, der heute abend nach Europa zurückkehrt, selbst schreiben.*

Glücklicherweise zeigt Schwester Ananda, Ihre »geistliche Braut«, bisher keines der Vorsymptome der Tollwut. Aber sie braucht immer noch dringend den Beistand Ihres Gebets und der Aufopferung Ihres Leidens.

Der Mönch wartete lange, bevor er sich entschloß, den Brief des Arztes Dr. Williams zu lesen.

Die beiden Patientinnen erduldeten tapfer die Behandlung mit den Spritzen, als bei Schwester Alice plötzlich ein Zustand innerer Unruhe und Angst deutlich wurde. Sie fing an, endlos, stoßweise und in rascher Wortfolge zu reden. Sie wurde appetitlos, litt an Schlaflosigkeit, Kopfschmerzen, bekam Atembeschwerden. Nach zwei Tagen trat dann das wirklich charakteristische Symptom auf, das wir alle gefürchtet hatten. Sie zeigte einen unbeherrschbaren Widerwillen gegen alles Flüssige. Obwohl das Verlangen, etwas zu trinken, sie quälte, führte jeder Versuch, auch nur einen Schluck herunterzubringen, zu mehrere Sekunden dauernder Lähmung der Atemorgane. Bald genügte das Geräusch des fließenden Wassers, um heftige Erstickungsanfälle hervorzurufen. Schwester Paul und Schwester Ananda, weitere Ordensschwestern, ich selbst und zwei indische Ärzte habe uns unaufhörlich an ihrem Bett abgewechselt, um ihr Kraft zu geben und weil wir hofften, die Wirkung des Serums möge doch noch einsetzen. Aber die Krankheit setzte ihr Zerstörungswerk fort.

Schwester Alice wurde ungeheuer empfindlich gegen geringste Einwirkungen von außen, sei es helles Licht, ein lautes Geräusch oder ein Luftzug. Krämpfe begannen ihren Körper zu schütteln. Immer häufiger war sie dem Ersticken nah. Jedes Ausatmen wurde zu einer Art Röcheln. Es war wie das Klagen eines Tiers. In panischer Angst vor dem Verschlucken des eigenen Speichels spie sie bald ununterbrochen schaumigen Geifer. Sie fing so heftig mit den Zähnen zu klappern an, daß es aussah, als wollte sie beißen. Es war grauenvoll. Ihr schönes, sonst so heiteres Gesicht hatte nichts Menschliches mehr. Am vierten Tag machte ein Erstickungsanfall, der stärker war als die vorhergehenden, ihrer Qual ein Ende.

Der britische Arzt berichtete anschließend kurz, mit welcher Angst Schwestern und Ärzte den Zustand Anandas überwachten. Er bestätigte, daß bisher kein Alarmzeichen ihre Befürchtungen gerechtfertigt hatte, fügte aber hinzu, daß man noch mehrere Wochen, ja Monate abwarten müsse, bevor feststehe, daß die Tollwut nicht mehr ausbrechen werde. Er beendete seinen Brief mit einer langen Nachschrift.

Während die arme Schwester Alice im Todeskampf lag, bellte die ganze Zeit im Hof vor der Krankenstation ein Hund. Das Tier macht einen derart wilden Eindruck, daß die Nonnen ihm zu Recht den Beinamen ›Kala Shaitan – Schwarzer Teufel‹ gegeben haben.

Die Fangzähne dieses Teufels machen den Dieben ebensogroße Angst wie den Schwestern, die an seiner Hütte vorbei müssen. Mehrere hat er schon gebissen, aber keine hat verlangt, daß man ihn weggibt, aus Angst, Mutter Teresa Kummer zu bereiten. Denn die Ordensoberin zeigt eine ganz besondere Zuneigung für diesen grimmigen Fleischerhund, und der honoriert das auch. Kaum erblickt Schwarzer Teufel sie, wird er sanft wie ein Lamm. Schwanzwedelnd stürzt er ihr entgegen, damit sie ihn streichelt.

37

Paris, Frankreich – Winter 1983
Zwei entzückte Augen und eine kleine schwarze Kugel

Luc Montagnier wies auf das mitgebrachte Fläschchen.

»Sie werden es bestimmt da drin finden. Wir haben sein Enzym nachweisen können. Nun sind Sie dran mit dem Suchen!«

Der fünfundvierzigjährige Charles Dauguet, genannt »Charlie«, strich sich mit der kräftigen Hand über den dünnen grauen Bartkranz, der das rundliche Gesicht einfaßte. Für den kleinen, immer fröhlichen Mann war das ein erfreulicher Auftrag. Er kannte in seinem Leben eine einzige Leidenschaft: die Fotografie. Sein Labor hatte den Auftrag, den Forschern des Pasteur-Instituts die Dokumente zu liefern, mit denen sie ihre Hypothesen auf die faßbarste Weise untermauern konnten. Seine Aufgabe bestand darin, den Beweis durch das Bild zu erbringen.

Charlie rückte seine Doppelfokusbrille zurecht, um sich das Fläschchen genauer anzusehen.

»Aber Achtung!« sagte Luc Montagnier. »Ich muß Sie informieren, daß da drin ein ungeheuer gefährliches Virus ist. Es steht Ihnen frei, es nicht anzufassen.«

»Sie können beruhigt sein, Herr Professor«, antwortete Charles Dauguet gelassen, »ich weiß mir schon seit einer ganzen Weile bei diesen hinterhältigen Tierchen Respekt zu verschaffen.«

Seit genau sechsundzwanzig Jahren fotografierte Charles Dauguet in einem winzigen Raum im ersten Stockwerk des ehemaligen Tollwutbaus die unsichtbaren Keime, die Menschen, Tiere und Pflanzen angreifen. Wenige Killer der unendlich kleinen Dimension waren dem Auslöser dieses Bilderjägers entkommen. Manchmal mußte er seine Beute über Wochen hin in die Enge treiben, bevor er sie auf den Film bannen konnte. Charlie hatte Tausende von Viren fotografiert, die verantwortlich waren für Hepatitis B, Tollwut, Poliomyelitis, Pocken, Herpes, Gürtelrose und vielfältige weitere, zu einem erheblichen Teil tödliche Infektionen. Die Variationsbreite ihrer Formen war unendlich. Manche erinnerten an Golfbälle, Autoräder, Pflastersteine, andere an Eulenaugen, Kommas, Makkaronibündel. Charles Dauguet hatte über die Arglist und Ausgefallenheit ihrer Verkleidungen oft gestaunt; die Wände seines Labors waren mit den Trophäen seiner Laufbahn, seinen eindrucksvollsten Fotos, bedeckt.

Seine Leidenschaft für die Fotografie reichte in die Zeit der frühesten Kindheit zurück. Dem knapp Dreijährigen schenkte der Großvater, Besitzer einer Autowerkstatt in der Normandie, seinen ersten Apparat. Damit war der Grundstein zu einer Fotogerätesammlung gelegt, die inzwischen rund fünfzig äußerst seltene Modelle umfaßte. Mit viel Geduld hatte er sie auf dem Pariser Flohmarkt und auf ungezählten anderen Trödlermärkten aufgestöbert. Der Heranwachsende hatte seine freie Zeit damit verbracht, mit dem Auge am Sucher durch das pittoreske Hallenviertel, wo er auch wohnte, zu streifen. »Es macht Freude, wenn man den Moment erwischt, wo eine Ochsenhälfte oder ein Schock Rosen den Besitzer wechseln«, sagte er, »wenn man selbst harmloseste Ereignisse genau in der Sekunde, in der sie eintreten, erstarren läßt. Und es ist aufregend, sich nachher diese Momentaufnahmen des Lebens anzuschauen und sich zu sagen: ›Dann und dann ist das passiert, und ich war Zeuge.‹«

Die Tage des Pariser Aufstands und der Befreiung im August 1944 hatten dem Gymnasiasten die Chance geboten, unvergeßliche aktionsgeladene Szenen und Momente der überschäumenden

Volksfreude für immer festzuhalten. Eher unfreiwillig hatte er sogar die Horrorszene einer Exekution vor dem Vergessenwerden bewahrt. Ein Angehöriger der prodeutschen Miliz war gefangengenommen worden, als er gerade von den Dächern herunter in die Menge schoß. Man hatte ihm die Kleider vom Leib gerissen. Ein Soldat der Résistance-Truppen hatte sein Gewehr mit dem aufgepflanzten Bajonett hochgehalten. »Komm, Kleiner, fotografiere!« hatte er zu Charlie rübergeschrien. Schreckerstarrt hatte der Junge das Auge an den Sucher gepreßt und wie ein Automat auf den Auslöser gedrückt.

Seinen wirklichen Erfolg verdankte Charles Dauguet der Anfertigung eines banaleren Fotodokuments: dem eines vierzigfach vergrößerten Flohs, eines schönen Flohweibchens von bräunlicher Farbe mit seinem Sägezahnrüssel, welcher die zäheste Haut durchdringt, seinem kompakten Rumpf und seinen Hochspringerbeinen. Um es zu fotografieren, hatte er einen Apparat aus seiner Sammlung auf ein kleines deutsches Mikroskop aufgeschraubt, das seine Eltern ihm zu Weihnachten geschenkt hatten.

Das Schicksal fügte es, daß dieses Flohporträt der Frau unter die Augen kam, die dem neueingerichteten Labor für Elektronenmikroskopie am Pasteur-Institut vorstand. Mademoiselle Croissant war so entzückt, daß sie dem jungen Amateurfotografen einen Posten in ihrer Arbeitsgruppe antrug. Charlie segnete seinen Floh und willigte sofort ein. Er sollte diesen Entschluß nie bereuen. »Wenn man sein Leben damit verbringen kann, eine unsichtbare Welt zu betrachten, zu versuchen, ihre Geheimnisse aufzudecken und die Bilder davon denen zu offerieren, die möglicherweise die Wissenschaft voranbringen, dann ist das eine grandiose Sache!« Dabei war sein konkretes Universum reichlich karg. Keine frische Luft, keine Sonne, kein Licht und als einzigen Kompagnon einen mächtigen, brummenden Metallzylinder, der an das Periskop eines U-Boots erinnerte. Mit seinem Kondensor, seiner Wasserkühlung, seinen elektronischen Hochauflösungslinsen, seiner Kathodenstrahlröhre und seinem Leuchtschirm erlaubte das Siemens 101 in Charles Dauguets Labor so gewaltige Vergrößerungen, daß »eine einzelne Zelle

Dimensionen annahm, als hätte man den Eiffelturm vor sich«. Charlies inquisitorischer Blick benötigte manchmal eine ganze Woche, bis er das Mikrouniversum einiger weißer Blutkörperchen auf einem Glasplättchen restlos durchforscht hatte. Ein monochromer, weiß und grau abgetönter Raum, durchzogen und übersät von Tausenden von kleinen Inseln, Halbinseln, Flüssen, Mündungsdeltas, Kratern und Aufwölbungen. Und plötzlich, nach Tagen des Lauerns, tauchten eine fremdartige Spur, ein anormales Ausknospen, eine merkwürdige schwarze Kugel auf: ein Virus. Dann krampften sich die Finger des Fotografen um die Bedienungsgriffe des Mikroskops, suchten behutsam die verdächtige Zone auf dem Leuchtschirm zu zentrieren. Er probierte verschiedene Beleuchtungskontraststufen durch, ging bei der Vergrößerung weiter, suchte den günstigsten optischen Winkel. »Ein Foto muß mehr aussagen als sämtliche Reden«, erklärte Charlie. Er hatte diese Formel in seiner Arbeit so gut umgesetzt, daß die Forscher bei einem Fotodokument auf den ersten Blick seine »Handschrift« erkannten.

Nach so vielen Jahren, die er auf Erkundungsreisen ins unendlich Kleine zugebracht hatte, träumte Charles Dauguet inzwischen von neuen Sphären. »Wenn ich mich, so Gott will, der Zeit nach meiner demnächst anstehenden Pensionierung erfreuen darf«, sagte er, »dann werde ich mich einem Amateurastronomen-Verein anschließen. Ich wünsche künftig das unendlich Große in Augenschein zu nehmen, und ich will sehen, ob sich eine Brücke schlagen läßt zwischen der Welt der Zellen und der Welt der Sterne.« Das Werkzeug für diese letzte große Eroberung stellte er sich bereits zusammen: In der zu Hause in der Rue Lecourbe eingerichteten Miniwerkstatt nahm das erste Rohmodell seines künftigen Teleskops Gestalt an.

Die Dauguets waren ein rührendes Paar. Ihre Liebe war am unromantischsten Ort, den man sich denken kann, aufgekeimt: in ihrem kleinen Labor des Pasteur-Instituts, wo Charles Viren fotografierte. Claudine wusch dort die Zellproben, bevor sie sie zentrifugierte, trocknete und anschließend in Kunstharzschnitten »fossilisierte«.

Weniger als drei Stunden nach Luc Montagniers Besuch waren

die rechteckigen Kunstharzblöcke, in denen die gefährlichen Viren eingebettet waren, fertig. Jetzt mußte man sie nur noch zu einer Vielzahl sehr dünner Späne zerschneiden. Für diese Feinarbeit, die er sich selbst vorbehielt, verfügte Charlie über ein rares Goldschmiedewerkzeug, das er nach jedem Gebrauch wieder in einer verschließbaren Schublade verwahrte. Es handelte sich um ein eineinhalb Millimeter hohes Diamantmesser mit einer so dünnen und so makellosen Schneide, daß auf der ganzen Welt nur zwei oder drei Diamantschleifer existierten, die ein solches Kleinod herstellen konnten. In das entsprechende Gerät, ein sogenanntes Mikrotom, eingesetzt, ermöglichte diese Klinge »absolute Ultra-Schnitte«, die man mit bloßem Auge kaum mehr erfassen konnte. Charlie war ungemein stolz auf seinen Diamanten. Er stammte aus einer Mine in Venezuela und hatte die Kleinigkeit von 15000 Franc gekostet.

Der einzelne Span beziehungsweise Schnitt wurde auf einen von winzigsten Löchern durchbohrten Rost gelegt und sollte nun unter dem Mikroskop auf die gesuchten Viruspartikel hin untersucht werden, welche sodann zu fotografieren waren. »Ein teuflisches Versteckspiel«, so wird Charles Dauguet die unerbittliche Verfolgungsjagd nennen, die er jetzt an den Bedienungselementen seines Siemens 101 einleitete. Wie gewöhnlich wählte er die fünfzigtausendfache Vergrößerung, seine Lieblingseinstellung. »In der Elektronenmikroskopie ist es besser, wenn man sich stets an die gleiche Vergrößerung hält, denn schon die Größenrelationen zwischen Viren und Zellen können ein Maximum an Informationen liefern«, lautete seine Begründung. Jeder Harzspan umschloß etwa fünfzig Zellen, was mehrere Stunden Untersuchung nötig machte, manchmal einen ganzen Tag. Da das Diamantmesser gut hundert davon aus jedem Blockstück schnitt, stellte jede neue Suchaktion eine gewaltige Arbeit dar. Nach zehn bis zwölf Stunden ununterbrochener Beobachtung seines Leuchtschirms ging Charles Dauguet, wenn er wieder in die Außenwelt hinaustrat, unsicher wie ein Blinder.

Dann, am Freitag, den 3. Februar 1983, kurz vor sechs Uhr abends, trat das ungeduldig erwartete Ereignis ein. »Ich wollte gerade den Kondensor des Mikroskops abstellen und nach einem letzten Blick auf ein weitläufiges Zellendelta den Sichtschirm ausschalten, da zuckte ich zusammen«, berichtete Charlie. »Soeben hatte ich eine kleine schwarze Kugel bemerkt, die am Außenrand eines Lymphozyten hervorknospte. Obwohl sie noch nicht richtig heraus war aus der Hülle, erkannte ich an der Morphologie ganz deutlich, daß es sich um einen Fremdkörper handelte. Ich habe Claudine in die Arme genommen und gerufen: ›Geschafft. Ich hab' es, das verflixte Virus!‹«

Luc Montagniers Sekretärin sprang überrascht auf, als Charlie ins Büro des Professors gestürmt kam. Wie ein »aus der Arena entkommener Stier« sei er dagestanden, habe gebrüllt: »Ich hab' das Virus gefunden, ich hab' das Virus gefunden!« In Abwesenheit ihres Chefs gratulierte ihm die junge Frau als erste. Gerührt sagte sie nur immer wieder: »Bravo, Charlie, bravo.« Da auch Jean-Claude Chermann und Françoise Barré-Sinoussi schon gegangen waren, rannte Charlie in sein Labor zurück, um das Schauspiel, das seine geblendeten Augen entdeckt hatten, auf einem Gelatinefilm festzuhalten. Innerhalb weniger Minuten schob er seine Platten ein und stellte die Belichtungszeit entsprechend der Blendenöffnung und dem Elektronenfluß ein. Dann führte er die Bewegung aus, dank der er einst einem Floh zur Unsterblichkeit verholfen hatte: Er drückte mit dem Zeigefinger auf den elektronischen Auslöser und machte so zum erstenmal in der Geschichte ein Lichtbild des Aids-Retrovirus.

Das sensationelle Exklusivfoto von Weltbedeutung sollte an den Gewohnheiten von Charlie und Claudine nichts ändern. Mitternacht war nicht mehr weit, als sie das Labor verließen und zu ihrem unter einem Kastanienbaum geparkten Auto gingen. Wie jeden Freitagabend schlugen sie die Richtung Normandie ein, um sich ihrer Lieblingsfreizeitbeschäftigung hinzugeben: dem Garnelenfang.

Am folgenden Montag gleich um acht Uhr morgens schaltete Charles Dauguet sein Siemens 101 und seine elektronischen Leuchtschirme wieder an. Die Nachricht von seinem Erfolg hatte sich auf den verschiedenen Etagen herumgesprochen. Luc Montagnier und das gesamte Team von »Raum Bru« fanden sich in seinem Labor ein, um die ersten Bilder des Mördervirus zu bewundern. Sie stellten fest, daß es ganz ungewöhnlich aussah. Auf den ersten Blick ähnelte es jedenfalls weder dem von Robert Gallo noch irgendeinem bekannten tierischen Retrovirus. Um sicherzugehen und um ihrer Feststellung offiziellen Nachdruck zu verleihen, brauchten sie zusätzliche Beweise. Charlie erhielt als neues Ausgangsmaterial Zellproben von anderen Kranken, fertigte neue Schnitte und nahm seine geduldige Sucharbeit wieder auf. Bei jedem neuen Erfolg ertönte der gleiche Freudenschrei, umarmte er Claudine mit gleicher Herzlichkeit. Luc Montagnier und seine Mitarbeiter bekamen jeden Tag schärfere Fotografien in die Hand.

Um unwiderleglich darzutun, daß jede morphologische Verwandtschaft zwischen Robert Gallos HTLV und dem am Pasteur-Institut entdeckten Retrovirus fehlte, ließ Charlie von Claudine Harzschnitte herstellen, deren eingeschlossene Zellen mit dem amerikanischen Virus infiziert waren. Die Fotos ermöglichten einen direkten Vergleich zwischen den beiden Erregern. Kein Zweifel war mehr möglich: Weder ihre Gestalt noch ihre Struktur, noch ihre Art des Ausknospens aus den Zellen waren identisch.

Jetzt waren die französischen Forscher überzeugt, daß sie den Schuldigen der Aids-Tragödie gefaßt hatten.

38

Bethesda, USA – Frühjahr/Sommer 1983
»Sam, gibt es ein Risiko, daß das Virus die Kinder ansteckt?«

Klein, kompakt, stiernackig, im energischen Gesicht den dunklen Querstrich eines dünnen Schnurrbarts, insgesamt der Prototyp des dynamischen Draufgängers – das war der einundvierzigjährige Dr. Samuel Broder, Chef des Programms Klinische Onkologie am Nationalen Krebsinstitut von Bethesda. Von seiner Kindheit in Polen unter jüdischen Untergrundkämpfern, die von den Nazis gehetzt wurden, bis zur brutalen Konfrontation mit der Tragödie Aids – immer hatte er dem Leben die Stirn bieten müssen.

Mit einer Handvoll polnischer Überlebender des Holocausts nach Amerika gekommen, war er in den Straßen eines Industrievororts von Detroit aufgewachsen. Wochenenden und Ferien gingen damit drauf, daß er in »Mary's Snackbar«, die seine Eltern Ecke Dexter Street – Boston Street betrieben, Coca-Cola und Hamburgers servierte. Das Straßenlokal brannte 1968 bei den Rassenunruhen nach der Ermordung des schwarzen Pastors Martin Luther King aus. Der junge Broder, der nie die Absicht gehabt hatte, im Familiengewerbe Karriere zu machen, war deswegen nicht übermäßig betrübt. Er hatte andere Ambitionen. Schon während der Jahre an der Frandale High School seines Viertels hatte er begriffen, daß die wissenschaftlichen Berufswege die einzigen waren, auf denen man es auch ohne sozialen Status und ohne Vermögen zu etwas bringen konnte. Die Entdeckung wurde für ihn schicksalbestimmend.

Sam Broder hatte mit gezielter Energie auf sehr gute Noten in den naturwissenschaftlichen Fächern hingearbeitet, was ihm ein Stipendium für die Staatsuniversität von Michigan einbrachte, einen in der amerikanischen Rangliste unter den ersten zehn oder zwölf rangierenden Campus. »Kaum eine Autostunde von Detroit entfernt, fand ich mich auf einem anderen Planeten wieder«, erinnerte er sich. »Auf einem Planeten, wo es schien, als könnte man sämtliche Erfolgschancen mit Händen greifen. Welche Offenbarung für den Jungen aus einem Arbeitergetto, dessen höchster Traum eigentlich ein Fließbandposten bei Ford oder Chrysler hätte sein sollen, jetzt plötzlich das Zimmer mit einem Kommilitonen zu teilen, der Tag und Nacht arbeitete, um Komponist zu werden!«

Innerhalb weniger Monate verwandelte sich die eher pragmatisch bedingte Sympathie des ehemaligen Snackbarkellners für die Naturwissenschaft in eine echte Berufung. »Wie hätte man nicht hypnotisiert sein können durch so viele neue Ideen mit ihren unabsehbaren, schwindelerregenden Konsequenzen?« sagte er. »Daß ein Fitzelchen Nukleinsäure der Träger des gesamten Erbguts eines lebenden Wesens sein konnte, daß es genügte, den genetischen Code eines Individuums zu analysieren, um sein Verhalten vorherzusagen, dazu die Vorstellung, man würde eines Tages in der Lage sein, durch Einwirkung auf ein bestimmtes Gen dieses Verhalten zu ändern – war das nicht reichlich Stoff, um die Phantasie eines wissensdurstigen kleinen Einwanderers zu entzünden?«

Dann fiel Broder ein Buch in die Hände, und diese Geistesfreuden materialisierten sich in den Zügen eines Helden. In seinem Roman *Dr. med. Arrowsmith* zeichnet der große amerikanische Schriftsteller Sinclair Lewis das Porträt eines Arztes aus einer Kleinstadt im Mittleren Westen, den eine verzehrende Leidenschaft für die wissenschaftliche Wahrheit beherrscht und der sich, als das Jahrhundert zu Ende geht, an der Spitze eines der renommiertesten medizinischen Forschungsinstitute des Landes wiederfindet. Da er aber mit seinen noblen Idealen allzu vielen Gewohnheiten und Interessen zu nahe tritt, sieht der Gelehrte sich am Ende gezwungen, die Einsamkeit zu wählen, um dort asketisch seine Suche nach der Wahrheit fortzusetzen. Das »Gebet des Wissenschaftlers« beeindruckte den jungen Broder so tief, daß nach mehr als zwanzig Jahren noch jedes Wort in seinem Herzen und in seinem Gedächtnis eingegraben blieb.

O Gott, laß mich klar die Dinge sehen und bewahre mich vor der Hast.

Gib mir Mut, mich jeder Eitelkeit zu widersetzen und jede meiner Aufgaben so gut ich kann und bis zum Ende zu erfüllen.

Gib mir den Willen, nicht zu ruhen und niemals ein Lob zu akzeptieren, bevor ich habe überprüfen können, daß meine Ergebnisse meinen Berechnungen entsprechen, oder bevor ich meine Irrtümer habe erkennen und richtigstellen können.

Um dem Beispiel des Dr. Martin Arrowsmith wenigstens versuchsweise zu folgen, schrieb sich Sam Broder an der hochangesehenen Medizinischen Fakultät der Universität von Michigan ein. Einem der Lehrer für Mikrobiologie, Professor Frank Whitehouse, fiel der nach Erkenntnissen begierige Student auf, und er öffnete ihm die Türen seines Laboratoriums. Hier sollte es bald zur entscheidenden Begegnung kommen, die Broders gesamtes Berufsleben inspirieren würde, zur Begegnung mit dem Phänomen Krebs. »Ich schloß mich dort Abende und ganze Wochenenden lang von der Welt ab, um zu lernen, wie man Antikörper herstellt, die die Krebszellen bekämpfen sollen. Meine Anstrengungen waren nicht durchweg produktiv«, gab er später zu, »aber ich gewann dabei die Überzeugung, daß Krebs eine grundlegende Rolle in der biologischen Forschung spielen würde; daß man, um zahlreiche pathologische Prozesse in den Griff zu bekommen, unbedingt zuerst das Verhalten krebsig entarteter Zellen besser verstehen mußte. Selbst meine Mißerfolge, das spürte ich, waren nicht nutzlos. Sie legten mir die Einsicht nahe, daß Forschung vor allem eine Sache der Methode ist, daß der

Unterschied zwischen einem großen Wissenschaftler und einem mittelmäßigen Forscher darin liegt, daß der eine die richtigen Fragen zu stellen weiß und der andere nicht, daß der eine fähig ist, sich spitzentechnologische Neuerungen zunutze zu machen, und der andere nicht.« Alles Lektionen, aus denen Sam Broder immer wieder neu gelernt hatte auf dem Weg, der ihn gerade auf einen der großen Kommandoposten des Anti-Krebs-Feldzugs geführt hatte.

Auf den ersten Blick erinnerte das Klinikzentrum, in dem er arbeitete, an ein Fünf-Sterne-Hotel: die Zimmer dekoriert mit Reproduktionen zeitgenössischer Malerei, die Gänge dick ausgelegt mit lebhaft farbigen Teppichböden, Panoramafenster, durch die man auf das ländlich-grüne Maryland hinausblickte. Hinter diesem Luxusambiente hatte das Nationale Krebsinstitut in seinem Bestreben, Forschung und Behandlung eng zu koppeln, sich eine einzigartige Struktur geschaffen. Forschende Ärzte, denen vor allem an der Entwicklung neuer Therapien gelegen war, sollten hier zugleich Patienten und Laboratorien zur Verfügung haben. Gewöhnliche Krebspatienten konnten allerdings nicht hoffen, in dieser Avantgarde-Abteilung, die jetzt von Sam Broder geleitet wurde, Aufnahme zu finden. Nur solche Fälle wurden zugelassen, die den laufenden oder vorgesehenen Forschungsarbeiten genau entsprachen, daneben auch gewisse Patienten, deren Krankheitsbild so selten oder extrem ungewöhnlich war, daß es sie für die Forschung prädestinierte.

Der Cancerologe gab zu, daß er eine geradezu wunderbare Freiheit genoß auf diesem Campus von Bethesda, den die Staatsbürokratie dennoch häufig genug zu lähmen wußte. Er entschied alleinverantwortlich über seine Forschungsprogramme und genauso über die Behandlung seiner Patienten. Daß er tagtäglich mit den Tragödien der Krankheit konfrontiert war, ließ ihn ganz anders an die Forschung herangehen, mit viel mehr Sinn für die akute Notwendigkeit von Entdeckungen. Seine Ungeduld war beinahe krankhaft zu nennen. »Der große Unterschied zwischen einem Robert Gallo und mir ist«, erklärte er, »daß er in seinem Laboratorium niemals direkt mit dem Tod zu tun bekommt. Ich jedoch fühle mich verpflichtet, so schnell wie möglich konkrete Ergebnisse zu erzielen, zumal meine Mißerfolge sich als zahlreicher herausstellen als die Siege.« Diese Mißerfolge änderten nichts an der Grundeinstellung, auf die er auch seine Mitarbeiter festzulegen suchte und die sich in einem Satz formulieren ließ: »Es gibt immer ein noch wirksameres Medikament, man muß es nur finden.«

Das überfallartige Auftreten von Aids wurde zur traumatischen Erfahrung, die Sam Broder nicht mehr vergessen würde. »Anfangs war am unerträglichsten unsere Unfähigkeit, das Übel selbst und die irrationale Art zu begreifen, in der die meisten Wissenschaftler es aufnahmen«, so eine Schilderung. »Sie erinnerten mich an Leute, die Geräusche in ihrem Keller hören und sich einzureden versuchen, daß es sich unmöglich um einen Einbrecher handeln kann.« Als bekannt wurde, daß wahrscheinlich ein Retrovirus die Epidemie verschuldete, hatte das unweigerlich die sterile Abwehrhaltung noch verstärkt und eine erhebliche Anzahl von Forschern und Ärzten veranlaßt, sich in bequemen Fatalismus zu flüchten. Da man sowieso nichts gegen dieses Virus ausrichten kann, warum dann überhaupt etwas tun? Diese Vogel-Strauß-Politik empörte Sam Broder so sehr, daß er auf dem Campus von Bethesda schnell in den Ruf eines Enfant terrible kam. Er ließ sich dadurch nicht beirren. Ein Medikament zu finden, das in der Lage war, die Entwicklung der Krankheit zu blockieren, wurde zu seiner fixen Idee. Wenn die Forscher es sich schuldig waren, ihre Labors zu mobilisieren, um die Ursachen des Übels zu finden, dann war er es sich schuldig, ein Mittel zu erfinden, das dem Siechtum der Todgeweihten, die seine Abteilung bevölkerten, abrupt Einhalt gebot. »Schach der Seuche Aids – von dieser Losung war ich überzeugt«, sagte er, »und ich bewegte mich absolut nicht im luftleeren Raum der Spekulation. Wir besaßen bereits chemische Stoffe, die im Labor ihre Fähigkeit bewiesen hatten, die Wirkung bestimmter Viren entscheidend zu hemmen, und wir verfügten über breitgestreute Erfahrung in der Kunst, Anti-Krebs-Substanzen zu entwickeln. Wir brauchten nur

Zeit, eine vertiefte Kenntnis des Übels, viel Arbeit, eine kräftige Dosis Disziplin und... ein wenig Glück.«

Seine hübsche, dunkelhaarige Frau, von Beruf Anwältin und damals gerade vierzig Jahre alt geworden, erinnert sich noch an den sorgenvollen Gesichtsausdruck, den Sam an diesem Frühlingsabend des Jahres 1983 zeigte. In neunzehn Ehejahren hatte Gail Broder Zeit gehabt, sich an die schweigsamen Gemütslagen ihres Mannes zu gewöhnen. Da die Cancerologie nicht unbedingt als die Fachrichtung bekannt war, die Optimismus und Lebensfreude erzeugt, wußte sie aus seinen Zügen, aus dem Klang seiner Stimme die düsteren Zeichen abzulesen, egal, ob er es nun während seines Arbeitstages wieder mit einem erschütternden Fall zu tun gehabt hatte, ob er wieder eine Schlacht am Krankenbett verloren hatte oder ob eine vielversprechende Behandlung, die er verordnet hatte, sich als Fehlschlag herausgestellt hatte. Gail verstand es, diese Schicksalsschläge aufzufangen und im richtigen Augenblick die Flasche Riesling oder Gewürztraminer zu öffnen, die sie immer für ihn im Kühlschrank bereithielt.

An diesem Abend hätte auch der beste Rheinwein den Krebsarzt nicht aufheitern können. Was er seiner Frau und seinen beiden vierzehn- und siebzehnjährigen Töchtern zu sagen hatte, war zu ernst.

»Er verkündete uns, daß er gerade den Entschluß gefaßt habe, es mit dem Virus aufzunehmen, das als Ursache von Aids verdächtigt wurde. Er wollte nach einem Medikament suchen, das seine Wirkung blockieren würde«, erzählte Gail. »Er betonte, daß es sich um eine gefährliche Initiative handle, denn niemand könne verläßlich die Risiken abschätzen, die man im Labor beim Umgang mit umfangreichen Konzentraten lebender Viren eingehe. Obwohl er sich bemühte, uns nicht in Panik zu versetzen, mußte er eingestehen, daß von seinen fünf Mitarbeitern zwei das Labor bereits verlassen hatten. Man muß dazu sagen, daß Sams Team damals als einziges sich bereit erklärt hatte, mit solch enormen Mengen lebender Viren zu arbeiten.

Ich habe lange auf meine beiden so unschuldigen Töchter mit ihren Schulmädchenzöpfen geschaut und die einzige Frage gestellt, auf die es wirklich ankam:

›Gibt es ein Risiko, daß du das Virus mit nach Hause bringst und daß es die Kinder ansteckt?‹

Sam hatte mehrmals bedächtig genickt.

›Es gibt ein Risiko‹, hat er geantwortet.«

39

Cold Spring Harbor, USA – Frühjahr 1983 Verbrechen der Majestätsbeleidigung gegen den Papst der Retroviren

Gepflegter Rasen bis hinunter zum feinen Sand des Strandes, oleandergesäumte Wege, alte Häuser im viktorianischen Stil, Tennis- und Volleyballplätze, moderne Flachbauten mit Cafeterias, Gästeappartements, Vortragssälen, Bibliotheken, Laboratorien und sogar einer Druckerei – so präsentiert sich Cold Spring Harbor gleichermaßen als Universitätscampus wie als Erholungsort. Der kleine Hafen, der sich da an die Nordküste von New Yorks endloser Landzunge Long Island schmiegt, ist bekannt für seine Muschelgerichte, aber auch für eine ganz andere Spezialität. Cold Spring Harbor ist einer der Tempel der internationalen Molekularbiologie. Seit einem halben Jahrhundert finden sich während der schönen Jahreszeit zwischen April und September auf seinem Campus Wissenschaftler aus der ganzen Welt zu Symposien, Kolloquien und Vorträgen zusammen.

Hier hatte im Juni 1946 die brandneue Wissenschaft der Molekulargenetik den Durchbruch zur Weltgeltung geschafft; hier hatte an einem Junitag des Jahres 1953 Jim Watson, damals vierundzwanzig Jahre alt und später Nobelpreisträger, der Welt eine der bedeutendsten Entdeckungen des Jahrhunderts enthüllt, indem er die Struktur der DNS, des Trägermoleküls für den genetischen Code, erläuterte; hier hatte 1966 ein Welttreffen von Mikrobiologen, Genetikern und Virologen die Prinzipien der Vererbung endgültig und verbindlich festgeschrieben; hier hatten 1972 drei weitere künftige Nobelpreisträger, die Biologen David Baltimore, Renato Dulbecco und Howard Temin, die Rolle der »Umkehrtranskriptase« aufgezeigt, jenes Enzyms, dank dem die Retroviren sich in den Zellkern einschmuggeln. Die Liste der bei den Seminaren von Cold Spring Harbor vorgetragenen *Communications* fiel zusammen mit den herausragenden Fortschritten der Biologie in den letzten fünfzig Jahren. Hier mitzureden oder auch nur dabeizusein, war eine Ehre, nach der die wissenschaftliche Weltelite lechzte, allen voran die führenden Nachwuchsleute der Labors für Grundlagenforschung. Cold Spring Harbor war zu einer Messe der besten Köpfe geworden, hierher kam man als Institutschef und holte sich für seine Mannschaft die künftigen Hochleistungsträger.

An diesem 9. Mai 1983, einem Montag, traf eine junge, innerhalb der internationalen Fachwelt praktisch unbekannte Französin auf dem Campus des kleinen amerikanischen Hafens ein, um einem Vortrag über Retroviren beizuwohnen. Aufgrund der mageren Ausstattung des Etats »Dienstreisen« war sie die einzige Abgesandte ihres berühmten Pariser Instituts bei dieser bedeutenden Veranstaltung, während die Gruppe von Robert Gallo und die meisten anderen einschlägigen amerikanischen Forschungseinrichtungen in Bataillonsstärke vertreten waren. Françoise Barré-Sinoussi, die zusammen mit Luc Montagnier und Jean-Claude Chermann soeben möglicherweise den Erreger von Aids entdeckt hatte, war als einfache Zuhörerin zugegen. Sie würde keinen der achtzig Kurzvorträge halten, die auf dem Programm des Kolloquiums standen. Noch hatten, und das war einer der Gründe, in jenem Frühjahr Aids und die Erfolge der französischen Retrovirologie die Neugier der Tagungsteilnehmer von Cold Spring Harbor nicht geweckt. Aber die Französin war entschlossen, an dieser Gleichgültigkeit zu rütteln, und schritt zur Belagerung des Organisationsbüros, das der Biologe Malcom Martin von den *National Institutes of Health* leitete. Sie wollte ihn davon überzeugen, daß die Resultate ihres Teams bezüglich der Entdeckung eines neuen Retrovirus akute Bedeutung hatten. Um ihre Argumentation zu untermauern, zeigte sie ihm fünf Diapositive, auf denen die Arbeit von »Raum Bru« mittels Graphiken visualisiert war. Das fünfte Fotodokument gab den Ausschlag.

»Interessant«, sagte der Amerikaner. »Ich gebe Ihnen fünf Minuten am Freitag nachmittag nach dem letzten Vortrag. Fünf Minuten, keine Minute mehr. An Ihnen liegt es, uns von der Schlüssigkeit Ihrer Beobachtungen zu überzeugen.«

Françoise Barré-Sinoussi »verging vor Glück«, wie sie es später formulierte. Sie wußte, das Recht, vor dem innersten Zirkel ihrer Wissenschaft das Wort zu ergreifen, hing vom Gutdünken eines Komitees ab, dessen Experten geneigt waren, eher den Delegierten der großen amerikanischen Institute einen Vertrauensvorschuß zu gewähren als irgendwelchen obskuren Forschern aus dem Ausland. Die Themen der Vorträge mußten mehr als ein halbes Jahr vorher eingereicht werden, und die Kandidaten, die ins Programm genommen wurden, würden sich wochenlang auf die unerhörte Nervenstrapaze vorbereiten, würden ihren Auftritt vor den Laborkollegen durchproben, würden unermüdlich an sich feilen wie für eine »Ein-Mann-Show«, von der ihr Ruf, ihre Zukunft abhingen. Der jungen Frau wurde es heiß und kalt. Sie wußte, die fünf Minuten, die man ihr einräumte, würden möglicherweise einen Sturm entfesseln. War sie nicht drauf und dran, das vom mächtigen Robert Gallo erlassene Dogma anzugreifen, wonach kein anderes Humanretrovirus existierte als sein HTLV, das zu seltenen Leukämieformen führte? Wie sollte man gegen diesen Wissenschaftler bestehen, der die Retrovirologie der Welt so eindrucksvoll beherrschte? Wie sollte man die Anerkennung einer neuen Familie von Humanretroviren, entdeckt bei einem Patienten mit den Symptomen von Aids, durchsetzen?

»Ich habe bis zu dem Schicksalstag nicht geschlafen«, erinnerte Françoise Barré-Sinoussi sich. »Als ich dann in dem restlos überfüllten Vortragssaal auf dem Podium stand, um mein erstes Dia zu erläutern, war ich so aufgeregt, daß mir der Zeigestab aus der Hand rutschte und David Baltimore auf den Kopf fiel. Der Mann saß in der ersten Reihe und war immerhin der Mitentdecker des Enzyms der reversen Transkriptase.«

Abgesehen von François Jacob, André Lwoff und Jacques Monod, den drei Nobelpreisträgern und führenden Vertretern der berühmten Schule der »Bakteriophagen«, hatten in fünfzig Jahren Kolloquiengeschichte wenige Franzosen das Privileg genossen, auf dem Podium von Cold Spring Harbor zu stehen. Dennoch verstand es die junge Pariserin, sofort die Sympathie ihres anspruchsvollen Auditoriums zu gewinnen. Das schmeichelhafte Raunen, mit dem ihr Kommentar zum letzten Diapositiv aufgenommen wurde, machte ihr Mut. Die Creme der internationalen Biologenschaft betrachtete sehr eingehend das Bild des von Charles Dauguet in seinem Pariser Labor fotografierten Retrovirus. Die anwesenden Spezialisten mußten es eigentlich klar erkennen: Mit seinem sehr kleinen, stark zum Rand hin gelagerten Kern wies die Struktur dieses biologischen Elementargebildes keinerlei Ähnlichkeit mit Gallos berühmtem HTLV auf. Blieb nur noch der Beweis zu erbringen, daß sie, die Franzosen, wirklich den Erreger von Aids isoliert hatten und nicht irgendeinen Parasiten, der eine Folgeerscheinung der Krankheit oder eine Laborkontamination hätte sein können.

Kaum war das Licht wieder eingeschaltet, meldeten sich überall im Saal die Frager.

»Haben Sie Ihr Virus kloniert?«

»Haben Sie es sequenziert?«*

Françoise Barré-Sinoussi hatte diese Fragen vorausgeahnt und sich eine Antwort zurechtgelegt. Sie formulierte sie mit einem entwaffnenden Lächeln.

»Haben Sie Geduld«, sagte sie. »Wir haben die Aktivität der Umkehrtranskriptase unseres Virus im Januar entdeckt. Im Februar haben wir es identifiziert. Im März haben wir es fotografiert. Inzwischen ist gerade Mai. Ich bitte Sie, räumen Sie uns die nötige Zeit ein, um den Rest zu erledigen!«

* Klonieren und Sequenzieren sind komplexe biologische Operationen, die die genetische Struktur des Virus erhellen sollen.

Man quittierte die wohlgesetzte Replik mit Applaus und freundlichem Gelächter.

Die junge Französin war kaum aus dem Saal, da fand sie sich von all jenen bedrängt, deren Neugier ihr allzu kurzer Auftritt nicht hatte befriedigen können. Einer der Verantwortlichen des Nationalen Instituts für Allergien und Infektionskrankheiten bot ihr die Möglichkeit an, nach Bethesda zu kommen und dort zu den wichtigsten Leuten zu sprechen. Der Chef der Abteilung Virologie an der Bundesbehörde für Seuchenkontrolle flehte sie an, nach Atlanta mitzufliegen, um seine Kollegen über diese kapitale Entdeckung aufzuklären. Sogar die Repräsentanten von Robert Gallos Labor drängten sie, sich nach Washington zu bemühen und dort ihrem Boss die Arbeit des Teams vom Pasteur-Institut zu erläutern.

Besagter Boss war bereits auf dem laufenden. Nichts konnte in der überschaubaren Welt der Retrovirologie passieren, ohne daß Robert Gallo davon unverzüglich Kenntnis erhielt. Es gab kein Forschungslabor, auch nicht im fernsten Land, zu dem er nicht irgendwelche Kontakte unterhielt, wo er nicht einen Informanten besaß oder jemand sitzen hatte, der ihm verpflichtet war. Dank dem enormen Budget, über das sein Krebszentrum verfügte, war er in der Lage, in den USA wie ins Ausland eine Fülle von Stipendien und Zuschüssen zu vergeben. Damit war er zum Mittelpunkt eines ausgedehnten Sympathisantennetzes geworden. Sein wissenschaftliches Renommee, seine meisterhafte Kunst der Kommunikation, seine gesellige Art und sein unwiderstehlicher Charme hatten ihm darüber hinaus ungezählte politische und wissenschaftliche Beziehungen verschafft, auch dies sowohl im In- wie im Ausland. Sein Einfluß auf die internationale Virologie erwies sich immer wieder als so souverän, daß keine größere Entdeckung auf Anerkennung hoffen konnte, solange er diese nicht persönlich signalisiert hatte. »Bei jedem unserer Forschungsprojekte brauchten wir unbedingt den Segen des Gottes Gallo«, grollte der Franzose Jean-Claude Chermann. »Anders schafften wir es nicht, von unseren eigenen Vorgesetzten ernst genommen zu werden und ihnen die unerläßlichen Geldmittel zu entreißen. Wir waren die armen Unterentwikkelten, die nur mit amerikanischer Genehmigung weiterkamen. Damals produzierte die französische, eigentlich die ganze europäische Medizinforschung die Kommas, wo die amerikanischen Wissenschaftler die ganzen Sätze ablieferten.«

Die Unfehlbarkeit eines der angesehensten unter diesen Wissenschaftlern in Frage stellen zu wollen, lief auf Majestätsbeleidigung hinaus. Wenn Luc Montagnier und seine Leute der internationalen Fachwelt ihre Entdeckung zur Kenntnis bringen wollten, mußten sie das Risiko eingehen, daß Jupiter Gallo seine Blitze schleudern würde. Und dennoch war es »Jupiter« in Person, der den Franzosen nahelegte, wo und wann genau sie ihre Mitteilung publizieren sollten. »Bob Gallo informierte mich in der Tat, daß er in der Nummer vom 20. Mai 1983 der Zeitschrift *Science* eine Studie veröffentlichen werde, in der er die Verwicklung seines HTLV in die Krankheit Aids belegte«, so später Luc Montagniers Bericht. »Seinem Artikel werde ein Text des Veterinärbiologen Max Essex beigegeben sein, der seinerseits gerade bei dreißig Prozent einer Gruppe von Aids-Patienten die Präsenz des Retrovirus HTLV aufgedeckt habe.« Der Amerikaner schlug seinem Pariser Kollegen vor, er solle in derselben Nummer eine Mitteilung veröffentlichen, in der die Resultate seiner Arbeitsgruppe beschrieben würden.

Sah Robert Gallo hier etwa eine Möglichkeit, die französische Bombe zu entschärfen? Denn nicht nur verpflichtete er sich, den Abdruck von Luc Montagniers Artikel in derselben Nummer von *Science* zu erreichen, er erbot sich zudem, selbst die einführende Zusammenfassung zu formulieren. Eine »großherzige Geste«, die ihm erlauben würde, eine bedauerliche Ungeschicklichkeit der Franzosen, welche ihnen bei der Benennung ihres Retrovirus unterlaufen war, auszunützen. Da dieses hauptsächlich die Lymphozyten vom Typ T* befiel, hatten sie es »Human T Lymphotropic Virus« getauft, was dieselben Anfangsbuchstaben lieferte wie Robert Gallos Retrovirus »Human T-cell Leukemia Virus«. Das war verwirrend, bestärkte aber Gallo in seiner alten Überzeugung. Er beeilte

* Von der Thymusdrüse abhängige Lymphozyten.

sich, laut zu verkünden, daß die Franzosen selbst ihr Virus als nahen Verwandten seines HTLV betrachteten, sonst hätten sie ihm doch wohl kaum einen identischen Familiennamen gegeben.

Dieser Taschenspielertrick verblüffte die Pasteurianer, die sogleich ihr Retrovirus in »Lymphadenopathy Associated Virus« umtauften, das heißt Lymphadenopathie-assoziiertes Virus. Die drei Initialen LAV ließen sich auch lesen als »Lymphadenopathy *Aids* Virus«.

Französisches LAV gegen amerikanisches HTLV: eine Schlacht der Initialen, die in ein paar Wochen der Weltpresse Schlagzeilen liefern würde.

40

Paris, Frankreich – Bethesda, USA – Frühjahr/ Sommer 1983
»Wir werden demnächst alle auf dem Siegespodest stehen.«

Man nannte es die »Samstagsmesse«. Jeden Samstag in diesem Frühjahr 1983 versammelte sich um Punkt zehn Uhr die gesamte Belegschaft des Virologischen Labors des Pasteur-Instituts um Luc Montagnier in seinem sehr geräumigen, aber mit Akten, Berichten und Fachzeitschriften vollgestopften Arbeitszimmer. Die zehn Männer und Frauen, fast alle noch unter vierzig, visierten ein gemeinsames Ziel an: Das in den Reagenzgläsern von »Raum Bru« gefundene Retrovirus sollte absolut zweifelsfrei als der Erreger der Seuche Aids bestätigt werden. Außer den Pasteurianern Luc Montagnier, Jean-Claude Chermann und Françoise Barré-Sinoussi umfaßte die »Gruppe der Zehn« zwei Virologen vom Claude-Bernard-Krankenhaus, Françoise Brun-Vézinet und Christine Rouzioux, die Kliniker Willy Rozenbaum und Étienne Vilmer, die Immunologen Jean-Claude Gluckmann und David Klatzmann sowie einen Epidemiologen aus dem Gesundheitsministerium, Jean-Baptiste Brunet. Da das französische Retrovirus im Lymphknoten eines Mannes nachgewiesen worden war, der lediglich an den Präsymptomen von Aids litt, blieb sein Vorhandensein während der akuten Phase der Krankheit zu beweisen, und dies bei sämtlichen Kategorien von Patienten, seien es Homosexuelle, Drogenabhängige, Bluter, Haitianer oder Afrikaner. Da es zu jeder Behauptung die entsprechende

Gegenbehauptung gibt, galt es auch nachzuweisen, daß das Virus bei den gesunden Individuen nicht vorhanden war. Keine einfache Sache, soviel stand fest.

Bei einem Homosexuellen mit Kaposi-Krebs gelang es dem Team, das Retrovirus LAV ein zweites Mal zu isolieren. Seine Morphologie sowie seine immunologischen und biochemischen Merkmale waren in sämtlichen Punkten denen des ersten, bei dem Pariser Designer gefundenen Virus gleich. Ein drittes identisches Virus wurde in den Lymphozyten eines jugendlichen Bluters entdeckt. Das Blut einer jungen Frau aus Zaire, die sich im Claude-Bernard-Krankenhaus in Behandlung befand und die zehn Tage nach der Blutentnahme an Aids sterben sollte, lieferte ein viertes Vergleichsmuster. Weitere Viren gleicher Beschaffenheit, aber von sehr verschiedenartigen Patienten, nahmen bald den Weg in die Gefrierfächer von »Raum Bru«. Luc Montagnier und sein Team hatten das Gefühl, auf dem richtigen Weg zu sein: Alle diese Viren verschiedener Herkunft hatten eine gemeinsame Morphologie, die gleichen Proteine und zeigten die gleiche Neigung, T-Lymphozyten zu zerstören.

Dank diesen übereinstimmenden Resultaten kam man im Kampf gegen die tödliche Seuche einen entscheidenden Schritt voran. Zwar konnte man absolut nicht hoffen, bereits einem vorbeugenden Impfstoff oder einer kurzfristig einsetzbaren Therapie auf der Spur zu sein, aber man sah sich zu einem konkreten und eigenständigen Schritt veranlaßt, um die Ausbreitung der Epidemie zu bremsen. Innerhalb weniger Wochen erarbeitete das Team der »Samstagsmesse« ein Testverfahren, mit dem die Anwesenheit von Antikörpern, wie sie der Organismus automatisch bei einer Virusattacke produziert, nachzuweisen war. Unter dem Namen *Elisa** ermöglichte es dieser Test mit anderen Worten, die »Seropositivität« eines Menschen festzustellen, im gegebenen Falle also auszusagen, ob er sich mit dem Aids-Erreger infiziert hatte oder nicht. Einer der unmittelbaren Vorteile dieses Nachweisverfahrens hing mit der not-

* ELISA, auf englisch: Enzymes Linked Immunosorbent Assay; auf deutsch: Immun-enzymatischer Test.

wendigen Kontrolle von Transfusionsblut zusammen. Der Test machte dem Alptraum von Jim Curran in Atlanta ein Ende, der die Bosse der mit dem »roten Gold« reich gewordenen Branche nicht dazu hatte bewegen können, mit Sofortmaßnahmen die nationalen Blutvorräte zu schützen.

Fabrikation und Verkauf des Elisa-Tests mußten als Aktion von wirtschaftlicher Tragweite angesehen werden. Als die Amerikaner zu fürchten begannen, daß ihnen dieses Millionen-Dollar-Geschäft durch die Lappen gehen könnte, wurden sie unruhig. Robert Gallo beeilte sich, auf angebliche Lücken in der Erfindung der Franzosen hinzuweisen. Diese sahen darin ein Manöver, um sie zum Verzicht zu zwingen, schalteten auf stur, und das Pasteur-Institut kündigte die kommerzielle Verwertung des Tests Elisa an. Im April 1984 reichte es bei den amerikanischen Behörden den Patentantrag ein. Wenig später taten die Amerikaner das gleiche für einen ähnlichen Test, der aber aus einem anderen Verfahren heraus entwickelt war. Das Patent wurde ihnen nach wenigen Monaten erteilt, während die Franzosen zwei Jahre auf diesen Akt warten mußten.

Aber schon jetzt war der Krieg zwischen französischen und amerikanischen Wissenschaftlern in vollem Gange.

Verärgert über die unerwarteten Erfolge einer kleinen, mit bescheidenen Mitteln ausgestatteten französischen Arbeitsgruppe, wachte der amerikanische Riese dann doch noch auf. Eines Morgens im April 1983 versammelte Robert Gallo die gesamte Belegschaft seines Labors im bleichen Neonlicht des Vortragssaals, der zentral im sechsten Stockwerk von Bau 37 gelegen war.

Die »Staff meetings« des prominenten Wissenschaftlers waren für seine Mitarbeiter fast immer ein Ereignis. Sie boten ihnen die Gelegenheit, führende Forscher zu treffen, die Gallo aufsuchten, um in erster Linie über ihre Arbeit zu referieren und ihre neuesten Entdeckungen offenzulegen. Damit waren seine Mitarbeiter in der privilegierten Lage, nicht erst auf das Erscheinen der entsprechenden Artikel warten zu müssen, um über die ständigen Fortschritte in aller Welt informiert zu sein. »Ein gewaltiger Vorteil in einer

Zeit, da die Forschung mit Riesenschritten voranstürmte«, war Gallos gern wiederholte Feststellung.

Niemand hätte die Sitzung des heutigen Apriltages im Jahr 1983 freiwillig versäumt. Ein eindrucksvolles Bild, diese scheinbar bunt zusammengewürfelte Schar von jungen Amerikanern, Japanern, Deutschen, Indern, Chinesen, Franzosen, Schweden, Finnen, die da um ihren Großmeister versammelt waren. Eine Konzentration von Intelligenz, die ein Forschungsinstrument darstellte, wie es vielleicht nirgendwo sonst zur Verfügung stand. Und trotzdem hatte sein Chef es nicht erfolgreich einzusetzen vermocht, um sich der größten medizinischen Herausforderung des zu Ende gehenden Jahrtausends zu stellen. Der zaghafte indische Biochemiker, den er neun Monate zuvor dazu ausersehen hatte, den Aids-Erreger zu entdecken, war so wenig vorbereitet und so wenig motiviert gewesen, daß sein Fiasko eigentlich nicht überraschen konnte. Wie Robert Gallo selbst zugab: »Ich bin an jenem Aprilmorgen mit einem Gefühl der Scham vor meine Mannschaft getreten. Ich hätte es nicht für ein Königreich zugegeben, aber es stimmt: Ich schämte mich. Schämte mich, weil wir das verdammte Virus nicht vor den Pasteur-Leuten entdeckt hatten. Dabei hatten wir doch wirklich die Mittel dazu! Wie oft platzte dieser Popovic* in mein Büro, um mir an den Kopf zu werfen, ich hätte niemals Sarin auf die Sache ansetzen dürfen und ich sei schuld, wenn wir so viele Monate vertan hätten! Daß er, hätte man ihn gelassen, das Virus schon längst identifiziert hätte! Popovic hatte recht. Mein Irrtum war, daß ich nicht von Anfang an ausreichend an die Tragweite dieser Aids-Katastrophe glaubte. Und ich war entschlossen, ein Schuldbekenntnis abzulegen.«

Ab jetzt würde alles anders werden. Ein paar Tage zuvor war bei einem Spitzengespräch im Büro von Dr. Vincent T. DeVita Jr., dem Direktor des Nationalen Krebsinstituts, die Schaffung einer Task force beschlossen worden, deren Auftrag lauten würde, schleunigst den Verursacher der Seuche zu ermitteln. Diese Initiative stellte ei-

* Der tschechische Biologe Mikulas Popovic hatte eine Zellinie entwickelt, die besonders geeignet war, mit dem Aids-Virus infiziert zu werden und dessen Vermehrung zu besorgen.

nen entscheidenden Wendepunkt in der Politik der obersten amerikanischen Gesundheitshüter dar. Diesmal sagten sie der Epidemie den gnadenlosen Kampf an. Und sie stellten vierzig Millionen Dollar für die entsprechende Forschung bereit.

Das Kommando über diese Eingreiftruppe war selbstverständlich dem Entdecker des ersten Humanretrovirus übertragen worden, und ebenso wurde ihm ein substantieller Anteil der Forschungsgelder anvertraut. Robert Gallo hatte freie Hand. Nicht nur konnte er die besten Köpfe seines Teams in das Abenteuer hineinziehen, er durfte sich erlauben, sämtliche Forscher, nach deren Mitarbeit ihm der Sinn stehen würde, zu engagieren, egal ob Amerikaner oder Nichtamerikaner. Zu diesem Zweck war ein Sonderetat für Honorare und Reisekosten ausgewiesen worden.

An diesem Aprilmorgen verkündete der berühmte Wissenschaftler – er wirkte noch legerer als gewöhnlich mit dem lockeren Krawattenknoten und den hochgekrempelten Hemdsärmeln –, daß er beschlossen habe, seine sämtlichen Truppen in die Schlacht zu werfen. Phil Markham, Mikulas Popovic, Zaki Salahuddin, M. G. Sarngadharan, Flossie Wong-Staal, seine Spitzenleute, sollten umgehend ihre laufenden Arbeiten zurückstellen. »Ich will, daß jeder von euch darüber nachdenkt, wie wir diesen Kampf am besten führen, und mir das Ergebnis schriftlich vorlegt«, erklärte er mit Bestimmtheit. Er hatte sich bereits auf die externen Mitarbeiter festgelegt, die er in seine Kommandoeinheit eingliedern wollte, darunter vor allem Bill Janet, einen hervorragenden Retrovirologen, der in Schottland arbeitete, und Wade Parks, einen ausgezeichneten Forscher von der Universität Miami.

Die Mobilmachung hätte nichts genutzt, hätte nicht Gallo seinen Truppen auch die Munition verschafft, die sie zum Kämpfen brauchten. Nun, mag es auch unvorstellbar klingen für ein so durchorganisiertes Land wie die Vereinigten Staaten, die Forscher litten tatsächlich unter akutem Mangel an Organ-, Knochenmark- und Blutproben, die geeigneten Kranken zum richtigen Zeitpunkt entnommen worden und von ausführlichen Arztberichten begleitet waren. Unweigerlich verlangsamte das ihre Arbeit. Einer der Gründe für diese Knappheit lag darin, daß Forscher und Kliniker kaum Kontakte unterhielten und noch weniger zusammenarbeiteten. Die behandelnden Ärzte neigten dazu, ihre Patienten und ihre Beobachtungen als ihr Privateigentum zu betrachten.

Robert Gallo wußte ferner, daß im speziellen Fall der neuen Epidemie die geographische Lage seines Instituts ein Handikap war. Das benachbarte, von seinem Kollegen Sam Broder geleitete Krebsbehandlungszentrum ausgenommen, hatte so gut wie kein Washingtoner Krankenhaus sich bisher mit Aids-Fällen auseinandersetzen müssen. Erstens natürlich, weil Aids vor allem in New York und in Kalifornien auftrat; zweitens, weil in der puritanischen amerikanischen Hauptstadt die Homosexualität ein solches Tabu darstellte, daß selbst im Ärztemilieu niemand offen über diese »Lustseuche« zu sprechen wagte.

Robert Gallo versprach seinen Mitarbeitern, er werde seine ganze Energie dafür einsetzen, daß jeder das erforderliche biologische Material zur Verfügung gestellt bekam. Notfalls werde er sich als Handlungsreisender betätigen. Er werde die New Yorker Kliniken abklappern und die Ärzte ansprechen, die am Bett der Opfer gegen die Krankheit kämpften. Er werde einen Hilferuf an Dr. Michael Gottlieb, den Entdecker der ersten Aids-Kranken in Los Angeles, senden. Er werde seine Kollegen Marcus Conant und Paul Volberding um Hilfe angehen, die in San Francisco bereits mehrere Dutzend Fälle behandelten. »Eines ist gewiß«, versicherte er, »wir werden demnächst alle auf dem Siegespodest stehen.«

Das Ergebnis ließ nicht auf sich warten. Von überallher kamen Blut-, Gewebe- und Organproben, begleitet von detaillierten klinischen Berichten. »Es kam vor, daß sie mich zu Hause mitten in der Nacht mit einer solchen Sendung rausklingelten«, berichtete Zaki Salahuddin, der Spezialist für die Zellanzucht.

Robert Gallo war zu clever, um nicht weitere Vorsichtsmaßnahmen zu treffen und damit der Erfolgsgarantie für seine Mannschaft nahezukommen. Obwohl er sich sicher war, daß der von den Franzosen gefundene virale Erreger zur Familie seines HTLV gehörte, bat er Luc Montagnier, ihm ein paar Virusproben zu schicken. Er war überzeugt: Mit ihren hochentwickelten Verfahren würden seine Mitarbeiter – Popovic und Salahuddin – nicht lange brauchen für den Nachweis, daß das vermeintliche französische Retrovirus nur ein armer Vetter seines Virus war. Dann konnten diese anmaßenden Konkurrenten nur noch ihre Niederlage eingestehen.

41

Latrun, Israel – Sommer 1983
Pilgerfahrt eines Wunders wegen

»Philippe!«

»Sam!«

Die beiden Vornamen hatten geklungen wie ein einziger undeutlicher Freudenlaut. Der Amerikaner und der junge Mönch von Latrun hatten sich seit fast zwei Jahren nicht mehr gesehen. Einige Zeit nach seinem Unfall hatte Philippe Malouf erfahren, daß Sam Blum und Josef Stein, seine beiden Archäologen-Freunde, die seinen Sturz in den Schacht von Gezer miterlebt hatten, die Ausgrabungsmannschaft verlassen hatten und in die Vereinigten Staaten zurückgekehrt waren. Er hatte mehrere Ansichtskarten bekommen – aus Mexiko, Haiti, Paris. Dann hatten die beiden Amerikaner nichts mehr von sich hören lassen, als wollten sie die Erinnerung an ihren gelähmten, auf seinem Klinikbett liegenden Freund aus ihrem Gedächtnis löschen.

Sam Blum hatte keine Zeit, auf Philippe zuzueilen, um ihn zu umarmen. Er sah den Rollstuhl auf sich zusausen wie einen Volksfest-Autoscooter, geschickt gesteuert von Philippe. Triumphierend wie ein Kind, dem eine schwierige Übung geglückt ist, sah der Mönch ihn an.

»Du siehst, ich blase nicht mehr Trübsal wegen meines Körpers. Ich bewege mich vielmehr wie eine Gazelle.«

Sie brachen in Lachen aus, und bereitwillig erzählte Philippe von seiner Verwandlung. Begonnen hatte sie mit einem Schulterzittern. Das Phänomen hatte die Ärzte sofort sehr aufmerksam gemacht. Wenn ihr Patient dahin käme, daß er seine Arme wenigstens teilweise wieder gebrauchen könnte, dann würde das seine Situation radikal verändern. Er müßte sich dann nur einem Eingriff unterziehen, den ein schwedischer Chirurg entwickelt hatte und der es ihm gestatten würde, sich mit den Armen an einen Trapezbügel zu hängen. Ohne fremde Hilfe könnte er dann von seinem Bett in einen Rollstuhl gelangen. Diese relative Selbständigkeit würde ganz neue Lebensbedingungen schaffen. Nach zwölf Monaten spezieller Gymnastik, um seine Deltamuskeln zu kräftigen, schritten die Jerusalemer Chirurgen zu einer »Muskelverlagerung«. Sie leiteten die unteren Stränge der Deltoiden in Richtung Ellbogengelenke um, die durch die Wirbelsäulenverletzung funktionsunfähig geworden waren. Nach einer gewissen Zeit konnte Philippe Malouf wieder die Arme bewegen, strecken und beugen. Eine zweite Operation an den Handgelenken verbesserte das Ergebnis wesentlich: Diesmal konnte der junge Mönch einen Löffel zwischen zwei Fingern halten, auch einen Knopf drücken, die Tasten einer Schreibmaschine betätigen. Es war eine Auferstehung.

Sam Blum hatte seinem Freund gerührt zugehört, und zwischendurch hatte ihn geschaudert. Die Bilder des Unfalls kamen zurück, er sah wieder das Hochhieven des verrenkten Körpers, die rasende Fahrt nach Jerusalem, das aschgraue Gesicht des Chirurgen an der Tür des Operationssaals. Sekundenlang war die frohgemute Stimmung Philippes überlagert von der des Arztes, wie er seinem Kameraden Josef Stein antwortete, der angstvoll nach der Endgültigkeit der Lähmung gefragt hatte: »Nach dem gegenwärtigen Stand unserer Erkenntnis fürchte ich, ja.«

Sam nahm die Hände des Mönchs in die seinen.

»Du hast es geschafft, alter Bruder«, sagte er mit Bewunderung.

Philippe setzte den Rollstuhl ein paar Meter zurück.

»Josef ist nicht mitgekommen?« fragte er und war plötzlich ein wenig beschämt, weil er gleich von sich gesprochen hatte.

Das Gesicht des Amerikaners verdüsterte sich. Er nahm seine Brille ab und rieb sie bedächtig mit dem Zipfel seines Hemdes ab.

»Josef ist krank.«

Der Mönch verzog das Gesicht.

»Ist es ernst?«

Sam nickte mehrmals.

»Eine Schweinerei, gegen die die Ärzte nichts ausrichten können.«

Philippe Malouf wußte nichts davon, daß eine unheimliche Epidemie unter den jungen Amerikanern immer mehr Opfer forderte, das Wort Aids war ihm unbekannt.

»Ein Jahr... vielleicht etwas länger, auf jeden Fall ist er verloren«, fuhr Sam fort. Sich zu einem Lächeln zwingend, fügte er seufzend hinzu: »Außer es geschieht ein Wunder!«

Und wirklich, in der Hoffnung auf ein solches Wunder hatte er auf die dringende Bitte seines Freundes hin diese Reise nach Israel unternommen. Sein Besuch fiel zufällig mit dem jüdischen Pessach zusammen. Zwischen zwei Mauerquadern würde er das kleine Blatt Papier schieben, auf dem Josef eine kurze Bittschrift an den Gott der Juden richtete, um seine Barmherzigkeit zu erflehen. Nach erfüllter Mission würde er auf dem Weg zum Flughafen erneut in Latrun in der Abtei der Sieben Schmerzen Station machen und Philippe Lebewohl sagen.

Einst zum Fundament von Salomons Tempel gehörend, ist die langgestreckte Wand aus den gewaltigen Quadern die heiligste Stätte des Judentums. Goldfarben schimmernd, an der Basis vom jahrhundertelangen rituellen Kontakt der Stirnen, Lippen und Hände glatt poliert, verkörpert die Klagemauer die Hoffnung der Juden auf die göttliche Güte. Die Tausende von kleinen Zetteln, die in ihre Löcher und Spalten geschoben werden, sind lauter Treuebekundungen dem allmächtigen Gott gegenüber, es sind Gebete, die seinen Segen herabflehen auf einen neugeborenen Sohn, eine erkrankte Gattin, ein in Schwierigkeiten geratenes Gewerbe, sind Bitten um Frieden für das Land Zions! Zweimal im Jahr, an Jom Kippur, dem Großen

Versöhnungstag, und am Pessachfest, sammeln Mauerwächter pietätvoll all diese Bittschriften ein und verschließen sie in großen Säkken. In Übereinstimmung mit dem Gesetz des Talmud, das es verbietet, etwas, das den Namen Gottes trägt, wegzuwerfen oder zu vernichten, werden die Säcke in ein Kellergewölbe des alten jüdischen Friedhofs am Ölberg gebracht, wo in ihren Grabstätten Generationen von Juden in Erwartung des Jüngsten Gerichtes ruhen.

An diesem Vorabend des Pessachfestes beteten hier, den Oberkörper rhythmisch vor- und zurückneigend, Hunderte von Männern und Frauen, wobei die langen schwarzen Mäntel und pelzverbrämten Rundhüte der einen und die enggeschlungenen Kopftücher der anderen ein charakteristisches Bild ergaben. Dazu gehörten auch die dichtgedrängten Gruppen von Gläubigen und Touristen vor dem imposanten Mauerwerk und die bewaffneten Wachposten der israelischen Armee auf den umliegenden Terrassen.

Als Sam Blum aus dem engen Gäßchen, das ihn von den Wällen der Altstadt heruntergeführt hatte, heraustrat in die grandiose, mythische Kulisse, blieb er, der nicht zum erstenmal hier war, sprach- und atemlos stehen. Er dachte zurück an die glücklichen Stunden, die er gemeinsam mit Josef auf dieser Esplanade verbracht hatte, an die Vorsabbatabende im gleichen rosigen Licht der Dämmerung, an die Festtagsmorgen mit ihrem Taumel von Rundtänzen, Gesängen und Widderhornklängen. Es kam ihm vor, als wäre es gestern gewesen und als würde er jeden Moment die tiefe Stimme seines Freundes vernehmen, wie er vor dem mächtigsten Steinblock das *Schema Israel* anstimmte. Er schritt langsam die Stufen hinunter, durchquerte die Absperrung und befand sich auf dem Areal, das dem Gebet vorbehalten ist. Wie der Ritus es verlangte, setzte er das violette Samtkäppchen auf, das seine Mutter für ihn bestickt hatte, und legte sich den ebenfalls aus New York mitgebrachten Gebetsschal um die Schultern. Dann schnürte er sich sorgfältig um den linken Arm und die Stirn zwei kleine schwarze Lederetuis. Diese Tefillin, die daran erinnern sollen, daß die Arbeit der Hände und das Denken gleichermaßen und immerfort Gott zu weihen sind, enthalten winzige Pergamentrollen, auf denen die fundamentalen Sätze des jüdischen Glaubens festgehalten sind: »Höre, Israel«, verkündet einer der Verse, »der Herr unser Gott, der Herr ist einzig. Du sollst ihn lieben von ganzem Herzen, aus ganzer Seele, mit allen deinen Kräften... Und du wirst die Gebote, die ich dir heute übergebe, auf deinem Arm aufbinden, auf daß sie dir als Zeichen dienen, und sie werden auf deiner Stirn sein wie ein Führer zwischen deinen Augen.«

Der Stirnschmuck verlieh dem Amerikaner das Aussehen eines Zyklopen. Er trat nah an den größten Mauerquader heran, jenen, vor dem Josef Stein sich immer aufgestellt hatte, um sein Lieblingsgebet zu sprechen. Der Psalm Davids war ein einziger Schrei der Liebe und Hoffnung, mit dem seit dreitausend Jahren die Menschen dieser Erde sich hinauf zu ihrem Schöpfer wenden. »O Herr, schenke Gehör meiner Stimme«, rezitierte Sam inbrünstig und wiegte rhythmisch den Oberkörper vor und zurück, »auf daß mein Gebet vor deinem Antlitz sei wie Weihrauch und das Heben meiner Hände wie das abendliche Opfer...« Den Appell Mose, der Gott um die Genesung seiner aussätzigen Schwester bittet, abwandelnd, flehte er sodann den Schöpfer an, dem modernen Aussatz, mit dem sein Freund geschlagen war, ein Ende zu bereiten. »O Gott, ich flehe dich an, lasse deinen Diener Josef gesund werden!« wiederholte er mehrmals in leidenschaftlichem Ton. Anschließend entnahm er seiner Brieftasche das sorgsam gefaltete kleine Blatt Papier, worauf Josef seine Bitte festgehalten hatte, und schob es neben andere Botschaften in eine Vertiefung zwischen zwei Steinen. Neben ihm erklang schmerzvoll-eindringlich das Beten seiner Glaubensbrüder und -schwestern. Der Ruf eines Muezzins durchschnitt die unbewegte Abendluft über der ehrwürdigen Mauer. Der Amerikaner spürte die letzte zärtliche Berührung durch die Sonne, die jenseits der Jerusalemer Neustadt versank. Er blieb noch lange Minuten in stiller Andacht stehen, seine Augen sahen sehr deutlich den kranken Freund auf seinem Bett. Der terrassenartige Platz leerte sich allmählich. Von ein paar würdevollen Rabbinern abgesehen, fand er sich nach einiger Zeit allein. Es war der Beginn des Pessachfestes. Ringsum im lärmenden Gäßchengewirr des Altstadtviertels wie im gesamten jüdischen Jerusalem gingen die Familien an die Zubereitung des Seder-Mahls, mit dem der Erlösung des Hebräervolkes aus den Leiden des Exils gedacht wird.

Am nächsten Morgen in aller Frühe ließ sich Sam Blum im Taxi nach Tiberias in Galiläa bringen. Einen zweiten Pilgergang für die Genesung seines Freundes wollte er dort tun. Nach alter Tradition wenden sich viele in Not geratene Juden an die großen heiligen Männer ihrer Geschichte um Fürbitte beim Allmächtigen. Einer von ihnen war ein Arzt, der im 12. Jahrhundert gelebt hatte. Moses Maimonides war auch einer der berühmtesten Theologen des Judentums. Seine Schriften, so der bekannte *Führer der Unschlüssigen*, bieten seit acht Jahrhunderten dem jüdischen Gewissen Orientierung und Zuflucht. Seine sterbliche Hülle ruht am Ufer des Sees, wo Jesus den Sturm besänftigt hat und auf den Wassern gewandelt ist. Sam warf sich vor dem schlichten, von Lorbeerbüschen umstandenen Grab aus weißen Steinen zu Boden und flehte zu Maimonides, er möge sich kraft seiner Heiligkeit »bei Gott dafür verwenden, daß Josef seine Gesundheit wiedererlangt«. Anschließend ging er hin und richtete die gleiche Bitte an Rabbi Meir Ba'al Haness, einen heiligen Mann des 2. Jahrhunderts, der nicht weit weg begraben lag. Auch er war ein Schriftgelehrter, ein Humanist. Jedes Frühjahr strömten Tausende von Gläubigen an sein Grab und begingen dort ein großes Fest.

Wie Sam es versprochen hatte, kam er, bevor er das Flugzeug nach New York bestieg, zum Abschied noch einmal in die Abtei auf Besuch. Der Mönch in seinem Rollstuhl hatte auf sein Kommen mit großer Ungeduld gewartet. Mit einer Kopfbewegung wies er auf einen Briefumschlag, der auf dem Nachttisch lag.

»Ich habe auf der Schreibmaschine einen kleinen Brief für Josef geschrieben«, sagte er. »Nichts Besonderes, nur ein paar Zeilen des Trostes und der Freundschaft.«

Sam nahm den Umschlag und schob ihn in seine Reisetasche.

»Das wird ihn unheimlich freuen«, versicherte er im Ton warmer Herzlichkeit. »Er spricht so oft von den glücklichen Augenblicken, die wir hier gemeinsam verbracht haben.«

Philippe wirkte sorgenvoll.

»Josef geht durch eine schreckliche Prüfung«, sagte er. »Ich möchte nicht Gefahr laufen, ihn zu verletzen. Ich hätte gern, daß du meinen Brief zuerst liest.«

Sam holte den Brief wieder aus der Tasche, rückte seine Brille zurecht und begann halblaut zu lesen:

Lieber Josef,
als ich erfahren habe, daß ich auf Lebenszeit gelähmt bleiben würde, habe ich mich gegen Gott empört. Das hat Wochen, ja Monate angehalten. Ich habe ihn laut beschimpft. Auch gegenüber unserem Abt habe ich mich scheußlich benommen, weil er die Kühnheit hatte, der vor Gesundheit Strotzende, mich zu ermahnen, meinem Leiden einen Sinn zu geben. Er sagte mir, wenn er die Ordensgemeinschaft auffordere, für mich zu beten, dann nicht nur, um Gott um meine Heilung zu bitten, sondern vor allem, damit ich in meinem Behindertenleben einen Sinn entdecke. Armer Vater Abt! In meiner Rebellion war ich völlig unzugänglich.

Nach und nach jedoch habe ich, während ich auf meiner Bettstatt festgenagelt lag, angefangen zu begreifen, daß ich trotz allem ein Mensch blieb. Und daß ich, wenn ich Mensch blieb, auch meine Würde behielt; daß ich weder ein Gemüse noch ein dumpfes Tier war, sondern ein Wesen, das absolut fähig war, ein Leben zu führen, das zu etwas nütze ist.

Der Mönch berichtete dann, wie er aufgrund der beiden Operationen sich nach und nach wieder halbwegs in die Welt der Lebenden hatte integrieren können und aufgrund welcher Umstände er in Kontakt mit einer jungen indischen Ordensschwester getreten war, die in Kalkutta Sterbende pflegte.

Sie ist achtzehn Jahre alt und heißt Schwester Ananda. Das bedeutet »Schwester Freude«. Sie handelt an meiner Statt. Ich bringe für sie mein Leiden und mein Gebet dar. Ihr fließt daraus die Kraft zum Handeln zu. Es ist unglaublich: Jeden Tag kommunizieren wir über

Tausende von Kilometern hinweg allein durch die Macht des Gebets.

Im Namen des Sinns, den ich in meinem Leben gefunden habe, sollst Du wissen, Josef, mein Bruder, daß ich von jetzt an mein Leiden auch dafür opfern werde, daß auch Du das Glück haben mögest, das ich habe.

42

New York, USA – Frühjahr/Sommer 1983
Violette Pusteln bei einem Opernfan

Josef Steins Bericht

»Angefangen hat alles an einem Tag im letzten Winter. Ich fühlte mich auf einmal seltsam erschöpft. Bis dahin hatte es zu meinen Gewohnheiten gehört, die Fifth Avenue dreißig Blocks runter und wieder rauf zu rennen oder sonntags zwei Stunden lang durch den Central Park zu joggen, und plötzlich war ich unfähig, die zwei Stockwerke zu meiner Wohnung hinaufzusteigen. Alle zehn Stufen mußte ich außer Atem anhalten. Ein paar Tage später spürte ich in der Brust ein Brennen. Ich fing an zu husten. Es war ein trockener Husten, nicht sehr stark, wie bei jemandem, der zuviel raucht. Dabei hatte ich nie geraucht. Der Husten hörte genauso spontan wieder auf, wie er gekommen war, und ich schrieb ihn schließlich der Luftverschmutzung zu. In Greenwich Village sind die Straßen eng, und direkt gegenüber von mir auf dem Dach ist ein Schornstein, aus dem Tag und Nacht fette, schwarze Qualmspiralen aufsteigen. Trotz anhaltender Müdigkeit versuchte ich, an meinen Alltagsgewohnheiten festzuhalten. Nach meiner Rückkehr aus Israel hatte ich die Archäologie endgültig an den Nagel gehängt, um nach New York zu ziehen, wo Sam Blum lebte. Bei einem großen Reisebüro in Manhattan hatte ich einen Job gefunden. Zunächst arbeitete ich in der Abteilung Betriebsausflüge, danach vertraute man mir die Tagungen und Kongresse an. Im Rahmen dieser Aufgabe reiste ich viel in den Vereinigten Staaten und auch ins Ausland.

In New York leben zu können, war wunderbar für mich. Außer meinem Interesse für untergegangene Kulturen habe ich noch eine andere Leidenschaft, der ich in dieser Stadt fast jede Woche frönen konnte: Ich bin ein fanatischer Opernliebhaber. Ich versäumte keine Inszenierung an der Metropolitan oder im Lincoln Center. Übrigens war es in einer Vorstellung von *Samson und Dalila,* daß ich die Nachricht erfahren habe, in der Pause gleich nach Dalilas berühmter Arie des ersten Akts: »Hoffnungstrunken beginnt der Frühling...« Während die Zuschauer ins Foyer eilten, um sich ein Glas Weißwein oder Champagner zu sichern, hastete ich zu einer Telefonzelle, um meinen Arzt anzurufen.

Meine Hustenanfälle hatten wieder angefangen, und es kam vor, daß ich nachts in Schweiß gebadet aufwachte. Zunächst glaubte ich an eine gewöhnliche Erkältung oder Grippe. Niemand, der einen Schnupfen hat, will sich auf die Vorstellung einlassen, daß es sich um etwas anderes handeln könnte. Da der Husten nicht wegging, hatte ich dann doch meinen Arzt aufgesucht. Doktor F. ist ein sehr kleiner, kahlköpfiger Mann. Mit seiner dicken Hornbrille und seiner Fliege ähnelt er dem Filmschauspieler Mickey Rooney. Er hat mich gründlich abgehorcht und mir ein Antibiotikum verschrieben. Er schien nicht die Bohne beunruhigt. Husten und Nachtschweiß verschwanden kurz darauf wieder. Dagegen fühlte ich mich immer noch genauso erschöpft. Bald hatte ich das Gefühl, die Kleider schlotterten mir um den Leib. Ich mußte abgenommen haben, obwohl es mir nicht an Appetit fehlte. Mehrere Wochen vergingen. Ich hatte mich daran gewöhnt, mit stark gedrosseltem Tempo zu leben, man kann auch sagen, ich fühlte mich ein wenig wie ein Auto, bei dem die Hälfte der Zylinder ausgefallen ist.

Eines Morgens beim Frühstück hatte ich auf einmal Schluckbeschwerden. Ich ging zu einem Spiegel, schaute mir in den Rachen und stellte fest, daß meine Zunge mit bläulichen, berührungsunempfindlichen kleinen Bläschen bedeckt war. Ich dachte zuerst an Mundfäule. Am nächsten Tag war der Ausschlag zurückgegangen, aber das Schlucken fiel mir immer noch schwer. Ich ging erneut zu meinem Arzt, und der überwies mich zu einem Facharzt. Der war nach einer sehr eingehenden Untersuchung zunächst ziemlich ratlos, machte dann einen Abstrich von meiner Zunge und bat mich, acht Tage später das Ergebnis bei meinem Hausarzt zu erfragen.

Ich versuchte, möglichst wenig daran zu denken, bis zu besagtem Theaterabend, als ich vom Foyer aus Dr. F. anrief. Das Telefon läutete endlos, und ich wollte schon einhängen, als ich doch noch seine Stimme vernahm. Er kam mir etwas verlegen vor.

»Die Neuigkeiten sind nicht sehr gut«, sagte er. »Bei Ihrer Zungenbiopsie scheint etwas Ernstes herausgekommen zu sein. Es könnte sich um eine sehr seltene Erkrankung handeln, von der Leute Ihres Alters normalerweise nie betroffen sind. Die Bestätigung kann aber erst durch weitere Analysen erbracht werden.«

Ich erkundigte mich nach dieser Krankheit. Der Arzt nannte mir einen Namen, den ich zuerst gar nicht verstand. Er hat ihn wiederholt und buchstabiert: K wie Kilo, A wie Amerika, P wie Panama ... Kaposi, notierte ich mir auf eine Ecke meines Programmhefts. Im gleichen Augenblick rief das Klingeln die Zuschauer aus dem Foyer zurück. Ich ließ mir noch schnell einen Termin für den nächsten Tag geben und eilte auf meinen Platz.

Ich vergaß alles, genoß das Glück, die schöne Dalila mit ihrem Bravourauftritt im zweiten Akt zu hören, wenn sie das Geheimnis von Samsons herkulischer Stärke entdeckt hat und ihm mitleidlos das Haupthaar abschneidet.

Ein paar Tage danach bestätigten ergänzende Untersuchungen die Diagnose bezüglich meiner Mundsymptome. Inzwischen hatte ich versucht, mich über die Infektion mit dem ausgefallenen Namen zu informieren. Ich hatte erfahren, daß diese Kaposi-Krankheit eine der sichtbaren Ausprägungen der gerade in New York und Kalifornien ausgebrochenen Epidemie war und daß sie vor allem Homosexuelle befiel. Mein Arzt bestätigte mir, daß es sich in der Tat um das Übel handelte, das man »Aids« nannte. Woher es kam, wußte man nicht, aber man vermutete ein Virus, das durch sexuellen Kontakt oder durch Blutkontakt übertragen wurde. Aids, so hieß es, zerstörte das Immunsystem des Organismus, was infektiöse Läsionen wie meine Zungenbläschen begünstigte.

Dr. F. machte sich daran, den Grund meiner Immunschwäche herauszufinden. Er stellte mir alle möglichen Fragen. Manche konnten einen in wirkliche Verlegenheit bringen. Er interessierte sich hauptsächlich für mein Sexualleben während der vergangenen drei Jahre. Ob ich zur Promiskuität neigte? Wie hoch die Anzahl meiner Partner sei? Ob ich die *Bath-houses* besuchte? Und so weiter, und so weiter. Er machte sich Notizen. Ich fürchte, meine Antworten haben seine Neugierde nicht wirklich gestillt.

Ich lebte in der Tat allein. Mit Sam unterhielt ich nur sporadische Beziehungen. Obwohl uns eine tiefe Zuneigung verband, betrachteten wir uns gegenseitig als völlig ungebunden. Bis zu meinem achtzehnten Lebensjahr war ich nur mit Mädchen ausgegangen, wobei sich meine sexuellen Bedürfnisse in Grenzen hielten. Meine Homosexualität habe ich in einem Zug zwischen Salt Lake City und Chicago entdeckt. Ein grauenhaftes Schuldgefühl war die erste Reaktion. Ich war ziemlich streng religiös erzogen worden und wußte, daß die Thora jede fleischliche Beziehung außer der ehelichen verdammt. Als mein Bruder und ich noch ganz jung waren, ließ uns unser Vater das Gebot aus dem 3. Buch Mose auswendig lernen: »Du sollst nicht bei einem Mann liegen wie bei einer Frau; es ist ein Greuel.« Ich habe lange gezögert, dieses Verbot zu übertreten, denn ich bin gläubig. Erst als ich für mein Hochschulstudium nach San Francisco ging, bin ich schließlich schwach geworden.

Jedoch schlug ich, nachdem ich der väterlichen Wäscherei Lebewohl gesagt hatte, kaum über die Stränge. Ich führte eher ein braves Leben. Ich begegnete einem Maler, und wir lebten drei Jahre monogam zusammen. Sicher, von Zeit zu Zeit setzte ich mich in eine Bar, ging in eine Diskothek oder in ein *Bath-house* im Viertel Castro und trank ein Glas, aber mehr aus Neugier als zur Befriedigung der Libido. Ich fand das Schauspiel, das da geboten wurde, sogar reichlich deprimierend. Genausowenig hatten mich die Gruppensexveranstaltungen der New Yorker Etablissements, von denen es gerade im Village jede Menge gab, verlocken können. Einzig mein Israelaufenthalt hatte mich zu einigen Seitensprüngen verleitet. Mußte man es dem Klima zuschreiben oder meiner fiebrig aufgeregten Freude, in einem Land zu sein, wo tausend Stätten meine Phantasie entzündeten? Kam es dazu, weil gewisse Zufallsbegegnungen mit jungen Arabern einen exotischen Reiz für mich hatten? Ich weiß es nicht. Es ist auch nicht weiter wichtig. Hätte ich noch einmal die Wahl, ich würde es wieder tun.«

Durch den massiven Einsatz eines chemotherapeutischen Mittels auf Vinblastinbasis konnten die Ärzte die Mundinfektion bei Josef Stein heilen. Am Ende des glutheißen Sommers jedoch, unter dem New York in jenem Jahr stöhnte, knospten neue violette Pusteln ähnlich denen, die seine Mundhöhle befallen hatten, an mehreren Stellen seines Körpers auf, insbesondere auf einer Fußsohle, unterhalb des Knies, an den Nasenflügeln. Mit der jähen Ausweitung des Übels, von dem er sich befreit glaubte, kamen der trockene Husten, das Fieber und die extreme Müdigkeit zurück, die ihn im vergangenen Winter bedrückt und gequält hatten. Diesmal äußerte sein Arzt den Verdacht auf Pneumozystose. Sofort ließ er seinen Patienten zum Klinikzentrum Bellevue bringen, dessen sechsundzwanzig Stockwerke hoch über dem East River aufragen. Da kein einziges Bett verfügbar war, wurde Josef Stein weitergeleitet an ein Krankenhaus in der Bronx. Ein Schreckenserlebnis.

»Ich weiß nicht, ob aus Abscheu vor den Gays oder aus panischer Angst vor der Krankheit Aids, jedenfalls hat man mich zwei Tage lang praktisch ohne Pflege und ohne Essen auf meinem Zimmer liegen lassen«, berichtete Josef. »Das Tablett mit meinen Mahlzeiten stellte man im Gang ab. Niemand kam, um sauberzumachen oder meine Bettschüssel zu leeren. Die wenigen Krankenschwestern, die mir Medikamente brachten, trugen Gesichtsmasken, Handschuhe und waren in Spezialkittel vermummt. Sie sahen aus wie Astronauten. Kein einziger Arzt hat die Kaposi-Läsionen an meinen Beinen und Armen untersucht. Dabei verursachten sie mir grausame

Schmerzen. Meine Haut war so hart geworden und meine Glieder so steif, daß ich verzweifelt nach einer Massage verlangte. Niemand wagte mich anzufassen. Im Verlauf dieser beiden Alptraumtage habe ich nicht ein einziges Wort des Trostes oder der Sympathie vernommen. Ich war weniger als ein Tier.«

Dann kam Sam Blum, holte seinen Freund aus dieser regelrechten Sterbeanstalt heraus, um ihn an einen Ort zu bringen, wo man die mit der neuen Pest Geschlagenen menschlich aufnahm und pflegte. Dem Fahrer des Krankenwagens wies er die Richtung zu den Wolkenkratzern von Manhattan, die aus dem Dunst emporragten.

»Zum Saint-Clare-Krankenhaus!« sagte er.

43

Bethesda, USA – Paris, Frankreich – Frühjahr 1983 – Winter 1985 Gnadenloser Konkurrenzkampf über den Atlantik hinweg

Gefühllos und präzis wie ein Eisenbahnfahrplan berichtete das bescheiden aufgemachte Bulletin der Bundesbehörden für Seuchenkontrolle in Atlanta jede Woche von der Verschärfung der Lage auf dem Sektor Aids. Die am 22. Juni 1984 veröffentlichte Statistik war mehr als aufschlußreich. Innerhalb von drei Jahren waren 4918 Amerikaner erkrankt. Fast die Hälfte, 2221, waren bereits verstorben, und die Sterbequote bei den Patienten, deren Diagnose vor Juli 1982 erstellt worden war, belief sich auf mehr als 75 Prozent. In Europa war die Situation ebenso alarmierend. In der Ausgabe vom 2. November 1984 gaben die CDC bekannt, daß dort die Zahl der Fälle in acht Monaten um 100 Prozent gestiegen war. Die traurige Bilanz ließ auch zwei Spitzenreiter erkennen: Frankreich für die Zahl der Erkrankten und Dänemark für den Prozentsatz der Opfer, gerechnet auf eine Million Einwohner.

Daß sich angesichts einer solchen Tragödie sämtliche Professoren und Forscher der Welt zu einem Bund die Hände reichen würden, schien in der Logik der Ereignisse zu liegen, doch dem war beileibe nicht so. Die neue Pest führte zu bedauerlichen Interessenkonflikten und heftigsten persönlichen Rivalitäten. Kein Mensch hätte sich das Duell vorstellen können, das der Amerikaner Robert Gallo und der Franzose Luc Montagnier hinter den Kulissen austrugen. Ein

Duell, bei dem die Degenstöße unter dem Deckmantel brüderlicher Zusammenarbeit und unverbrüchlicher Freundschaft ausgetauscht wurden. Die beiden Wissenschaftler und ihre Teams statteten einander Besuche ab, telefonierten, schrieben sich, bereiteten ihren jeweiligen Labor-Technikern freundliche Aufnahme, übermittelten einander ihre Reagenzien, ihre Viren, ihre Ergebnisse. Sie tafelten gemeinsam in den italienischen Trattorias von Washington oder schlemmten im Quartier Latin Spezialitäten aus der Auvergne. Sie duzten sich, sie holten sich am Flughafen ab und brachten einander wieder hin. Und wenn es sich ergab, planschten sie wie Schuljungen in den Swimmingpools der Hotels, wo sie ihre Kolloquien abhielten.

Hinter dieser Fassade verbarg sich ein gnadenloser Konkurrenzkampf. Auf die Fachpresse ausgeübter Druck, beabsichtigte oder vielleicht auch nicht beabsichtigte Vertauschung von Fotodokumenten, Anschuldigungen bezüglich kommerzieller Zweckentfremdung von biologischen Proben, die das Konkurrenzlabor freundlicherweise ausgeliehen hatte, im nachhinein eingefügte Passagen in diesem oder jenem Seminarprotokoll – die Liste der Unziemlichkeiten, deren sich gewisse Forscher in jenem dritten Seuchenjahr schuldig machten, fügte der Medizingeschichte wahrlich kein Ruhmesblatt hinzu.

Seit der Retrovirologe Robert Gallo sich schließlich doch noch in das Rennen eingeschaltet hatte, erwies er sich als der unversöhnliche Gegner der Franzosen. Im Vollgefühl seiner Vorrangstellung ging er von einer Art natürlichem Rechtsanspruch darauf aus, seinen Namen mit der Entdeckung des gesuchten Erregers zu verknüpfen. Indem Luc Montagnier und seine Mannschaft wagten, ihm dieses Privileg streitig zu machen, kamen sie ihm ins Gehege. Eine Kühnheit, und der prominente Amerikaner war entschlossen, sie auf keinen Fall hinzunehmen. Aber er hatte sich als gewiefter Stratege gehütet, seine Konkurrenten frontal zu attackieren. Er hatte es im Gegenteil darauf angelegt, sie zu besänftigen, sie in Sicherheit zu wiegen, sie mit seinem legendären Schwung, seinen umgänglich-leutseligen Manieren zu entwaffnen und in Bann zu schlagen. Kaum hatte er von den Ergebnissen aus »Raum Bru« Kenntnis erhalten, schickte er den Franzosen beflissen Proben seines eigenen Retrovirus HTLV, damit sie es mit ihrem vermeintlichen neuen Humanretrovirus vergleichen und so ihren Irrtum feststellen könnten.

Anfang Juni 1983 überquerte er den Atlantik, um seinen »Freunden« aufmerksam zuzuhören. Gewiß, er formulierte Einwände. In seinen Augen war das Virus aus den Röhrchen von Jean-Claude Chermann und Françoise Barré-Sinoussi nicht, wie sie meinten, ein *neues* Virus, sondern ganz sicher ein naher Verwandter seines HTLV. Hatten sie etwa nicht die gleichen Eigenschaften? Beide wurden über Blut, über Sexualkontakt und durch Mutter-Kind-Infektion übertragen. Beide griffen sie die gleichen T4-Lymphozyten an, die als »Dirigenten« bekannten Träger der Immunabwehr. So aufrichtig gab er sich, so konkret versprach er Unterstützung, so überzeugend trat er auf, daß die Franzosen keinerlei Grund zu Mißtrauen sahen.

Robert Gallo lud Luc Montagnier ein, nach Bethesda zu kommen und seine Resultate den Mitgliedern der Task force, der von den obersten Gesundheitsbehörden aufgestellten Anti-Aids-Elitetruppe, zu erläutern. Der Franzose brachte in seinem Koffer einen kleinen Trockeneisbehälter mit. Darin befand sich eine Probe des am Pasteur-Institut isolierten Virus, um die ihn sein amerikanischer Kollege gebeten hatte. Montagnier erwartete, daß Gallo und seine Mitarbeiter sie gründlich untersuchen und dann den Eigencharakter seines Virus anerkennen würden. Aber der Meister von Bethesda hatte offenbar nicht die geringste Absicht, seinen Irrtum einzuräumen. Er verstaute das Geschenk in einem seiner Tiefkühlschränke und gestand seinem Gast für Erklärungen nur wenige Minuten zu, was nicht einmal dazu reichte, um bei der Versammlung hochkarätiger Forscher Ansätze von Neugier aufkommen zu lassen.

Ein gedemütigter, enttäuschter Luc Montagnier kehrte nach Frankreich zurück, fest entschlossen, die Herausforderung anzunehmen. Da nunmehr klar war, daß Amerikas führende Retrovirologen es ablehnten, die französische Entdeckung zu berücksichtigen, würde er erneut an die Medien appellieren. Im August 1983 bot er der Fachzeitschrift *Nature* einen Text an, der die charakteristische Affinität des LAV-Virus* zu den T4-Lymphozyten, den Garanten der körpereigenen Abwehr beim Menschen, beschrieb. Da aber Robert Gallos Einfluß sich auf die gesamte Fachpresse erstreckte, war die Zeitschrift zu einer Veröffentlichung nicht bereit: »Ihr angebliches Virus ist vielleicht nur eine Labor-Kontamination!« hielt ihm der Chefreadakteur entgegen. »Warten Sie doch ein wenig, bevor Sie Ihr Ergebnis offiziell bekanntgeben. Nehmen Sie sich ein Beispiel an Gallo, der hat zwei Jahre lang gearbeitet, bevor er seine Abhandlung über das erste Humanretrovirus HTLV in den Druck gab.«

Der Artikel eines britischen Journalisten im *Journal of the American Medical Association* vom August 1983 war zumindest Balsam für das schwer frustrierte französische Forscherteam. Zum erstenmal tauchte in der internationalen medizinischen Fachpresse das Akronym LAV auf. Aber Gallo hatte sich nicht überrumpeln lassen. Er hatte noch rechtzeitig die Spuren verwischen können. Ein weiterer Artikel desselben Journalisten und in derselben Ausgabe pries volltönend den amerikanischen Forscher und verkündete, sein HTLV-Virus sei, was die Ursache von Aids angehe, der Verdächtige Nummer eins.

Als wollte Robert Gallo seine Konkurrenten regelrecht einlullen, beauftragte er seinen Spezialisten für Retrovirenkultivierung, den Tschechen Mikulas Popovic, die Pasteur-Leute um die Zusendung neuer Proben des Virus LAV zu bitten. Popovic gab in aller Bescheidenheit zu, daß es ihm nicht gelungen sei, in seinen Zellkulturen die von Luc Montagnier im Juli mitgebrachten Musterviren zum Wachstum zu bewegen. Bevor der französische Forscher der Bitte stattgab, verlangte er die Unterzeichnung eines Dokuments, womit das amerikanische Labor sich verpflichtete, das LAV-Virus ausschließlich zu Zwecken der Grundlagenforschung und unter keinen

* Name, den das Team des Pasteur-Instituts schließlich seinem in »Raum Bru« entdeckten Virus gab. LAV: *Lymphadenopathy Associated Virus*, Lymphadenopathie-assoziiertes Virus.

Umständen zu merkantilen Zwecken zu verwenden. Mikulas Popovic beeilte sich, im Namen Gallos die geforderte Garantie zu geben. Eine Garantie, die sich als Fetzen Papier erweisen sollte: An dem Tag, an dem Robert Gallo seine eigene Entdeckung des Aids-Erregers bekanntgab, versicherte er, die von den Franzosen geschickten Proben nie und nimmer verwendet zu haben.

Vorerst weiter darauf bedacht, den Schein herzlicher Zusammenarbeit aufrechtzuerhalten, lud der Amerikaner Professor Montagnier erneut ein. Diesmal sollte er sein LAV bei einem Kolloquium vorstellen, das unter Gallos Leitung am 15. und 16. September 1983 in Cold Spring Harbor stattfand, dem Campus, wo einige Monate zuvor Françoise Barré-Sinoussi die Creme der Forscherzunft immerhin neugierig gemacht hatte. Wieder stellte Montagnier fest, daß das Treffen ein wohlorchestriertes Festival zum Ruhm des Meisters von Bethesda und seines einzig existierenden HTLV war. »Erst in der letzten Nachtsitzung machte man das Mikrophon für mich frei«, schreibt er. »Die Hälfte der Teilnehmer war schon gegangen, und man gestand mir gerade zwanzig Minuten zu.«* Die stark gelichtete Hörerschaft reagierte auf sein Referat mit einem Sperrfeuer von kritischen Fragen. Gallo selbst zeigte sich enorm angriffslustig, ja giftig, indem er so weit ging, die Zugehörigkeit des LAV zur Familie der Retroviren in Zweifel zu ziehen.

Verblüfft stellte Luc Montagnier ihn zur Rede, um den Beweggrund für diese Aggressivität zu erfahren.

»*You have punched me out* – Du hast mir die Show gestohlen!« soll der Amerikaner geantwortet haben.

Robert Gallo war sich bewußt, daß die Entdeckung der Pasteur-Leute allmählich bestimmte amerikanische Wissenschaftler nachdenklich machte, die bisher im Zusammenhang mit Aids nur das Retrovirus HTLV gesehen hatten. Dennoch war seine Macht über die Fachkollegen so groß, daß niemand die Frage öffentlich zu vertiefen wagte. »Für Amerika blieb das LAV ein armer Schlucker, ein räudiger Virusbastard«, so Luc Montagnier rückblickend.

* Luc Montagnier: *AIDS besiegen*, Gespräche mit Pierre Bourget, 1986.

Ein neues Symposion in einem der berühmten Loire-Schlösser, eine internationale Arbeitstagung in Paris, eine Konferenz unter der Schirmherrschaft der Weltgesundheitsorganisation in Genf und schließlich Anfang Februar 1984 ein monumentaler Kongreß in Park City vor der zauberhaften Kulisse der verschneiten Berge des Staates Utah verschafften den Franzosen Gelegenheit, ihren Kreuzzug für die Anerkennung ihrer Arbeiten fortzusetzen. Erfolge hatten sie kaum zu verzeichnen. Ein Jahr nach seiner Entdeckung weigerte sich die Mehrheit der Virologen jenseits des Atlantiks, zuzugeben, daß möglicherweise das in Paris isolierte Virus der Erreger von Aids war. Immerhin machten in Park City die Franzosen ein paar Schwachstellen in dieser geschlossenen Front aus. Von Jean-Claude Chermann, einem der maßgeblichen Akteure des Dramas in »Raum Bru«, glänzend verfochten, schien die These des Pasteur-Instituts vor allem die Vertreter der *Centers for Disease Control* zu überzeugen. Sie baten um LAV-Proben für ihre Experten. Zwei Monate später brachte die *New York Times* ein Interview, das in betroffenen Wissenschaftlerkreisen beträchtliche Erschütterung auslöste. James Mason, der Direktor der Mammutbehörde von Atlanta, verkündete, das LAV des Pasteur-Instituts sei »der wahrscheinlichste Erreger der Seuche Aids«.

Die Franzosen waren klug genug, sich nicht zu früh zu freuen. Die Druckerschwärze des verehrungswürdigen New Yorker Tageblatts war nämlich noch nicht trocken, da kam die zweite, noch sensationellere Meldung: »Professor Robert Gallo isoliert *wirkliches* Aids-Virus.« Den Neuankömmling kurzerhand zum Familienangehörigen seiner vorher entdeckten Retroviren HTLV-1 und HTLV-2 ernennend, hatte er es HTLV-3 getauft. Für das Nesthäkchen wurde eine pompöse Taufzeremonie veranstaltet. Die amerikanische Regierung gedachte aus dieser Entdeckung das Maximum an Publicity herauszuholen und erkor zur Patin die Gesundheitsministerin Margaret Heckler, eine charmante Rothaarige voll guten Willens, aber schlecht informiert über das hinter den Kulissen in Gang befindliche Gerangel. Wenige Monate vor der Präsidentenwahl hielt das

Machtestablishment Robert Gallos »Baby« für eine huldreiche Fügung des Schicksals. Man würde diesen Sieg über die neue Geißel der Menschheit gebührend verkünden, und die Stimmzettel von Millionen Homosexuellen konnten eigentlich nur in Ronald Reagans Klingelbeutel landen. Im übrigen wäre die überwältigende Rechtfertigung der Berge von Dollar erbracht, die man der Forschung zugeschoben hatte.

Den »Triumph der Wissenschaft über die furchtbare Krankheit« preisend, verkündete die Ministerin in einer Pressekonferenz am 24. April 1984 in Washington, Professor Robert Gallo und sein Wissenschaftlerteam hätten »ein neues Virus, das HTLV-3, gefunden und den Beweis erbracht, daß es der Erreger von Aids ist«. Sie behauptete ferner, die Forscher von Bethesda würden binnen sieben Monaten einen Test zur Verfügung haben, mit dem man das Risiko einer Kontamination der Blutvorräte für Transfusionen vollkommen ausschalten könne, und vor Ablauf von zwei Jahren würde ein Impfstoff bereitstehen. Vom französischen Virus kein Wort, sie begnügte sich mit einer vagen Anspielung auf »andere Forscher in der Welt, die auf diesem Gebiet zu Ergebnissen gelangt« seien, und ließ sich dazu herbei, das »Pasteur-Institut in Frankreich« hervorzuheben, das »teilweise mit unserem Nationalen Krebsinstitut zusammengearbeitet« habe.

Ein Journalist wagte es, einen Mißton in den Chorgesang des Lobes zu bringen, der unmittelbar nach dieser Erklärung den illustren Virologen und seine Mitarbeiter umrauschte.

»Ist Ihr Virus nicht das gleiche wie das der Franzosen?« fragte der Unverfrorene.

Robert Gallo bog die unangenehme Frage in gekonnter Manier ab.

Als Luc Montagnier von der wohlinszenierten Washingtoner Veranstaltung erfuhr, konnte er seine Entrüstung kaum mehr zügeln. »Vom Standpunkt der wissenschaftlichen Ethik aus war diese hochoffizielle Verkündung ein äußerst fragwürdiger Akt«, schrieb er später. »Nachdem der amerikanische Forscher Proben unseres Retrovirus erhalten hatte, hätte er das von ihm gefundene Virus mit unserem vergleichen und das Ergebnis veröffentlichen müssen, so wie wir – als wir unser LAV entdeckten – es mit seinem Retrovirus HTLV-1 getan haben. Dachte er wirklich, den Franzosen würde, wie er es dann einer New Yorker Zeitung gegenüber formulierte, der Atem ausgehen und sie würden sich, vor der amerikanischen Dampfwalze kapitulierend, demütig bereitfinden, ihr Virus ebenfalls HTLV-3 zu taufen?«

Alles lief bestens in der besten aller Welten für den Großmeister von Bethesda. Wenige Stunden bevor die Ministerin verkündete, daß Gallo seinen eigenen Aids-Virus-Test entwickelt habe, stellten Anwälte der Regierung der Vereinigten Staaten einen Patentantrag. Die Vorsichtsmaßnahme würde unter anderem bewirken, dem ein Jahr früher vom Pasteur-Institut entwickelten Test *Elisa* den Zugang zum amerikanischen Markt zu versperren. Falls die Franzosen ihre Rechte trotzdem geltend machen wollten, blieb ihnen nur die eine Möglichkeit, ein Gerichtsverfahren gegen die Regierung der Vereinigten Staaten anzustrengen.

Die vier Artikel zum Thema, die in der Ausgabe vom 4. Mai 1984 der Zeitschrift *Science* erschienen, sollten die franko-amerikanische Auseinandersetzung durch neue Polemiken weiter vergiften. Die wissenschaftlich-publizistische Offensive, hinter der Robert Gallo stand, war mit spektakulären Fotografien illustriert, die angeblich das Virus HTLV-3 in den verschiedenen Phasen seiner Entwicklung zeigten. Zwei Jahre später wird der amerikanische Professor zu dem Eingeständnis gezwungen sein, daß die mit seiner Unterschrift veröffentlichten Dokumente mitnichten sein Virus, sondern das LAV der Franzosen zeigten. Er wird sich mit der Behauptung entschuldigen, dem für sein Labor arbeitenden Fotografen sei ein ärgerlicher Irrtum unterlaufen.

Vier Wochen später stellt Luc Montagnier fest, daß das offizielle Protokoll des Symposions, an dem er im September des vorangegangenen Jahres in Cold Spring Harbor teilgenommen hatte, abgeändert worden war. Während der Maestro vom NCI im Verlauf dieser Tagung kein Sterbenswörtchen über sein HTLV-3 hatte verlauten lassen – aus dem einfachen Grund, weil er es noch nicht identifiziert hatte –, beschrieb er dieses Retrovirus jetzt lang und breit in der Einleitung, die er dem Dokument vor dem Abdruck beigeben ließ. »Nicht zum erstenmal erlaubte sich Robert Gallo, der sich anscheinend innerhalb der medizinischen Forschung für sakrosankt hielt, seine Ergebnisse passend zurückzudatieren«, werden zwei ausgewiesene Wissenschaftsjournalisten* schreiben. Luc Montagnier seinerseits wird sich damit begnügen, der langen Liste seiner Klagepunkte eine melancholische Zeile anzuhängen: »Sämtlichen Regeln der wissenschaftlichen Ethik zum Hohn schrieb Gallo die Geschichte nach seiner Manier um.«

Irgendwann mußte diese Vorgehensweise Argwohn erregen. Amerikanische Wissenschaftler fingen an, mehr oder weniger öffentlich nachzudenken. War dieses mit großem Tamtam vorgestellte HTLV-3 tatsächlich ein *neues* Retrovirus oder schlicht und einfach jenes, das die Franzosen schon vor einem Jahr gefunden hatten? War es unbestreitbar der Aids-Erreger? Zwei Grundfragen, die Gallo dazu brachten, sich vom Podium der politischen Medienereignisse in die Arena der Virologie hinunterzubegeben, in der er der unbesiegbare Matador war. Unverzüglich stellte er die Reiseorder für den indischen Biologen M. G. Sarngadharan aus, eine der ersten Geigen seines Orchesters. Der Auftrag lautete, in Paris die Proteine seines Virus mit denen des von den Pasteurianern gefundenen Virus zu vergleichen. Die Untersuchung erbrachte Gleichheit in sämtlichen Punkten. Ihrerseits baten die CDC von Atlanta die beiden rivalisierenden Institute, Blutproben zu schicken, die ihre jeweiligen Viren enthielten. Die beiden codierten Sendungen führten im Endeffekt zum exakt gleichen Ergebnis. Die beiden Viren waren echte Zwillinge.

Allerdings war ein letzter Vergleich, diesmal auf Molekülebene, notwendig, um die Ähnlichkeit unwiderlegbar zu beweisen. Für diese Molekularanalyse kommen hochentwickelte Techniken zum Einsatz. Die erste, Klonieren genannt, besteht darin, daß Erbbau-

* »Konkurrenz- und Verteidigungsmechanismen in einem wissenschaftlichen Streit«, von Johan Heilbron und Jaap Gondsmith: *Actes de recherche en sciences sociales*, September 1987.

steine des Virus in Bakterien eingebracht werden. Diese vermehren sich und stellen damit erhebliche Virusmengen bereit. Die zweite, Sequenzieren genannte Operation, hat die Entschlüsselung des genetischen Codes eines Virus zum Ziel. Es geht darum, die genaue Verkettung seiner Nukleotide, das heißt der Bausteine, die in festgelegter Ordnung seinen genetischen Code bilden, zu entschlüsseln. Unendlich komplex und detailabhängig, erfordert diese molekulartechnische Arbeit wahrhafte Mikrogoldschmiede und ein Know-how, das Robert Gallos Arbeitsgruppe aufgrund ihrer Erfahrung einen deutlichen Vorsprung vor den Pasteurleuten sicherte.

Die beiden Institute begannen ein wildes Wettrennen. Der Chinesin Flossie Wong-Staal, einer der genial begabten Biologinnen von Bethesda, gelang als erster das Klonieren des amerikanischen Retrovirus, womit sie den französischen Konkurrenten um wenige Wochen zuvorkam. Diese revanchierten sich schon bald. Am 21. Januar 1985 beschrieben sie auf drei Seiten der hochangesehenen Zeitschrift *Cell* die Kettenanordnung der 9139 Nukleotide, die den genetischen Code des LAV-Virus bilden, dessen Entdeckung nun zwei Jahre zurücklag. Fünf Tage später veröffentlichte Gallos Mannschaft ihrerseits in der Zeitschrift *Nature* die Ergebnisse bezüglich des amerikanischen Retrovirus. Der Artikel war gezeichnet von zwanzig Autoren, die drei verschiedenen Forschungszentren angehörten, während lediglich fünf Biologen, alle aus demselben Labor, als Co-Autoren* des französischen Textes fungierten. »Sollte ein Franzose fünf Amerikaner aufwiegen?« fragte Luc Montagnier, offensichtlich hochbefriedigt über diesen Ausgleich für so manche Demütigung, die er hatte verkraften müssen.

Was zählte, war die schlagende Ähnlichkeit der verschiedenen Resultate. Niemand konnte jetzt noch daran zweifeln: Das amerikanische Virus und das französische Virus waren schlicht ein und dasselbe. Die Aufschlüsselung ihres genetischen Codes machte außerdem klar, daß es sich um ein neues Virus handelte, das entgegen Gallos Annahme mit seinem ersten Humanretrovirus nicht verwandt war. Vor allem bestätigte die minuziöse Genbestimmung ei-

* Marc Alizon, Stewart Cole, Olivier Danos, Pierre Sonigo und Simon Wain-Hobson.

nen Befund, dem alle Welt nervös entgegensah: Jawohl, das HTLV-3/LAV war tatsächlich der tödliche Erreger der Epidemie.

Jenseits der Querelen, die auch weiterhin das Verhältnis der Aids-Forscher von beiden Seiten des Atlantiks bestimmen sollten, tat sich ein vollkommen unbeackertes Feld für die Wissenschaft auf. Systematisch durchdrangen die Forscher die Geheimnisse der Virusgene und verstanden jeden Tag besser seine Rolle bei der Entstehung der Krankheit. Mittelfristig würden sie die serodiagnostischen Tests verbessern und vielleicht sogar in absehbarer Zeit Impfstoffe entwickeln.

Im munteren Stimmengewirr der zukunftsträchtigen Forschungshypothesen ging merkwürdigerweise die tragische Gegenwartsrealität völlig unter. Jeden Tag kämpften mehr Opfer vergeblich mit einem grausamen Tod, bisher gab es nichts, was ihnen wenigstens Erleichterung gebracht hätte. Man redete über Diagnosetests und Impfseren, aber so gut wie nie von Behandlungsmöglichkeiten, ganz als wäre es vordringlicher, mit dem Mörder abzurechnen, als die verheerenden Schäden zu reparieren, die er schon angerichtet hatte.

Dr. Sam Broder, der jetzt in seiner Klinik täglich mit dem Leiden, der Verzweiflung und dem Sterben der Aids-Kranken umgehen mußte, war nicht gewillt, diesen Verlauf der Kampagne einfach hinzunehmen. Der Direktor des Programms Klinische Onkologie am Nationalen Krebsinstitut war entschlossen, hier gegenzusteuern.

44

Bethesda, USA – Herbst 1984
Ein schwacher Lichtstrahl in der Finsternis

Vielleicht brachte nur jemand, der dem Naziterror knapp entronnen war, die nötige Verbissenheit auf, um sich der Herausforderung zu stellen. Dr. Sam Broder wußte die erschreckenden Dimensionen der Aufgabe zu ermessen. Sämtliche Anstrengungen der Vergangenheit, um Medikamente gegen Viren zu entwickeln, hatten nur zu sehr begrenzten Ergebnissen geführt. Die Fähigkeit der Viren, sich in der Erbsubstanz der Zellen zu verstecken, macht sie zu besonders schwer zu treffenden Zielen, zumal sie dort über Jahre hinweg inaktiv – also unenttarnbar – bleiben können. Wie sollte man sie zerstören, ohne daß man Gefahr lief, die weißen Blutkörperchen, die ihnen Unterschlupf bieten, gleich mit zu vernichten? Genau das war der springende Punkt: Man mußte ein Medikament mit einer »akzeptablen therapeutischen Breite«, wie die Mediziner sagen, erfinden, das heißt, ein Medikament, dessen toxische Wirkung zu seiner Heilwirkung in einem für den Kranken annehmbaren Verhältnis stünde.

Da das Aids-Retrovirus eine Vielzahl verschiedener Gewebe und Zellen befiel, war das Problem noch um einen Grad komplizierter. Es konnte sich zum Beispiel im Zentralnervensystem einnisten, wo es dann von einer schützenden Schranke profitierte, die nur sehr wenige pharmakologische Verbindungen zu überwinden vermochten. Und sollten diese zufällig doch an das Virus herankommen, dann würden die bereits geschädigten Zellen sich wahrscheinlich nie mehr erholen. Andere auf Aids zurückgehende Komplikationen wie das Kaposi-Sarkom und bestimmte besonders bösartige Tumore des Lymphsystems waren ebenfalls nicht wirklich heilbar. Kurz gesagt, aufgrund ihrer Komplexität und der verheerenden Schäden war diese Krankheit nach dem persönlichen Eingeständnis des amerikanischen Krebsspezialisten »eine ganz und gar ungewöhnliche Herausforderung, eine eigentlich nicht zu lösende Aufgabe«.

Dennoch, völlig waffenlos war die Wissenschaft nicht. Wenn die Forscher auch noch keine Zeit gehabt hatten, sich eingehend mit dem einzigen bislang bekannten Humanretrovirus zu befassen, das zudem anscheinend nur für ein paar sehr seltene Leukämieformen verantwortlich war, so arbeiteten sie doch seit langem über tierische Retroviren. Gegen diese hatten sie schon eine große Zahl chemischer Stoffe erprobt. Sam Broder waren mindestens fünf bekannt, die nennenswerte Erfolge erzielt hatten. Könnten Wirkstoffe, die sich bei Mäusen oder Schafen bewährt hatten, nicht auch beim Menschen Anwendung finden? Das Problem war so dringlich und Alternativen so wenig in Sicht, daß der Gedanke verführerisch wirken mußte. Da aber einzig ein Versuch an Patienten zu einer Antwort führen konnte, tauchte sofort ein Hindernis ganz anderer Art auf. In den Vereinigten Staaten kann nämlich keine zu Heilzwecken bestimmte Substanz an einem Menschen erprobt werden – auch nicht, wenn dessen Einwilligung vorliegt oder wenn es um Leben oder Tod geht –, ohne die vorherige Anerkennung und Zulassung seitens der allmächtigen *Food and Drug Administration*, der mit der Kontrolle sämtlicher Lebensmittel- und Arzneiprodukte beauftragten Bundesbehörde. Das Anerkennungsverfahren ist so kompliziert, daß monatelange, ja jahrelange Prüfdurchgänge notwendig werden. »Wie hätte ich eine so lange Frist abwarten sollen«, sagte Sam Broder, »während meine Patienten mir jeden Tag von ihrem Todeslager aus zuriefen: ›Beeilen Sie sich, Doktor!‹«

Der Arzt und Forscher war somit gezwungen, nach anderen Wegen zu suchen. Da er sich vorstellen konnte, daß einige von der übermächtigen Kontrollbehörde bereits approbierte Behandlungsmethoden gegen diverse Virusinfektionen Aussicht boten, sich auch gegen Aids als wirksam zu erweisen, setzte er seine Mitarbeiter auf die einschlägige pharmazeutische und medizinische Literatur der letzten Jahre an. Eine Ameisenarbeit, die in Rekordzeit abgewickelt wurde, weil nur fünfhundert Meter von seinem Krebslabor entfernt die Computer der Nationalen Medizinbibliothek zur Verfügung standen.

Weil Sam Broder vom gleichen Gefühl der Dringlichkeit getrieben wurde wie der ebenfalls unermüdliche Jim Curran, sein Kollege von den CDC in Atlanta, gedachte er seinerseits den Antreiber zu spielen für die verschiedenen Virologen-Teams, die auf dem Campus von Bethesda arbeiteten. Er wollte sie zwingen, bei seinem Kreuzzug mitzumachen, und deshalb bombardierte er sie seit Monaten mit Massen von biologischem Material, das von den heikelsten und akutesten Fällen seiner Station stammte. Um die Attraktivität dieser Lymphknoten-, Blut- und Knochenmarksproben zu erhöhen, ging er oft persönlich hin und übergab sie den Empfängern zu treuen Händen. Nur fünf Minuten zu Fuß von seiner Klinik gelegen, war Robert Gallos Labor im sechsten Stock von Bau 37 ein bevorzugter Stop auf seiner Lieferrunde. Anfangs wunderten der große Forscher und seine Mitarbeiter sich, daß der Chef des Programms Klinische Onkologie am *National Institute of Cancer* sich persönlich herbemühte. »Sehr schnell begriffen sie alle, daß ich nicht nur kam, um ihnen ein paar Organstückchen oder ein bißchen infiziertes Blut zu bringen«, so Broders Kommentar, »sondern daß ich mit meiner Person eine Ausnahmesituation betonte, die auch ihren sofortigen und totalen Einsatz erforderte.«

Seine Hartnäckigkeit trug schließlich Früchte. Seine Mitarbeiter entnahmen einer der unzähligen Fachzeitschriften, die zum Bestand der Nationalen Medizinbibliothek gehörten, daß eine Verbindung mit überraschenden Eigenschaften existierte. Gewiß, sehr wenige Amerikaner litten gegenwärtig an dem Übel, von dem seit sechzig Jahren das Suramin befreien konnte, jenes blaßrosa Sulfonsalz, welches das *Trypanosoma gambiense*, den afrikanischen Parasiten der Schlafkrankheit, abtötet. Dafür hatte eine ganz andere Wirkkraft dieses Salzes Sam Broders Pharmafahnder aufmerksam gemacht. Das Suramin, so die Autoren der Veröffentlichung, hatte die Fähigkeit, die Aktion der reversen Transkriptase der tierischen Retroviren zu hemmen, jenes spezifischen Enzyms, das diesem Virustyp ermöglicht, die Erbsubstanz der Zellen für seine Zwecke umzuschreiben. Zum Glück hatte dieses Medikament schon vor langer Zeit die Billigung der Zensoren von der FDA erfahren. Der Cancerologe verhehlte seine Begeisterung nicht.

Mehrere weitere Abhandlungen, darunter eine, die in einer vergilbten, fünfzig Jahre alten Nummer einer Zeitschrift für Tropenmedizin aufgespürt wurde, wiesen allerdings darauf hin, daß das Suramin ernste toxische Nebenwirkungen, vor allem auf das Funktionieren der Nebennieren, aufweise und daß es unter Umständen zu Bewußtlosigkeit führe. »Aber dieses Medikament hatte zumindest den Vorzug, daß es existierte«, so Sam Broder rückschauend. »Es genügte ein Anruf bei Bayer in Deutschland, und gleich erhielten wir etwas, womit wir unsere Patienten behandeln konnten.« Nachdem er die Wirksamkeit des Suramins im Labor überprüft hatte, veröffentlichte er in der Nummer vom 12. Oktober 1984 der Zeitschrift *Science* eine Mitteilung, in der er erklärte, daß »die *In-Vitro*-Versuche mit Suramin einen Schutz der mit dem Aids-Virus zusammengebrachten weißen Blutkörperchen zeigten«. Sofort von der Massenpresse aufgegriffen, schlug die Information ein wie eine Bombe. Noch am Erscheinungstag blockierten Dutzende von Anrufern aus ganz Amerika die Telefonzentrale seiner Krebsklinik in Bethesda. Kranke aus San Francisco schleppten sich in das erste Flugzeug nach Washington, weil sie hofften, sie könnten zu den Freiwilligen gehören, denen Sam Broder die ersten Dosen Suramin injizieren würde. Klinikärzte, die an ihrer Hilflosigkeit den immer zahlreicheren Patienten gegenüber verzweifelten, eilten aus New York, aus Los Angeles, aus Miami, aus Houston, aus dem ganzen Land herbei. Andere boten Broder an, die neue Behandlung direkt auf ihrer Station zu testen.

Auch Michael Gottlieb, der Immunologe von der Universität Kalifornien in Los Angeles, der im Juni 1981 die Welt von der neuen Seuche unterrichtet hatte, war auf der Suche nach einem Medikament. »Ich wollte meine Patienten heilen, und deswegen achtete ich geradezu besessen darauf, ob irgendwo nach einem Medikament geforscht wurde«, berichtete er. »Ich verfolgte insbesondere die verschiedenen auf dem Campus von Bethesda laufenden Versuche. Für praktizierende Ärzte wie mich, die jeden Tag mit dem Grauen konfrontiert waren, verkörperte Sam Broder die Hoffnung, daß wir eines Tages den Alptraum hinter uns haben würden.«

Wie Sam Broder hatte er die medizinische Literatur durchforscht, hatte die Untersuchungsberichte der großen virologischen Laboratorien studiert, hatte bei Kolloquien und auf Kongressen diejenigen befragt, die über antivirale Stoffe arbeiteten. Eines Tages, während er mit dem französischen Forscher Jean-Claude Chermann an der romantischen Bucht von Neapel einen Campari trank, erfuhr er von einem Medikament, das vom Pasteur-Institut unter dem Namen HPA-23 entwickelt worden war und das vielversprechend schien. Es handelte sich um ein komplexes Mineralsalz, das gleich dem Suramin die Fähigkeit hatte, die Retroviren am Einschleusen ins Zellinnere zu hindern. Seine Toxizität schien so schwach, daß Michael Gottlieb sofort seinen prominentesten Patienten nach Paris zu seinen Kollegen schickte. Dank Injektionen mit HPA-23 erholte der Filmschauspieler Rock Hudson sich noch einmal auf spektakuläre Weise und konnte die Dreharbeiten für eine Fernsehserie zu Ende bringen. Leider sollte die unerbittliche Krankheit ihn sehr bald endgültig überwältigen, obwohl er sich im Amerikanischen Krankenhaus in Neuilly noch einer zweiten HPA-23-Behandlung unterzog. Wenige Tage nach seiner Heimkehr nach Los Angeles war er in den Armen des machtlosen Michael Gottlieb gestorben. Von den Medien als nationales Drama nachinszeniert, wurde Rock Hudsons Tod für Amerika zum traumatischen Schock. Zum erstenmal hatte die Tragödie Aids ein Gesicht, das Gesicht eines seiner Halbgötter.

Nachdem das französische HPA-23 wieder in Vergessenheit geraten war, machte Gottlieb sich auf die Suche nach anderen Heilsubstanzen. Genau wie Sam Broder war er auf die Spur des rosafarbenen Pulvers gestoßen, das die Schlafkrankheit heilt und die Umkehrtranskriptase der tierischen Retroviren blockiert. Kaum kündigte Broder die Durchführung eines klinischen Versuchs an einigen Dutzend Patienten an, bat Gottlieb, sich beteiligen zu dürfen. Er loste unter seinen Patienten zwölf mit dem Vollbild Aids und zwölf im Prästadium aus und begann, ihnen eine wöchentliche Dosis Suramin zu verabfolgen. Sechs andere Kliniken an verschiedenen Punkten der USA schlossen sich dem Experiment an.

Sam Broder jubelte innerlich. Immerhin hatte er seinen Standesgenossen das Zugeständnis abgerungen, daß eine Behandlung prinzipiell möglich sei. Zum erstenmal waren Ärzte bereit, sich zusammenzutun, um die beste Art der Medikamentenapplikation zu studieren. Vor den Begriffen »Klinische Prüfung«, »Beobachtungsstudie«, »Therapeutische Vorgaben«, kurz der Sichtbarmachung eines Erfolges über das Übel und damit der konkreten Aussicht auf Heilung schwand plötzlich die zähe Skepsis; ein erster schwacher Schimmer erhellte die Finsternis namens Aids.

Paradoxerweise löste diese Hoffnung in der Gemeinschaft der Gays eine wüste Protestwelle, ja einen Aufstand aus. »Wenn ein Medikament existiert, dann muß die Regierung es schleunigst an ausnahmslos alle Kranken ausgeben und darf es nicht klammheimlich für ein paar Privilegierte reservieren!« entrüsteten sich ihre Sprecher im Fernsehen, im Radio, in den Zeitungen. Aufgebracht darüber, daß man ihnen das erste Wirkung versprechende Mittel vorenthielt, besorgten sich zahlreiche Ärzte der Gay-Bewegung aus Los Angeles und San Francisco das Suramin direkt beim deutschen Hersteller Bayer.

Zu Beginn der achten Behandlungswoche rief Sam Broder sämtliche an seinem klinischen Versuch beteiligten Ärzte nach Washington. Er wollte die Bilanz der ersten Ergebnisse ziehen. »Wir waren vollkommen euphorisch«, berichtete Michael Gottlieb später. »Wir wünschten so heftig, daß dieses verdammte Suramin wirkt, daß uns schon alle wissenschaftliche Objektivität abhanden gekommen war. Eine unserer Kolleginnen, Dr. Alexandra Levine von der Universität von Südkalifornien, hatte sogar die Fotos ihrer betreffenden Patienten mitgebracht. Die wirkten so froh und so gesund, daß wir nicht daran zweifelten: Das Suramin war wirksam.«

Der Mißklang einer einzelnen Stimme dämpfte jedoch die allgemeine Begeisterung auf dieser ersten Konferenz. Dr. Peter Wolf, ein Kliniker aus Los Angeles, brachte vor, das Heilmittel sei alles andere als harmlos, denn er habe am Ende der sechsten Behandlungswoche bei mehreren Patienten heftige Hautausschläge festgestellt. Seine Befürchtungen wurden bald durch weitere Toxizitätsreaktionen bestätigt. Anfang der zehnten Woche meldeten mehrere Zentren, die den klinischen Versuch fortführten, Fälle von Bewußtlosigkeit. Wenig später verzeichnete man die ersten Sterbefälle. Sämtliche Hoffnungen brachen am Ende zusammen: Das Suramin war nicht das erhoffte Wundermedikament. Es entpuppte sich als sogar noch toxischer, als Sam Broder befürchtet hatte. Innerhalb weniger Wochen führte es die massive Zerstörung der Nebennieren herbei. Nicht etwa heilen würde es, nein, es drohte die Patienten umzubringen, bevor die Krankheit selbst es tat. Man mußte den Versuch sofort einstellen.

Trotz seiner Enttäuschung blieb Sam Broder überzeugt, nur eine Schlacht und nicht den Krieg verloren zu haben. »So schmerzlich dieser Mißerfolg auch gewesen sein mag, er war alles andere als sinnlos«, so seine Schlußfolgerung. »Es klingt paradox, aber er stellte sogar den ersten Sieg über die Seuche dar. Das Suramin war zwar ein für den Kampf gegen Aids ungeeignetes Mittel, aber so fruchtlos seine Anwendung auch war, wenigstens war die Ärzteschaft aus ihrer Trägheit aufgerüttelt worden. Der Gedanke, daß man die Krankheit durchaus behandeln konnte, hatte sich durchgesetzt. Und das eröffnete unbegrenzte Horizonte. Jeder wußte es jetzt: Eines Tages würden wir über ein Medikament verfügen, um Aids zu heilen.«

Dritter Teil

Wissenschaftler und Heilige – die Fackeln der Hoffnung

45

Research Triangle Park, USA – Frühjahr 1984
Pharmazeuten als Viruskiller

Wahrscheinlich ist es der bedeutendste private Forschungskomplex auf der Welt. Auf einer Fläche, die der des Großherzogtums Luxemburg entspricht, beherbergt der Research Triangle Park im Staat North Carolina mehrere Institute für spitzentechnologische Forschung und Entwicklung, in denen zwanzigtausend Wissenschaftler und Techniker arbeiten. Die Grenzen des ausgedehnten dreieckigen Campus werden durch drei aufstrebende Städte markiert – Raleigh, Durham und Chapel Hill. Die intellektuelle Substanz liefern drei der besten Universitäten des amerikanischen Südens, die Duke-Universität, die Universität von North Carolina und die Staatsuniversität von North Carolina.

Die amerikanischen Tochtergesellschaft des britischen Konzerns Burroughs Wellcome Co., eines der Giganten der Weltpharmaproduktion, hatte sich als Standort die flache, von Kiefernwäldern bestimmte Landschaft gewählt, die der Hintergrund für eine Jagdszene von Thomas Gainsborough hätte sein können. Die Firma hatte ihr Hauptquartier in einem futuristischen Gebäude aufgeschlagen, dessen Stockwerke an die Aufbauten eines Passagierdampfers erinnerten. Hier entwickelten und erprobten eintausendvierhundertfünfzig Spezialisten sämtlicher Fachrichtungen – Ärzte, Biologen, Chemiker, Pharmakologen – die Arzneimittel, denen die Firma ihren Ruf verdankte. Zwei geniale amerikanische Pharmazeuten, Silas M. Burroughs und Henry S. Wellcome, hatten sie 1880 in London gegründet und als Emblem das Einhorn gewählt, jenes Fabeltier, das nach der Legende vor Giften beschützt und sämtliche Übel heilt.

In der Tat erhoben die von ihren heutigen Nachfolgern hergestellten dreiundneunzig Medikamente den Anspruch, das gesamte Spektrum menschlicher Erkrankungen abzudecken. Sie boten ebenso Hilfe gegen Krebsgeschwülste, Herz- und Gefäßkrankheiten, rheumatische Krankheiten, Malaria, Gicht und die Parkinsonsche Krankheit wie gegen eine Vielzahl von Virusinfektionen. Letztere waren geradezu die Domäne des im Research Triangle Park angesiedelten Pharmariesen. Erst vor kurzem hatten seine Forscher die erste wirksame medikamentöse Behandlung gegen die traurigberühmte rote Pest, die von den Amerikanern mit einem großen H bezeichnete Herpesinfektion, entwickelt. Allein die Erprobung und Herstellung dieser einen Substanz, des Aciclovir, hatten Investitionen in Höhe von einhundert Millionen Dollar erfordert. Man konnte also der Meinung sein, daß die Wellcome-Laboratorien auf ihre Art zu den Wohltätern der Menschheit gehörten. Jeden Tag erwarteten Millionen kranker Menschen, daß ihre Erzeugnisse ihnen die Gesundheit zurückbrachten.

Das Unternehmen machte nicht nur wissenschaftliche Entdekkungen, es bewies auch Sinn für die großen Menschheitsabenteuer, und in mancherlei sehr verschiedenen Situationen hatte es eine Pionierrolle übernommen. Ausgerüstet unter anderem mit einer Reiseapotheke, auf der das Einhorn-Emblem eingeprägt war, hatte sich John Stanley an die risikoreiche Erkundung des Kongostroms gewagt, hatten die Admirale Robert Peary und Richard Byrd den Gefahren ihrer Nordpolexpedition getrotzt, hatte Theodore Roosevelt sich gegen die Fieberkrankheiten des brasilianischen Amazonas behauptet, hatte Charles Lindbergh in seiner einmotorigen *Spirit of St. Louis* den Atlantik herausgefordert; versehen mit seinen Antihistaminika und seinen Antibiotika waren am 20. Juli 1969 Menschen auf dem Mond von Bord geklettert, hatten später andere

Astronauten in der Raumstation Skylab und in der Raumfähre Columbia die Erde umkreist.

Dieser spezielle Unternehmungsgeist und die mit Viren gesammelten Erfahrungen schienen die Wellcome-Labors für eine Schlüsselrolle zu prädestinieren, wenn es um ein erfolgreiches Medikament gegen Aids ging. Zumindest war das die Hoffnung von Michael Gottlieb, dem Immunologen aus Los Angeles, der als erster die Krankheit diagnostiziert hatte. Schon im Herbst 1983 hatte er an Ort und Stelle die Forscher des Research Triangle Park um mehr Aufmerksamkeit für Aids und dessen Folgeinfektionen ersucht. Er hatte ihnen sogar einen eigenen kreativen Forschungsansatz suggeriert. Da als ursächlicher Erreger von Aids ein Retrovirus feststand und da man wußte, daß Retroviren auf die Mithilfe eines Umschreibe-Enzyms angewiesen waren, um in den Zellkern zu gelangen, warum suchte man dann nicht nach einer Substanz, die direkt auf dieses Enzym einwirkte? Es schien, als habe sein Vorschlag nicht mehr als höfliches Interesse wecken können.

Die Gründe für diese Zurückhaltung waren vielfältig, aber in erster Linie finanzieller Natur, da die Entwicklung eines Pharmaprodukts stets zweistellige Millionenbeträge an Dollar kostet. Um die Rentabilität solch beachtlicher Investitionen zu gewährleisten, hatten die leitenden Männer von Wellcome genaue Kriterien verbindlich gemacht. Jedes neue Medikament mußte einen potentiellen Kundenkreis von mindestens zweihunderttausend Erkrankten ansprechen. Unterhalb dieser Grenze galt eine pathologische Störung als *Orphan disease* – als »verwaiste Krankheit«. Mit den damals fünftausend gemeldeten Opfern fiel Aids durch das kommerzielle Raster der pharmazeutischen Industrie.

In Wirklichkeit zeitigte der Besuch des kalifornischen Immunologen mehr Wirkung, als es zuerst den Anschein hatte. Sein drängender Appell brachte das weltbekannte Pharmalabor dazu, sich immerhin indirekt für die seltsame Epidemie zu interessieren. Seit einiger Zeit schon wunderte sich sein für die Forschung zuständiger junger Vizepräsident Dr. David W. Barry, daß bei bestimmten Produkten seiner Firma die Verkaufszahlen steil nach oben gingen. Es waren Medikamente gegen diverse sexuell übertragbare Krankheiten wie Herpes genitalis oder die Shigellose, eine schwere Form von Bakterienruhr. Da diese Infektionen eindeutig ins Umfeld der Krankheit Aids gehörten, begriff David Barry, daß seine Labors bereits hineingezogen waren in die Behandlung bestimmter Erscheinungen dieser neuen Seuche. Das konnte diesem Mann der Wissenschaft, der sich dem Krieg gegen die Viren verschrieben hatte, eigentlich nur recht sein.

Der an der Ostküste geborene, inzwischen vierzigjährige Dr. David Barry hatte die Prestigeuniversität Yale mit Auszeichnung absolviert und durfte sich auch als ehemaliger *Elève émérite* der Sorbonne bezeichnen, als er seine berufliche Laufbahn als Chef der Abteilung Allgemeine Virologie bei der *Food and Drug Administration,* der Bundeskontrollbehörde für Lebens- und Arzneimittel, begann. Der stets geschniegelt und gebügelt auftretende polyglotte Amerikaner mit den blauen Augen, der auch ein schneidiger Reiter und Freund der französischen Klassiker war und der als Kettenraucher lange Winstons bevorzugte, war der Prototyp des Wissenschaftlers mit Managerprofil. Das Mitglied zahlreicher medizinischer Akademien, der Verfasser von mehr als hundert wissenschaftlichen Artikeln, die so verschiedene Themen behandelten wie die Viren der afrikanischen Grünen Meerkatze, die Influenza der Mäuse, die rektale Behandlung der infektiösen Pneumozystose oder die Impfverträglichkeit bei alten Menschen, führte inzwischen die Abteilung Erforschung und Entwicklung neuer Medikamente des berühmten Pharmaunternehmens im Research Triangle Park.

Es gab weitere Fakten, die David Barrys Interesse für die beunruhigende Epidemie noch verstärken mußten. Wellcome stellte nämlich ein Medikament auf Amylnitritbasis her, das Millionen Amerikaner mit Angina pectoris oder anderen Gefäßinsuffizienzen inhalierten beziehungsweise sich unter die Zunge legten, sobald sie leiseste Herzschmerzen spürten. Das Produkt hatte die Eigenschaft, fast augenblicklich die Blutgefäße zu erweitern. Seine dünnen Ampullen waren es, die beim Aufbrechen »Pop« machten und die von einer anderen Benutzerkategorie, an welche das gestrenge Arzneimittelgesetz nicht gedacht hatte, »Poppers« getauft worden waren. Die Stammgäste der verschiedenen Arenen, in denen das homosexuelle Partnerwechselspiel betrieben wurde, hatten bald herausgefunden, daß das Amylnitrit die Gefäße des Penis und der Analschleimhaut erweiterte. Die »Poppers« erfreuten sich rasch solcher Beliebtheit, daß die Detektivärzte von Atlanta sich einen Moment gefragt hatten, ob sie nicht die direkte Ursache von Aids sein könnten. »Prompt gerieten wir in ein makabres Zwielicht«, so eine vertrauliche Äußerung David Barrys. »Gewisse Zeitungen wagten es, uns als die Schuldigen an der Epidemie hinzustellen. Es war kaum glaublich, aber in San Francisco und Los Angeles zogen Gays mit T-Shirts herum, auf die der Spruch aufgedruckt war: ›Mach dir ein paar schöne Stunden, nimm Poppers von Wellcome‹.« Der junge Manager und Arzt begriff, daß sein Unternehmen sich nicht länger aus dem Gesundheitsdrama heraushalten konnte, von dem Amerika erschüttert wurde.

Dann, am 1. Juni 1984, stieg die hübsche Pariserin Françoise Barré-Sinoussi im stickig-schwülen North Carolina aus dem Flugzeug. Sie kam, um vor der Führungselite der amerikanischen Pharmaindustrie über das LAV-Virus zu referieren, dessen genetische Kennkarte sie zusammen mit ihren Kollegen vom Pasteur-Institut erstellt hatte. Für eine ihrer Zuhörerinnen, Dr. Sandra Lehrman, die bei Wellcome die virologische Forschung leitete, »beschrieb diese Französin eine Versuchsreihe, die in meinen Augen genauso phänomenal war wie die ihres Landsmanns Pasteur, als er die Mikroben entdeckte. Soviel Anstrengung, soviel echte Leidenschaft, um ein hypothetisches Virus zu zwingen, die Maske fallen zu lassen!« Für ihren Kollegen, den promovierten Biologen Phil Furman, »brachte diese Frau plötzlich den Beweis, daß das mysteriöse Virus doch nicht nur erfunden war, um uns den Nerv zu töten, sondern real existierte«. Für die Chemikerin Janet Rideout »hatte die Stunde geschlagen, an unsere Vorräte zu gehen und eine Substanz herauszusuchen, die diesem Monster das Fürchten lehren würde«. Für Marty St. Clair, eine achtundzwanzigjährige Virologin mit unschuldigem Kleinmädchenblick hinter großen Brillengläsern,

»mußten nach den Enthüllungen dieser Pariserin unsere sämtlichen Pipetten und Brutschränke sofort in Alarmbereitschaft versetzt werden.« Für David Barry, dem die erdrückende Verantwortung zufiel zu entscheiden, ob eine solche Mobilmachung angebracht war, und der sie gegebenenfalls zu organisieren hatte, »wurde das Gemälde einer ägyptischen Plage, skizziert von der Frau, die den Schuldigen identifiziert hatte, zur Aufforderung, endlich unsere Vorbehalte aufzugeben«.

Weitere Argumente für eine Mobilmachung der Wellcome-Labors kamen wenige Wochen später aus Bethesda. Ein hoffnungslos überfüllter Vortragssaal klatschte Robert Gallo, dem temperamentsprühenden Meister der Retrovirologie, begeistert Beifall, als er den Forschern des Research Triangle Park seine uneingeschränkte Unterstützung zusicherte, wenn sie sich dem Kampf anschlössen.

David Barry aber hoffte vor allem, daß ein anderer seine Autorität in die Waagschale werfen und ihm helfen würde, das Einverständnis der Unternehmensleitung zu erlangen. Er wurde nicht enttäuscht. Mehr denn je war der kämpferische Sam Broder der Ansicht, daß für seinen Kreuzzug ungeheuer viel gewonnen wäre, wenn sich erst einmal die Labors der Privatindustrie engagierten. Immer noch kämpfte er mehr oder weniger allein auf weiter Flur für die Entdeckung eines Medikaments, das den Aids-Kranken helfen könnte. »Ich spürte sehr wohl, daß die Verantwortlichen bei Wellcome noch schwankten, ob sie mitmischen sollten«, berichtete er. »Sie fürchteten, die Konzernspitze würde ihnen nicht das Geld bewilligen, das nötig ist, um ein so ungewisses Unternehmen durchzuziehen. Und selbst wenn sie es schaffen würden, ein Medikament zur Produktionsreife zu entwickeln, sie waren sich nicht hundertprozentig sicher, daß die Sache eines Tages Gewinn abwerfen würde. Ich konnte es ihnen nicht verdenken. Mehr als jeder andere wünschte ich, das Projekt möge rentabel sein, aus dem einfachen Grund, weil ein kommerzieller Mißerfolg sämtliche anderen Pharmafirmen davon abbringen würde, nach einem Aids-Medikament zu suchen. Dann war da noch ein anderes Motiv für ihr Sträuben. Sie wollten ja gern ihre chemischen Verbindungen gegen tierische

Retroviren testen, aber nicht gegen den Aids-Erreger. Sicherheit ging vor. Ich habe sie beruhigt, indem ich eine Lösung vorschlug, die sämtliche Sicherheitsgarantien bot. Sie würden mir die Substanzen schicken, die sich in ihrem Labor als wirksam gegen tierische Viren erwiesen hatten, und ich würde sie an den Aids-Retroviren in meinem Kliniklabor im NCI ausprobieren. ›Wenn wir eine finden, die wirkt‹, habe ich zu ihnen gesagt, ›dann spritzen wir sie meinen Patienten, wobei ich persönlich die Überwachung übernehme.‹«

Den Wellcome-Labors bescherte das die Möglichkeit, eine Traumform der Zusammenarbeit zu proben. Ihre Forscher würden sogleich ihre Computer befragen, um Zugriff auf eine Höchstzahl von pharmakologischen Komponenten mit virostatischen Eigenschaften zu erlangen, und sie würden sie anschließend an ihren Tier-Retroviren testen.

In der Rechnung blieb natürlich eine Unbekannte: Würde ein Heilmittel, das ein tierisches Retrovirus abtötete, auch gegen ein Retrovirus des Menschen wirken? Die Antwort würde aus Bethesda, aus den Teströhrchen und Pipetten des NCI, kommen.

46

Research Triangle Park, USA – Herbst 1984
Flitterwochen, die sich schlecht anlassen

Marty St. Clair schwärmte für ihr Haus. Sie selbst hatte die Pläne gezeichnet, und dann hatten sie und ihr Mann, ein Vermessungsingenieur, es eigenhändig gebaut, von den Grundmauern bis hin zum erstaunlichen Zentralkamin. Der ganz aus Holz errichtete Bau erinnerte ebenso an eine Schutzhütte im Hochgebirge wie an eine von Jules Verne erdachte Raumkapsel. Aber für Marty, die junge Virologin von Wellcome, hatte er die Form eines Virus, eines jener Partikel, die sie beruflich so ausdauernd beschäftigten.

An diesem letzten Oktobersonntag im Jahr 1984 herrschte gespannte Hochstimmung im »Virushaus«. Morgen würde das weltbekannte Pharmaunternehmen, dem Marty angehörte, sich offiziell in das Abenteuer Aids-Forschung stürzen.

Welch erregende Aufgabe für die Tochter kleiner Farmer aus Oregon, die seit ihrer Kindheit eine Passion für die Wissenschaft hatte! Während ihre Klassenkameraden den Rockidolen huldigten, hatte sie an einen der berühmtesten Virologen Amerikas geschrieben und ihn flehentlich gebeten, sie in sein Labor an der Duke-Universität aufzunehmen. Dr. Dani Bolognesi hatte ihrem Gesuch stattgegeben, und Marty hatte ihren Traum verwirklichen können. Sie war Studentin auf dem begehrten Campus geworden und hatte sich hier ihre ersten Sporen als Forscherin verdient, bevor sie von

Wellcome engagiert wurde. Von Anfang an war David Barry höchst angetan gewesen von »diesem ganz erstaunlichen Frauenspersönchen mit dem kurzen Kraushaar, mit dem sie auch ein Junge hätte sein können«, von diesem eigensinnigen Wesen, das sechsunddreißig Stunden durcharbeiten konnte, ohne daß man ein einziges Wort von ihr zu hören bekam, von dieser Asketin, die ausschließlich Gemüse aß und deren Hände mit den blauen Flecken die Arbeit an dem merkwürdigen Haus verrieten.

Marty St. Clair fiel die Ehre zu, im Namen des berühmten Pharmaunternehmens die Feindseligkeiten gegen das Aids-Virus zu eröffnen. David Barry beauftragte sie, sich die für jede Medikamentenforschung unentbehrlichen Grundelemente zu beschaffen, im gegebenen Fall also Proben verschiedener tierischer Retroviren und der Zellinien, die sie mit Vorliebe befielen. Denn nur indem man dieses biologische Material mit antiviralen Stoffen zusammenbrachte, konnte man hoffen, eine Heilbehandlung zu entdecken.

Die Viren und die notwendigen Zellen aufzutreiben, war kein Problem. Diese »Artikel« wurden gehandelt wie Gärtnerei- oder Baumschulprodukte. Es existiert sogar eine offizielle Zellgewebebank, die *American Type Culture Collection*, die gegen die bescheidene Summe von zwanzig oder dreißig Dollar per Post tiefgefrorene, mit Echtheitsgarantie versehene Muster nahezu sämtlicher von der Biologie erfundener Zellkulturen verschickt. Normalerweise wenden sich die Forscher jedoch lieber an Lieferanten, die ihnen persönlich bekannt sind. Die von Wellcome hatten das Glück, sich bei ihren Nachbarn, den Virologen der Duke-Universität, versorgen zu können.

Mit ihrem riesigen, auf Infektionskrankheiten spezialisierten Klinikum, ihrer Medizinischen Fakultät, ihren Forschungsinstituten und ihren Bataillonen von sorgfältig ausgelesenen Ärzten und Forschern stellte die Duke-Universität ein phantastisches Reservoir an kreativer Intelligenz und an Fachkönnen dar. Dabei wäre dieser Tempel des Wissens um ein Haar nie erbaut worden. Sein Begründer, ein Tabakpflanzer und Milliardär, hatte zunächst die Absicht gehabt, sein Vermögen Princeton, der großen Universität des Nordens, zu vermachen. Er hatte die Erbschaft an eine Bedingung geknüpft: Ein Glockenturm mußte errichtet werden, der genauso aussah wie der der Yale-Universität, aber einen Fuß höher war. Nachdem Princeton das Ansinnen abgelehnt hatte, hatte der Pflanzer sich der bescheidenen Universität seines Heimatstaates zugewandt, hatte ihr seine Millionen offeriert, hatte den gotischen Turm seiner Träume errichtet, ihr seinen Namen gegeben und hatte sie zum renommiertesten Zentrum für medizinische Lehre und klinische Behandlung des amerikanischen Südens gemacht.

Dani Bolognesi, der Chefvirologe von Duke, hatte keinerlei Schwierigkeiten, die von Marty St. Clair erbetenen Tier-Retroviren in seinen Tiefkühlschränken zu finden. Wie ein Gärtner, der einem Kunden seine besten Setzlinge präsentieren möchte, wählte er zwei seiner Lieblingsretroviren aus. Das erste rief Krebsgeschwüre bei Mäusen und das zweite Leukämie bei Hühnern hervor. Anschließend wählte er die Zellkulturen, die bei den kleinen Ungeheuern besonders beliebt waren. Für eine Zwischenlagerung kam alles in die schützende Polarkälte von Martys eigenen Tiefgefrierschränken. Sobald ihre Chemikerkollegen ihr antivirale Substanzen lieferten, würde sie zur Tat schreiten.

»Wie viele, glaubst du, kannst du testen?« erkundigte sich David Barry nervös.

»Jede Menge!« versicherte die junge Frau.

Die eigentliche Schwierigkeit lag in der Wahl der Substanzen, die ihrem Reihenversuch unterworfen würden. Die Schränke, Regale, Flaschen und Röhrchen von Wellcome quollen über von Zehntausenden von organischen und anorganischen Verbindungen. Jedes Jahr fügten Chemiker, Pharmakologen, Enzymologen diesem unglaublichen Kapital tausend bis tausendfünfhundert neue Formeln an. Wie sollte man aus der verwirrenden Fülle die Moleküle herausbestimmen, die unter Umständen geeignet waren, das Aids-Virus abzutöten? David Barry beschloß, zuerst die Wirkstoffe der von Wellcome bereits vermarkteten Anti-Virus-Medikamente systematisch zu erfassen und danach jene, die zu laufenden Forschungsprogrammen gehörten. »Dadurch, daß erstere schon am Menschen erprobt waren, hatte man wenigstens die Probleme der Toxizität ausgeschaltet«, erklärte er. Die Aktion ergab gut fünfzig Proben, genug, um Marty St. Clairs Heißhunger fürs erste zu stillen.

Die Wissenschaftsgeschichte würde weder Tag noch Stunde der ersten auf dem Campus von Research Triangle Park durchgeführten Manipulation festhalten, die auf eine erste Waffe gegen Aids abzielte. An jenem Tag waren Martys Handbewegungen die gleichen wie sonst auch. Sie verteilte zunächst auf Dutzende runder, flachbodiger Plastikgefäße, die auf Tabletts standen, jeweils einige Tropfen einer blau gefärbten Lösung, die abwechselnd die Mauszellen und die Huhnzellen enthielt, die der Virologe der Duke-Universität geliefert hatte. Nachdem sie eine mit Vitaminen und Mineralien angereicherte Flüssigkeit hinzugegeben hatte, die das Wachstum und die Vermehrung dieser Zellen fördern sollte, brachte sie jedes Tablett hinter die Glaswand ihres gesicherten Arbeitstischs. Durch den isolierenden Strom steriler Luft geschützt, konnte sie jedem Gefäß einige Tropfen einer zweiten Lösung beigeben. Diese schloß die Retroviren ein, welche entweder Krebsgeschwüre bei Mäusen oder Leukämie bei Hühnern entstehen ließen. Nach einem einstündigen Aufenthalt bei siebenunddreißig Grad in Brutschränken waren die Kunststoff-Petrischalen reif für die Aufnahme der antiviralen Substanz, die getestet werden sollte. Um die Chancen zu erhöhen, hatte Marty für jede Gefäßreihe verschiedene Konzentrationen des Stoffs vorgesehen. Nachdem diese letzte Zugabe vorgenommen war, stellte sie die Tabletts zurück in die Inkubatoren. Nun mußte man nur noch abwarten, bis die Natur ihr Werk vollbracht hatte. Genau in sieben Tagen würde die junge Virologin mit bloßem Auge das bläuliche Häutchen begutachten, das am flachen Boden jedes Gefäßes zurückbleiben würde. Falls es mit winzigen Löchern übersät war, so wäre das der Beweis, daß die Zellen von den Viren getötet worden waren. Sollte im Gegenteil der Belag seine blaue Farbe gleichförmig bewahrt haben, dann wäre dies das Zeichen, daß die Zellen intakt waren, daß sie von der antiviralen Testsubstanz gegen die anstürmenden Viren geschützt worden waren.

Gegen Ende jeder Woche geriet die junge Frau in fiebrige Anspannung. Aber keine einzige der ersten fünfzig erprobten Komponenten zeigte die geringste Aggressivität gegen ihre Viren. Sie mußte sich weitere verschaffen. Zum Glück waren die Ressourcen von Wellcome praktisch unerschöpflich. »Jeder unserer Forscher hätschelte ununterbrochen mehrere Anti-Virus-Präparate, in der festen Zuversicht, sie eines Tages dem Ruhm entgegenzuführen«, erzählte David Barry. Eine neue Testserie zeitigte diesmal einige zaghafte Erfolge, die Sam Broders Ungeduld immerhin dämpfen mochten. Der Krebsforscher bombardierte von Bethesda aus David Barry nahezu täglich mit seinen Anrufen. Beflissen schickte Marty ihm die verheißungsvolleren Verbindungen. Aber sie wußte, keine aus dieser Reihe würde das erhoffte Wundermittel bringen.

Die Chemiker von Wellcome fingen wieder an, ihre Computer abzufragen, ihre Register zu durchforsten, ihre Schränke zu durchstöbern. David Barry organisierte Sitzungen, auf denen man sich gegenseitig ins Kreuzverhör nahm; er wollte seine Mitarbeiter zwingen, sich zu erinnern, ob sie irgendwann mit einem Molekül, an einer Formel, an einer chemischen oder biochemischen Verbindung gearbeitet hatten, die, und sei es nur andeutungsweise, eine antivirale Eigenschaft gezeigt hatten.

»Um unsere grauen Zellen zu foltern und sie zu zwingen, eine Spur zu entdecken, versammelten wir uns ständig an allen möglichen Orten, wobei der Zigarettenverbrauch irrsinnig und der Kaffeekonsum orgienhaft anstiegen.«

Eines Tages schlug Janet Rideout, die Leiterin der Abteilung Organische Chemie, mit der Faust auf den Tisch und rief aus:

»Ich glaube, ich hab's gefunden! Die 509 brauchen wir!«

Verdutzt sahen ihre Kollegen sie an. Mochten sie auch alle gewohnt sein, ihre Stoffe per Nummer auseinanderzuhalten, die 509 sagte ihnen nichts Besonderes.

»Ihr müßt euch nur erinnern! Es geht um das Nukleosid, dessen bakteriostatische Eigenschaften uns vor drei Jahren so große Hoffnungen gemacht haben«, erklärte Janet. Dann erinnerte sie an die Versuche mit 509, an deren relativ enttäuschendes Ergebnis und daran, daß man die Substanz schließlich an die britische Hauptniederlassung von Wellcome weitergeleitet hatte, wo sie an Tieren gründlicher getestet werden sollte. Gehört hatte sie seither nichts mehr von der Substanz.

Die Information verursachte einige Aufregung. David Barry rief die Chefs der Abteilung Toxikologie zusammen. Er wollte dringend die Ergebnisse der Arbeiten haben, die in Großbritannien durchgeführt worden waren. Welche Wirkung hatte die 509 bei Tieren gehabt? Hatte sie sie getötet, geheilt oder war sie gegen ihre bakteriellen Infektionen wirkungslos gewesen? Wellcome in England antwortete per Fernschreiben, daß die 509 an Hühnern, Schweinen und neugeborenen Kälbern, bei denen infektiöse Komplikationen vorlagen, getestet worden sei. Zwar war ihre Aktivität als mittelmäßig zufriedenstellend eingestuft worden, dafür hatte sich die Toxizität als absolut annehmbar herausgestellt. Das reichte aus, um die Forscher im Research Triangle Park auf die Spur der Substanz 509 zu hetzen.

Sofort erkundigte man sich nach ihrem Stammbaum. Wer hatte sie erfunden? Mit welcher Zielsetzung? War direkter Zugriff gegeben? Der Ziffername erklärte sich damit, daß es sich um die 509. im Jahre 1981 von den Wellcome-Chemikern synthetisierte Substanz handelte. Der wirkliche Name war Azidothymidin oder AZT. Die Struktur war die eines Nukleosids analog den Bausteinen der Desoxyribonukleinsäure (DNS), die im wesentlichen den Zellkern bildet. Im Jahre 1964 war ein Krebsforscher der *Michigan Cancer Foundation*, Dr. Jerome Horovitz, darauf verfallen, sich diese Analogie zunutze zu machen, in der Hoffnung, Krebszellen in die Irre zu locken und so den Mechanismus ihrer anarchischen Reproduktion zu durchbrechen. Der Versuch war gescheitert. Horovitz hatte seine fruchtlosen Bemühungen in einer wissenschaftlichen Veröffentlichung beschrieben und danach das AZT auf dem Friedhof der Pleite-Experimente beerdigt. Zehn Jahre später hatte ein deutsches Labor es exhumiert und gegen ein Maus-Virus getestet. Obwohl dieser Versuch gewisse Erfolge gebracht hatte, war der Stoff ein weiteres Mal aufgegeben worden.

1981 hatte Janet Rideout, die nimmermüde Sucherin nach neuen antiviralen Substanzen, noch einmal versucht, das AZT aus der Versenkung emporzuholen. So wie ihre Kollegen und sie selbst es schon bei der Entwicklung des Aciclovir, des ersten erfolgreichen Medikaments gegen Herpes, getan hatten, suchte sie die Eigenschaften des AZT – dem sie die Codenummer 509 gab – dadurch zu intensivieren, daß sie ein besonderes Enzym zufügte. Eine äußerst scharfsinnige strategische Überlegung stand dahinter. Das Virus sollte gezwungen werden, das Medikament zu aktivieren, durch das es anschließend selbst vernichtet werden würde. Daher der makaber zweideutige Name »Suizid-Medikament«, der dergestalt manipulierten antiviralen Substanzen gegeben wurde.* Aber das AZT-509 hatte die Hoffnungen von Janet Rideout nicht erfüllt. Obwohl es unbestreitbar einiges ausrichtete gegen bakterielle Infektionen beim Menschen, wurde sein Wirkungsspektrum am Ende doch für zu schmal erachtet, als daß es die Fortführung der Experimente gerechtfertigt hätte. Das war der Grund, warum die amerikanische Chemikerin es an ihre britischen Kollegen weitergereicht hatte, damit sie umfangreichere Tierversuche durchführten.

Enthielten ihre Schränke jetzt, drei Jahre später, noch einige Milligramm dieses AZT-509, die für neue Tests ausreichten? Die junge Frau stürzte sich ohne allzuviel Hoffnung auf ihre Computer und Register. Von den ungefähr fünfzehnhundert jedes Jahr bei Wellcome synthetisierten Wirkstoffen blieb nach Ende der Versuchsreihe oft nur ein schlichter Identitätsnachweis plus ein Rezept. Nun war das AZT-509 kein sehr gängiger Stoff; ein rares Rohmaterial, Heringssperma, war erforderlich, um das Thymidin, einen der Bestandteile, zu gewinnen.

Die Flitterwochen zwischen dem Pharmahersteller Wellcome und dem Chef des Programms Klinische Onkologie am Nationalen Krebsinstitut von Bethesda begannen denkbar unglücklich. Noch nie hatte Dr. Sam Broder erlebt, daß sein japanischer Mitarbeiter

* Die gezielte Strategie hatte sich Howard Schaeffer ausgedacht, einer der maßgeblichen Forscher bei Welcome.

Hiroaki Mitsuya, genannt »Mitch«, derart seinen asiatischen Gleichmut verlor. Als ungemein fähiger Biologe leitete »Mitch« das kleine Labor der Klinik, wo Sam Broder es unternommen hatte, antivirale Substanzen an lebenden Stämmen des Aids-Retrovirus zu testen. Gemeinsam hatten sie neuartige Experimentanordnungen erdacht und in die Tat umgesetzt, um rasch zu verläßlichen Ergebnissen zu gelangen. »Mitch« hatte schon angefangen, mit verschiedenen Stoffen, die Sam Broder vorgeschlagen hatte, zu arbeiten, als aus North Carolina das erste Paket mit dem Einhornemblem eingetroffen war, dem bald weitere folgten.

»Gift! Nichts als Gift haben sie uns geschickt!« fluchte der Japaner. »Gift, das uns jeden Tag unsere ganzen Zellen umbringt. Eine Katastrophe!»«

Sam Broder sträubten sich die Nackenhaare. Er suchte nach einer Erklärung.

»Und wenn wir uns schon in der Anlage bei unseren Experimenten vertan haben?« fragte er leicht verunsichert.

Der Japaner schüttelte den Kopf, zeigte auf ein Reagenzglas, das mit einer durchsichtigen Flüssigkeit halb gefüllt war.

»Alles, was sie schicken, badet in dem verdammten Zeugs. Es ist Formaldehyd!«

»Formaldehyd?« wiederholte Sam Broder verblüfft, während er schon wütend die Nummer von Wellcome in den Hörer tippte.

Keiner der dortigen Verantwortlichen wagte ihm zu sagen, wie und durch wessen Versagen ein solcher Fehler hatte unterlaufen können, aber tagelang duckte man sich in Carolina vor dem Zorn aus Bethesda wie vor einem tropischen Hurrikan.

»Wahrscheinlich war es halt ein typischer Laborfehler«, so Sam Broder später. »Sie hatten ihre Sache einfach zu gut machen wollen. Sie haben sofort die unbrauchbaren Proben ausgetauscht und uns ganz ordnungsgemäß die anderen Substanzen zugeschickt, die sie kontinuierlich testeten. Mitch reichte sie unverzüglich an seine Zellen weiter, die das Aids-Retrovirus bargen. Manchmal gab es schwache Anzeichen einer positiven Wirkung. War das der Fall, rief ich David Barry oder einen seiner Stellvertreter an und ermahnte sie, den betreffenden Stoff schleunigst pharmazeutisch zu entwikkeln. Aber jedesmal holte ich mir eine stillschweigende Abfuhr. Sie waren eben keine Philanthropen. Sie wollten zuerst einmal sicher sein, eine goldene Gans gezüchtet zu haben. Erst dann würden sie sich bereitfinden, die Millionen von Dollar auszugeben, die notwendig sind, um ein paar Milligramm Pulver in ein wirksames Medikament zu verwandeln.«

47

Research Triangle Park, USA – Herbst 1984 – Winter 1985 »Vielleicht ein kleiner Schritt in Richtung Sieg«

Filigranarbeit, Fleißarbeit, Fronarbeit. Mit den freien Abenden und Wochenenden ist es vorläufig aus. Marty St. Clair hat ihren Mann und ihr kurioses, einem Virus nachempfundenes Haus im Stich gelassen. Für zwanzig Stunden am Tag hat sie ihre Zelte in ihrem Versuchslabor aufgeschlagen, hier beschickt sie, ohne sich eine Pause zu gönnen, die Inkubatoren mit ihren kleinen runden Plastikgefäßen. Die eher frustrierenden Ergebnisse ihrer ersten Versuche und Sam Broders grimmige Ungeduld am Telefon haben die gesamte Belegschaft der Wellcome-Laboratorien in Alarmstimmung versetzt. Ständig kommt jemand hereingestürzt und liefert irgendeine neue chemische oder biochemische Testkomponente an. In sechs Wochen hat Marty mehr als zweihundert vermeintlich antiinfektiöse Substanzen der Aggressivität ihrer Maus- und Huhnretroviren ausgesetzt. Weniger als zwanzig haben eine zaghafte antivirale Aktivität erkennen lassen. Ist das der Fall, übermittelt sie Sam Broder unverzüglich eine Probe, damit er das Experiment mit seinem Aids-Retrovirus fortsetzt.

Die ununterbrochene Reihe von Rückschlägen geht der jungen Frau, die in den ersten Wochen so begeistert war, inzwischen an die Nieren. Obwohl Weihnachten unmittelbar bevorsteht, herrscht allgemein eine verdrossene Stimmung. Sogar David Barry überkommen nagende Zweifel. Es ist fast Abend an diesem Dezemberfreitag, und Marty ist den Tränen nah, sie fühlt sich erschöpft und mutlos. Sie hat gerade mehr als vierhundert ihrer Petrischalen überprüft, hat die Löcher zahlenmäßig erfaßt, die jeweils den dünnen bläulichen Film auf dem Gefäßboden sprenkeln. Jedes winzige Loch stellt einen Mißerfolg dar, die Art von Vakuum, die zurückbleibt, wenn die antivirale Testsubstanz die Zelle gegen das aggressive Virus nicht hat schützen können. In gewisser Weise attestiert jedes Loch die Anwesenheit dieses Virus. Und sie hat Tausende gezählt seit heute morgen. Keine einzige der in unterschiedlicher Konzentration angesetzten zweiundzwanzig Versuchssubstanzen des heutigen Tages ist aktiv gewesen, und nur noch ein Tablett mit zweimal vierzehn Gefäßen ist zu kontrollieren. Nach dem Zählen der Löcher braucht Marty nur noch ihre Tiefkühlschränke zu verriegeln und das Licht auszumachen, dann wird sie sich zerknirscht auf den Heimweg machen können.

Später wird die junge Frau nur schwer in den Einzelheiten rekonstruieren können, was sich dann abspielte. Sie wird sich lediglich erinnern, das letzte Tablett aus dem Inkubator genommen zu haben. Wie ein Automat schickte sie sich an, die Löcher der letzten Gefäßreihe des Tages zu zählen. Sie vergaß nicht, zunächst die Codenummer der getesteten antiviralen Substanz im Versuchsprotokoll festzuhalten. Sie selbst hatte sie sieben Tage zuvor mit Filzstift auf den Deckel jedes einzelnen Gefäßes geschrieben. Hatte sie plötzlich Halluzinationen? Was ihre vor Müdigkeit geröteten Augen sahen, während sie Deckel um Deckel abnahm, war zunehmend schwerer zu glauben. Es gab nicht ein einziges Loch im bläulichen Bodenbelag der Schalen. Aus Gewohnheit notierte sie die Uhrzeit des Prüfdurchgangs. Es war 16 Uhr 57, am Freitag, den 20. Dezember 1984. Marty ließ sich auf einen Hocker fallen, nahm ihre Brille ab und vergrub den Kopf in den Händen. »Das ist nicht möglich, das ist nicht möglich«, murmelte sie mehrmals vor sich hin. »Ich muß mich geirrt haben. Sollte ich vergessen haben, Viren in diese Gefäßreihe zu tun? Nein, das ist unwahrscheinlich. Warum hätte ich den Irrtum nur bei dieser Vierzehner-Gruppe und nicht bei allen anderen begangen?« Sie fühlte sich auf einmal wie Christoph Kolumbus, als er die Neue Welt im Fernrohr erblickte. Sie rannte zum Arbeitszimmer ihres Chefs Phil Furman.

»Phil, komm und schau es dir an!« flehte sie und zog den jungen Doktor der Biologie aus seinem Sessel hoch.

Gemeinsam untersuchten sie den Boden der vierzehn Gefäße. Kein Zweifel – kein noch so winziger weißer Stecknadelkopf war auf der blauen Fläche zu entdecken.

»Meinst du, ich könnte vergessen haben, bei diesen Schalen da die Viren dazuzutun?« fragte Marty unsicher.

Phil Furman wiegte skeptisch den Kopf.

»Das kann man nur dadurch rauskriegen, daß man das Experiment noch mal macht. In sieben Tagen wissen wir's dann.« Freundschaftlich legte er der jungen Frau die Hand auf die Schulter. »Mach dir keine Sorgen deswegen, in sieben Tagen gibt's die verdammte Epidemie bestimmt immer noch.«

Er war schon wieder auf dem Weg zu seinem Büro, als er sich umdrehte.

»Ach, übrigens, welchen Wirkstoff wolltest du denn in diesen Gefäßen testen?«

»Die 509.«

Es handelte sich um das Molekül auf der Basis von Heringssperma, wovon ihre Kollegin Janet Rideout wunderbarerweise ein paar Gramm in ihren Schränken der Abteilung Organische Chemie gefunden hatte.

»Das war dann die längste Woche meines Lebens«, berichtete Marty St. Clair. Da keine frischen Zellen verfügbar waren, konnte sie erst am Montag ihre Präparate neu ansetzen und in vierzehn neue Kunststoff-Petrischalen einbringen. Ihr blieb so wenig 509, daß sie beschloß, diese Menge zu strecken und gewisse Konzentrationen sehr stark zu verdünnen, auch wenn sie damit ihre Chancen herabsetzen würde, ein vergleichbar schlagendes Ergebnis zu erzielen. Auch war es ihr lieber, David Barry ins Vertrauen zu ziehen. Bald war das gesamte Großlabor auf dem laufenden. Auf sämtlichen vier Stockwerken des langgestreckten Gebäudes begann ein besorgtes Warten. Marty fiel in eine alte Gewohnheit zurück und kaute wieder an ihren Nägeln, während sie den »verfluchten Brutschrank, der die Testschalen unbedingt so lange gefangenhalten mußte«, überwachte.

Endlich kam der Schicksalstag. Alle hörten den Siegesschrei, den die junge Virologin ausstieß. Das blaue Häutchen am Grund der vierzehn Plastikgefäße war unversehrt. Selbst in schwächster Konzentration hatte die 509 die Zellen gegen die beiden Virusarten geschützt. Die Neuigkeit sprach sich sofort herum, und eine Welle freudiger Erregung schwappte durch sämtliche Gänge, Treppenhäuser, Aufzüge, Büros, Magazine und Labors. »Es war, als hätten wir unversehens die Wunderarznei entdeckt, die nun sämtliche Krankheiten der Menschheit heilen würde«, sagte David Barry.

Zum neunzehnten Male packte Marty St. Clair mit Sorgfalt ein Paket für Sam Broder und seine Mannschaft in Bethesda. Um die Substanz, die sie ihnen schickte, zu identifizieren, vermerkte sie den Buchstaben S, den neunzehnten Buchstaben des Alphabets. Die 509 wurde so die »Verbindung S«.

»Hinter dem abstrakten Code verbarg sich unsere Hoffnung, vielleicht einen kleinen Schritt nach vorne getan zu haben, um Menschen zu retten«, berichtete Marty St. Clair.

Der Mann, der an diesem eisigen Februarmorgen des Jahres 1985 von Washington nach Raleigh flog, brachte die Gewißheit mit, daß solche Hoffnung nicht unberechtigt war. Sam Broder hatte die »Verbindung S« in seinen Reagenzröhrchen mit den Konzentraten des lebenden Retrovirus konfrontiert, das jede Woche ein bis zwei Patienten seiner Klinik umbrachte. Er hatte sofort feststellen können, daß der Wirkstoff die Replikation des Virus blockierte, das heißt, daß er es durch Zerbrechen seiner genetischen Kette daran hinderte, sich zu vermehren. Das hieß weiter, daß das Virus auch keine neuen Zellen überfallen und besetzen konnte. Das Ergebnis war so spektakulär gewesen, daß Sam Broder bereits davon träumte, seinen sämtlichen todgeweihten Patienten »Heringssperma« zu spritzen. Der ungestüme Cancerologe wußte jedoch, daß leider bis zur Erfüllung dieses Traums Monate, ja Jahre vergehen würden.

Zunächst galt es, der FDA, der Bundeskontrollbehörde für Lebens- und Arzneimittel, die Genehmigung zu entreißen. So manches Mal hatte Sam Broder den Aufstand geprobt gegen den schwerfälligen Bürokratismus dieser Institution, die zu überwachen hat, was zweihundertfünfzig Millionen Amerikaner essen, und die bei der Vermarktung jedes neuen Produkts mitspricht, das ihnen die Gesundheit erhalten soll. Er wußte, mit welch inquisitorischer Energie ihre Beamten sicherstellten, daß keine toxischen Wirkungen vorlagen, bevor sie den Medikamentenversuch am Menschen freigaben. Als verantwortungsbewußter Wissenschaftler, der die Gefahren jeglichen Experimentierens nicht bagatellisieren konnte, räumte er ihre Nützlichkeit ein. Hatten sie nicht die Arzneimittelliste seines Landes »gesäubert« und der tragischen Dauerserie von Bauernfängerei, Betrug und verbrecherischem Mißbrauch ein Ende gesetzt?

Dabei hatte es sehr lange gedauert, bis Amerika hier endlich reinen Tisch gemacht hatte: Es mußten erst im Jahr 1937 einhundertsieben Kinder an einem toxischen Hustensirup sterben, bevor der Kongreß sich entschloß, ein Gesetz zu verabschieden, das Herstellung und Verkauf von Medikamenten regelte. Seither hatte die FDA ihre Überwachungstätigkeit unaufhörlich intensiviert, und dies galt genauso für Lebensmittel wie für Pharmaprodukte. Inzwischen zählte sie an die siebentausend Inspektoren, die unter anderem als Ärzte, Tierärzte, Chemiker, Toxikologen, Biologen, Ernährungsfachleute und Statistiker ausgewiesen waren. Die Zuständigkeit dieser Inspektoren erstreckte sich auf Brustimplantate aus Silikon, künstliche Hüftgelenke, Kontaktlinsen, Herzschrittmacher, Insulin-Einwegspritzen und andere biomedizinische Materialien. Seit ein Gesetz die Hersteller zwang zu garantieren, daß ihre Produkte zugleich gefahrlos und wirksam in der Anwendung waren, wachten zahlreiche Kontrolleure darüber, daß die dreihunderttausend rezeptfrei erhältlichen Spezialitäten diese beiden Bedingungen wirklich erfüllten. Sie hatten bereits herausgefunden, daß ein Drittel der in angeblichen Arzneiprodukten enthaltenen Wirkstoffe entweder schädlich oder ohne jede Heilwirkung waren. Angestellte der Behörde kontrollierten, ob Mittel X tatsächlich den Cholesterinspiegel senkte, wie sein Fabrikant behauptete, und ob Mittel Y tatsächlich Herzkranzgefäßerkrankungen bei schwangeren Frauen vorbeugte, ohne für ihre künftigen Babys die Gefahr angeborener Mißbildungen heraufzubeschwören. Dank dieser Inquisition waren die amerikanischen Kinder vor den Auswirkungen des Thalidomids bewahrt geblieben, des als Contergan verkauften Schlafmittels, das in Europa von Schwangeren genommen, bei Hunderten von Kindern Verstümmelungen hervorgerufen hatte.

Sam Broder wußte, die FDA erteilte niemals die Genehmigung, ein Medikament am Menschen zu erproben, ohne daß zunächst ein Tierversuchsprogramm abgewickelt worden war, das sich aufgrund der geforderten Ausdehnung und Komplexität manchmal über Jahre hinzog. Die FDA verlangte insbesondere, daß der Beweis der Nichtschädlichkeit eines Produkts an mindestens zwei Nagetierarten erbracht wurde – normalerweise an Ratten und Mäusen – und daß die Beweiserhebung an Meerschweinchen, Kaninchen, Hunden und schließlich Affen weiterging. Die Versuche mußten gemäß festgelegten Protokollen mit zunehmenden Dosen und über genau vorgegebene Zeiträume durchgeführt werden. Die Testsubstanz mußte zunächst intravenös gespritzt und dann oral verabreicht werden. Jede Protokollphase mußte mittels einer Reihe gründlicher biologischer und toxikologischer Untersuchungen kontrolliert werden. Schließlich war zwingend vorgeschrieben, die erzielten Ergebnisse detailliert in Berichten niederzulegen, von denen der bescheidenste mehrere Hundert Seiten umfaßte.

Um diese Titanenarbeit gemeinsam mit der Leitung der Pharmafirma Wellcome zu organisieren, flog Sam Broder an diesem Februarmorgen des Jahres 1985 zum Research Triangle Park. Der Empfang fiel zu seiner vollsten Zufriedenheit aus. David Barry war bereit, umgehend die zwei bis drei Millionen Dollar für die ersten

Tierversuchsreihen zu investieren. Der junge Vizepräsident, dem die Forschung anvertraut war, würde allerdings noch gewaltige Hindernisse zu überwinden haben, angefangen bei der sturen Oppositionshaltung seines obersten Konzernchefs, der von seinem Hauptquartier in London aus das Abenteuer mit Bannflüchen belegte! Ganz zu schweigen von den Vivisektionsgegnern und den Tierschutzvereinigungen, die bereits mitbekommen hatten, was hier anlief, und lautstark protestierten. In England gingen sie so weit, das Landhaus von Sir John Vane, einem der Vorstandsmitglieder von Wellcome, in die Luft zu sprengen, bevor sie in einem Kommandounternehmen Hunderte von Tieren aus den Labors von Bekkenham in der Grafschaft Kent befreiten. Die Leitung der amerikanischen Tochtergesellschaft befürchtete ähnliche Stoßtruppunternehmen und verstärkte in aller Eile den Schutz ihrer Einrichtungen mittels Stacheldraht, Alarmanlagen und patrouillierenden Nachtwächtern. »Nichts und niemand konnte uns aufhalten«, so David Barry. »Auch wenn Aids ›nur‹ zwei- oder dreitausend Menschen umgebracht hatte, es war eine echte Bedrohung. Wir hatten die Pflicht, ihm den Weg zu versperren.«

Ein letztes Hemmnis, und nicht gerade das geringste, blieb. Marty St. Clair hatte die kleine Menge Thymidin, die Janet Rideout hervorgekramt hatte, in ihren Versuchsgefäßen aufgebraucht. Dringend mußte das wertvolle und kostspielige Heringssperma, das zur Fabrikation dieses Moleküls notwendig war, nachbeschafft werden. Mit einer Telex- und Telefonrazzia versuchte man überall auf der Welt der existierenden Vorräte habhaft zu werden. Aber die Ernte war äußerst mager, wenige hundert Gramm trafen ein. Die fatale Nachschubunterbrechung drohte, bevor die Wellcome-Chemiker soweit waren, daß sie selbst das äußerst rare Molekül synthetisieren und bereitstellen konnten. Aber sei's drum! Die Maschine hatte sich in Gang gesetzt.

Wie viele Tiere – weiße Mäuse, Kaninchen, Hunde, Affen – wurden in jenem Winter von den Virologen in North Carolina gefoltert, damit über die Toxizität der »Verbindung S« Klarheit entstünde? Die Furcht vor Gewaltaktionen gegen die Tierlaboratorien des Research Triangle Park war so akut, daß die Zahl ein streng gehütetes Geheimnis blieb. Sam Broder und die FDA-Inspektoren ihrerseits hatten allen Grund zur Zufriedenheit. Nicht nur führte David Barrys Mannschaft das geforderte Versuchsprogramm systematisch durch, sie ging erheblich weiter. Sie suchte herauszufinden, wie das Thymidin im Blut zirkulierte, wie lange es bei abgestufter Dosierung wirksam blieb, ob es die Schutzbarrieren des Gehirns zu überwinden und in dessen Windungen vorzudringen vermochte. »Es war schon phantastisch«, berichtete David Barry. »Die Lichter blieben die ganze Nacht hindurch an. Niemand ging mehr nach Hause. Wir wußten, wir waren die Besten; wer, wenn nicht wir, würde mit einer solchen Aufgabe fertig werden. Was wir wollten, das war nicht die Bezahlung von Überstunden, sondern immer noch mehr Heringssperma, um unsere Experimente verdreifachen und verzehnfachen zu können. *Thymidin was our currency,* Thymidin hatte für uns mehr Wert als die Dollars unserer Gehälter.«

48

New York, USA – Sommer 1985
Ein Sterbehaus am Fuß der Wolkenkratzer

Von seinem geräumigen Büro in Lower Manhattan sah der Bürgermeister von New York hinaus auf seine Stadt. Der Blick verriet zärtliche Melancholie. In acht Jahren Amtszeit hatte Edward J. Koch eine Glanzleistung vollbracht. Er hatte die städtischen Finanzen zwar nicht dauerhaft sanieren, aber den Marsch in den Abgrund doch aufhalten können, hatte die massive Abwanderung der Großunternehmen gebremst, das Vertrauen der Investoren wiederhergestellt, Hygiene und Sauberkeit verbessert, die Sicherheit von Leben und Eigentum erhöht, die schwere Kriminalität nicht ohne Erfolg bekämpft. Trotzdem machte der wagemutige Junggeselle mit dem kahlen Schädel sich kaum irgendwelche Illusionen. Das hochmütige New York umschloß noch häßliche Inseln des Elends und der Gewalt. Jeden Tag sah er sich gezwungen, auf Abhilfe für irgendeinen Notstand oder für irgendeine schreiende Ungerechtigkeit zu drängen. Mehr als eine Million Arbeitslose und Bedürftige waren ganz auf die städtische Sozialhilfe angewiesen. In bestimmten Vierteln lebten Hunderttausende von Schwarzen und Puertoricanern dichtgedrängt in haarsträubenden Gettos ohne Wasser und Strom, wo die Chance, eines natürlichen Todes zu sterben, nicht einmal eins zu zwanzig betrug. New Yorks einschlägige Straßenzüge beherbergten die Hälfte von Amerikas Drogensüchtigen. Die

Polizeireviere registrierten einen Notruf pro Sekunde, einen Diebstahl alle drei Minuten, einen Raubüberfall jede Viertelstunde, zwei Vergewaltigungen und einen Mord alle fünf Stunden, einen Selbstmord und einen Tod durch Überdosis alle sieben Stunden.

Und nun, im Sommer 1985, verdüsterte sich das Panorama weiter durch ein neues und schreckenerregendes Übel. Der Wochenbericht der CDC von Atlanta zeigte, daß New York ein Viertel der amerikanischen Aids-Opfer zu seinen Einwohnern zählte. 2140 Erkrankte waren gemeldet, doppelt so viele wie im Jahr zuvor. Trotz ihrer imponierenden Infrastruktur auf medizinischem Gebiet – es gab rund hundert Krankenhäuser und fünf medizinische Forschungszentren – wurde die Stadt mit einer solchen Situation nicht fertig. Nicht wenige Kliniken lehnten es immer noch ab, Aids-Patienten aufzunehmen. Fanden sie sich widerstrebend bereit, dann isolierten sie sie entweder wie mittelalterliche Pestkranke oder, schlimmer noch, verteilten sie auf verschiedene Abteilungen, was sie jeder Menge zusätzlicher Infektionen aussetzte. Nur einige, so das alte Saint-Clare-Krankenhaus, verfügten über eigene Aids-Stationen, wo man diese Krankheit nicht als Stigma moralischer Verderbtheit betrachtete. Aber diese Stationen wiesen zu wenig Betten auf und kamen dem wachsenden Bedarf in keiner Weise nach.

Die gesellschaftliche Ächtung der Krankheit und ihre rasche Ausbreitung unter drogensüchtigen Schwarzen und mittellosen Hispano-Amerikanern ließen im übrigen ausweglose Situationen entstehen. Da waren die vielen Kranken, die sich weder an Angehörige noch sonst irgendwohin wenden konnten, deren Zustand aber noch nicht die Einweisung ins Krankenhaus rechtfertigte. Sie fanden sich buchstäblich auf der Straße wieder. Angesichts der akuten Notlage beschloß Ed Koch, einen Ort zu suchen, wo wenigstens ein Teil dieser Unglücklichen unterkommen könnte. Seine Leute meldeten ihm den unbewohnten Flügel eines städtischen Altenhospizes im Stadtteil Queens, aber das Projekt führte in dem Viertel zu einem solchen Proteststurm, daß er es fallenlassen mußte. Entmutigt appellierte er an den Mann, dem er zutraute, daß er ihm zu Hilfe kommen würde. Vielleicht könnte ein hoher katholischer Geistlicher besser als er, der jüdische Berufspolitiker, die Herzen der Menschen rühren.

Kardinal John O'Connor war das geistliche Oberhaupt der vier Millionen Katholiken der Erzdiözese New York. Der athletisch gebaute Fünfzigjährige hatte nicht weniger als der Bürgermeister ein offenes Ohr und einen aufmerksamen Blick für die Ungerechtigkeiten und Nöte in dieser Stadt, die von ihren Bewohnern liebevoll *The Big Apple*, der »Große Apfel«, genannt wird. Er, der ehemalige *Chief Chaplain* der amerikanischen Marine, war es gewesen, der die Spezialstation im Saint-Clare-Krankenhaus hatte einrichten lassen, und sein Wahlspruch am Eingang zu seinem Büro im obersten Stockwerk seines Amtssitzes an der First Avenue verkündete: »Es kann keine Liebe geben ohne Gerechtigkeit.« Gewiß, mit seinen kompromißlosen Stellungnahmen zur Abtreibung und zur Homosexualität hatte er sich Sympathien und manche Unterstützung für seinen sozialen Kreuzzug verscherzt. Aber die New Yorker bezeugten seinem karitativen Engagement für Arme und Obdachlose einhellige Hochachtung. In der Verwaltungsstruktur der Stadt spielten die Organisationen der Erzdiözese eine wichtige Rolle. O'Connor unterstanden zahlreiche Krankenhäuser, eine Ausbildungsstätte für künftige Ärzte, verschiedene Kinderkrippen, Jugend- und Altenheime, ferner Hochschulen, Dutzende von Grundschulen und höheren Schulen, wovon nicht wenige, so die Saint-Simon-School, mitten in den berüchtigtsten Stadtdschungelgebieten lagen. Es war ein imponierendes, vielmaschiges soziales Netz, das hier finanziert wurde. Auf mehrere Hundert Millionen Dollar belief sich der jährliche Haushalt, in dem die Spenden der Gläubigen und städtische Zuschüsse zusammenflossen.

Auf den dringenden Hilferuf des Bürgermeisters hin wurde der hohe Geistliche sofort aktiv. Sein Stab entdeckte sehr bald ganz oben in Manhattan ein altes, nicht mehr benutztes Gebäude, das dem Orden vom Heiligen Namen Jesu gehörte. Die Lage an der Grenze zu Harlem schien ideal. Der Kardinal gab unverzüglich die Umbauarbeiten in Auftrag. Aber es kam wie im Stadtteil Queens, das Projekt erregte den Zorn der Anwohner. Sie organisierten Versammlungen, machten Eingaben, spannten die Zeitungen ein, drohten den Einzug der Patienten mit Gewalt zu blockieren, deckten den Kardinal mit einer Lawine von Petitionen und Protesten ein. Weder Informationsveranstaltungen noch in den Straßen verteilte Handzettel, noch Appelle im Radio, noch seine persönlichen Auftritte besänftigten den Unwillen der Leute. Voller Ingrimm kapitulierte Kardinal O'Connor in diesem Fall.

Keineswegs jedoch ließ ihn der Mißerfolg resignieren, im Gegenteil, er stachelte ihn an. Nach wochenlanger erneuter Suche meldete ihm seine Mannschaft ein fünfstöckiges Pfarrhaus nahe der Kirche der Heiligen Veronika, einer einst blühenden Pfarrei, die inzwischen praktisch keine Gläubigen mehr zählte. Nur zwei alte Priester lebten noch dort. Es würde leicht sein, sie anderswo unterzubringen und ihren Wohnsitz so umzugestalten, daß etwa zwanzig Aids-Kranke Aufnahme finden könnten. Um die erfreuliche Entdeckung würdig zu feiern, lud der Bürgermeister den Kardinal und seine Mitarbeiter in sein Lieblingsrestaurant Peking Duck in Chinatown ein. Wie bei allen bedeutsamen Anlässen tranchierte Ed Koch selbst die Pekingente für seine Gäste. Anschließend begaben sich die Tischgenossen nach 657 Washington Street, um die Räumlichkeiten des Pfarrhauses zu besichtigen und nötige Umbaumaßnahmen zu diskutieren.

Die Vorsehung hätte keine symbolträchtigere Lage wählen können. Die Befreiungsbewegung der Gays, der manche Leute die tragische Epidemie kurzerhand in die Schuhe schieben wollten, hatte einst in einer schwülen Juninacht des Jahres 1969 nur ein paar Häuserzeilen weiter begonnen, auf der berüchtigten Christopher Street, welche die Washington Street kreuzt. Das Pfarrhaus von Sankt Veronika befand sich mitten in Greenwich Village, New Yorks Homosexuellengetto, seit sechzehn Jahren Schauplatz gewagtester Lebens- und Vergnügungsformen unter dem Vorzeichen »gay«. Trotz heftiger Kampagnen gegen diese Auswüchse blieb das Viertel eine Hochburg der sexuellen Freizügigkeit. Mehrere *Bath-houses* waren geschlossen worden, aber andere bestanden weiter, ebenso wie diverse Salons für sadomasochistische Praktiken. In den Hinterzimmern spezialisierter Bars empfingen Orgienklubs jede Nacht die Kundschaft aus der nach San Francisco bedeutendsten Weltmetropole der Gays und dazu die einschlägige Touristenschaft.

Anders als Bürgermeister und Kardinal gehofft hatten, begegnete die Gemeinde der Gays dem Projekt mit an Feindseligkeit grenzendem Mißtrauen. Wahrscheinlich bestand ein gewisser Zusammenhang zwischen den öffentlichen Äußerungen des Geistlichen zur Sünde der Homosexualität und dieser Einstellung. Militante Gay-Gruppierungen befürchteten, hinter der Fassade karitativer Aufgeschlossenheit verberge sich eine »Besserungsanstalt für reuige Sünder«. Richard Dunne, der tatkräftige Vorsitzende von *Gay Men Health Crisis*, einer sehr aktiven Hilfsorganisation für Aids-Opfer, sprach öffentlich von seiner »Besorgnis, daß die aufgenommenen Patienten bis zu ihrem Tod religiös indoktriniert werden und daß ihre Zwangsbekehrung zur Heterosexualität auf dem Programm steht«.

Die Nicht-Gays des Viertels machten ihr Widerstreben nicht weniger deutlich. Dabei waren in der Veronika-Kirche eigens Versammlungen organisiert worden, um ihren Zornausbrüchen vorzubeugen. Ärzte erklärten, daß und warum die Nachbarschaft des geplanten Hospizes medizinisch keinerlei Gefahr darstelle. Ein Bürgerkomitee wurde eingesetzt, und man schritt zu einer Abstimmung. Eine überwältigende Mehrheit akzeptierte schließlich die Gründung des ersten New Yorker stationären Betreuungszentrums für mittellose Menschen, die von Aids befallen waren.

Für Kardinal O'Connor hatten damit die Mühseligkeiten noch lange kein Ende. Er mußte motiviertes Personal finden, damit das Pflegeheim auch wirklich funktionierte. Und gerade hier hatte sich in der Katholischen Kirche Amerikas in den letzten Jahren die allgemeine Einstellung gewaltig geändert. Nur noch wenige Nonnen waren bereit, ihr Leben der Linderung körperlichen Leidens zu widmen. Siebzig Prozent der in der Krankenpflege eingesetzten Schwestern hatten diesen Dienst aufgesagt, und bei denen, die blieben, lag der

Altersdurchschnitt über fünfundsechzig Jahren. Die meisten Schwestern legten ihre Ordenstracht ab und kleideten sich lieber wie die anderen Frauen bei Macy oder bei Bloomingdale. Sie wünschten Wohnungen mit üblichem Komfort und eine ihrer Arbeit angemessene Entlohnung. Vergeblich suchte der katholische Würdenträger nach Ersatzlösungen. Kaum sprach er das Wort »Aids« aus, zogen sich seine Ansprechpartner zurück und ließen die Gespräche im Sande verlaufen.

Eine einzige Person konnte ihm helfen, sein vertracktes Problem zu lösen: die unbeugsame Nonne, die Kalkuttas Sterbende der Hölle der Trottoirs entrissen hatte. Seit der Gründung ihres Sterbehauses zum Reinen Herzen hatte Mutter Teresa ihr Wirken auf die ganze übrige Welt ausgeweitet, insbesondere auf die reichen Länder, von deren verborgenem Elend sie wußte. »Die Armen sind dort oft armseliger dran und schlimmer allein gelassen als in Indien«, pflegte sie zu sagen. Diesem Westen, der unfähig war, das Problem der vom Wohlstand Ausgeschlossenen zu lösen, hatte sie ihre indischen Schwestern geschickt, schwarzhäutige kleine Nonnen im schlichten Baumwollsari und mit Sandalen an den nackten Füßen. In den heruntergekommenen Vorstädten der kapitalistischen Metropolen hatte sie Hospize, einfache Krankenstationen, Volksküchen und Nachtasyle eröffnet. In Melbourne, Rom, London, Detroit, Marseille, Rio, Chicago, Los Angeles drängten sich jeden Tag lange Schlangen von Obdachlosen und Hungernden an den Pforten ihrer Zufluchtsstätten. Und selbst in New York, mitten in der South Bronx, einem alptraumhaften, von Bränden verwüsteten, von Abfallhaufen übersäten Stadtteil, wo die Kindersterblichkeit die der Slums von Kalkutta übertraf, hatte sie 1971 ein Hilfszentrum eröffnet, das Essen und Kleidung ausgab an Tausende von arbeitslosen Schwarzen und Hispano-Amerikanern, an Drogenabhängige, an alle, die zu den Vergessenen des Großen Amerikanischen Traums zählten. Dem Vorgänger John O'Connors, der sich teilnahmsvoll erkundigt hatte, welche Entlohnung denn ihre Missionarinnen der Nächstenliebe zu erhalten wünschten, hatte sie geantwortet: »Herr Erzbischof, Christus zu dienen ist unser einziger Lohn.«

Als sie an einem gewittrigen Julitag des Jahres 1985 in New York landete, um eine Inspektionsreise zu ihren amerikanischen Einrichtungen anzutreten, ahnte die »Heilige von Kalkutta« nicht, daß sie wie der Messias erwartet wurde. Mit dem unfehlbaren Instinkt, der sie zeitlebens auf die Spur des wahren Unglücks geführt hatte, fand Mutter Teresa sich bereit, die pflegerische Verantwortung im ersten stationären Betreuungszentrum für die Opfer von Aids zu übernehmen.

49

Rockville – Bethesda, USA – Frühjahr 1985
Ein Nerzmantel für eine Auferstandene

Man hätte sie sich eigentlich besser an den Links eines Golfplatzes oder auf den Modeseiten von *Harper's Bazaar* vorstellen können. Die charmante, sportlich-elegante Dame mit den dunklen Haaren wollte in der Tat nicht zu dem Bild passen, das man sich von einer Regierungsbeamtin macht. Dennoch, die erst fünfunddreißigjährige Dr. Ellen Cooper hatte eine der Schlüsselpositionen in dem imposanten Glas- und Stahlbau, der an Washingtons ländlich anmutendem Stadtrand die Zentrale der *Food and Drug Administration* beherbergt, der allmächtigen Aufsichtsbehörde für Lebensmittel und Medikamente. Sie war Arzt-Inspektorin der Abteilung Antiinfektiöse Medikamente und gehörte aufgrund dieser Amtsstellung zu den Personen, die von der amerikanischen Pharmaindustrie am sorgsamsten hofiert und am meisten gefürchtet wurden. Dr. Cooper erteilte oder verweigerte die Genehmigung, neue antivirale Substanzen, die später als Medikament zugelassen werden sollten, am Menschen zu erproben.

Die Tochter eines Anwalts aus Philadelphia hatte ursprünglich nichts für eine Verwaltungslaufbahn prädestiniert. Mit sechsundzwanzig Jahren hatte Ellen Cooper nach dem Studium in Yale und Cleveland ihren medizinischen Doktor gemacht und sich auf Infektionskrankheiten im Kindesalter spezialisiert. Eine Kleinanzeige war eines Tages der Anstoß gewesen, sich näher für das Windpockenvirus zu interessieren, das die Pathologie dieser Altersstufe wesentlich mitbestimmt. Die Ansteckungsmechanismen dieses Keims sollten in den Labors der FDA gründlich untersucht werden, und Ellen Cooper hatte sich erfolgreich um die Mitarbeit in einem der Forschungsteams beworben. Zwei Jahre später betraute die Bundesbehörde sie mit dem Posten einer Arzt-Inspektorin. Populär aber wurde sie weniger durch diese Beförderung als durch ein reizendes Familienereignis. Mrs. Cooper hatte Drillinge zur Welt gebracht. Das Foto der drei niedlichen Blondköpfchen – Emmy, Benjamin und Kimberley – thronte unübersehbar auf ihrem Schreibtisch zwischen den Stößen wissenschaftlicher Berichte, die ihr ununterbrochen angeliefert wurden. Ellen Cooper verbrachte zwölf bis vierzehn Stunden am Tag damit, vielhundertseitige Dokumentationen unter die Lupe zu nehmen, die Diagramme nachzuvollziehen, die Zusammenfassungen kritisch zu zerlegen. Sie kamen in solchen Massen, daß sie sie nach Feierabend zu Hause weiterstudierte. Sogar der Sonntag blieb nicht verschont, wenn der traditionelle Spaziergang, der sie mit den Kindern und ihrem Mann, einem bekannten Washingtoner Anwalt, ans Ufer des Potomac führte, hinter ihr lag. »Ein recht gewöhnliches Beamtendasein«, so ihre Selbsteinschätzung, »das mich aber doch manchmal mit wichtigen Problemen der Volksgesundheit konfrontierte, so daß ich die Befriedigung erlebte, zu einer Lösung beizutragen.«

Jetzt allerdings sorgten die tragische Entwicklung von Aids und das verzweifelte Bemühen der Wissenschaft, die Verheerungen wenigstens abzumildern, dafür, daß die Inspektorin Ellen Cooper sich die zentrale Rolle eines Dramas zugeschoben sah. Durfte das Medikament der Wellcome-Labors, dessen Ausgangsstoff Heringssperma war, am Menschen erprobt werden und im Falle des Erfolgs als Behandlung gegen die Seuche empfohlen werden? Sie mußte entscheiden, sie allein trug diese Verantwortung.

An diesem 22. April 1985, einem Montag, war der für die Forschung zuständige Vizepräsident von Wellcome gekommen, um ihr die Argumente für eine solche Erprobung zu unterbreiten. David Barry hatte eine umfangreiche Dokumentation mitgebracht, mit der er sein Plädoyer zu untermauern gedachte. Sie belegte einen für den Menschen akzeptablen Toxizitätsgrad des AZT. Seit dem Tag, als Dr. Jonas Salk vor den Zensoren der FDA den Beweis erbracht hatte, daß sein Impfstoff der Poliomyelitis-Tragödie des Sommers 1953 ein Ende setzen konnte, hatte kein Dokument von dieser Bedeutung die Umfriedung der respektgebietenden Institution passiert. Keine stenografierende Sekretärin war bei der Diskussion dabei, die am ovalen Tisch des Konferenzzimmers im dritten Stock ablief. Dabei war es ein durchaus historisches Treffen. Vier Jahre nachdem ein Arzt in Los Angeles den ersten Fall der Epidemie diagnostiziert hatte, zwei Jahre nachdem die Biologen des Pariser Pasteur-Instituts das verursachende Retrovirus entdeckt hatten, setzten sich hohe Beamte der Gesundheitsverwaltung und Wissenschaftler der Pharmaindustrie zusammen, um die Grundlagen eines klinischen Protokolls zu erarbeiten und so die Erprobung der ersten Waffe gegen die Schreckensseuche einzuleiten.

»Man konnte Alpträume bekommen von dieser Aufgabe«, erinnerte sich später einer der Manager von Wellcome. Erstens weil Vergleichsdaten fehlten – noch war kein einziges Produkt erfolgreich gegen eine so komplexe und letztlich so unbekannte Krankheit getestet worden –, zweitens wegen der zahlreichen Unbekannten, was das AZT selbst anging. Seine Wirkungsweise hatte nicht restlos geklärt werden können, und seine toxischen Effekte waren nur an Tieren, und da nur während ein paar kurzen Wochen, gemessen worden. Was war, wenn es über einen längeren Zeitraum beim Menschen angewendet wurde?› »Wir segelten im Nebel drauflos«, umschrieb David Barry die Situation. Eine Hauptfrage war die Auswahl der ersten menschlichen »Versuchstiere«. Nach welchen Gesichtspunkten würde man diese Auswahl treffen? Sollte man, wie die Vertreterin der FDA es wünschte, Kranken den Vorrang geben, deren Zustand ein baldiges Ableben voraussehen ließ, oder im Gegenteil Patienten, die noch im Frühstadium der Krankheit waren? Sollte man die klinische Erprobung strikt auf die Opfer mit dem

Vollbild Aids beschränken und demnach alle ausschließen, deren relativ erträgliches Vorstadium von den Fachleuten noch als ARC, als *Aids Related Complex* – Aids-assoziiertes Syndrom – bezeichnet wurde? Sollte man unterschiedslos sämtliche Fälle, egal ob mit Pneumozystose oder Kaposi-Sarkom, hereinnehmen, oder nur eine der beiden Patientengruppen?

Die Abstimmung des weiteren Vorgehens zog sich über mehrere Stunden hin. Sie war jedoch erst der Auftakt einer langen Reihe von Diskussionen zwischen den Wellcome-Leuten, dem Krebsforscher Sam Broder und der Inspektorin Ellen Cooper. Alle waren von der gleichen brennenden Ungeduld erfüllt, die sich noch steigerte, als die Reagenzglas-Wirksamkeit des AZT seitens der Mediziner Dani Bolognesi von der Duke-Universität und Robert Yarchoan vom Nationalen Krebsinstitut bestätigt worden war. Daß die Zusammenarbeit mit der Inspektorin Ellen Cooper so glatt und vor allem beschleunigt lief, erfreute ihre Partner, waren sie doch an so viel Entgegenkommen bei Beamten der FDA nicht gewöhnt. »Sie vertraute ihre Drillinge der Obhut von Ehemann und Schwiegermutter an und vertiefte sich in unsere pausenlos eintreffenden Berichte«, so David Barry. Die junge Frau gab selbst eine Erklärung, in der das von allen geteilte Dringlichkeitsgefühl zum Ausdruck kam: »Das Medikament, das uns auf Trab hielt, war nicht dazu bestimmt, die Nasenlöcher verschnupfter Leute freizukriegen. Es sollte das Leben von Kranken retten, die unter den Augen ihrer hilflosen Ärzte dahinstarben.«

Die Wellcome-Studien zeigten, daß man AZT über lange Zeiträume hinweg würde verabreichen müssen, um einer Wirkung sicher zu sein. Sie zeigten auch, daß es intravenös besser als auf oralem Weg resorbiert wurde und daß die Wirkung knapp zwei Stunden anhielt. Diese drei Parameter warfen erhebliche Probleme auf: Durfte man Patienten zu einem Krankenhausaufenthalt von mehreren Wochen oder gar mehreren Monaten verurteilen, nur damit sie täglich ihre sechs bis acht Injektionen bekamen? Die einfachste Lösung wäre gewesen, eine orale Therapie zu entwickeln, der sie sich zu Hause unterziehen konnten, aber die Tierversuche hatten gezeigt, daß der Stoffwechsel gewisser Tierarten, insbesondere der der Kaninchen, nur zwanzig bis dreißig Prozent des auf diese Weise zugeführten AZT assimiliert hatte. Wie würde das Verhältnis beim Menschen sein? Nur ein Patientenversuch konnte die Antwort liefern. Nun, das amerikanische Gesetz war unerbittlich: Ein solches Experiment konnte erst stattfinden, wenn das betreffende pharmazeutische Forschungslabor einen offiziellen Antrag gestellt und die Genehmigung der FDA erhalten hatte. Unbeschadet der wohlwollenden Einstellung der Inspektorin Cooper würde das Genehmigungsverfahren eine Menge Zeit kosten.

»Also beschlossen wir, einen Abkürzungsweg ein bißchen am Rande der Legalität zu gehen«, beichtete David Barry. Die tragische Geschichte der Krankheit Aids sollte ein Detail nicht unterschlagen: Die ersten an Menschen erprobten Milligramm AZT wurden seinen drei wichtigsten Erfindern verabreicht, angefangen beim Vizepräsidenten von Wellcome-Amerika persönlich. Die Versuchsreihe fand sozusagen im stillen Kämmerlein statt. »Ach, ein scheußliches Gebräu!« berichtete der wagemutige Mediziner in Erinnerung an den bitteren Beigeschmack des Orangensafts, den er an jenem Tag statt eines Frühstücks hinunterschüttete. Da Tabletten oder Kapseln noch nicht existierten, war er gezwungen gewesen, das Heringsspermapulver in Fruchtsaft aufzulösen. Tags zuvor hatte er sich schon zusammen mit seinen zwei Komplizen eine kleine Menge in die Armvene gespritzt. Eine anschließende Blutprobe hatte die restlose und problemlose Resorption ergeben. Die Vergleichskontrolle nach der oralen Einnahme erbrachte kein so überzeugendes Resultat: Nur siebzig Prozent des geschluckten AZT waren ins Blut gelangt. Dieser Prozentsatz bestätigte sich über drei aufeinanderfolgende Versuchstage.

David Barry war zufrieden. Er würde der Inspektorin der FDA ein erstes Behandlungsprotokoll vorschlagen können. Wie er es erwartet hatte, wunderte sich Ellen Cooper über die exakten Dosisangaben, die zu dem Vorschlag gehörten.

»Woher wissen Sie, daß man genau diese Zusatzmenge verabreichen muß, wenn es um orale Applikation statt um intravenöse geht?« fragte sie.

»Unsere Computer haben diese Berechnung angestellt«, erklärte David Barry nicht im mindesten verunsichert.

»Mein Gott!« rief die junge Frau aus. »Sie haben aber tolle Apparate!«

Ellen Cooper wunderte sich über einen weiteren Punkt.

»Und warum empfehlen Sie, die Substanz mit ein wenig gesüßter Flüssigkeit zu vermischen?«

»Ganz einfach, weil das verflixte Heringssperma so schauerlich bitter schmeckt. Schlimmer als Quinin.«

»Woher wissen Sie das?«

David Barry spürte es, gleich hatte sie ihn überführt, aber die Inspektorin war taktvoll genug, die Frage nicht zu vertiefen. Sie war zu klug, um nicht zu wissen, daß man den Alchimisten zuweilen ihre Geheimnisse lassen soll. Eine Woche später bestätigte sie die offizielle Einwilligung der FDA. Noch nie hatte die tyrannische Organisation eine Genehmigung in so knapper Frist erteilt. Dem Versuch am Menschen, der Wirksamkeit und Toxizität des AZT feststellen sollte, stand nichts mehr im Wege.

Das Datum 3. Juli 1985 sollte dem Krebsarzt Sam Broder zeitlebens gegenwärtig bleiben. An diesem Tag wurde in seiner Klinik in Bethesda ein junger Möbelkaufmann aus Boston namens Joseph Rafuse zu einer Art Testpilot der Wissenschaft, indem er die erste Dosis einer ersten gezielten Aids-Behandlung mit AZT erhielt. Selbstverständlich war diese Dosis erheblich stärker als die, die sich die drei Wellcome-Angestellten heimlich appliziert hatten. »Sam und ich haben unsere Flasche auf das Infusionsbesteck aufgesetzt«, so Dr. Robert Yarchoan in seinem späteren Bericht, »und wir haben den Atem angehalten, während wir Tropfen um Tropfen durchlaufen sahen. Die erste Stunde war kritisch. Sollte es zu einem anaphylaktischen Schock kommen, dieser heftigen biochemischen Unverträglichkeitsreaktion, konnte uns der Patient wegsterben.« Zu Beginn der Nacht stieg seine Temperatur steil an. Es gelang den beiden

Ärzten, sie herunterzubringen und das Fieber zu stoppen. Im Morgengrauen zog sich ein erschöpfter Sam Broder den weißen Kittel aus und sprach ohne Betonung die vier wohl bedeutungsschwersten Worte seiner Laufbahn:

»Das Experiment geht weiter.«

Neunzehn waren es. Neunzehn Männer und Frauen, die aufgrund ihrer seltenen und schweren Symptome in Sam Broders Avantgarde-Klinik Aufnahme gefunden hatten.* Das Experiment, für das sie – mit ihrer Zustimmung – als Versuchskaninchen dienten, war nicht in erster Linie dazu bestimmt, sie zu heilen, es sollte vielmehr sichergestellt werden, daß das Heilmittel, das sie bekommen würden, weder ihren Zustand verschlimmern noch gar ihren Tod herbeiführen konnte. Sam Broders Assistenzärzte hatten ihnen ein achtseitiges maschinengeschriebenes Dokument zur Unterschrift vorgelegt, womit sie ihre Freiwilligkeit erklärten, die Versuchsrisiken in Kauf nahmen und für den Fall, daß etwas schiefging, das Klinikzentrum von jeder Verantwortung freistellten.

Das Protokoll der klinischen Erprobung sah die progressive Erhöhung der AZT-Dosen vor, wobei zuerst zwei Wochen lang intravenös gespritzt und dann vier Wochen lang oral verabreicht werden würde. Man wußte, daß Ratten und Hunde bis zu achtzig Milligramm AZT pro Tag und pro Kilogramm ihres Körpergewichts vertragen hatten. Man begann bescheidener mit drei, siebeneinhalb, fünfzehn, dann dreißig Milligramm und verdoppelte jeweils die Menge bei der anschließenden oralen Applikation. Sam Broders Hoffnung wuchs mit jedem Tag. Die Nebenwirkungen erwiesen sich als nahezu belanglos. Knapp zehn Prozent Abnahme der roten Blutkörperchen bei drei Patienten, Kopfschmerzen bei zehn anderen, leichtes Zittern bei einem einzigen. Dafür zeigten sich beinahe umgehend positive Resultate: Alle nahmen wieder an Gewicht zu, im Durchschnitt um fünf Pfund, bei fünfzehn der neunzehn Probanden stieg die Zahl der T 4-Lymphozyten, der Verteidigerzellen des Immunsystems, bemerkenswert an, bei zwei anderen verschwand die schwere Nagelinfektion, bei sechs weiteren hörten Fie-

* Zwei Patienten wurden auch im Klinikum der Duke-Universität behandelt.

ber und Nachtschweiß auf. Bei mehreren Probanden fand man in den weißen Blutkörperchen keine einzige Spur des Retrovirus mehr. Bei zwei der Kranken konnte man sogar von einer wirklichen Auferstehung sprechen.

Die erste war die Frau eines Washingtoner Arztes, eine charmante Krankenschwester, die sich bei der Durchführung einer Bluttransfusion angesteckt hatte. Sie hieß Barbara. Die Krankheit Aids war bei ihr während ihrer Hochzeitsreise in Frankreich diagnostiziert worden. Für den Mikrobiologen Dannie King, den Leiter des AZT-Programms bei Wellcome, »verkörperte sie die ganze Tragik dieser Krankheit. Sie war keine Risikoperson, und sie hatte sich beruflich dafür entschieden, andere zu pflegen«. Weder Sam Broder noch sein Kollege Robert Yarchoan hatte je ähnliche Läsionen erlebt. Die junge Frau litt an einer generalisierten Infektion der Mundschleimhäute. Zunge, Gaumen, Zahnfleisch, Innenwange, Rachenraum und Lippen waren eine einzige offene Wunde, ein mit blutig entzündeten Geschwüren ausgekleideter Raum. »Als hätte ihr ein Metzger sämtliche Zähne auf einmal herausgerissen«, so David Barry. Sie durchlitt ein wirkliches Martyrium. Seit Wochen nicht mehr in der Lage, etwas zu sich zu nehmen, war sie nur noch ein lebendes Gerippe. Außer ihrem Mann und den Ärzten wagte niemand mehr ihr Zimmer zu betreten.

Eines Tages, als ihr Mann ihr half, ein jetzt viel zu weites Kleid über den ausgezehrten Körper zu streifen, sagte er, der ihren Traum seit langem kannte, liebevoll:

»Liebling, sobald du wieder ein paar Kilo zugenommen hast, gehen wir deinen Nerzmantel kaufen.«

Das Versprechen hätte grausam scheinen können, so hoffnungslos mutete Barbaras Zustand an. Jedoch nach zwei Wochen AZT-Behandlung nahm das kaum mehr erkennbare Gesicht der jungen Frau wieder menschliche Züge an. Sie konnte wieder normal sprechen. Die Mundläsionen bildeten sich zurück und verschwanden am Ende ganz. Drei Monate lang war sie nicht in der Lage gewesen zu essen, jetzt konnte sie auch das wieder. Sie vermochte aufzustehen, sich allein anzuziehen, manchmal verrieten ihre Bewegungen schon wieder frauliche Koketterie. Die Kräfte kehrten zurück, und sie brannte darauf, ihr Berufsleben wiederaufzunehmen. Barbara hatte ihren Job keineswegs vergessen. Eines Tages traf der überraschte Ehemann sie dabei an, wie sie mit einem weißen Kittel angetan sich um andere Patienten kümmerte. Trotz einiger Anfälle von Blutarmut, die mit Transfusionen prompt und erfolgreich bekämpft wurden, bestätigte sich ihre Genesung so nachdrücklich, daß sie nach vier Wochen die Klinik verlassen konnte. Für den denkwürdigen Anlaß zog sie das in Paris erstandene türkisfarbene Seidenkleid an, das sie besonders mochte und das sie so lange nicht mehr getragen hatte. Dr. Broder konnte seine Rührung nicht verbergen. Mit seinem gesamten Team gab er der jungen Frau und ihrem Gatten das Geleit bis zum Taxi. In dem Moment, da sie ins Auto stieg, wandte Barbara sich zu ihrem Mann um.

»Vergiß nicht, Liebling«, sagte sie, »daß du mir einen Nerzmantel schuldest!«

Die zweite »Auferstehung« war gleichfalls so spektakulär, daß Sam Broder sie sich für einen Überredungsversuch zunutze machte. Dr. Ellen Cooper sollte ihn ermächtigen, die Behandlungen jetzt nach den ersten sechs Wochen nicht durch die vom Protokoll vorgeschriebene Ruhephase von dreißig Tagen zu unterbrechen. Die bei solchen Versuchen übliche Pause soll den Kranken eine Erholungszeit bringen, die der Körper für die Ausschaltung eventueller toxischer Wirkungen nutzen kann. Die Inspektorin der FDA hielt eine solche Pause für unabdingbar.

Diesmal war der Patient ein Schauspieler aus Palm Beach, Florida. Die besondere Ausprägung seiner Symptome hatte die behandelnde Ärztin, Dr. Margaret Fischl vom Klinikum der Universität Miami, so schockiert, daß sie ihn ohne langes Nachdenken an Sam Broder überwiesen hatte. Bei diesem Kranken hatte das Virus das Gehirn angegriffen. Der Unglückliche war an den unteren Gliedmaßen gelähmt. Er hatte das Sprechvermögen nahezu vollständig eingebüßt und litt an psychischen Störungen. »Ein Mann, der vollkommen fit gewesen war, ein energiegeladener Athlet, den Aids binnen drei Monaten zum hilflosen Krüppel gemacht hatte, der sich an zwei Stöcken mühsam vorwärts bewegte«, so David Barry. Die Wirkung, die AZT innerhalb von drei Wochen bei diesem Toten auf Abruf erzielte, machte die Verantwortlichen von Wellcome und die von Bethesda gleichermaßen sprachlos. Der Kranke konnte nicht nur ohne fremde Hilfe aufstehen, er fing an, durch die Gänge zu turnen. Mehr noch, er machte sich ein Gaudium daraus, die zwölf Stockwerke des Krankenhauses bis ins Erdgeschoß hinunterzusausen und fast genauso schnell wieder hochzurennen, wobei es ihm darum ging, den Aufzug zu schlagen. Und am liebsten vollbrachte er diese Leistung mehrmals hintereinander.

Sam Broder bat Ellen Cooper telefonisch um ihr Einverständnis, daß bei diesem Ausnahme-Patienten eine Ausnahme vom Protokoll gemacht würde: Die Dreißig-Tage-Zäsur sollte nicht in einem schicksalhaften Augenblick die Behandlung zerstückeln.

»Ich habe von dem Fall gehört«, sagte die Inspektorin ziemlich ungnädig. »Der Mann ist Berufsschauspieler. Künstler seiner Art sind zu den tollsten Schwindelmanövern fähig!«

»Kommen Sie und nehmen Sie ihn persönlich in Augenschein.« Der Arzt gab nicht so leicht auf.

Zwanzig Minuten später trat die ungläubige junge Frau durch die Tür des Krankenzimmers. Das Schauspiel, das auf sie wartete, würde sie so schnell nicht vergessen. Falls es eine Shownummer war, dann beherrschte sie der vor kurzem noch Gelähmte aus dem Effeff. Er packte mit jeder Hand einen Gehstock, sprang auf sein Bett, schwang die Stützinstrumente in Richtung der Besucherin und rief:

»Mit den Dingern hab' ich mich vor drei Wochen bis zu diesem Zimmer hier geschleppt!« Er zielte mit den Stöcken wie mit Speeren auf den Papierkorb in der Zimmerecke, traf und rief weiter: »Und das hat AZT aus mir gemacht!« Elastisch wie ein Akrobat sprang er auf den Boden, warf sich flach auf den Bauch und begann eine Serie von Liegestützen, wobei er keuchte: »Meine Arme sind genauso stark wie meine Beine!«

Ellen Cooper war starr vor Staunen. Der Ex-Invalide erhob sich schließlich und pflanzte sich vor ihr auf.

»Soll ich Ihnen auch zeigen, wie ich die zwölf Etagen dieses verdammten Gebäudes runter- und wieder raufflitze?«

»Nein, nicht nötig, ich glaube Ihnen auch so«, wehrte Ellen Cooper mit einem augenzwinkernden Lächeln ab.

Begleitet von Sam Broder verließ sie das Krankenzimmer. Sie legte dem Cancerologen freundschaftlich eine Hand auf die Schulter und sagte:

»Geht in Ordnung, Sam, lassen Sie seine Behandlung weiterlaufen!«

50

New York, USA – Herbst 1985
Jeden einzelnen spüren lassen, daß er gemocht und geachtet wird

»Doc, wenn ich keine Memme wäre, würde ich mich aus dem Fenster da stürzen.«

Dr. Jack Dehovitz betrachtete überrascht die großen blauen Augen, in denen Groll und Empörung blitzten, und den dichten roten Bartkranz, der Josef Stein etwas Pathetisch-Alttestamentarisches verlieh. Der Ex-Archäologe ging sichtlich durch ein Stimmungstief. Erstmals äußerte er unverhüllt das Verlangen zu sterben. Dieses Verlangen war nichts Seltenes bei den an Aids erkrankten Homosexuellen. Viele setzten es in die Tat um. Die Ärzte schrieben die Suizidneigung einem selbstzerstörerischen Schuldkomplex zu, den die Krankheit akut verstärkte und der manchmal mit Alkohol- und Drogenmißbrauch gekoppelt war. Heute morgen beschloß Jack Dehovitz, die morbide Anwandlung seines Patienten durch einen scherzhaften Ton aufzufangen.

»*Quit kzetching!* Hör auf zu greinen!« versetzte er lebhaft in einem Gemisch aus Englisch und Jiddisch, worauf sie beide schallend lachten.

Jeder Arbeitstag des stellvertretenden Chefs der Aids-Station im Saint-Clare-Hospital begann mit einem Besuch bei seinem Lieblingspatienten. »Josef war so aufgeschlossen, so intelligent, so voller Humor und Charme«, erzählte der Arzt. »Seine jüdische Lebensanschauung und die Erzählungen von seinen langen Israelaufenthalten hatten uns rasch einander nähergebracht. Ich betrat sein Zimmer gern mit ein paar Sätzen auf jiddisch oder hebräisch, die kein Mensch sonst verstand. Mit Josef konnte ich endlich mal lachen und von was anderem reden als von der Krankheit.«

Den anderen Ärzten und den Krankenschwestern ging es ganz ähnlich. Wann immer sich die Gelegenheit ergab, kamen sie zu Josef Stein, um sich ein wenig zu zerstreuen, um eine Zigarette zu rauchen, eine Tasse Tee zu trinken, sich über seine Scherze zu amüsieren oder sich anzuhören, was er als Archäologe erlebt hatte. Selbst wenn er nach der Chemotherapie total erschöpft dalag, ließ er keinen Besucher gehen, ohne etwas von seiner ungebrochenen Lebensfreude auf ihn übertragen zu haben. »Uns, die wir pausenlos mit einer Krankheit konfrontiert waren, die Menschen unseres Alters packte und unerbittlich dem Tod entgegenschleifte, und das unter nicht zu schildernden Leiden, uns spendete Josef Sauerstoff und Vitamine«, fuhr Jack Dehovitz fort. »So anders, so unvergleichbar war die Krankheit, daß wir in jenem Herbst unsere Situation mehr als einmal als unerträglich empfanden, und es bedurfte eines Josef Stein, um uns wieder Mut zu machen.«

Zu dem körperlichen Alptraum kam bei den Patienten eine seelisch-moralische Qual, die alles für sie schlimmer machte, und für ihre Betreuer auch. »Wenn Sie Ihrer Familie oder Ihren Freunden verkünden, daß Sie Krebs haben, dann zieht niemand Ihre Moral in Zweifel«, so die Erklärung von Terry Miles, dem *Clinic coordinator* von Saint-Clare; der Dreißigjährige aus Florida hatte den Auftrag, den Patienten die angemessene Zuwendung zu sichern und gleichzeitig die positive Einstellung des Pflegepersonals zu stabilisieren. »Ein Aids-Kranker sieht sich automatisch einer stillschweigenden Verurteilung ausgesetzt. Was ihn befallen hat, ist Konsequenz eines verdammenswerten Lebensstils, seine ›Lustseuche‹ wird zur gerechten Strafe. Lähmender Schrecken erfüllt ihn und findet ihren Ausdruck in der Frage: ›Wird man mich wie einen Kranken behandeln oder wie einen Unberührbaren ausstoßen‹?«

Die Reaktionen waren individuell sehr verschieden. Um den New Yorker Busfahrer Frank Korda, ein achtundzwanzigjähriges schmächtiges Kerlchen mit pomadisierten Haaren, den das Kaposi-Sarkom von Kopf bis Fuß violettscheckig entstellte, kümmerte sich eine unscheinbare kleine Frau, die fürsorglich auf seine leisesten Seufzer reagierte.

»Ich habe schon gewußt, daß Frank gay ist, bevor es ihm selbst klar war«, erzählte seine Mutter, die in einem Fernamt von Manhatten arbeitete. »Ich habe ihn zu einem Arzt gebracht, weil ich hoffte, der könnte etwas dagegen ausrichten. Mein anderer Sohn war das genaue Gegenteil, der war ein richtiger Macho. Als Frank mit sechzehn Jahren seine homosexuelle Neigung entdeckte, war er total fassungslos. Er hat sich seinem Bruder anvertraut, der ihm gesagt hat: ›Sprich mit Mama darüber!‹ Ich wußte, daß er versuchsweise mit zwei oder drei Mädchen ausgegangen war. Er hat zu mir gesagt: ›Mama, ich bin gay.‹ Ich habe geantwortet: ›Du bist mein Sohn, das ist alles, was für mich zählt.‹ Ich wollte nur unbedingt, daß er ein Mann bleibt. Es war damals die Zeit der sexuellen Revolution, viele Gays zogen sich an wie Mädchen. Ich habe zu ihm gesagt: ›Deine sexuellen Vorlieben sind, was sie sind, aber ich werde nicht hinnehmen, daß du dich lächerlich machst, indem du dich als Frau verkleidest.‹ Dann habe ich noch gesagt: ›Was auch immer du tust, tu's mit Würde und Selbstachtung.‹ Ich habe dann die Jungens kennengelernt, mit denen er Umgang hatte. Er brachte sie mit nach Hause. Sie waren sehr in Ordnung. Die meisten seiner Freunde haben mich akzeptiert und gemocht.

Eines Tages ist er krank geworden. Angefangen hat es damit, daß er ohne Grund abmagerte. Er hatte nie viel Speck angesetzt, aber jetzt wog er von Woche zu Woche weniger. Dann tauchten plötzlich an seinen Beinen flache Bläschen auf; danach fing er an zu husten. Nachts horchte ich, wie er atmete. Wie der Kolben einer Dampfmaschine war es. Letzten April hat er mir dann gesagt: ›Mama, ich habe Aids.‹ Das Wort hatte ich schon gehört. Einer unserer Nachbarn, der Wärter in der Strafanstalt Sing-Sing war, hatte uns von einem Häftling erzählt, der an Aids gestorben war. Damals hatte ich mir das einfach nur so angehört. Als Frank mir jetzt seine Krankheit verkündete, habe ich laut aufgeschluchzt. Dann habe ich mir die Bibel geholt. Ich bin sehr gläubig, und ich dachte, es müßte doch einen Grund für diese Heimsuchung geben. Ich habe zu Frank gesagt: ›In allem, was der Herr erlaubt, liegt ein Sinn. Vielleicht wollte er sich deiner zu irgendeinem Zweck bedienen.‹ Ich habe ihm Stellen aus der Heiligen Schrift vorgelesen. Er fing dann an, in die Kirche zu gehen. Die Gläubigen unserer Pfarrei haben sich großartig benommen. Damit sie alle für ihn beten, habe ich ihnen gesagt, mein Sohn hätte Krebs. In seinem Fall war das keine Lüge.

Zweimal wäre Frank ums Haar gestorben. Das letztemal hatten die, die sich um ihn kümmerten, den Kampf schon aufgegeben – alle, außer dem Allmächtigen und mir. Ich bin Tag und Nacht an seiner Seite geblieben. Ich habe ihn Löffel um Löffel gefüttert. Ich habe ihn mit Vitaminen, Stärkungsmitteln, Eiskrem vollgestopft, mit allem, was er mochte. Vor allem habe ich ihm immer und immer wieder zugeredet, weiterzukämpfen, zu hoffen, am Leben festzuhalten. In den Nachbarzimmern drückten die Pfleger jeden Tag einem Toten die Augen zu. Frank aber ist immer noch da. Niemand auf der Station ist so wild wie er entschlossen, gegen die Krankheit zu gewinnen. Ich mußte ihm versprechen, daß ich, falls ihm etwas zustoßen sollte, bei den anderen Kranken Mutterstelle einnehmen würde. Von denen werden nämlich viele von ihren Familien im Stich gelassen. Viele Eltern nehmen es hin, daß ihr Kind an Aids erkrankt ist, aber nicht, daß es zu den Gays gehört.«

Es gab in jenem Herbst weder eine Mutter noch sonstige Angehörige und auch keinen Freund im Leben des siebenundzwanzigjährigen Rondy, eines drogensüchtigen ehemaligen Häftlings von Sing-Sing. Jahre der Isolierung in einem Hochsicherheitstrakt hatten den Hafenarbeiter aus New Jersey buchstäblich in ein wildes Tier verwandelt, das jeden ansprang, der das Krankenzimmer betrat. Obwohl die Parasiten der Pneumocystosis carinii in seiner Lunge wüteten, schien es ihm an Atemluft nicht zu fehlen. Denn er sprach nicht, er tobte. Eilte jemand von dem Gebrüll aufgeschreckt herbei, dann empfing er ihn mit einem Schwall von Beschimpfungen und Drohungen. Ein schwieriger Patient, der die Nerven von Jack Dehovitz und seinem Team oft auf die Probe stellte und der als Bestätigung dafür gelten konnte, daß die Behandlung der an Aids Erkrankten mehr eine Frage der menschlichen Betreuung als ein rein medizinisches Problem war.

»Das Zimmer eines Patienten mit der Absicht betreten, ihm ein wenig Zeit zu widmen, ihm zuzuhören zum Beispiel, kann ein hundertmal wirksamerer therapeutischer Akt sein, als ihm eine Infusion zu legen«, so Jack Dehovitz. »Ihm das Gefühl geben, daß er respektiert, geachtet, gemocht wird, daß niemand ihn verurteilt. Kaum etwas spendet mehr Lebenskraft, als eine Hand zu halten, ein wenig Salbe auf einen schmerzenden Körperteil aufzutragen und sanft einzumassieren. Manche Patienten gestehen einem dann, daß schon seit Monaten niemand mehr gewagt hat, sie anzufassen. Das Schreckliche ist eben, daß wir es mit einer Krankheit aufnehmen sollen, gegen die keinerlei Waffe zur Verfügung steht. Wir können nur eines versuchen, nämlich unseren Patienten für die ihnen verbleibende Zeitspanne die relativ größte Lebensqualität zu sichern.«

Auch waren die Kranken von so verschiedener ethnischer und sozialer Herkunft, daß ein bewußtes und geschicktes Eingehen auf ihre individuelle Situation unerläßlich war. Hier den Kontakt herzustellen, das Mißtrauen zu besiegen, die Furcht zu besänftigen, erforderte unendlich viel Geduld und Einfühlungsvermögen, und nur freiwilliges Personal mit starker Motivation konnte sie aufbieten.

Der Pfleger Ron Peterson, der den Vietnamkrieg bei den Marines mitgemacht und sich danach erst auf Modern Dance, dann auf Krankenpflege umgestellt hatte, kam auf die Idee, den Patienten von Saint-Clare Gymnastikkurse anzubieten. »Es war eine Offenbarung«, berichtete er später. »Leute entdeckten plötzlich, daß sie mit ihrem Körper etwas machen konnten. Daß sie etwas anderes waren als bewegungslose Wracks in einem Bett. Sogar an den Rollstuhl gefesselten unglücklichen Kerlen habe ich ein paar Tanzbewegungen beigebracht.« In Vietnam hatte Ron so viele verlorene, verzweifelte Männer erlebt, daß er sich nun leidenschaftlich bemühte, den Kranken bei der Ordnung ihrer Angelegenheiten zu helfen und sie mit dem Gedanken des Sterbens zu versöhnen. Sie sollten nicht, wenn ihre Stunde kam, im Selbsthaß davongehen. »Solchen ganz konkreten Beistand leisten können, das gibt dir mehr als alles andere auf der Welt«, sagte er.

Obwohl die Krankheit überall Panik säte, gab es merkwürdigerweise genügend Bewerber, die sich nicht abschrecken ließen und unbedingt auf der Sonderstation arbeiten wollten. »Aids ist die Tragödie unserer Generation«, so Terry Miles, der junge *Clinic coordinator.* »Ich bin hier, weil ich es für meine Pflicht halte, in der Schlacht mitzukämpfen und alles zu tun, damit sie gewonnen wird.« Andere Bewerber hatten noch persönlichere Gründe, um sich gerade hier zu engagieren. Meist kannten sie jemand, der an Aids erkrankt war oder bereits daran gestorben war. Manche hielten sich aufgrund ihres Lebensstils selbst für gefährdet.

Wer eine Anstellung im Saint-Clare-Krankenhaus suchte, dem erklärte Terry Miles unverblümt, seine vornehmliche Aufgabe werde sein, »Todkranken beim Sterben zu helfen«. Viele von denen, die er einstellte, klappten psychisch schon nach ein paar Tagen zusammen und erschienen nicht mehr zum Dienst. Andere gerieten unter akuten Streß und zeigten Verhaltensstörungen, die ihre Entlassung nötig machten. So jener Pfleger, der sich plötzlich in der Welt der Drogenabhängigen wiederfand und anfing, wie ein Irrer Kaffee in sich hineinzuschütten. Die Sucht seiner Patienten hatte ihn buchstäblich angesteckt. Andere entdeckten im Umgang mit homosexuellen Patienten, daß sie in dieser Richtung stark reagierten, und ergriffen schwer geschockt die Flucht. Wieder andere entwickelten eine persönliche Anhänglichkeit an Patienten, so daß ihnen deren Tod zur unerträglichen Erfahrung wurde. »Tag für Tag kamen sie in das Zimmer des Verstorbenen zurück, Tränen in den Augen, in der Hand einen Blumenstrauß«, erinnerte sich eine Krankenschwester.

Für Saint-Clare war es ein wahrhaft mörderischer Herbst. Es kam vor, daß die Krankheit in weniger als einer Woche drei oder vier Opfer forderte. »Eine Atmosphäre der Trauer, der Ohnmacht und der

Depression hielt Einzug auf der Station«, berichtete Terry Miles. »Es sah so aus, als würde alles noch schwieriger werden.« Der ehemalige Berufssoldat und Vietnamveteran Ron Peterson spürte, daß er allmählich den Boden unter den Füßen verlor. Seinen Freunden konnte er sich nicht anvertrauen, deswegen ging er schließlich zu einem Psychoanalytiker. »Jeder, der mit einer solchen Situation fertig werden soll, braucht es, daß er mit jemand über seine Angstzustände spricht, sonst läuft er Gefahr, die eigene Angst auf die Patienten zu projizieren.« Um ebendiese Gefahr zu bannen, organisierte Terry Miles für das Personal gruppentherapeutische Sitzungen. Jeder konnte hierherkommen und offen sagen, was ihm Kummer machte, konnte sich seine Frustration von der Seele reden und mit anderen abklären, warum der oder jener Patient ihm so zu schaffen machte. »Es war eine unglaubliche Wohltat, daß man sich auf diese Weise austauschen konnte, daß man seine Ratlosigkeit aussprechen und tröstenden Zuspruch seitens der Kollegen erfahren konnte, daß man spürte, man war nicht allein, die anderen mußten ebenfalls diese dramatischen Situationen bestehen«, sagte Gloria Taylor, eine vierzigjährige schwarze Krankenschwester.

Gloria Taylor hatte in mehreren großen New Yorker Krankenhäusern in der Herzchirurgie gearbeitet. Nun war die Veteranin der Intensivstationen eine der tragenden Säulen von Saint-Clare. Mit ihrem üppigen Busen, ihrem unerschütterlichen Lächeln und ihrem Südstaatenakzent erinnerte sie an die schwarzen Kinderfrauen aus *Onkel Toms Hütte.* Niemand ging mit soviel Engagement und soviel Mitgefühl an seine Aufgabe heran. Diese aus bescheidenen Verhältnissen stammende Frau machte jeden Morgen den weiten Weg von ihrem Vorort, um den Kranken im letzten Stadium zu helfen, einen würdigen Tod zu sterben. Aids hatte ihr ihren liebsten Kindheitsfreund genommen. »Er war mein Ziehbruder«, berichtete sie. »Meine Mutter hatte ihn an Sohnes Statt angenommen. Er war gay, aber das hat zwischen uns nie eine Rolle gespielt.« Als sie erfuhr, daß er sterben würde, brachte sie ihn in dem Krankenhaus, wo sie arbeitete, unter. Wie eine Löwin kämpfte sie dafür, daß ihm eine anständige Behandlung zuteil wurde, »aber weil das Übel so scheußlich war und medizinisch keiner durchblickte, betrachtete man ihn als einen Pestkranken«. Daß er unter solchen Umständen sterben mußte, erschütterte sie so sehr, daß sie ihren Krankenschwesternkittel verbrennen wollte. Gerade da aber las sie einen Zeitungsartikel, worin die Eröffnung der Spezialstation am Saint-Clare angekündigt wurde. Sofort eilte sie zu der angegebenen Adresse. »Ich wollte nur eines«, sagte sie, »ich wollte anderen die Sanftheit und Zärtlichkeit bringen, die man meinem kleinen Bruder verweigert hatte.« Und zu ihrem »kleinen Bruder« wurde jeder Patient, den man in ihre Obhut gab. Sie hatte eine besondere Gabe, einen neuen Patienten so zu begrüßen, daß er sich von Anfang an wohl fühlte. »Guten Tag, ich bin Gloria, und ich freue mich sehr, daß ich Sie kennenlerne und daß ich mich um Sie kümmern darf. Nennen Sie mich doch bei meinem Vornamen, das macht mir Freude. Sie werden sehen, wir werden bestens miteinander auskommen.« Wenn Leute am Sterben sind, dann ist nicht mehr Zeit, sich mit Förmlichkeiten abzugeben, erklärte sie ihren Kollegen. Der ungezwungene Umgangston ließ zwischen ihr und ihren Patienten fast sofort ein Gefühl der Verbundenheit aufkommen, und das galt sogar für jene, die sich besonders mißtrauisch oder feindselig gebärdeten. In jenem Herbst sorgte die vollbusige Gloria mit ihrem von Zärtlichkeit überfließenden Herzen und mit ihrem angeborenen pflegerischen Gespür dafür, daß der Alptraum von Saint-Clare zuweilen etwas aufgehellt wurde.

Man behielt ihr die schwierigsten Fälle vor, wie den des achtundzwanzigjährigen Innenarchitekten Damien, dem Aids bereits das Gehirn angefressen hatte. »Er war ein wunderbarer Mensch, aber störrisch wie ein Maulesel. Er konnte sich tagelang in totalem Schweigen einigeln«, so Glorias Bericht. »Zwar konnte er noch eine Gabel zwischen den Fingern halten, aber er wußte dann nicht mehr, daß man sie auch zum Mund führen muß. Bald war meine größte Sorge, daß er überhaupt noch etwas aß. Ein Löffel Nahrung, ein Schluck Flüssigkeit, das waren meine armseligen und einzigen Siege über seine Krankheit. Stundenlang saß ich auf seinem Bettrand, machte Spiele mit ihm, erzählte ihm Geschichten, lenkte ihn ab, und alles, damit er ein bißchen Eiskrem oder Joghurt zu sich nahm.« Jedermann in Saint-Clare ermunterte unermüdlich die Patienten, doch etwas zu essen. Auf den Gängen waren Automaten mit Suppen, Salaten, kleinen Zwischengerichten und anderen Lekkereien aufgestellt, damit zu jeder Tages- oder Nachtzeit die geringste Anwandlung von Appetit sofort befriedigt werden konnte.

Eines Morgens betrat Gloria das Zimmer von Damien und traf ihn an, wie er auf seinem Bett sitzend mit graziösen Fingerbewegungen seine Exkremente verzehrte. »Ich habe geglaubt, mir bleibt das Herz stehen«, sagte sie. »Ich stand nur einfach da und sah zu, unfähig, irgend etwas zu tun. Schließlich habe ich gefragt: ›Schmeckt es?‹ Was hätte ich auch sonst sagen sollen? Er hat mir einen verschmitzten Blick zugeworfen und geantwortet: ›Ein Genuß.‹ Als er fertig war, hat er sein Bettlaken genommen und sich sorgfältig den Mund abgewischt. Dann hat er wie jemand sehr gut Erzogener sich noch die Finger gesäubert und schließlich den Tellerrand. Danach ist er zurückgesunken und vergnügt lächelnd eingeschlummert. Ich hätte am liebsten geschrien, aber kein Laut kam mir über die Lippen. Mir blieben nur noch meine Tränen, um das Virus zu verfluchen, das den Verstand meines kleinen Bruders zerstört hatte.«

Gloria und ihre Kolleginnen und Kollegen von der Station hatten in jenem Herbst noch sehr oft Anlaß, das teuflische Virus zu verfluchen, dessen Entdeckung sich Robert Gallo und Luc Montagnier streitig machten. Die wachsende Zahl drogensüchtiger Patienten erschwerte ihnen die Arbeit jeden Tag mehr. Genau wie Rondy, der ehemalige Hafenarbeiter, hatten viele Patienten ausgedehnte Gefängnisaufenthalte hinter sich.

»Die Drogenabhängigen waren von ihrer Persönlichkeit her sehr anders als die Homosexuellen«, erläuterte Gloria. »Sie leugneten ihre Krankheit. Für sie zählte nur eines – wie sie an ihre Dosis herankamen. Wenn Sie zu ihnen sagten: ›Diese Spritze wird dich umbringen‹, gaben sie zur Antwort: ›Ist mir egal. Ich geh' das Risiko ein.‹ Man mußte sie zunächst von der Droge runterbringen, denn es kam nicht in Frage, daß wir aktive, aggressive Fixer auf der Station behielten. Aids, wie gesagt, war denen schnuppe, sie wollten nur eines – den Effekt der Nadel spüren. Wir mußten uns von gewissen Patienten trennen, denen irgendwelche Kumpels weiterhin Nachschub besorgten. Andere mußten wir in Quarantäne nehmen. Je nach Suchtstadium waren drei bis vier Wochen nötig, bis man ihre Dosis heruntergesetzt und damit auch ihre Abhängigkeit vermindert hatte. Bei denen, die pro Tag für bis zu vierhundert Dollar Pulver verbrauchten, war noch mehr Zeit erforderlich. Man konnte nicht zu schnell vorgehen, wenn man sie nicht umbringen wollte. Ein zu brutaler Entzug konnte zu schlimmsten Schweißausbrüchen, zu Halluzinationen führen und Selbstmordgefährdung auslösen. Also nahmen wir Ersatzmedikamente zu Hilfe und setzten auf stufenweise Reduktion.

Aber Rauschgiftsüchtige sind begabte Schauspieler, die sich alles mögliche einfallen lassen. Sie tun, als würden sie wegen des Entzugs gleich sterben, oder sie geben vor, es sei ihnen schlecht geworden und sie hätten brechen müssen, brauchten demnach eine zweite Dosis. Aber damit kamen sie bei mir altem Hasen nicht durch. Ich werde unsere entsprechenden Dialoge nie vergessen.

›Zeig mir doch bitte, was du erbrochen hast‹, forderte ich eines Tages einen auf. Er sah aufrichtig betrübt drein. ›Unmöglich, Gloria, hab' ich natürlich weggespült!‹ Ich ließ nicht locker: ›Weggespült? Seit sechs Wochen hast du keinen Fuß mehr aus deinem Bett gesetzt, und jetzt konntest du auf einmal zur Toilette gehen?‹ Er hat mich kein bißchen verunsichert angeschaut: ›Doch, Gloria, heute habe ich's geschafft, ganz allein bis zum Klo zu laufen.‹

Der unglückliche Kerl war mit Kaposi-Pusteln bedeckt. Herpes hatte ihm die halbe Netzhaut weggefressen. Er war fast blind. Vielleicht drei Monate blieben ihm noch. Er pfiff auf eine Behandlung gegen sein Aids. Was er wollte, war sein Stoff. Er hätte Vater und Mutter verkauft für eine Kapsel von dem Pulver.«

Wenn auch die Sklaven der harten Drogen auf den verschiedenen Etagen von Saint-Clare eine Kategorie für sich darstellten, so entgingen doch auch die Veteranen der *Bath-houses* und der Orgiensalons nicht immer derlei Entzugserscheinungen. Es fing bei den simplen »Poppers« an, die den Sexualappetit befeuerten, und reichte bis zu den »Speed«-Injektionen auf Kokainbasis, die gewaltige Adrenalinstöße und zwölf Stunden garantiertes und dazu noch billiges Nirwana boten – jedenfalls gehörten Drogen zum Lebenswandel vieler superaktiver Homosexueller. Von allen Süchtigen, die Gloria in jenem Herbst zu zähmen bemüht war, machte ihr keiner mehr zu schaffen als Rondy, der Ex-Insasse von Sing-Sing. Sein Gebrüll und sein ordinäres Benehmen verbreiteten zunehmend Terror auf den Gängen von Saint-Clare.

Gloria Taylors Bericht

»Er wog jetzt nur noch um die vierzig Kilo, aber er hatte immer noch eine herkulische Kraft. Jedesmal, wenn ich ihn wie ein Kind aufnahm, um ihn unter die Dusche zu tragen, versuchte er mich zu kratzen und zu beißen. Sechs Wochen brauchte ich, dann war er lammfromm geworden. Bei mir entdeckte er etwas, was er sein ganzes Leben lang nie gespürt hatte: Jemand mochte ihn. Ich habe ihn in einen Rollstuhl gesetzt und von Zimmer zu Zimmer spazierengefahren. Rasch hatte er eine Menge Freunde gewonnen. Mich nannte er ›Baby‹. Er war der zärtlichste Junge geworden, und ich konnte den Gedanken nicht ertragen, daß er sterben würde. Er wußte genau, was ihn erwartete. Den grausigen Todeskampf von zwei seiner Freunde hatte er schon miterlebt. Er sagte immer wieder zu mir: ›So will ich nicht abgehen.‹

Eines Morgens nahm er meine Hand und sagte: ›Baby, ich möchte, daß du eine kleine Party in meinem Zimmer organisierst und daß du alle meine Kumpels einlädst. Ich möchte ihnen Lebewohl sagen!‹

Er hat mich losgeschickt, Spielsachen kaufen für sein zweijähriges Töchterchen, das er ein einziges Mal durch die Gitterstäbe seines Gefängnisses hindurch erblickt hatte. Auch seine Eltern wollte er wiedersehen, die er vor fünfzehn Jahren, knapp vor seinem ersten Einbruch, zum letztenmal umarmt hatte. Ich mußte auch einen seiner Wärter aus Sing-Sing, für den er viel übrig hatte, einladen. Da Weihnachten vor der Tür stand, schlug ich ihm vor, er solle sich doch ein Geschenk für seine Eltern überlegen.

›Was könnte ihnen denn Spaß machen?‹ hat er mich gefragt.

Nun, ich persönlich bin nicht besonders religiös. Aber ich ermutige immer die Patienten, Kraft und Trost da zu suchen, wo es ihnen möglich ist, vor allem im Glauben. Im Schwesternraum hängt im übrigen die sogenannte »Pastoral List« mit den Namen der Patienten, die den Beistand eines Geistlichen wünschen. Ein Buchstabe vor jedem Namen gibt das Bekenntnis an: K für katholisch, J für jüdisch, P für protestantisch.

›Weißt du, ich glaube, das schönste Geschenk für deine Eltern wäre, wenn du auch den Krankenhauspfarrer zu deiner Party einlädst‹, habe ich geantwortet. ›Er könnte dich dann in ihrer Gegenwart mit dem heiligen Öl salben und dich segnen.‹

›Stimmt‹, hat er entzückt ausgerufen, ›ich glaube wirklich, daß ich ihnen nichts Besseres schenken könnte.‹

Am Tag der ›Party‹ umringten etwa zwanzig Personen sein Bett. Die einen hatten Kuchen mitgebracht, andere Blumen und sogar Luftballons und Girlanden. Jemand war mit einem Kassettenrecorder erschienen. Jazzmusik erfüllte das Zimmer. Rondy hatte immer größere Atembeschwerden, jede Handbewegung strengte ihn an, aber auf seinem Gesicht lag heitere Freude. Der Geistliche hat das Gebet der Sterbenden gesprochen und dann mit einem ölgetränkten Wattebausch auf Rondys Stirn das Kreuz gezeichnet. Seine Mutter ist erschüttert in Schluchzen ausgebrochen. Sie ist aus dem Zimmer gegangen. Dann hat Rondy, als würde er eine Reise antreten, sich von jedem einzelnen verabschiedet. Ich hatte das Töchterchen zu ihm auf das Bett gesetzt. Mit seiner mageren, faltigen Hand hat er ihr die Wange gestreichelt. Er wirkte glücklich.

Plötzlich wurde er von Krämpfen geschüttelt. Seine Atmung ging unregelmäßig. Ich habe ihm die Sauerstoffmaske aufgesetzt, aber er hat sie sich abgerissen. Er lächelte uns an. Er suchte seine Mutter mit dem Blick. Da er sie nicht sah, hat er mich zu sich herangewinkt.

›Baby, gib mir deine Hand‹, hat er gemurmelt.

Er schien zufrieden. Ich sah, wie ihm die Lider ganz sacht über die Augen fielen. Wie ein Theatervorhang am Ende des Stücks. Das Virus hatte mir wieder einen meiner ›kleinen Brüder‹ weggenommen.«

51

Research Triangle Park – Bethesda, USA – Herbst 1985
Fünfzig Kilo Heringssperma für das Ende einer Tragödie

Es sah wahrhaftig nach einem Wunder aus. Im Juli 1985 hatte der Krebsspezialist Sam Broder damit begonnen, neunzehn Patienten seiner Klinik in Bethesda AZT zu verabreichen, und inzwischen hatte Barbara sich den Nerzmantel, den ihr Mann ihr versprochen hatte, aussuchen und ihre Arbeit als Krankenschwester wiederaufnehmen können. Zum Pessimismus schien kein Grund mehr zu bestehen. Aber in der Medizin haben Wunder die fatale Neigung, sich als Illusionen zu entpuppen. »Das Hochgefühl nach diesen verheißungsvollen Anfängen hatte seine Berechtigung, aber es durfte uns nicht blind für die Wirklichkeit machen«, so der Kommentar des Forschungsmanagers von Wellcome. »Zu lange schon kreuzten wir in den unberechenbaren Gewässern der Virusinfektionen, um uns von einem solchen Erfolg, so spektakulär er auch war, täuschen zu lassen.« Dr. David Barry dachte des öfteren zurück an eine zwiespältige Episode seiner Assistentenarztzeit in Yale. Idoxuridin war der Name des neuen Mittels gewesen, das Patienten mit tödlich verlaufender Virusenzephalitis verabreicht worden war. Sein Entdecker, ein Biochemiker, hatte es an drei Patienten ausprobiert. Als zwei überlebten, hatte er ein wenig voreilig gefolgert, daß das Mittel in sechsundsechzig Prozent der Fälle wirkte. Nun, es erwies sich nicht nur als gefährlich, es beschleunigte sogar das Ableben mehrerer Menschen. »Der Mann, der diese Behandlung propagierte, hatte die Entwicklungsmechanismen der Krankheit nicht studiert und auch nicht berücksichtigt, daß stets ein gewisser Prozentsatz von Patienten eine Krankheit überlebt«, erläuterte Barry den Sachverhalt. »Die Immunreaktion eines Menschen kann von Tag zu Tag variieren, ohne daß wir wüßten, warum. Vielleicht war Barbara so ein Fall. Zu behaupten, ihre Genesung gehe auf unser AZT zurück, hätte viel mit Wunschdenken zu tun gehabt. Es konnte sich durchaus um eine Spontanbesserung gehandelt haben.«

David Barry wappnete sich aus guten Gründen mit Vorsicht. Die Geschichte der Medizin ist überreich an trügerischen Phänomenen. Da ist zunächst der berühmte »Placeboeffekt«, von dem man spricht, wenn überraschende Fortschritte einzig auf Autosuggestion zurückgehen. Eine bessere Grundstimmung reaktiviert oft den Appetit, was ein Wiedererwachen der Immunabwehr auslöst, und das wiederum kann gewisse pathologische Prozesse hemmen. Die Tatsache, daß jemand an einer klinischen Erprobung in einem hochspezialisierten Umfeld beteiligt ist, kann ebenfalls ausschlaggebend sein, denn die Patienten werden dort mit besonderer Intensität behandelt. Wie sollte man im gegebenen Fall wissen, ob diese verschiedenen Faktoren eine Rolle gespielt hatten, und wenn ja, welche? Selbst wenn man die positive Wirkung von AZT für die Mehrheit der ersten behandelten Patienten hatte beweisen können, so war diese erste Erprobung am Menschen doch zu begrenzt, was Zeitraum und Probandenzahl anging, als daß man eine dauerhafte Bestätigung dieser Ergebnisse hätte voraussagen können. Auf längere Sicht konnte das Virus sich resistent zeigen, es konnten nach einer Langzeitanwendung Nebenwirkungen auftreten. Um es mit David Barry zu sagen: »Der therapeutische Anfangserfolg konnte jeden Moment zu nichts zerrinnen.« Die falschen Hoffnungen, die man in andere Substanzen gesetzt hatte, so in das HPA-23 des Pariser Pasteur-Instituts, das der Filmschauspieler Rock Hudson sich vergeblich hatte injizieren lassen, legten dem Wellcome-Team doppelte Vorsicht und Diskretion nahe. Weniger vorstellbar war eine solche Zurückhaltung auf seiten der Patienten, denen das AZT als das Mittel vorkommen mußte, das sie ganz offensichtlich gerettet hatte.

Kaum war der Schauspieler nach Florida heimgekehrt, da verkündete er, der wenige Wochen zuvor keinen Schritt ohne Krücken hatte tun können, vor mehreren Fernsehkameras, er sei soeben durch ein Medikament von Aids geheilt worden. »Sämtliche Erkrankten haben ein Anrecht darauf, mit AZT behandelt zu werden«, erklärte er und fand bewegte Dankesworte für das Herstellerlabor. »Worauf sofort unsere Telefonzentrale blockiert war«, berichtete David Barry, der nicht zögerte, vielen Anrufern persönlich Rede und Antwort zu stehen. Kranke, deren kaum vernehmbare Stimme ihr nahes Ende ahnen ließ, rafften ihre letzten Kräfte zusammen und flehten, man möge ihnen doch das Mittel zur Verfügung stellen. Eltern von Drogensüchtigen beschrieben die Qual ihres Kindes, das die Gehirntoxoplasmose erblinden ließ oder um den Verstand brachte. Militante Gruppenvertreter gaben ihrer Empörung darüber Ausdruck, daß das AZT nicht schon in der Apotheke an der Ecke erhältlich war. Es gab auch Leute, die verkündeten: »Ich habe gerade Durchfall gehabt und schwitze nachts sehr stark. Wenn ich nichts kriege, dann werde ich sterben, das spüre ich. Schicken Sie mir umgehend Ihr Medikament!« Eine verängstigte Mutter erklärte, ihre fünfzehnjährige Tochter habe soeben ihre Jungfräulichkeit durch einen Mann eingebüßt, der anscheinend »bi« sei, und sei nun überzeugt, sich Aids geholt zu haben. Da sie in der Presse gelesen habe, daß man durch Einnahme von AZT eine Chance habe, die Wirkung des Virus aufzuhalten, wolle sie nun wissen, wie man an die notwendige Dosis gelange. Wirtschaftsanwälte und Filmagenten setzten sich für ihre Klienten, darunter nicht wenige bekannte Politiker und Schauspieler, ein. Sie boten die unglaublichsten Dollarbeträge und schlugen zuweilen recht unangenehme Töne an, wobei einige sich nicht scheuten, den leitenden Herren von Wellcome mit Gerichtsverfahren »wegen unterlassener Hilfeleistung« zu drohen oder gar damit, sie

»umzulegen«, sollten sie sich ihrem Verlangen nicht umgehend fügen.

Es gab auch die erschütternden Appelle der behandelnden Ärzte, die mit dem Grauen der Krankheit umgehen mußten. Den von Dr. Durack, der im Klinikum der benachbarten Duke-Universität arbeitete, würde David Barry nicht so bald vergessen. Der sonst stets gutgelaunte Vater von vier Kindern bat flehentlich, ihm AZT für einen seiner Patienten, einen hämophilen neunzehnjährigen jungen Mann, zu schicken. Der aus einem Dorf im hinteren South Carolina stammende Steve hatte sich Aids bei einer Transfusion geholt. Obwohl er sich schwach und immer öfter ausgesprochen krank fühlte, hatte er weiter mit großer Energie auf den High-School-Abschluß hingearbeitet. Nachdem zwei Monate vor der Prüfung Eltern sich beschwert hatten, weil zusammen mit ihren Kindern ein Aids-Kranker die Schule besuchte, hatte der Direktor ihn gebeten, nicht mehr zum Unterricht zu erscheinen. Steve nahm es als Herausforderung, setzte die Vorbereitung per Fernstudium fort und machte seinen Abschluß mit »sehr gut«. Die Zeugnisverteilung hätte eigentlich der schönste Tag der paar Monate, die ihm noch zu leben blieben, sein sollen, aber es wurde ihm verwehrt, zwischen seinen Kameraden Platz zu nehmen und auf das Podium zu steigen. Hinter einem Vorhang, gegen Blicke abgeschirmt, so mußte er dem Ablauf der Feier folgen. Und durch diesen Vorhang überreichte man ihm, nachdem alle gegangen waren, seine Pergamentrolle, klammheimlich und mittels einer Pinzette. Wenige Tage später bedeckte plötzlich eine Gürtelrose seinen Körper mit so schmerzhaften Geschwüren, daß man ihn ins Krankenhaus schaffen und abseits unterbringen mußte, damit sein Stöhnen die anderen Patienten nicht mit Panik erfüllte. Daß kein Angehöriger ihm beistand, machte sein Leiden noch unerträglicher.

»Wie sollte man taub bleiben gegenüber so viel Ungerechtigkeit?« fragte David Barry. »Dieser Oberschüler war weder ein Homosexueller noch ein Fixer. Er war gänzlich unschuldig.« Der Wellcome-Vizepräsident steckte ein Fläschchen AZT in die Tasche, stieg in sein Auto und fuhr zum Krankenhaus. »Der arme Junge war im

Vorstadium des Todes«, so sein Bericht. »Es bestand keinerlei Aussicht, ihn nach sechs Monaten noch lebend anzutreffen, und sechs Monate war die Mindest-Überlebensprognose, wenn jemand an einer klinischen Prüfung teilnehmen sollte. Vor so viel schreiender Not kam mir dieses Kriterium absurd vor. Ich habe seinem Arzt das AZT übergeben und Steve viel Glück gewünscht.« Vier Wochen danach war seine Gürtelrose verschwunden, und er konnte gemeinsam mit den Jugendlichen seines Dorfs von Haus zu Haus rennen, um die traditionellen Halloween-Leckereien einzusammeln. Um sich über den Tod, dem er gerade eine Nase gedreht hatte, lustig zu machen, hatte er sich als Gerippe verkleidet.

Die Leute ließen es nicht bei Telefonaten bewenden. Manche begaben sich auf das Gelände des Research Triangle Park und belagerten die Wellcome-Labors, entschlossen, koste es was es wolle, für einen nahen Angehörigen oder Freund das Medikament mit heimzunehmen, das durch die Medien bedenkenlos hochgejubelt wurde. Die Angestellten am Empfang mußten außergewöhnliche Geduld und sehr, sehr viel Verständnis zeigen, bevor diese Besucher einsahen, daß es im Augenblick unmöglich war, ihren Wunsch zu erfüllen. David Barry wurde eines Tages von einer der Hostessen aus der Empfangshalle unten angerufen: Ein Mann weigerte sich zu gehen, er wollte »unbedingt mit dem Direktor sprechen«. Barry ging die Treppe hinunter, begleitet von seinem Kollegen Tom Kennedy, einem Iren, der schon mit den heikelsten Situationen fertig geworden war. Sie standen einem mageren Mann von etwa fünfzig Jahren gegenüber, der ein Stadtstreicher sein mochte. Der Unglückliche vertraute ihnen mit zu Herzen gehender Aufrichtigkeit an, daß in Miami sein Kumpan im Sterben lag. »Er ist mein Leben«, erklärte er. »Als er nicht mehr essen konnte, habe ich auch aufgehört zu essen. Sein Leiden ist mein Leiden. Ich gehe von hier nicht weg, bevor Sie mir nicht die Möglichkeit gegeben haben, ihn zu retten.« David Barry versicherte ihm, seine Firma plane einen Großversuch, an dem der Freund teilnehmen könne.

Dem Besucher genügte das nicht. »Es war tragisch und grausam und rührend zugleich«, berichtete Barry. »Dieser Mann erteilte uns eine unglaubliche Lektion in Liebe, aber wir konnten und durften ihm nicht helfen.«

Unter den Anrufen, die in jenem Herbst das Pharmalabor erreichten, war auch der des New Yorker Arztes Dr. Jack Dehovitz. Er brachte die wachsende Verwirrung Hunderter von behandelnden Ärzten in Amerika, die ihre Situation als unerträglich empfanden, stellvertretend zum Ausdruck: Ein Medikament existierte, es hatte sich bereits als wirkungsvoll erwiesen, aber es war für die Kranken nicht verfügbar. Verfolgt vom Leiden eines Josef Stein, eines Sugar und zahlreicher anderer Patienten, die im Saint-Clare-Krankenhaus dem Tod entgegensiechten und die er nicht gesund zu machen vermochte, ermahnte er die Verantwortlichen von Wellcome, »sich doppelt anzustrengen, damit wir endlich denen helfen können, die uns anklagen, wir sähen tatenlos ihrem Sterben zu«.

Gewiß, man mußte die Anstrengungen verdoppeln. Aber es gab das Nachschubproblem. Die klinische Erprobung an den neunzehn Patienten Sam Broders und zusätzlich zwei Patienten im Klinikum der Duke-Universität hatten den Vorrat an AZT, der im Frühjahr durch Ankauf der Weltreserven an Heringssperma gebildet worden war, bis zum letzten Gramm aufgebraucht. Und den Wellcome-Chemikern war es noch nicht geglückt, im Labor die berühmte Natursubstanz zu synthetisieren, die in der Samenflüssigkeit des Meeresfischs enthalten ist. Ihr Rückstand war durchaus verständlich, denn die Thymidinsynthese ist alles andere als simpel. Sie bedingt eine siebzehn Stationen umfassende Erfolgskette im Labor und ein Know-how, das nur ganz wenige Laboratorien in der Welt damals beherrschten. Außerdem war die Herstellung des AZT mit gewissen Gefahren verbunden. Besondere Vorkehrungen mußten getroffen, vor allem große Glastanks gebaut werden, damit die Thymidinmoleküle nicht bei der Berührung mit metallischen Elementen explodierten.

Forscher, Labortechniker und Chemiker bemühten sich nach Kräften, aber das akute Rohstoffproblem wurde für den Augenblick von Sam Broder gelöst. Ihm war plötzlich eingefallen, daß zwanzig Jahre zuvor das Nationale Krebsinstitut sich die damaligen Weltvorräte an Heringssperma – etwa fünfzig Kilogramm – zusammengekauft hatte, um eine bestimmte Krebstherapie experimentell zu erproben. Da man rasch bemerkt hatte, daß der Stoff die Krebsgeschwülste nicht nennenswert beeinflußte, hatte man die Versuchsreihe eingestellt. Überzeugt, daß der Rohstoffvorrat irgendwo verstaubte, rief der Krebsforscher im *Center of Developmental Therapeutic Programs* die Abteilung für Experimentelle Therapie an. Er bat den zuständigen Mann, »dringend nach den fünfzig Kilo Heringssperma zu fahnden«. Wenige Minuten später war der ungewöhnliche Magazinposten bereits lokalisiert.

»Großartig!« erklärte Sam Broder dem effizienten Beamten. »Schicken Sie sie umgehend an die Wellcome-Laboratorien im Research Triangle Park. Verlangen Sie vor allem nicht von mir, daß ich erst einen Haufen Formulare ausfülle. Es ist dringend. Begnügen Sie sich damit, die Ware loszuschicken.«

Sein Tonfall schloß jede Diskussion aus. Die Kämpfer gegen die Aids-Seuche würden im letzten Moment neue Munition erhalten.

52

Kalkutta, Indien – New York, USA – Herbst 1985–Winter 1986 Ein himmlischer Empfang für das Kommando im weißen Sari

Für ihre fast erblindeten Augen war es gewiß ein einzigartig schönes Schauspiel. Durch den milchigen Schleier des Grauen Stars erahnte Mutter Teresa die Umrisse der Prozession, die den Chor der Kathedrale durchschritt und dabei das *Magnificat* sang. An diesem Dezembermorgen würden vierzig ihrer Novizinnen, eine große Kerze in der rechten Hand, das Pergament, das ihr Glaubensbekenntnis besiegelte, in der linken, am Fuß des mit weißen Lilien geschmückten Altars die Gelübde einer »Missionarin der Nächstenliebe« ablegen. An der Spitze der Prozession, wie ihre Gefährtinnen angetan mit dem weißseidenen Brautsari der christlichen Bengalinnen, die Stirn umkränzt mit einer Blütenkrone, ging stolz und strahlend die ehemalige kleine Lepröse der Scheiterhaufen von Benares. Schwester Ananda hatte sich aus den Fußangeln ihres Karmas gelöst. Der heutige Tag war für sie der Tag einer zweiten Geburt. Mit klopfendem Herzen kniete sie auf der untersten Altarstufe nieder, um aus den Händen des Erzbischofs von Kalkutta die Insignien ihres neuen Lebens zu empfangen. »Nimm hin, mein Kind, das Symbol deines gekreuzigten Bräutigams«, sprach Erzbischof Picachy, ein aus Bombay gebürtiger Anglo-Inder, während er ihr das Olivenholzkruzifix übergab, das die Missionarinnen der Nächstenliebe auf der Brust tragen. Dann legte er ihr den schlichten

Baumwollsari mit der blauen Borte in die Hände, der von jetzt an ihre Kleidung sein würde.

»Möge dieses Gewand dich immerfort in der Nachfolge des Herrn wandeln lassen, möge es dir Eingang verschaffen in die Häuser der Armen, auf daß du ihnen Christi Licht bringen und Christi Durst nach der Menschen Seele stillen mögest.«

Nachdem alle Novizinnen ihr Kruzifix und ihren Sari entgegengenommen hatten, bewegte sich die Prozession singend zur Sakristei am Ende des Kirchenschiffs. Die Eltern der neugeweihten Ordensschwestern drängten sich in ihrem Gefolge, um jene symbolische Geste mitzuerleben, die den Bruch ihres Kindes mit seiner Vergangenheit dokumentieren würde. Ananda hatte ihren Vater und ihre Mutter seit ihrer Verstoßung nicht mehr wiedergesehen, und jetzt erzitterte sie vor Freude, als sie an ihrer Statt die Schlitzaugen und vorspringenden Backenknochen von Schwester Bandona erblickte. Die nepalesische Nonne war aus Benares gekommen, um den Tag mitzubegehen, der so viele gemeinsame Anstrengungen, so viele geteilte Hoffnungen krönte. Hinter ihr erkannte Schwester Ananda unter dem dünnen Schleier eines roten und goldenen Festtagssaris das freundschaftlich vertraute Lächeln von Domenica, ihrer ehemaligen mauritianischen Freundin aus dem Sterbehaus zum Reinen Herzen. An ihrer Seite stand, jugendlicher denn je, mit einem Diamanten im Ohr und das lange Haar zu einem Pferdeschwanz zusammengebunden, ihr Mann, der deutsche Arzt Rudolph Benz.

Nun betrat Mutter Teresa die Szene, eine Schere in der Hand.

Es herrschte bewegtes Schweigen, als Schwester Ananda und ihre Gefährtinnen ihren langen schwarzen Zopf einbüßten. Gemäß der Tradition bargen die Eltern die Reliquien einer Welt, die ihre Kinder soeben verlassen hatten, in Tüchern aus Baumwollstoff. Nun blieb den Nonnen nur noch der Wechsel ihres Brautgewands gegen die Ordenstracht zu vollziehen. Eine Schwester verteilte noch einmal Kerzen; sie wurden an der entzündet, die Mutter Teresa hielt. Danach begab sich die Prozession singend zurück in den Chor der Kathedrale. Der feierliche Augenblick war gekommen. In das leise

Scheppern der Ventilatoren, die eine feuchtwarme Luft umwirbelten, stieg die klare, feste Stimme der ehemaligen Leprösen von Benares empor.

»Ich, Schwester Maria Ananda, verspreche Gott dem Allmächtigen, daß ich die Gelübde der Armut, der Keuschheit, des Gehorsams und des von ganzem Herzen dargebrachten Dienstes an den Ärmsten unter den Armen einhalten werde.«

Durch ihr Treueversprechen wurde Ananda an jenem 8. Dezember 1985 zur 2458sten Schwester des von Mutter Teresa gegründeten Ordens.

Ein lärmendes, fröhliches Fest erwartete die »neuen Bräute Christi«, als sie zum Kloster in der Lower Circular Road zurückkehrten. Wie für eine echte indische Hochzeit hatten sich Familienangehörige, Freunde, Bekannte, sämtliche Schwestern, Novizinnen und Postulantinnen von Kalkutta und Umgebung in dem mit Blumen, Laternen und Papierschlangen dekorierten Hof versammelt.

Schwester Ananda und ihre Gefährtinnen trugen den traditionellen roten Willkommenspunkt auf der Stirn und eine Blumengirlande um den Hals, als sie nun von Mutter Teresa herzlich umarmt wurden. Das zerfurchte Gesicht der alten Ordensfrau strahlte vor Glück, während sie eine nach der anderen segnete.

»Möge stets ein Lächeln auf deinen Lippen sein, Ananda«, sagte sie leise und legte der jungen Schwester die Hände auf den Kopf. »Vergiß nie, daß die Armen nicht nur deine Fürsorge brauchen, sondern vor allem die Freude deines Herzens.«

Ananda trat zu der feiernden Gesellschaft. Die Postulantinnen hatten sich an den Händen gefaßt, wirbelten zum Klang eines Harmoniums im Kreis herum, der vom rhythmischen Gesang der *Bhajan* überlagert wurde – alten, halb wie eine Hymne, halb wie ein Gedicht anmutenden bengalischen Versen, die den Namen Jesu und seiner Heiligen feiern. Andere ließen von den oberen Stockwerken einen wahren Monsunregen von Rosen-, Jasmin- und Nelkenblütenblättern niedergehen. Und wieder andere warfen Konfetti oder tanzten, daß auf den bunten Kerzen die Flämmchen auszugehen drohten.

Traditionell endete das Fest mit der Verkündung der ersten Einsatzorte. Da ihre kranken Augen ihr in diesem Jahr nicht mehr erlaubten, die Liste selbst zu verlesen, betraute Mutter Teresa Schwester Paul mit der Aufgabe. Bis zu ihrem letzten Tag würde Schwester Ananda, das wußte sie, sich an diesen Wendepunkt ihres Lebens erinnern. »Ein eigenartiges Gefühl überkam uns, während Schwester Paul unsere Namen aneinanderreihte und Städte und Länder dazu nannte, die uns meist unbekannt waren. Ich mußte fast bis zum Schluß warten, dann erfuhr ich, daß Mutter Teresa beschlossen hatte, mich nach New York zu schicken. Schon am nächsten Tag sollte ich zusammen mit drei anderen Schwestern nach den Vereinigten Staaten reisen, um dort zu leben und in einem Heim für Kranke zu arbeiten.« Für die indische Schwester war es ein etwas unheimliches Abenteuer in einer fremden Welt, aber eine tröstliche Neuigkeit sollte ihre Befürchtungen mildern. Schwester Paul, die während der Jahre des Noviziats ihre Bildung und Ausbildung überwacht hatte, war von Mutter Teresa ausersehen worden, das neue Haus der Missionarinnen der Nächstenliebe in New York zu leiten.

Die amerikanischen Zollbeamten vom John-F.-Kennedy-Flughafen würden sich noch lange an ihre Verblüffung erinnern. Noch nie hatten sie bei der Ankunft eines Flugzeugs ein ähnliches Gepäcksammelsurium erlebt. Als wären Einwanderer des letzten Jahrhunderts mit ihren paar elenden Habseligkeiten an Land gegangen. Da gab es Eimer, abgenutztes Küchengerät, mit Bindfaden zusammengehaltene Pappkartons, mit Wäsche und Stoffetzen vollgestopfte geflickte Jutesäcke, zusammengerollte Strohsäcke mit Sackleinen umschnürt, alte Regenschirme, Plastiksandalen, Besen, Putzlappen und indische Zeitungen. Auf jedem Einzelstück des unwahrscheinlichen Trödelschatzes standen in großer, breiter Schönschrift mit Tinte ein Name und eine Adresse: MOTHER TERESA – NEW YORK, USA.

So hatte es zu sein. Jedesmal, wenn Missionarinnen der Nächstenliebe sich irgendwo niederließen, und sei es in einer der Hauptstädte des reichen Westens, brachten sie alles, was sie brauchten, von Kalkutta mit. Für die Einrichtung des Gebäudes in der Washington Street hatte Mutter Teresa dem Erzbischof von New York strikte Anweisungen hinterlassen. Der Geist der Bedürfnislosigkeit, der alle ihre Institutionen beherrschte, war zu respektieren, und das galt vor allem für das Untergeschoß, das der kleinen Gemeinschaft als Kloster dienen würde. Was die Betten anbetraf, keine Unterlagen und erst recht keine Liegematratzen! Nur irgendwo abgeholte oder gebraucht gekaufte simple Metallgestelle, worauf die Schwestern ihre Strohsäcke ausbreiten würden. Als Mobiliar hatten eine Holzbank und ein Schemel auszureichen. Kisten oder Verpackungskartons konnten als Regale dienen, worauf insbesondere die Gebetbücher unterzubringen waren. Für einen Kühlschrank oder eine Waschmaschine bestand kein Bedarf, noch weniger für eine Klimaanlage oder einen Fernseher. Kein Cent durfte unnütz ausgegeben werden, nicht einmal für Toilettenpapier.

Die Tochter des Mannes, der die Scheiterhaufen von Benares betrieb, würde den überraschenden Empfang, den ihr New York bereitete, niemals wieder vergessen. »Zum erstenmal in meinem Leben sah ich Schneeflocken vom Himmel fallen. Nach und nach verbargen sich Bäume, Häuser und Autos unter einem unendlichen weißen Sari. Es war zauberhaft!« Schwester Paul und die drei anderen Nonnen standen neben ihr, vom selben beglückten Staunen ergriffen. Minuten später wurde das Auto des ehrenamtlichen Helfers, der sie abholen gekommen war, von einem wattigen Mahlstrom verschluckt. Sie waren Inderinnen, sie waren abergläubisch, und sie achteten auf alle Naturerscheinungen, deshalb konnte der Schneesturm nur ein Zeichen des Himmels sein, der Willkommensgruß, den der Schöpfer ihnen sandte. Ananda war wie betört, sie dachte auf einmal nur noch an den Lobgesang der drei Jünglinge im Feuerofen. Die Worte des Propheten Daniel, die sie so oft in der Gluthitze von Kalkutta laut vor sich hin gesprochen hatte, wurden

Wirklichkeit. Schon erklang ihre helle, fröhliche Stimme: »Eis und Frost, lobt den Herrn, preist und rühmt ihn ewiglich!

Reif und Schnee, lobt den Herrn, preist und rühmt ihn ewiglich! Unbefangen fielen die anderen Schwestern lautstark ein, und der Gesang begleitete ihre Fahrt durch das wilde Schneegestöber bis zur Pforte ihrer New Yorker Behausung.

Dort wartete eine weitere Überraschung auf Ananda. Die drei Arbeiter, die gerade das Telefon des künftigen Hospizes installierten, hatten eine noch dunklere Haut als sie selbst. Damit mußte sie erst einmal fertig werden, sie, die Ex-Paria von Benares, die sich als Kind schon und für immer zum sozialen Abschaum gerechnet hatte, die von Sterbenden wegen ihrer Hautfarbe zurückgestoßen worden war, die dunkle Haut und Häßlichkeit praktisch gleichgesetzt hatte. Der Schock wurde zum erhebenden Glücksgefühl: »Der liebe Gott zeigte mir, daß er noch viel schwärzere Geschöpfe als mich auf der Erde leben ließ! Er wollte mir damit sagen, daß ich keineswegs häßlich war, wie ich immer gemeint hatte.«

Den aus Kalkutta angereisten Ordensfrauen hatte das Land Amerika an diesem Tag noch mehr Verblüffendes zu bieten. Übereifrige Spender hatten, den Ermahnungen Mutter Teresas zum Trotz, das Haus mit den elektrischen Geräten ausgestattet, die zu jedem amerikanischen Haushalt gehörten. Schwester Ananda blieb längere Zeit wie erstarrt stehen vor dem Maschinenarsenal, das eine Wand des Aufenthaltsraums verstellte. Von den Kühlschränken, die sie in Kalkutta auf dem Weg zum Sterbehaus in den Schaufenstern der Park Street gesehen hatte, einmal abgesehen, waren ihr alle diese Apparate so fremd wie die im Weltraum kreisenden Satelliten. Doch schon sprach Schwester Paul ein Machtwort und verlangte die umgehende Entfernung der überflüssigen Gerätschaften. Einzig das dicke Rohr an einer der Wände entging der Räumaktion. Ananda, die feststellen wollte, wozu es da war, verbrannte sich prompt die Finger. So entdeckte die junge Inderin ein Element des Zivilisationskomforts, das in dieser Stadt mit ihren arktischen Wintern nur als Segnung gelten konnte: die Zentralheizung.

Weitere Überraschungen erlebte sie, als sie das Untergeschoß erkundete. Die Leute, die das ehemalige Pfarrhaus renoviert hatten, hatten es nicht für nötig befunden, den Erzbischof zu konsultieren; für sie war es selbstverständlich, daß die Bewohnerinnen eine Dusche brauchten, und seien sie auch an die Armut von Kalkutta gewöhnte heiligmäßige Frauen. Mit offenem Mund starrte Ananda halb angstvoll, halb neugierig auf den dicken, funkelnd neuen Duschkopf an der Decke. Sie berührte zaghaft einen der Kreuzgriffe an der Wand. Mußte man da nur drehen, und aus der Metallquelle würde Wasser hervorschießen? Sie konnte es nicht glauben. Wie so viele Inder bewahrte Ananda zum Wasser eine sinnliche, eine elementare körperliche Beziehung. Als zartes Kind hatte sie bereits Wasser geschleppt, immer hatte diese Pflicht ihren Tageslauf mitbestimmt, und nicht selten war sie fast zusammengebrochen dabei. Noch nie hatte sie einen Eimer oder Krug anders als mit der Muskelkraft ihrer Arme gefüllt. Die immerwährende Plackerei hatte ihre Wirbelsäule verformt, hatte unerbittlich dafür gesorgt, daß sie dem Wasser eine fast religiöse Ehrfurcht entgegenbrachte, daß sie es für etwas unbedingt Schätzenwertes, ja Kostbares hielt, womit man sparsam umzugehen hatte. In Indien konnte man es sich nicht leisten, es zu vergeuden. Man nahm dasselbe Wasser, um zunächst sich selber, danach die Wäsche zu waschen und schließlich den Fußboden damit zu reinigen.

Ganz aufgeregt bekreuzigte sich Ananda, streckte eine zitternde Hand aus und drehte an dem Griff. Eine Sintflut kam von der Decke herab. Wie hypnotisiert sah sie zu. Weniger der Anblick des mächtigen Strahls als das Geräusch faszinierte sie und wühlte eine Erinnerung in ihr auf, sie hörte den Monsunregen auf die Fluten des Ganges niederprasseln, sie hörte das jähe Trommeln der tropischen Wolkenbrüche, nach denen die dürren Felder um Benares plötzlich grün wurden, hörte die niederbrausenden Wassermassen, die in der dumpfen Sommerglut ein wenig Abkühlung brachten. Verzückt lauschte Ananda dem gleichmäßigen Rauschen, hingegeben ihrer magischen Erinnerung, dann stand sie plötzlich nach zwei schnellen Schritten in voller Kleidung unter der Dusche. Sie breitete die Arme aus, warf den Kopf in den Nacken, bot sich dem wundervollen

Schauer dar. Wasser und Wärme durchdrangen sie wie in der Kindheit, wenn die Wolken das lebenspendende Element den Menschen und ihrer ausgedörrten Erde nicht länger verweigerten. Nur eine Inderin konnte diese Kommunion, diesen Augenblick unaussprechlichen Glücks erleben. Wieder war ihr nach Singen zumute. »Regen und Tau, lobt den Herrn, preist und rühmt ihn ewiglich. Alle Sterne am Himmel, lobt den Herrn, preist und rühmt ihn ewiglich!«

Von ihrer Stimme, die durch das Haus hinauftönte, angelockt, eilten Schwester Paul und die drei anderen Nonnen herbei. Als sie ihre kindlich vergnügte Gefährtin erblickten, wurden sie von einem gemeinsamen Lachanfall geschüttelt. Mutter Teresa konnte ganz beruhigt sein. Ihre Schwestern traten ihr New Yorker Apostolat in der Fröhlichkeit des Herzens an.

53

New York, USA – Herbst 1985 – Winter 1986
Nächstes Jahr in Jerusalem

Es waren nicht ausschließlich Tragödien, dann und wann kam es im Saint-Clare-Krankenhaus auch zu einem kleinen Freudenfest. Eines Abends drängte sich das komplette Team der Ärzte und Krankenschwestern, Dr. Jack Dehovitz voran, dazu die Patienten vom Stockwerk, soweit sie die Kraft für ein paar Schritte aufbrachten, in Josef Steins Zimmer, um mit ihm seine Entlassung zu feiern. Eine neue Therapie mittels Vinblastin, einem Alkaloid, das aus einer Pflanze des Amazonas-Regenwalds gewonnen wird und krebsbekämpfende Wirkung entfaltet, hatte seine auf Kaposi-Krebs zurückgehende Mundinfektion fast vollständig zum Verschwinden gebracht. Der ehemalige Archäologe hatte wieder angefangen, Nahrung zu sich zu nehmen, und er hatte bereits wieder einige Kilo zugenommen. Wer ihm auf der Straße begegnet wäre, hätte nicht darauf kommen können, daß er an der Krankheit Aids litt und vielleicht nur noch kurze Zeit zu leben hatte.

Der Sieg war nicht so leicht erfochten worden. Die Chemotherapie ist eine von allen Patienten gefürchtete Strapaze, löst sie doch äußerst unangenehme Störungen aus – Übelkeit, Erbrechen, Migräne, Durchfall, Schweißausbruch, Schüttelfrost, Ausschläge, die oft mit schwerer Blutarmut einhergehen. Die toxische Nebenwirkung mehrerer dieser Medikamente wird von manchen Patienten so schlecht vertragen, daß man Herz- und Atemfunktionen sehr aufmerksam überwachen muß. Man muß vor allem bereit sein, die Behandlung jederzeit zu unterbrechen. Immerhin gibt es merkwürdige Ausnahmen. So hatte Gloria Taylor sich um einen Transvestiten schwarzer Hautfarbe zu kümmern, der »nach jeder Behandlungsrunde wie ein Kannibale reinhaute«, während sie normalerweise ihre liebe Not hatte, ihm auch nur einen Löffel Suppe einzuflößen.

Jack Dehovitz und sein Team gaben sich keinen Illusionen hin: Josef Steins scheinbare Genesung war nur eine vorübergehende Erholungsphase. In ein paar Monaten, vielleicht schon ein paar Wochen oder gar ein paar Tagen würde er wiederkommen, sich mit letzter Kraft vom Taxi hereinschleppen. Ein halber Schritt vor, zwei zurück, so ging es den Ärzten bei Aids, es war zum Verzweifeln. »Da stoppt man eine Infektion, hemmt da oder dort das Wuchern einer Geschwulst, und die Krankheit schreitet nichtsdestoweniger unerbittlich fort«, so der Arzt. »Einerseits ist das Virus immer noch da, und andererseits begünstigt der Zusammenbruch des Immunsystems die Entwicklung aller möglichen opportunistischen Krankheiten. Wir verfügen über verschiedene therapeutische Mittel gegen die Infektionen und gegen die einzelnen Krebsarten, aber, Gott sei's geklagt, über nicht ein einziges gegen das Virus selbst. Es kommen die Komplikationen, eine schlimmer als die andere, und irgendwann ist die Widerstandskraft des Patienten gebrochen.« Dr. Sam Broder in seiner Klinik in Bethesda, seine Kollegen Michael Gottlieb in Los Angeles, Paul Volberding in San Francisco, Willy Rozenbaum in Paris und ganz allgemein die auf der Welt mit Aids konfrontierten Ärzte waren in jenem Winter von der gleichen Bitterkeit erfüllt wie Jack Dehovitz.

Die Medien hingegen, immerfort auf der Lauer nach Sensationen, verkündeten in regelmäßigen Abständen die Entdeckung irgendeines neuen Wundermittels. So kreuzte eines Morgens ein Aufnahmeteam der Fernsehgesellschaft CBS im Saint-Clare-Krankenhaus auf, um in parallelen Interviews einen Patienten und einen Arzt zu einem Versuchsmedikament zu befragen. Das Mittel mit dem Hauptstoff Interferon hatte eine mutmaßliche Heilwirkung auf Kaposi-Tumore. »Auf Teufel komm raus wollte der Journalist mich auf die Aussage festlegen, ich setzte enorme Hoffnungen in diese Substanz und sei begierig, sie endlich verabreichen zu können«, berichtete Jack Dehovitz. »Aber nachdem ich so viele Enttäuschungen erlebt hatte, fiel es mir sehr schwer, über eine therapeutische Neuerung in Euphorie zu geraten. Ich hatte natürlich gelesen, was zu dem fraglichen Mittel veröffentlicht worden war, und ich wußte, daß einige meiner Kollegen es bereits eingesetzt hatten. Ich vermied also alle lyrischen Töne und gab nur meine Absicht zu Protokoll, es meinerseits anzuwenden, genauso wie ich auch andere Medikamente anwendete. Das Aufnahmeteam begab sich anschließend in Josef Steins Krankenzimmer. Nachdem sie erst einmal mit heuchlerischer Gründlichkeit seine sämtlichen Läsionen abgefilmt hatten, klärte ihn der Journalist darüber auf, daß gerade ein neues Mittel gefunden worden sei, das seinen Zustand rasch bessern könne. Die Bildfolge wurde am selben Abend zur besten Sendezeit ausgestrahlt. Damit die Szene auch richtig eindrucksvoll wurde, in der ein Opfer der Seuche Aids, das sich über kurz oder lang zum Sterben verurteilt glaubt, vor Millionen von Fernsehzuschauern erfährt, daß es endlich ein rettendes Mittel gibt, hatte man mein Statement kurzerhand rausgeschnitten. Das Ergebnis dieser sensationsgeilen Berichterstattung war traurig. Die Sendung erregte den armen Josef so sehr, daß er mir eine heftige Szene machte und mir den Willen absprach, ihn gesund zu machen, da ich offensichtlich die ständigen Neuentdeckungen der Wissenschaft ignorierte.«

Wie die Mehrzahl der Aids-Kranken interessierte sich Josef Stein sehr konkret für die Entwicklung seines Übels, für seine eigene Behandlung, für die Fortschritte der Forschung. Er las jeden Tag aufmerksam die *New York Times*, ging systematisch die wichtigsten Wochenmagazine und mehrere medizinische Zeitschriften durch. Die Nachrichtensendungen im Fernsehen und im Radio verfolgte er ebenfalls. So ließ er sich denn öfters von den Medien irreführen, die nicht nur bei ihm falsche Hoffnungen weckten. Das machte den Ärzten ihre Aufgabe nicht einfacher.

Manche Patienten zögerten nicht und nahmen das Flugzeug nach Mexiko, um in den *Farmacias* von Laredo oder Tijuna die Arzneimittel zu erwerben, deren Verkauf auf amerikanischem Territorium die *Food and Drug Administration* untersagte. »Im Namen welcher Grundsätze hätte ich, der ihnen nichts zu bieten hatte, sie daran hindern sollen?« fragte Jack Dehovitz. »Mit welchem Recht sollte ich Männer und Frauen, die sich von einem baldigen Tod bedroht wußten, davon abhalten, bis ans Ende der Welt einer fragwürdigen Hoffnung nachzujagen? Leider hatte die Erfahrung bewiesen, daß kein einziges der in Mexiko oder anderswo verkauften Aids-Mittel wirksam war. Ich hatte Kranke behandelt, die solche Mittel genommen hatten, und sie waren wie die anderen gestorben. Hätte ich einen einzigen getroffen, den eines dieser Medikamente gerettet hätte, ich hätte mich wahrscheinlich nicht gescheut, gegen die Standesethik zu verstoßen und mir heimlich davon eine ausreichende Menge zu besorgen. Ich hätte es denen zugute kommen lassen, die unter meinen Augen ihrem Ende entgegensiechten.«

An diesem Dezembermorgen ließ die spektakuläre Besserung von Josef Steins Zustand auf dem ganzen Stockwerk Feierstimmung aufkommen. Der Lieblingspatient der Ärzte und des Pflegepersonals stand auf seinen Beinen, strahlte in triumphaler Freude. Und Sam Blum, der für seinen Freund die Wallfahrt nach Jerusalem unternommen hatte und der glücklich feststellte, daß das Beten nicht gänzlich unerhört geblieben war, hatte eine Magnumflasche Dom Pérignon mitgebracht.

»*Lechajim!* Stoßen wir an auf das Leben!« rief der Rabbinersohn aus Brooklyn, während er den Champagner eingoß.

»*Lechajim!*« wiederholten im Chor die Umstehenden.

Klingend stießen Gläser aneinander. Josef Stein schloß Jack Dehovitz in die Arme.

»Du bist der wahre Obermedizinmann, Doc!«

Aufgrund der chronischen Schleimhautinfektion hatte seine Stimme inzwischen einen metallischen Klang. Der junge Arzt lachte laut auf.

»*No more kzetching!* Aus ist es mit dem Gegreine!« versetzte er in dem jiddisch-englischen Gemisch, an dem sie untereinander ihren Spaß hatten. »Auf der Station wird's leer aussehen, wenn du draußen bist. Wir werden uns alle ein bißchen verlassen fühlen. Laß unbedingt von dir hören.«

»Ich werde euch eine Ansichtskarte von Jerusalem schicken!« Josef wandte sich zu Sam: »Nicht wahr, alter Bruder? Da fahren wir jetzt hin und überraschen unseren gelähmten Freund in Latrun, weil er so schön für mich gebetet hat.«

Zwei Tage vor dem geplanten Abflug nach Tel Aviv mußte Josef Stein sich nach dem Aufwachen so heftig und anhaltend erbrechen, daß er danach nicht mehr die Kraft hatte, aufzustehen. Er spürte, daß sich erneut in der Mundhöhle, im Rachenraum und sogar bis in die Luftröhre hinein Bläschen bildeten. Kurze, aber sehr schmerzhafte Hustenanfälle durchrüttelten ihn von Kopf bis Fuß. Hohes Fieber, begleitet von Schweißausbrüchen und Schüttelfrost, bestätigte einen schweren Rückfall.

Seine letzten Kräfte zusammenraffend, wählte er Sams Nummer. Er vermied es, ihn zu beunruhigen, und schlug nur vor, ihre Israelreise um ein paar Wochen zu verschieben, damit sie mit dem Pessachfest zusammenfalle.

»Das nutzen wir dann, um unseren kleinen Mönch zur Klagemauer mitzunehmen«, erklärte er. »Für ihn wie für mich wird das zur grandiosen Danksagung werden!«

Erleichtert legte er auf. Bevor er sich auf das Bett zurückfallen ließ, ging er ohne hinzuschauen mit der Hand eine Minute lang über die Gegenstände auf seinem Nachttisch: über seinen Wecker aus der Studentenzeit, einen kleinen Faustkeil, den er von seinen Ausgrabungen in Israel mitgebracht hatte und der sicher mehr als hunderttausend Jahre alt war, einen silbernen Rahmen mit dem Foto, das ihn mit Sam und Philippe vor der archäologischen Stätte Gezer zeigte und wenige Augenblicke vor dem tragischen Unfall gemacht worden war, eine Thora und eine alte, in schwarzes Leder gebundene Ausgabe der Mizwot, der Gebote des jüdischen Gesetzes.

Eine Seite darin war durch ein Lesezeichen markiert. Josef hatte sie in der letzten Zeit wieder und wieder gelesen. Er hatte jeden Satz zergliedert, jedes Wort überdacht. Es handelte sich um das Mizwa bezüglich des Verbots, irgend etwas zu unternehmen, was dem Ziel einer Selbsttötung näherbrachte. Das Verbot gründete sich auf zahlreiche heilige Texte. Insbesondere zitierte das Werk die Antwort, die der im 2. Jahrhundert hingerichtete Rabbiner Chanadiah ben Terodyan aus den Flammen seines Scheiterhaufens heraus gerufen hatte. Während man ihm zuschrie, er solle doch den Rauch heftig einatmen, um so sein Leiden abzukürzen, hatte er erwidert: »Der Schöpfer ist es, der dem Menschen seine Seele gegeben hat. Er allein kann sie wieder zurücknehmen. Niemand hat das Recht, seinen eigenen Tod zu beschleunigen.« Der Text erinnerte daran, daß das jüdische Gesetz jede Trauerbekundung für einen Verstorbenen verweigert, der schuldig befunden wird, sein Leben selbst beendet zu haben, und daß sich das auch auf die Keria erstreckte, jenen Ritus, bei dem die Leidtragenden am Grab ihre Kleidung einreißen; der Riß soll den Riß ihrer Herzen versinnbildlichen. Josef hatte entdeckt, daß manche Kommentare die Starre des Gebots lockerten. So verkündete Rabbi Yore Deah, daß »jeder Mensch, dessen Dasein elend geworden ist, ermächtigt ist, von Handlungen Abstand zu nehmen, die es verlängern«.

Als Patient des Saint-Clare-Krankenhauses war Josef Stein so oft Zeuge des Sterbens geworden, daß er genau wußte, welches scheußliche Ende auf ihn wartete. Mehrmals hatte er sich dazu brieflich seinem Freund in Israel anvertraut. Nicht das körperliche Leiden an sich fürchtete er, sondern den fortschreitenden Verfall, der das Selbstwertgefühl untergräbt, der alles zerstört, was einem Menschen Stolz und Halt gibt. »Ich bereue nichts«, hatte er zu den Menschen in seiner Umgebung immer wieder eindringlich gesagt, »wenn ich noch mal von vorne anfangen könnte, würde ich es nicht um ein Haar anders machen.« Er hatte gleich zu Beginn seines ersten Aufenthalts im Saint-Clare das Dokument »Keine Wiederbelebung!« unterzeichnet und so seinen Willen zum Ausdruck gebracht, nicht künstlich am Leben erhalten zu werden.

Er fühlte sich sehr, sehr elend an diesem Morgen, und ihm war klar, was das für seinen Gesamtzustand bedeutete. Er dachte an das grausame Geschick Philippe Maloufs, der bis zum Ende seiner Tage an den Rollstuhl gefesselt sein würde. Genau wie der Mönch wußte er, daß er nie mehr aufrecht würde stehen können; war da nicht der Augenblick gekommen, den sinnlosen Kampf gegen ein Virus, das einfach stärker war als er, zu beenden?

Auf dem Nachttisch befand sich ein Flakon mit weißen Kapseln, den man ihm vor der Entlassung gegeben hatte. Der Krankenhausapotheker hatte den Namen des Präparats auf das Etikett geschrieben. Es war Dilaudid, ein Schmerzmittel, das stärker wirkte als Morphium. Josef betrachtete dankbar die kleinen chemischen Bomben, die so oft sein Leiden erträglich gemacht und seinen Lebenswillen gestützt hatten. Gewöhnlich genügte eine einzige, um seine unerträglichen Schmerzen zu betäuben. Wie viele wären nötig, um für immer das höchste Übel, das eines elend gewordenen Daseins, zu beseitigen? fragte er sich.

Bevor er die Antwort suchen würde, wollte er mit dem Freund reden, der ihn so eindringlich ermahnt hatte, sein Schicksal bis zum Ende anzunehmen. Josef Stein wählte die Nummer der Abtei der Sieben Schmerzen in Latrun. Während er die Tasten des Telefons drückte, sah er in Gedanken den kleinen Friedhof hinter der Kirche wieder vor sich, sah die Zypressenhecke, die Asphodelusbüsche, die Reihen der in die Erde gesteckten Holzkreuze mit den Vornamen darauf.

Philippe Malouf war abwesend. Er war zu Untersuchungen nach Jerusalem gebracht worden. Eine Operation sollte ihm demnächst den vollständigen Gebrauch der Finger zurückgeben.

»Können wir ihm etwas ausrichten?« fragte die Stimme am anderen Ende der Leitung.

»Sagen Sie ihm nur, sein Freund Josef Stein wollte ihn umarmen, bevor er die große Reise antritt.«

Neben dem Telefon lag ständig ein Notizblock bereit. Josef Stein nahm ihn und kritzelte mit Mühe: »*Good bye and Mazel tov. I love you all.«* Er riß das kleine Blatt ab und klemmte es, so daß es auffallen mußte, mit einem Buch gegen die Nachttischlampe. Dann goß er sich ein Glas Wasser ein, zog den Stöpsel aus dem Dilaudid-Fläschchen, ließ die Kapseln in seine hohle Hand fallen und schluckte eine nach der anderen hinunter.

54

New York, USA – Weihnachten 1985 – Winter 1986
»Das Leben ist eine Chance, nutze sie.«

Seit den großen Streiks der Hafenarbeiter und seit den Demonstrationen der Gay-Bewegung in den siebziger Jahren hatte diese Straße von Greenwich Village kein solches Aufgebot an Presseleuten mehr erlebt. Die Anwohner, von einer Polizeikette auf Abstand gehalten, waren Zeugen eines äußerst ungewöhnlichen Schauspiels. Noch kaum erholt von einer Staroperation, das zerfurchte Gesicht fast ganz hinter großen Sonnenbrillengläsern verborgen, so begrüßte im hektischen Gewirr der Mikrofone und Kameras Mutter Teresa die prominenten Gäste, die aus ihren schwarzen Limousinen stiegen. Der gutgelaunte, lächelnde Bürgermeister Ed Koch schüttelte überschwenglich die Hand, die ihm die berühmte alte Dame entgegenstreckte, während der Erzbischof von New York ebenso strahlend zuschaute. John O'Connor frohlockte. Das erste stationäre Betreuungszentrum für mittellose Aids-Kranke, das heute seine Pforten öffnete, stand unter der Schirmherrschaft seiner Erzdiözese.

An der Mauer rechts von der Eingangstür hatte Mutter Teresa das Schild anbringen lassen, das dieser neuen Außenstelle ihrer Kongregation einen Namen gab. Die Kameraleute schoben einander beiseite, um die drei darauf eingravierten Wörter richtig ins Bild zu bekommen. Das ehemalige Pfarrhaus in der Washington Street Nr. 657 hieß ab jetzt »GIFT OF LOVE – GABE DER LIEBE«. Obwohl die

Ordensfrau noch nicht wieder bei Kräften war, hatte sie sich einer offiziellen Einweihung nicht widersetzt. Jetzt umlagerten Reporter die kleine, zerbrechlich wirkende Frau und notierten ihre Erklärung: »In jedem Aids-Kranken ist Christus unter uns anwesend.« Als Eröffnungsdatum habe sie den 24. Dezember gewählt, weil »Jesus in dieser Nacht geboren ist« und weil sie jedem einzelnen helfen wolle, »zur Freude, zur Liebe und zum Frieden geboren zu werden«.

Auch hatte sie selbst die ersten drei Pflegepersonen ausgewählt. Sie hatte sie hinter den Gittern von Sing-Sing gefunden, der finster-berüchtigten Strafanstalt. Eine amerikanische Nonne, die ganz der Aufgabe lebte, die seelische und körperliche Not der Gefangenen zu lindern, hatte Mutter Teresa hingebracht. Was sie dort sah, hatte sie mit Grauen erfüllt. Da die Gefängnisse Brutstätten der Rauschgiftsucht waren, kam es auch in Sing-Sing durch verseuchte Spritzen zu einer beängstigend schnellen Ausbreitung der Seuche Aids. Den Erkrankten wurden weder eine geeignete Behandlung noch der geringste moralische Zuspruch zuteil. Mutter Teresa hielt ihre Situation für tragischer als die der obdachlosen Sterbenden von Kalkutta. Sie bat sofort, man möge ihr eine erste Gruppe von drei Kranken, die besonders übel dran waren, anvertrauen.

Einer, der siebenundzwanzigjährige Daryl Morsette, war Tänzer im Electric Circus und im Gilded Grape, zwei New Yorker Diskotheken, gewesen. Als rettungslos Drogensüchtiger hatte Daryl eines Tages, als ihm das nötige Geld für den täglichen Schuß fehlte, in einer Straße von Manhattan ein Paar überfallen. Er war in Sing-Sing gelandet, verurteilt zu sechs Jahren. Ein halbes Jahr mußte er noch verbüßen, dann konnte er seine bedingte Freilassung beantragen. Mutter Teresa setzte alle Hebel in Bewegung und erreichte, daß zwei Vertreter der Begnadigungsstelle des Staates New York sich ans Krankenbett des Sträflings begaben, um ihm eine vorzeitige Haftentlassung anzubieten.

Die Ordensfrau würde sich lange an den erstaunlichen Dialog erinnern, der sich aus diesem Anlaß ergab.

»Strafgefangener Daryl Morsette, Sie müssen wissen, daß nach diesem Gnadenakt der Staat nicht mehr für Sie aufkommt«, sagte in förmlichem Ton einer der Beamten. »Das bedeutet, daß Sie der medizinischen und sonstigen sozialen Versorgung verlustig gehen. Künftig müssen Sie alle durch Ihre Krankheit verursachten Kosten selbst tragen.«

Der von Kaposi-Pusteln bedeckte Unglückliche, dem es ausgesprochen schlecht ging, nickte mehrmals.

»Ich weiß nicht, wie viele Tage ich noch zu leben habe«, murmelte er mürrisch, »aber lieber verbringe ich die draußen als hinter diesen verdammten Gitterstäben. Zum Teufel mit eurem Krankenschutz! Die Freiheit ist mir lieber.«

Mutter Teresa wartete inmitten der dichtgedrängten Schar von Journalisten und Neugierigen. Warum waren der Ex-Gefangene und seine beiden kranken Mithäftlinge, die sie unter ihre Fittiche genommen hatte, zwei kleine Straßenräuber namens Antonio Rivera und Jimmy Matos, noch nicht eingetroffen? Als endlich am Ende der Straße das Blaulicht eines Krankenwagens sichtbar wurde, eilte sie dem Fahrzeug entgegen. Der bärtige, bleiche, abgemagerte Mann, der ihm mühsam entstieg, wich zurück, als er die auf ihn gerichteten Kameras und Mikrofone sah. Mutter Teresa erkannte in ihm keinen der drei Insassen von Sing-Sing wieder. Dann erfuhr sie, daß sich deren Zustand ernsthaft verschlechtert hatte und daß die Ärzte des Saint-Clare – wo sie bis zur Fertigstellung des Betreuungszentrums gepflegt werden sollten – intensivmedizinische Maßnahmen eingeleitet hatten. An ihrer Statt schickten sie einen anderen Patienten zur Einweihungsfeier. Ganz benommen von dem unerwarteten Empfang, ließ Josef Stein sich von Mutter Teresa ins Innere des Gebäudes führen, wo es nach frischer Farbe roch. Noch größer war seine Überraschung, als ihn dort der Reihe nach der Bürgermeister, der Kardinal und der Vertreter des Gouverneurs begrüßten.

Der Tod hatte den ehemaligen Archäologen verschmäht. Sam Blum hatte nach dem Anruf seines Freundes das Schlimmste geahnt und war in ein Taxi gesprungen. Er war gerade noch zur rechten Zeit gekommen. Magenausspülung, herzstärkende Spritzen, Infusionen, Sauerstoff – dem in die Wohnung gerufenen mobilen Reanimationsteam des Saint-Clare war es gelungen, den Verzweifelten wiederzubeleben. Das erste, was er beim Öffnen der Augen erblickte, war der steil nach oben weisende Daumen von Dr. Jack Dehovitz. Ein Siegeszeichen.

»*Welcome back to the world of the living!* Du bist zurück in der Welt der Lebenden, sei willkommen!« hatte der Arzt mit Wärme ausgerufen.

»Warum hast du das getan?« Der gemurmelte Vorwurf galt Jack Dehovitz.

»Ich bin's nicht gewesen, aber ich freue mich trotzdem. Unser Rettungsteam hat gute Arbeit geleistet. Wir sind alle sehr zufrieden!«

»Mehr als drei Tage lang hörte Josef nicht auf zu schluchzen«, berichtete die Krankenschwester Gloria Taylor. »Jedesmal wenn ich sein Zimmer betrat, faßte er meinen Arm, umklammerte ihn, so fest er konnte, und flehte mich an, ich solle ihm helfen, seinem Leben ein Ende zu machen. Er riß sich ständig die Infusionsschläuche ab; schließlich mußte ich ihm die Hände anbinden.«

Und dann kam es bei dem Kranken zu einer erneuten, aufsehenerregenden Besserung. Dank einer präzis abgestimmten Chemotherapie verschwand binnen einer knappen Woche die Mundinfektion, und die Hustenanfälle wurden wesentlich seltener. Bald konnte Josef Stein aufstehen. »Ich hatte das Gefühl, ein NASA-Astronaut zu sein, der von einem Spaziergang auf dem Mond zurückkehrt«, erzählte er. Gloria nötigte ihn, etwas zu essen; jede Stunde brachte sie ihm einen Becher Erdbeereis, seine Lieblingssorte.

»Ich fühlte mich ziemlich verlegen. Ich schämte mich. In den Blicken suchte ich den leisen Tadel. Ich fand darin nur zärtliche Freundlichkeit.«

Eines Morgens brachte ihm ein Angestellter der Pforte einen Brief aus Israel. Durch Sam hatte ihr Freund von dem Selbstmordversuch erfahren. Doch Philippe Malouf spielte mit keinem Wort auf das Geschehnis an. Im gewohnt begeisterten Ton meldete er eine Neuigkeit, worin er ein wunderhaftes Zeichen sah. »Ich habe soeben erfahren, daß die indische Schwester Ananda, von der ich Dir erzählt habe, nach New York geschickt worden ist. Sie soll dort in einem Heim, das Mutter Teresa eröffnet hat, Aids-Kranke pflegen. Wenn das keine himmlische Fügung ist, alter Bruder! Zu Dir ist sie entsandt, und ich bitte Dich inständig, besuche sie rasch!«

Josef Stein las die Botschaft seines Freundes gerade zum zweiten Male, als Gloria Taylor ins Zimmer stürmte. Die schwarze Krankenschwester jubelte.

»Zieh dich schnell an, Josef, man nimmt dich auf eine kleine Reise mit. Mutter Teresa braucht dich.«

Im Haus mit dem Namen »Gabe der Liebe« herrschte zur Stunde drangvolle Enge. Angetan mit einer bestickten weißen Albe, um die Schultern eine mit Goldfäden bestickte Stola, so schwenkte Kardinal John O'Connor den Wedel über die Köpfe, versprengte in dem renovierten alten Gemäuer das Weihwasser. Wie alle ihre über die Welt verstreuten Zentren hatte Mutter Teresa auch ihr erstes Heim für die Opfer der neuen Pest, die den Okzident heimsuchte, mit den Emblemen ihres Glaubens ausgestaltet. Im Erdgeschoß hatte sie in dem mit einem großen Kruzifix geschmückten Aufenthaltsraum eigenhändig mit Kreide die Worte des »Gegrüßet seist du, Maria« an eine Tafel geschrieben. Sorgfältig hatte sie die letzte Zeile – »Jetzt und in der Stunde unseres Todes« – in Großbuchstaben gemalt und noch zwei dicke Kreidestriche daruntergesetzt. Auf einem Regal, wo die Schwestern ihr Porträt aufgestellt hatten, hatte sie zwei Bibeln ausgelegt, eine in Englisch und eine in Spanisch für die Kranken aus dem latein-amerikanischen Kulturkreis. Auf der Schwelle jedes Treppenabsatzes besagte eine Inschrift, welchen Namen sie dem Stockwerk gegeben hatte. Es gab die Christkönig-

Etage, die des heiligen Joseph, die des Unbefleckten Herzens Mariae und die des Heiligsten Herzens Jesu. Auch die einzelnen Zimmer waren getauft worden. Das von Josef Stein war »Unserer Lieben Frau von der guten Hoffnung« geweiht. Es enthielt zwei Eisenbetten, eine Kommode, einen Tisch, einen Stuhl und einen mit apfelgrünem Kunstleder bezogenen Sessel. Einziger Schmuck war eine Art Manifest, das als Plakat an der Wand befestigt war. Vor dreißig Jahren hatte Mutter Teresa während einer Gewitternacht in einer Leprakolonie abseits von einem Dorf am Ganges den Text verfaßt.

Das Leben ist eine Chance, nutze sie.
Das Leben ist Schönheit, bewundere sie.
Das Leben ist Seligkeit, genieße sie.
Das Leben ist ein Traum, mach daraus Wirklichkeit.
Das Leben ist eine Herausforderung, stelle dich ihr.
Das Leben ist eine Pflicht, erfülle sie.
Das Leben ist ein Spiel, spiele es.
Das Leben ist kostbar, geh sorgfältig damit um.
Das Leben ist Reichtum, bewahre ihn.
Das Leben ist Liebe, erfreue dich an ihr.
Das Leben ist ein Rätsel, durchdringe es.
Das Leben ist Versprechen, erfülle es.
Das Leben ist Traurigkeit, überwinde sie.
Das Leben ist eine Hymne, singe sie.
Das Leben ist ein Kampf, akzeptiere ihn.
Das Leben ist eine Tragödie, ringe mit ihr.
Das Leben ist ein Abenteuer, wage es.
Das Leben ist Glück, verdiene es.
Das Leben ist das Leben, verteidige es.

MUTTER TERESA

Auf dem Bett ausgestreckt meditierte Josef Stein diese Verse, als eine junge Ordensschwester im Sari sein Zimmer betrat.

»Ein heiteres Lächeln erleuchtete ihr Gesicht«, erzählte er später. »Sie legte die Hände in Brusthöhe zusammen und neigte den Kopf, so grüßte sie mich mit der traditionellen Geste ihrer Heimat. Ich wußte instinktiv, daß sie die ›geistliche Braut‹ meines Freundes Philippe war.

›Ich bin Schwester Ananda‹, hat sie gesagt. ›Ich bin zuständig für die Christkönig-Etage.‹ «

55

Pine Needle Lodge – Bethesda, USA – Herbst 1985 AZT oder Placebo: Russisches Roulette

Auf den Vizepräsidenten des Pharmaunternehmens Wellcome und seinen Stab wartete bereits die nächste dringliche Aufgabe: Sie mußten sich auf eine Strategie festlegen. Mehrere Wege boten sich an. Die fünfzig Kilogramm Heringssperma, die Sam Broder ausfindig gemacht hatte, waren ein Geschenk des Himmels, und vor allem standen zwei Chemiker des Hauses unmittelbar vor der Synthetisierung des Thymidins. Damit schien die Annahme statthaft, man werde das Mittel AZT demnächst in umfangreichen Mengen produzieren und ohne weitere Verzögerung auf den Markt bringen können. Die Kosten würden in die Millionen Dollar gehen, aber machbar war es. Da nicht ein einziges anderes Medikament gegen Aids existierte, wußte David Barry, daß ein solcher Beschluß von der Ärzteschaft, von den Kranken und von der öffentlichen Meinung mit Erleichterung aufgenommen und zweifellos auch von der grundsätzlich positiv eingestellten Inspektorin der *Food and Drug Administration* Ellen Cooper gebilligt werden würde. »Wir waren wie der einzige verfügbare Schneepflug bei einem Blizzard, alle hofften, daß wir wenigstens irgendeinen Weg bahnten«, berichtete er. »Und alle waren sie bereit, uns blindlings zu folgen.«

Dennoch wählten die Verantwortlichen von Wellcome einen anderen Weg. Einen Weg, der teurer sein würde und mit dem man sich unbeliebt machen würde, der aber mit dem traditionellen wissenschaftlichen Selbstanspruch der renommierten Firma besser in Einklang stand. David Barry und seine Mitarbeiter beschlossen, das AZT noch gründlicher zu erproben. Es sollte zunächst die Prüfung der »klinischen Vergleichsstudie mittels Doppelblindversuch« bestehen. Das bedeutete, daß man mehrere Hundert Patienten auswählen, sie in zwei homogene Gruppen aufteilen und das Mittel sämtlichen Mitgliedern der einen Gruppe verabreichen würde, während die anderen eine neutrale Substanz, ein sogenanntes Placebo, erhalten würden. Weder die Patienten noch ihre Ärzte durften wissen, ob sie das Medikament oder das Placebo bekamen, daher die Bezeichnung »doppelter Blindversuch«. Am Ende des Experiments würde man den Gesundheitszustand der Probanden beider Gruppen vergleichen und so die effektive Wirkung des getesteten Mittels feststellen können. Die meisten Medikationen gegen Herzkrankheiten, gegen Erkrankungen der Harnwege oder der Lunge und gegen Infektionen hatten diesen Kontrollgang durchlaufen. »Es war unsere Pflicht, die Methode zu respektieren«, sagte David Barry. »Nur so konnten wir vermeiden, uns wie Zauberlehrlinge mit dem Thymidin zu gebärden, über dessen günstige Eigenschaften und dessen Nachteile wir nicht genügend Bescheid wußten.«

Es war ein Beschluß, der vor dem Hintergrund einer tödlichen Seuche wahrscheinlich heftige Einwände hervorrufen würde. »Monatelang Leuten, die in Lebensgefahr sind, Placebokapseln verabreichen, während ein Medikament sie vielleicht retten könnte, ist das nicht ein ungeheuerlicher Verstoß gegen die elementaren Grundsätze der ärztlichen Ethik?« fragte Michael Gottlieb, der Arzt aus Los Angeles, der die ersten Fälle der Krankheit diagnostiziert hatte.

Eine gepflegte 18-Löcher-Anlage und Stallungen für fünfzig Pferde machten die Pine Needle Lodge zum bevorzugten Erholungsort der Reiter und Golfspieler von North Carolina. Für das erste Novemberwochenende des Jahres 1985 hatten sich allerdings ungewöhnliche Gäste in der von Kiefernwäldchen umgebenen Luxusherberge verabredet. Dr. David Barry hatte seinen gesamten Stab hierher geladen. Die bukolische Abgeschiedenheit und Ruhe, so hoffte er, würde ihnen helfen, Antworten auf die vielfältigen und unabweisbaren Fragen zu finden, die sich bei der Vorbereitung des klinischen Doppelblindversuchs ergaben.

Wie viele Wochen sollte er dauern? Wie viele Probanden sollten teilnehmen? Nach welchen Gesichtspunkten würde man sie auswählen? Sollten sie sich im ersten Stadium der Krankheit oder im Endstadium befinden? Sollten sie von Pneumozystose, von Kaposi-Krebs oder von beiden befallen sein? Welche weiteren medizinischen Bezugsgrößen mußte man berücksichtigen? Eine anormal niedrige Zahl der weißen Blutkörperchen vom Typ 4? Einen Gewichtsverlust, der sieben Kilogramm innerhalb der letzten drei Monate überstieg? Über mehr als drei Wochen anhaltendes hohes Fieber ohne offensichtliche infektiöse Ursache? Regelmäßiger Nachtschweiß und ungeklärte Durchfälle? Mußte man Rauschgiftsüchtige, Kinder, schwangere und stillende Frauen ausschließen? Mußte man für die Dauer des Tests die Einnahme anderer Medikamente, und sei es ein simples Aspirin, verbieten, selbst wenn der Zustand des Probanden sich verschlechterte? So unglaublich ausgedehnt war das zu erkundende Feld, daß nach dem Bericht der Virologin Sandra Lehrman »ständig einer die Versammlung verließ, um telefonisch einen Spezialisten um Rat zu fragen«.

Dazu kamen die Auswahl der Kliniken, die die Erprobung durchführen würden, und die Kontrolle der Ergebnisse durch die Wellcome-Fachleute, das sorgfältige Zusammentragen der Informationen, die buchhalterisch strenge Verwaltung der Kapseln, um jeden Diebstahl oder heimlichen Weiterverkauf von vornherein zu verhindern, die Dosierung, die Frequenz der Ausgabe, die fortlaufende Überwachung des körperlichen Zustands der Patienten mittels klinischer Untersuchungen und Laboranalysen, die Frage, wie man sich bei Unverträglichkeitsreaktionen verhalten mußte, die Bewertung der mit Sicherheit eintretenden Pannen sowie das Problem des Ausschlusses von Patienten, die gegen die Versuchsregeln verstoßen würden. Alle diese Einzelfaktoren wurden systematisch diskutiert und analysiert, die Vorbeschlüsse schriftlich festgehalten. Nachher würden die firmeneigenen Redakteure und Informatiker mit dieser Datenmasse ihre Computer füttern, um die Direktiven und Fragebögen auszuarbeiten, die die Grundlage des Behandlungsprotokolls bilden bzw. die »therapeutischen Vorgaben« darstellen würden. Speziell eine Rubrik brachte die Gäste der Pine Needle Lodge dazu, ihre Phantasie zu mobilisieren. Sie betraf das Grundprinzip der gesamten Aktion, die Geheimhaltung. Damit niemand erfuhr, wer das Medikament erhielt und wer das Placebo, beschloß man, jedes Fläschchen mit einer Codenummer zu beschriften, die mit der Codenummer des betreffenden Patienten identisch war. Der Code-Schlüssel würde in einem Safe verwahrt werden, dessen Kombination nur einem einzigen Wellcome-Mitarbeiter bekannt wäre. Schon von seiner Sheriff-Statur her schien der sechzigjährige Richard H. Clemons ganz der richtige Mann für die verantwortungsvolle Funktion. Der Farmerssohn aus Iowa hatte mit achtzehn Jahren den väterlichen Maisfeldern den Rücken gekehrt und war dem Ruf der Wissenschaft gefolgt. Die Arbeit mit menschlichen Versuchskaninchen war seine persönliche Domäne. Seine Kollegen konnten beruhigt sein: Der kleine Panzerschrank in seinem Büro würde genauso sicher sein wie Fort Knox mit seinen Goldreserven.

Bevor David Barry und seine Mitarbeiter ihr Arbeitswochenende zum Abschluß brachten, teilten sie der Operation, die sie soeben in den großen Linien festgelegt hatten, noch einen Namen zu. Da es das dreiundfünfzigste Mal war, daß das Pharmalabor zu einer Schlacht gegen Viren antrat, einigte man sich auf den Namen »Operation 53«.

Die zwölf Ärzte – zehn Männer und zwei Frauen –, die sich zwei Monate später im Zentralgebäude der *National Institutes of Health* auf dem Campus von Bethesda einfanden, hatten mehreres gemeinsam: den unbeirrbaren Willen, ihren Aids-Patienten zu helfen, die Frustration angesichts ihrer fruchtlosen Bemühungen und die uneingeschränkte Bereitschaft, an der Erprobung eines Hoffnungen weckenden Medikaments mitzuwirken. Sie waren von der Wellcome-Leitung ausgewählt worden und arbeiteten allesamt in Städten, wo die Seuche besonders heftig wütete. Einer der zwölf war Dr. Michael Gottlieb.

Obwohl ihm der Gedanke zuwider war, tödlich bedrohten Patienten ein Placebo zu verabreichen, war er zu dem Schluß gekommen, daß »wahres Mitgefühl und wahre Moral darin bestehen, so schnell wie möglich eine wirkungsvolle Therapie zu finden«.

Die zwölf praktizierenden Ärzte waren von David Barry mit der Maßgabe zusammengerufen worden, die verbindliche Fassung des klinischen Protokolls auszuarbeiten. Es galt, sich in allem aufeinander abzustimmen, und so nahmen auch Fachleute der Nationalen Gesundheitsinstitute und der Arzneimittel-Kontrollbehörde an den Sitzungen teil. Wohl hatte die Klausurtagung in der Pine Needle Lodge das Terrain abgesteckt und Hindernisse aus dem Weg geräumt, aber mehrere wichtige Punkte blieben noch zu diskutieren.

Die Wellcome-Chemiker hatten errechnet, daß sie in der Lage waren, die für einhundertfünfundzwanzig Probanden sechs Monate lang notwendigen Dosen AZT zu liefern. Also setzte man die Zahl der zur klinischen Erprobung Zugelassenen auf zweihundertfünfzig fest. Hundertfünfundzwanzig würden AZT bekommen, die hundertfünfundzwanzig anderen das Placebo. Man schloß endgültig die Rauschgiftsüchtigen aus, weil sie Ersatzdrogen einnahmen, die möglicherweise die Ergebnisse verfälschen würden, außerdem wegen der Toxizitätsgefahren Kinder unter zwölf Jahren. Einige Gesundheitsbeamte schlugen vor, man solle zwecks größtmöglicher Gruppenhomogenität nur Männer auswählen. David Barry war der Ansicht, eine solche Diskriminierung verstoße gegen die ärztliche Ethik, und man beschloß, die Frauen einzubeziehen. Anschließend einigte man sich auf das Hauptzulassungskriterium: eine Lebenserwartung von mindestens einem halben Jahr. Allerdings machte man, ganz gegen die Gewohnheit bei derartigen Versuchen, zur Auflage, daß der Zustand der Kandidaten sehr ernst war. Für das Wellcome-Team bedeutete das, daß es ein Risiko einging: Sollte das AZT seine Wirksamkeit bei schwerkranken Probanden nicht erweisen, dann bestand alle Aussicht, daß man es gänzlich und für immer abschreiben würde. Für die Patienten war das Risiko nicht geringer, da ihr geschwächter Organismus mit höherer Wahrscheinlichkeit zu gefährlichen oder gar tödlichen toxischen Reaktionen neigte. Andererseits wären die Resultate entsprechend aussagekräftig, sollte das Mittel sich wirksam zeigen. Immer noch aus Sorge um eine maximale Homogenität der zweihundertfünfzig Versuchspersonen wählte man einen sehr strengen gemeinsamen klinischen Nenner: alle mußten im Lauf der vergangenen drei Monate Opfer eines ersten Anfalls von Pneumozystose gewesen sein. Damit waren automatisch die Patienten ausgeschlossen, bei denen Aids nur als Kaposi-Sarkom zutage trat. David Barry mußte den Beschluß damit rechtfertigen, daß je nach Lokalisierung und Ausdehnung der Läsionen ihre Lebenserwartung höchst unterschiedlich war. Lagen nur Hautsymptome vor, dann konnte die Überlebenschance fünf Jahre betragen. Waren die Schleimhäute der inneren Organe befallen, dann konnte sie auf ein paar Wochen schrumpfen.

Als Ergebnis der Diskussionen und Absprachen entstand ein monumentales Protokoll von zweihundertzweiundsechzig Seiten. Allein die Liste der Untersuchungen und Laboranalysen, die während der vierundzwanzig Wochen der klinischen Prüfung durchzuführen waren, umfaßte mehrere Hundert Positionen. Gewisse Tests, mit denen herausgebracht werden sollte, ob das Gehirn in Mitleidenschaft gezogen wurde, waren so komplex, daß die Wellcome-Labors gezwungen waren, in aller Eile das zuständige Personal zu schulen.

Schließlich mußte nur noch der Tag X festgelegt werden. Der Großversuch mit dem ersten Aids-Medikament würde am 18. Februar 1986 anlaufen.

56

New York, USA – Winter 1986
»Ihr Kruzifix auf der Brust wird sie bestimmt nicht schützen.«

Seit neun Jahren regierte der Bürgermeister von New York über seine launenhafte Stadtgemeinde, und so leicht brachte ihn nichts mehr aus der Fassung. Er hatte sicherlich mehr überspannte Reden vernommen, war öfter massivem Druck ausgesetzt gewesen und hatte sich häufiger Drohungen gefallen lassen müssen als jedes andere Stadtoberhaupt. Dennoch erinnerte sich Ed Koch nicht, jemals einem so zähen Verhandlungspartner gegenübergesessen zu haben wie dem Besucher, den er an diesem 2. Januar 1986 empfing. Die vierschrötigen Funktionäre der Gewerkschaften der Dockarbeiter, der Polizisten, der Feuerwehrmänner oder der Müllfahrer, die aufsässigen Vertreter der Bürgerinitiativen, die Mafiosi der ungezählten Erpressersyndikate, die Paten der »Waterfront«, die militanten Homosexuellenanwälte, die Unruhestifter von den verschiedenen ethnischen, rassischen oder religiösen Gruppierungen dieser mosaikbunten Stadt kamen ihm harmlos vor im Vergleich zu der kleinen alten Frau, die ihm unerbittlich ihre moralischen Daumenschrauben ansetzte. Mutter Teresa saß da, die von der gerade durchgemachten Staroperation angegriffenen Augen noch hinter der schützenden dunklen Brille verborgen, und hielt dem ehemaligen polnisch-jüdischen Einwanderer, der zum Hüter von Amerikas größter Stadt geworden war, ihre Mahnpredigt.

»Die drei Häftlinge von Sing-Sing, die man dankenswerterweise vor Weihnachten begnadigt hat, stellen nur einen winzigen Bruchteil der Aids-Kranken dar, von denen die Strafanstalten des Staates New York geradezu überquellen, Herr Bürgermeister. Mindestens zweihundertfünfzig sind noch übrig. Ich beschwöre Sie, erwirken Sie beim Gouverneur ihre Freilassung, damit meine Schwestern und ich uns um sie kümmern und ihnen helfen können, in Würde zu sterben.«

»Mutter Teresa, diese Häftlinge sind ausnahmslos Verbrecher, manche sind gemeingefährliche Mörder«, hielt Ed Koch ihr in festem Ton entgegen. »Man kann sie doch nicht einfach in die Freiheit entlassen, nur weil ihr Gesundheitszustand schlecht ist!«

»Gott hat sie mit Aids geschlagen und sie damit härter gestraft als die Justiz der Menschen, Herr Bürgermeister. Meinen Sie nicht, daß sie unser Mitleid verdienen?«

»Nun gut, einverstanden, ich werde die Sache beim Gouverneur vorbringen«, versprach Ed Koch schließlich. »Ich muß dann seine Entscheidung abwarten und werde in der Zwischenzeit versuchen, ein weiteres Gebäude in New York für Sie zu finden, damit Sie sie auch aufnehmen können, wenn es soweit ist.«

»Ein Gebäude in New York?« protestierte die Ordensfrau. »Davon ist überhaupt nicht die Rede! Was wir brauchen, ist ein Haus auf dem Land. Ob in Indien oder anderswo, stets haben uns Regierungen und Privatleute Grundstücke geschenkt, auf denen wir unsere Leprakranken unterbringen konnten. Inzwischen beherbergen unsere Bauernhöfe und Dörfer 178000 dieser Menschen. Sie ziehen dort ihr Gemüse, züchten Hühner und Fische. Ihre Häuser haben sie selbst gebaut. Sie sollten kommen und sich das einmal ansehen, Herr Bürgermeister. Sie würden es sehr interessant finden.«

Ed Koch kratzte sich die paar dünnen Nackenlöckchen, die ihm geblieben waren. Die Aussicht auf eine Besichtigungstour durch Mutter Teresas Leprakolonien vermochte keinen Funken Begeisterung in ihm zu wecken.

»Die Leute, die Aids haben, sind sehr krank«, begnügte er sich zu bemerken. »Sie haben oft nicht einmal die Kraft, sich auf den Beinen zu halten. Außerdem haben sie meist nicht die geringste Ausbildung für irgend etwas. Wie sollen sie sich über Nacht in Schreiner, Klempner oder Elektriker verwandeln?«

Mutter Teresas große, schwielige Hand fegte das Argument beiseite.

»Wenn Leprakranke, die keine Finger, keine Hände, keine Füße mehr haben, es schaffen, sich ihre Häuser zu bauen, warum sollten dann Menschen, die noch alle vier Gliedmaßen haben, es nicht auch schaffen? Wenn sie sich ungeschickt anstellen, werden wir sie eben anleiten. Freiwillige Helfer, die das jeweilige Handwerk gelernt haben, werden uns zur Seite stehen.«

»Und wie wollen Sie für Ausstattung und Möblierung all dieser Wohnstätten sorgen?«

Ein verschmitztes Lächeln begleitete ihre Lieblingsantwort: »Gott wird dafür sorgen, Herr Bürgermeister.«

»Wie dem auch sei, was Sie da von mir verlangen, läßt sich nicht an einem Tag bewerkstelligen«, gab Ed Koch sichtlich genervt zurück. »So etwas braucht Zeit. Kommen Sie in drei Monaten wieder.«

Es gab kein Argument, das die Fürsprecherin der leidenden Menschen hätte entwaffnen können.

»Die notwendige Zeit gebe ich Ihnen«, sagte sie. Den Zeigefinger auf ihren Partner richtend, fügte sie mit fester Stimme hinzu: »Aber Sie können sich darauf verlassen, daß ich Sie nicht in Frieden lassen werde, bevor nicht alles erledigt ist.«

Sie erhob sich und legte dem Bürgermeister, indem sie sich verabschiedete, einen Zettel auf den Schreibtisch.

Nachdem Ed Koch die Nonne zur Tür begleitet hatte, las er die Botschaft, die sie ihm hinterlassen hatte: »Die Frucht des Schweigens ist das Gebet, die Frucht des Gebets ist der Glaube, die Frucht des Glaubens ist die Liebe. Und die Frucht der Liebe ist der Dienst am Nächsten. Mutter Teresa.«

Der Aufruf der Ordensfrau, alle von Aids befallenen Strafgefangenen freizulassen und in einer Art großer Landkommune unterzubringen, hatte die Wirkung einer Bombe. Die Presse widmete ihm umfangreiche Artikel auf der ersten Seite. Leicht aus der Fassung gebracht, versprach Mario Cuomo, der Gouverneur des Staates New York, einen Gnadenakt für die schwersten Fälle zu erwägen. Mehrere Besitzer von Grundstücken und ungenutzten landwirtschaftlichen Anwesen machten der Stadtverwaltung Angebote. Seltsamerweise war gerade der hohe katholische Klerus der Stadt von dem kühnen Vorschlag nicht besonders angetan. »Ich habe Alpträume wegen dieser alten Frau und ihrer Farm!« erklärte Monsignore James Cassidy, der dem sozialen Hilfswerk und der Krankenfürsorge des Erzbistums vorstand. »Sie hat überhaupt kein Gespür für die Realitäten von New York. Sie glaubt sich immer noch in den Slums ihres geliebten Indien!«

New York war in der Tat sehr anders als Kalkutta. Die jungen indischen Nonnen sollten es rasch bemerken. In den zwanzig Jahren, die Schwester Paul das Sterbehaus von Kalkutta geführt hatte, hatte sie mehr als fünfzigtausend Sterbende gepflegt, ohne je eine andere Kontrolle als die ihres Gewissens zu erfahren. Seit sie die Leitung des Heims »Gabe der Liebe« innehatte, war sie mit den Inspektoren der Feuerpolizei, der Hygiene- und Gesundheitsbehörden, des Bau- und des Wohnungsamtes einschließlich der Stelle für Altbausanierung konfrontiert, unterlag sie dem Zwang, alle möglichen Sicherheits-Probeübungen durchzuführen, jeglichen Abfall in einem gesicherten Container zu verschließen (was zu ihrem großen Bedauern die Lumpensammler um eine Einkommensquelle brachte), kurz, sie erfuhr, daß in einer amerikanischen Stadt alles streng reglementiert ist, und fühlte sich in ihrer Mission der Nächstenliebe unerträglich eingeengt. Als eines Tages wieder ein eifriger Beamter Anstalten machte, die Elektroinstallationen zu überprüfen, scheuchte sie ihn zur Tür hinaus und schrie: »Es geht Sie nichts an, wie wir hier zurechtkommen!«

Im übrigen konnte es in dieser Riesenstadt, wo die Zahl der verschiedenen Meinungen kaum geringer ist als die Zahl der Bürger, nicht ausbleiben, daß die katholischen Nonnen, welche die neuen Pestkranken pflegten, vielfältigste Reaktionen hervorriefen. »Ständig schellte jemand an der Pforte«, berichtete Schwester Ananda. »Die einen wollten uns ermutigen und uns helfen, andere kamen, um uns zu beschimpfen und die Kranken zu verhöhnen, und wieder andere behaupteten, irgendeine Wunderkur zu kennen. Zum Teil waren es großartige Menschen, aber viele waren auch in einem Grade gestört, wie ich es weder in der Leprastation von Benares noch im Sterbehaus von Kalkutta jemals erlebt hatte.«

Daß unter den ersten aufgenommenen Kranken sich etliche Drogensüchtige befanden, paßte den homosexuellen Anwohnern von Greenwich Village überhaupt nicht. Entsprechend schlecht ließ sich die Integration der Inderinnen in das Viertel an, bis zu dem Tag, da Schwester Paul beschloß, die Dienste ihrer kleinen Ordensgemeinschaft nicht mehr ausschließlich den Aids-Kranken vorzubehalten. Die auf dem Vorplatz der Veronika-Kirche eingerichtete Volksküche sowie die Besuche bei Armen und Alten sicherten ihr bald einhellige Anerkennung. »Das Haus ›Gabe der Liebe‹ und seine Schwesternschaft stellten nach kürzester Zeit eine Insel des Mitgefühls und der Hoffnung für sämtliche Anwohner dar«, so Terry Miles, der *Clinic coordinator* von Saint-Clare. Ihn hatte die Krankenhausleitung mit der Überwachung der pflegerischen Arbeit, die die Nonnen leisteten, beauftragt. Zunächst einmal geriet er aus der Fassung. »Diese Inderinnen waren aus ihrem Land mit der Vorstellung angereist, sie würden hier weiterhin Todgeweihten helfen, in Frieden zu sterben«, berichtete er. Er mußte ihnen klarmachen, daß die Situation eine ganz andere war. »Unsere Kranken sind keine von der Straße aufgesammelten Elendsgestalten«, erklärte er mit Nachdruck. »Es sind Amerikaner in ihren allerbesten Jahren, die von einem tödlichen Virus niedergestreckt wurden. Ihnen ein Bett, ein tägliches Bad, etwas Essen und ein paar tröstende Worte zu bieten, genügt einfach nicht. Wie alle Bürger dieses Landes haben sie Anspruch auf angemessene medizinische Behandlung. Unsere Aufgabe ist die Pflege der Kranken, und zur Pflege gehören Laboranalysen, Infusionen, Injektionen, Sauerstoff und Medikamente.« Dieses Argument ließ die Schwestern völlig kalt. »Ich hatte das Gefühl, als hätte ich griechisch oder chinesisch gesprochen«, berichtete er. »Meine rationale Betrachtungsweise war diesen Frauen von ihrer Mentalität her absolut fremd; ihrer Meinung nach war es ihre vordringliche Aufgabe, Sterbende auf dem Weg zum Paradies zu begleiten, nicht aber, den Versuch zu machen, ihr jammervolles Dasein zu verlängern.«

Es schauderte Terry Miles noch bei der Erinnerung daran, unter welchen Schwierigkeiten er das Schwesternteam an seine eigentliche Aufgabe heranführte. »Ich sollte zu Nonnen, die in der strengsten katholischen Moral erzogen worden waren, etwas von Sperma, von Sex und Sexualtrieb, von Risikogruppen erzählen, und das schien mir ein unmögliches Unterfangen«, gestand er. »Sie wußten von Aids praktisch nichts und ebensowenig von den sexuellen Gepflogenheiten der meisten Opfer. Das Merkblatt, das sie bei ihrer Zwischenlandung in Rom bekommen hatten, hätte nicht einmal ein sechsjähriges Kind aufgeklärt. Man mußte ihnen schlicht alles beibringen.« Terry Miles übernahm die Rolle des Advocatus Diaboli. »Das Kreuz, das Sie auf der Bust tragen, wird Sie nicht schützen«, sagte er zu ihnen. »Im Gegenteil, einigen Patienten wird es ein Vergnügen sein, Sie zu schockieren. Sie müssen auf unflätigste Scheußlichkeiten gefaßt sein.«

Bei seiner erzieherischen Aufgabe sollte er sich auf unerwartete Weise unterstützt finden. Josef Stein war durch die dringliche Empfehlung seines Freundes aus Latrun neugierig geworden und hatte gebeten, ein paar Tage in dem Heim bleiben zu können. Er wollte mit Schwester Ananda nähere Bekanntschaft schließen. Sehr schnell verband freundschaftliche Vertrautheit die Inderin und den amerikanischen Ex-Archäologen. Er war von Anfang an empfänglich für »ihre wunderbare Art der Zuwendung«. War es die Sanftheit ihrer Gesten, ihre Gabe, sofort zu ahnen, daß ihm irgend etwas weh tat oder er sich plötzlich unglücklich fühlte, war es die Intensität des Blicks und die Reinheit des Lächelns? Niemals hatte Josef Stein das Gefühl gehabt, auf diese Weise gemocht zu werden. »Sicherlich waren ihre religiösen Beweggründe und meine Überzeugungen ziemlich konträr, aber dieses Mädchen gab jedem Kranken das Gefühl, er sei Mittelpunkt der Welt.« Eines Tages, während sie Josef Stein die Beine massierte, fragte sie ihn vorsichtig nach dem Ursprung der violetten Flecken, von denen sein Körper übersät war. Josef berichtete. Er machte es sich sogar zur Pflicht, nichts zu unterschlagen und alles zu erzählen, die Entdeckung seiner Homosexualität in einem Eisenbahnabteil, die Gay-Revolution, die *Bathhouses* von San Francisco, das Über-die-Stränge-Schlagen in Israel, den Abend in der Oper und die schreckliche Nachricht, an Aids erkrankt zu sein. Schweigend, mit gesenktem Blick, hörte Schwester Ananda ihm zu, während ihre Finger achtsam fortfuhren, die geschundene Haut zu massieren. Aids hatte für sie von jetzt an eine Geschichte und ein Gesicht.

Schwester Paul hatte nicht das Glück, es mit einem so herzlich-höflichen Patienten zu tun zu haben. Wenige Tage nach Neujahr brachten ihr zwei Pfleger von Saint-Clare Orlando, einen zweiunddreißigjährigen Transvestiten mit grell geschminkten Lippen, zu dessen Ausstattung falsche Wimpern, ein falscher Busen und eine Perücke mit langen blonden, durch viel Spray in Form gehaltenen Strähnen gehörten. Er trug einen engen schwarzen Rock, der ihn zu ganz kleinen Schritten zwang. Auf Schwester Pauls Sari und ihre indische Grußgeste reagierte er mit amüsiertem Glucksen. Im nächsten Moment schloß er sie in die Arme. Die Nonne stieß ihn unsanft zurück.

»Darling, hab keine Angst!« protestierte er mit Falsettstimme. »Sugar tut dir nichts Böses an.«

Schwester Paul erfuhr später, warum Orlando sich als »Sugar« anreden ließ. Es war der Kosename, den Humphrey Bogart seiner Ehefrau, der Schauspielerin Lauren Bacall, gegeben hatte, und als Lauren Bacall trat der Transvestit jeden Abend in den Kabarett-Theatern von Lower Manhattan auf. Um seinen Lebensunterhalt zu verdienen, verkaufte Sugar nebenbei seine Gunst in einem am Hudson geparkten Möbelwagen. An den vielen Einstichnarben auf den Armen sah man sofort, daß er außerdem von harten Drogen abhängig war. Das Make-up konnte in keiner Weise verbergen, daß die Seuche Aids ihn bereits grausam entstellte. Sein Körper war bis zu den Fußsohlen hinunter ein einziger Teppich von braun-violetten Kaposi-Geschwüren. Sugar wußte, daß er nur noch ein paar Monate zu leben hatte, und er war schwer angeschlagen, aber nicht k. o.

»Kommen Sie mit«, sagte Schwester Paul, »ich bringe Sie auf Ihr Zimmer.«

Ein wütendes Geklimper der Wimpern ging der Antwort des Transvestiten voraus.

»Moment mal, Darling! Sugar nimmt von niemand Befehle entgegen!«

Ein unguter Auftakt. Wenn der Kranke auch weder Obdach noch Familie besaß, so hatte er doch eine Menge Freunde. Eine lärmende, vulgäre Horde sorgte schon bald für bedenkliche Zustände im Haus »Gabe der Liebe«. Und Schwester Paul begriff ebensobald, was diese Besucher an den kuriosen Pflegling band. Der Transvestit war einer ihrer besten Kunden. Jeden Tag injizierte er sich für dreihundert Dollar Heroin in die Venen.

Arme Schwester Paul! Terry Miles hatte recht. Die New Yorker Übelstände waren weit schlimmer als die Armut in Kalkutta. Aber bange wurde der Ordensschwester vor dieser Realität keineswegs; sie würde dieser merkwürdigen Sippschaft schon Disziplin beibringen, daran zweifelte sie nicht. Drei Tage nach Sugars Einzug brachte sie am Eingang des Pflegeheims eine Tafel mit der neuen Hausordnung an: sofortiger und unwiderruflicher Hausverweis jedes Patienten, bei dem alkoholische Getränke oder Rauschgift gefunden werden, strikt einzuhaltende Besuchsordnung, während der Gottesdienste der Schwestern kein Zugang zum Telefon, allgemeine Nachtruhe ab 20 Uhr 30.

In den Kreisen der Gays reagierte man sofort und äußerst heftig auf diese Strenge. Auch die Leitung von Saint-Clare erhob Protest. Mehrere Zeitungen stellten die »frommen Gefängniswärterinnen von der Washington Street« an den Pranger. Mit einer tödlichen Seuche konfrontiert, stellte Amerika dennoch die Respektierung der persönlichen Freiheit höher als die Heilung seiner in Lebensgefahr befindlichen Bürger. Schwester Paul gab nicht nach, insbesondere was die Besuchszeiten betraf. Jeder Besucher war, sofern er sich nicht als Angehöriger auswies, in ihren Augen ein verdächtiger Kontakt; seine Beziehung zum Patienten basierte auf Alkohol, auf Glücksspiel, auf Rauschgift oder auf Sex. Diese starre Haltung brachte einige Probleme mit den »Buddys«, die mit alldem nichts zu tun hatten, sondern einfach Kameraden, hilfreiche »Kumpel« waren. Die äußerste körperliche und seelische Not, in die Aids führte, hatte die homosexuellen Kreise nicht ruhen lassen: Solidaritäts- und Selbsthilfekomitees waren gegründet worden, und deren engagierte Vertreter kamen als ehrenamtliche Krankenbesucher auch in das Haus in der Washington Street. Die bemerkenswerteste dieser Organisationen, die *Gay Men Health Crisis,* war bereits 1981 ins Leben gerufen worden, fast fünf Jahre bevor Mutter Teresa und ihre Schwestern das Heim in Manhattan eröffneten. Gründer waren der Drehbuchautor und Romancier Larry Kramer und fünf seiner New Yorker Freunde. Die sechs Männer fühlten sich verpflichtet, etwas zu unternehmen, da die Regierung sich offensichtlich nicht aufraffen konnte, etwas gegen die Epidemie zu tun. Die Organisation wurde sehr bald auf ihrem Gebiet zum Vorbild. Als Schwester Paul und Schwester Ananda gerade ihre ersten Patienten in Obhut nahmen, zählte *Gay Men Health Crisis* bereits 1600 ehrenamtliche Helfer und 70 festangestellte Mitarbeiter, die mehr als 2000 Kranke betreuten. Sie gewährte außerdem den Patienten Rechtshilfe und Hilfe beim Schriftverkehr mit Behörden, organisierte Gruppensitzungen für Familienangehörige und sonstige ihnen Nahestehende. Sie führte bedeutende Aufklärungs- und Vorsorgeprogramme durch und richtete ein Notruftelefon ein, das rund um die Uhr in Anspruch genommen werden konnte. Die ehrenamtlichen Telefonmitarbeiter von *Gay Men Health Crisis* beantworteten beispielsweise im Jahr 1985 rund 52000 Anrufe. Zwar war es das ursprüngliche Ziel der Organisation gewesen, von Aids befallenen homosexuellen Männern Beistand zu leisten, aber bald hatte sie ihr Wirken auf sämtliche Kategorien von Aids-Opfern ausgedehnt, kümmerte sich also ebenso um Frauen, Heterosexuelle, Bluter, Heroinsüchtige und auch Kinder. Ohne *Gay Men Health Crisis* wäre das Schicksal der New Yorker Aids-Kranken unbestreitbar noch tragischer gewesen. Jeder der ehrenamtlichen Buddys betreute einen Kranken, um den sich sonst niemand mehr gekümmert hatte. Er half ihm, seine persönlichen Angelegenheiten zu regeln, blieb jeden Tag lange Stunden bei ihm, achtete darauf, daß er etwas aß, bemühte sich um Ablenkung und Zerstreuung. Er kaufte für ihn ein, sprach ihm Mut zu, stand ihm in seiner letzten Stunde bei, übernahm nach seinem Tod die Behördengänge. Das Stationspersonal von Saint-Clare wußte seit langem, daß die Buddys unersetzlich waren, und beauftragte Terry Miles, bei Schwester Paul eine flexiblere Hausordnung zu erwirken. »Ich kam darauf, daß das Problem vor allem sprachlich begründet war«, berichtete der *Clinic coordinator.* »Für die Nonne beschwor allein das Wort ›Buddy‹ sämtliche denkbaren Laster herauf. Ich schlug ihr vor, wir sollten lieber sagen: ›*Concerned visitor* – persönlich betroffener Besucher‹, und tatsächlich ging die Sache damit in Ordnung.« Dagegen scheiterte Terry Miles mit einem anderen Vorstoß. Vergeblich machte er geltend, das Fernsehen würde den Kranken helfen, ihren Zustand zu vergessen und mit ihrer Langeweile fertig zu werden, Schwester Pauls strikter Einwand lautete, das Fernsehen vereitele jede Möglichkeit eines Gedankenaustauschs unter den Heiminsassen. Es sei besser, man biete ihnen Gesellschaftsspiele, Bücher, Schallplatten oder Kassetten, als zuzulassen, »daß sie sich den ganzen Tag lang in stumpfsinnige Einsamkeit vor einen Bildschirm zurückziehen«. Der Apparat, den ein großzügiger Spender gebracht hatte, wurde nie aus seinem Karton ausgepackt.

Die von Schwester Paul durchgesetzte eiserne Disziplin wurde nach und nach akzeptiert. Selbst Terry Miles erkannte am Ende ihre positive Wirkung an. Bei jedem Besuch staunte er über die geleistete Arbeit. »Diese kleinen Inderinnen hatten aus dem alten Gemäuer ein wahres Juwel gemacht«, sagte er. »Alles war so sauber, daß man vom Fußboden hätte essen können.« Was den agnostisch eingestellten Amerikaner am meisten beeindruckte, war »die Art, wie die Schwestern alles dem Willen des Gottes, dem sie dienten, anheimstellten. Ob sich ein Problem ergab oder irgend etwas fehlte, sie hoben die Arme zum Himmel und sagten im Ton der Selbstverständlichkeit: ›Der Herr wird dafür Sorge tragen‹«. Mit Verblüffung sollte Terry Miles eines Tages registrieren, daß Schwester Ananda die Köchin anwies, den für das Mittagsmenü vorgesehenen Nachtisch zu bereiten, obwohl im Haus kein einziges Ei mehr vorrätig war. »Ohne Eier kann ich unmöglich einen Kuchen backen!« protestierte die Köchin erregt. Die Ordensschwester sagte nur ganz ruhig, sie solle auf die Vorsehung vertrauen. Sie behielt recht. Wenig später läutete es – ein Nachbar brachte zehn Dutzend Eier.

Die ersten vierzehn Betten im Heim »Gabe der Liebe« waren schnell belegt. Gays und Drogensüchtige – die beiden zum damaligen Zeitpunkt von Aids hauptsächlich betroffenen Risikogruppen – waren ungefähr gleich stark vertreten. Die zweite Gruppe umfaßte vor allem Schwarze und Hispano-Amerikaner. Terry Miles begab sich häufig in das Pflegeheim, um möglichst viel von seinen medizinischen Erfahrungen, die er im Krankenhaus Saint-Clare sammelte, an die Schwestern weiterzugeben. Nur schwer jedoch konnte er sie davon überzeugen, daß eine auf den Einzelfall abgestellte Diät wichtig war. Die vegetarisch lebenden Inderinnen, die ihren Sterbenden lediglich einen Schöpflöffel Reis mit etwas Linsenpüree gegeben hatten, konnten mit dem Begriff Diätküche absolut nichts anfangen. Sie servierten Mahlzeiten, die im wesentlichen aus einer dicken Suppe bestanden, während diese Kranken eiweiß- und kalorienreiche Nahrung wie Fleisch, Fisch und Getreideflocken brauchten. Zudem mußten diese Speisen jederzeit zur Verfügung stehen, es war unmöglich, einfach zweimal pro Tag zu festen Zeiten warme Mahlzeiten auszugeben.

Geduldig und der Reihe nach löste Terry Miles die einzelnen Probleme. Bald war er so stolz auf seine Pflegerinnen im Sari, daß er versicherte: »Glück hat ein Aids-Kranker vor allem dann, wenn er in ihre Hände fällt.«

Der *Clinic coordinator* ahnte nicht, wie schwer es manchen der

cisco hergestellt. Es handelte sich um eine Mischung aus Dinitrochlorobenzol, Äthanol und einer im Handel erhältlichen Haarlotion. Mehrere medizinische Zeitschriften hatten die Mixtur ihrer Aufmerksamkeit gewürdigt. Wenn man die Kaposi-Pusteln jeden Tag damit bepinselte, dann hatte sie, so hieß es, die Macht, das Immunsystem zu stimulieren. In New York konnten die Aids-Kranken über einen Anrufbeantworter eine Adresse in der 23. Straße West erfahren, wo es für zweihundert Dollar ein Medikament auf Eigelbbasis zu kaufen gab, das unter der Bezeichnung AL-721 aus Deutschland importiert wurde. In San Francisco gab das Nottelefon der »Project Inform«, einer ehrenamtlich funktionierenden Hilfsorganisation, den Anrufern Auskunft über verschiedene Versuchstherapien, die an der Westküste angeboten wurden. Eine davon basierte auf einem Präparat aus den Wurzeln chinesischer Gurken. Das als »Verbindung Q« firmierende Mittel hatte anscheinend im Reagenzglas die bemerkenswerte Gabe gezeigt, selektiv die von dem Virus befallenen Zellen abzutöten und die gesunden Zellen zu verschonen. Zahlreiche Patienten ließen sich die vom Himmel gesandte Wunderdroge spritzen. Da keine Toxizitätsprüfungen vorangegangen waren, wurde die Chinagurke Ursache vielfältiger Tragödien. Manche der unvorsichtigen Konsumenten fanden sich gelähmt oder blind, verfielen in Schwachsinn oder lagen in tiefer Bewußtlosigkeit in ihren Betten.

In Miami propagierten Ärzte Ampullen mit frischen Kalbsembryozellen, die angeblich die Thymusdrüse zwangen, die Vermehrung der T 4-Lymphozyten zu stimulieren. Und ebenfalls in Miami organisierten Reisebüros Ausflüge zu einer Antilleninsel, wo ein Laboratorium eine gewisse »Retikulose« getaufte Substanz fabrizierte, deren Heilkraft von den Erfindern in Zeitungsanzeigen gepriesen wurde. Binnen neun Tagen heilte sie angeblich sowohl den Kaposi-Krebs als auch die infektiöse Pneumozystose. Auch in Mexiko und Mittelamerika war sie zu haben, dort dauerte die Behandlung einundzwanzig Tage, wofür die astronomische Summe von sechstausend Dollar zu entrichten war.

»Wenn die Schulmedizin und die hochberühmten Professoren dich dem scheußlichsten aller Tode überlassen, wenn sämtliche nobelpreisgekrönten Koryphäen der Wissenschaft sich trotz ihrer schwindelerregenden Forschungsetats von einem elenden Virus zum Narren halten lassen, wie soll man da nicht überall, und sei es in der Hölle, eine letzte Hoffnungsfackel suchen?« fragte Josef Stein. In jenem Winter leuchtete die »letzte Hoffnungsfackel« dem ehemaligen Archäologen aus den Bananenstauden und Jakarandabäumen der Antilleninsel Saint-Martin. Ein französischer Arzt, der sich vor gut dreißig Jahren in diesem karibischen Paradies niedergelassen hatte, verabfolgte einen Impfstoff, den er von mit dem Aids-Virus infizierten Mäusen gewann. Wie es aussah, war der Mann kein Scharlatan. Er stand sogar im Ruf, ein ernsthafter Forscher zu sein. Im Gegensatz zu den meisten Inhabern von »Guerilla-Kliniken« machte er keinerlei Werbung, und in sehr vielen Fällen offerierte er seinen Impfstoff kostenlos. Einige Zeitungsleute hatten nicht gezögert, ihn als eine Art Albert Schweitzer hinzustellen.

»Die Insel Saint-Martin lag nur vier Flugstunden von New York entfernt«, sagte Josef Stein. »Ich war sicher, vor Ablauf von drei Tagen wieder zurück zu sein. Mein kleiner Abenteuerausflug würde vielleicht gar nicht weiter auffallen.«

58

New York – Los Angeles – Miami – San Francisco, USA – Frühjahr–Sommer 1986 281 freiwillige Versuchskaninchen für eine Handvoll bitterer Kapseln

Dr. Paul Volberding war einer der zwölf Ärzte, die von den Wellcome-Forschungslabors dazu ausersehen worden waren, den Doppelblindversuch mit AZT durchzuführen. Seit dem Tag, an dem Paul Volberding zum erstenmal die Symptome eines Kaposi-Sarkomes festgestellt hatte, waren immer neue Opfer von Aids zu ihm gekommen. Der fünfte Stock des alten Allgemeinkrankenhauses von San Francisco, wo er seine Sprechstunde hielt, war eines der Behandlungszentren von Amerikas Homosexuellenmetropole.

In diesem Frühjahr 1986 zählte zu seinen Patienten der Lebensgefährte eines Zeitschriftenhändlers, der vier Jahre zuvor der Seuche erlegen war. Damals hatte Volberding wie ein Löwe gekämpft, um den Patienten zu retten. Mangels spezifischer Medikamente hatte er die Schlacht verloren. Jetzt hoffte er auf eine späte Revanche. Daß der Freund des Verstorbenen an einer Pneumozystose litt, deren Diagnose noch keine neunzig Tage zurücklag, qualifizierte ihn für die Teilnahme an dem Großversuch mit AZT. Bevor der Arzt ihm die gute Nachricht verkünden konnte, mußte er jedoch die von den Organisatoren vorgeschriebenen Untersuchungen durchführen. Eine davon, ein Hautsensibilitätstest, rief Knötchen hervor, deren Durchmesser die in den Zulassungsbedingungen festgelegte Grenzmarke um zwei Millimeter überschritt. Die Überschreitung war so gering, daß Paul Volberding zunächst daran dachte, sie zu ignorieren. War nicht seine erste Pflicht als Arzt, einem vom Tode bedrohten Patienten mit allen Mitteln zu helfen? Andererseits, hatte er das Recht, jene, die ihm im höheren Interesse der Wissenschaft vertrauten, zu hintergehen, und sei es in relativ harmlosem Ausmaß? Daß er dem Patienten freundschaftlich verbunden war, machte das Dilemma noch größer. »Wie sollen Sie jemanden, der Ihnen etwas bedeutet und der von Ihnen ein Wunder erwartet, erklären, daß Sie ihn aufgrund eines solchen Details um eine Überlebenschance bringen müssen?« Nach zwei Tagen und zwei Nächten inneren Kampfs verzichtete Paul Volberding schweren Herzens darauf, dem Freund die einzige Chance auf eine endlich wirksame Behandlung zu verschaffen. »Ich war ein Diener der Wissenschaft, und meine Ehre gebot mir, die Spielregeln buchstabengetreu einzuhalten.«

Dann kam eine Lawine ins Rollen. Überall übertraf die Zahl der Patienten, die den Zulassungskriterien entsprachen, die den zwölf Zentren zugeteilten Quoten. Es kam zu unangenehmen Zwischenfällen. In der Klinik der Universität von Kalifornien in Los Angeles sah sich Dr. Michael Gottlieb von ausgeschlossenen Kandidaten tätlich bedroht, die immer wieder schrien: »Massenmord! AZT für uns alle!« Wie zu erwarten, führte die Auswahlprozedur in tiefe Gewissenskonflikte. Warum gerade diesen Kandidaten auswählen und nicht jenen anderen? Dr. Oscar Larry Laskin vom *Medical Center* der Cornell-Universität in New York und mehrere seiner Kollegen versuchten über diese »emotionale Hemmschwelle« hinwegzukommen, indem sie den alten Grundsatz »Wer zuerst kommt, mahlt zuerst« übernahmen. Andernorts war das Schicksal denen gewogen, die zufällig im richtigen Moment zur Stelle waren. Paul Volberding seinerseits beschloß, die Bestimmung des Kontingents dem Zufall zu überlassen. Er beauftragte seine Assistentin Roby Wong, »die Namen aus einem Hut zu ziehen«.

Die große Mehrheit der 281 schließlich zugelassenen Probanden – 144 bekamen AZT und 137 ein Placebo – ging mit einer positiven

Einstellung in das Experiment. Alle hatten das fünfseitige Dokument, das schonungslos die Gefahren aufführte, die sie freiwillig eingingen, gelesen und unterzeichnet. »Eine der Nebenwirkungen von AZT besteht im deutlichen und anhaltenden Rückgang der Zahl der roten Blutkörperchen, so daß mehrere Transfusionen notwendig werden«, erklärte der Text, bevor weitere mögliche Wirkungen aufgezählt wurden, darunter »migräneartige Kopfschmerzen, leichte geistige Verwirrtheit, gesteigerte Ängstlichkeit, Übelkeit, schmerzhafte Ausschläge sowie eventuell eine Abnahme der weißen Blutkörperchen, was für verschiedene Infektionen anfällig machen kann.«

Diese Warnungen schreckten so gut wie niemanden ab. »Wegen der bisher fehlenden Behandlung waren die meisten so verzweifelt, daß sie Zyankali geschluckt hätten, wenn man ihnen erzählt hätte, das könne ihr Virus von weiteren Verheerungen abhalten«, meinte ein Arzt. Die Patienten hatten vor allem auch das beruhigende Gefühl, daß sie ab jetzt unter intensivster ärztlicher Überwachung stehen würden. Außerdem war ihnen mitgeteilt worden, daß sie, sollte sich das AZT bewähren, als erste Anspruch auf dauernde Versorgung mit diesem Mittel haben würden. Dieser Vorteil war lebenswichtig, da AZT nicht etwa die Heilung der Krankheit Aids in Aussicht stellte, sondern lediglich der Proliferation des Virus Einhalt gebieten würde. Laut Roby Wong, Dr. Volberdings Assistentin, »waren viele von ihnen auch stolz darauf, bei einem wissenschaftlichen Abenteuer dabeizusein, das möglicherweise die gesamte Medizin voranbringen würde«.

Nicht immer und überall jedoch war ein reibungsloser und hoffnungsfroher Start der Operation 53 zu verzeichnen. Manche Patienten litten darunter, daß sie wie Versuchstiere behandelt wurden. »Sie warfen uns diesen Rettungsring zu, und dafür waren wir ihnen auf Gnade und Ungnade ausgeliefert«, äußerte einer aus der Gruppe über die Organisatoren. »Sie gaben einem die Ration Kapseln für eine Woche und befahlen einem, alle vier Stunden zwei davon zu nehmen, und das auch die Nacht hindurch«, beklagte sich ein anderer. Das absolute Verbot, in der Stunde vor und nach der Einnahme irgend etwas zu essen, war »ganz besonders strapaziös, weil man durch Aids einen total sprunghaften Appetit bekommt«, so ein dritter. Die eigentliche Qual bestand für alle darin, daß sie die Zumutungen mit dem ständigen Gedanken erdulden mußten, »vielleicht nur ein Hokuspokuspülverchen runterzugurgeln«.

Etliche Kranke berichteten später, daß sie in den ersten Wochen von der Angst verfolgt wurden, sie könnten plötzlich mitleidlos ausgeschlossen werden. »Niemand von uns wußte genau, ob wir nicht Gefahr liefen, uns mit irgendeinem Symptom, das sich entwickelte, zu disqualifizieren«, sagte einer. »Eines Tages wurde mir schlecht vor Angst, nachdem ich dem kontrollierenden Arzt gesagt hatte, ich hätte ein Aspirin genommen«, bekannte ein anderer. »Ich dachte, er würde mir glatt die Zunge rausreißen. Jedenfalls habe ich daraus gelernt und mit keinem Wörtchen mehr die Medikamente erwähnt, die ich auch weiterhin gegen meine kleineren Beschwerden nahm. Es ging schließlich um Leben und Tod.« Einzelne Probanden beschwerten sich darüber, daß sie von den Ärzten im Zustand der Unwissenheit gehalten würden, was ihren Krankheitsverlauf anging. »Pausenlos zapfte man mir Blut ab, aber kein Mensch wollte mir sagen, ob es mir besserging oder nicht«, protestierte ein Architekt aus Los Angeles. Andere versuchten diese Art von Informationssperre zu unterlaufen, indem sie Analysen in Privatlabors durchführen ließen, »um die Wahrheit zu erfahren«. Wieder andere machten sich Sorgen wegen der Zeit, die die Auswertung der Ergebnisse in Anspruch nehmen würde, wo die Zeit doch, wie ein Patient, der Schauspieler am Broadway gewesen war, mahnte, »ein ganz eminenter Faktor bei dieser verfluchten Krankheit« war.

Diese Vorwürfe waren nicht die einzigen Mißklänge, die die erste Phase der Operation 53 begleiteten. Es dauerte nicht lange, dann übten zahlreiche Ärzte scharfe Kritik an bestimmten Aspekten des Protokolls, mit denen ihrer Meinung nach ein ernstes moralisches Problem gegeben war. Waren doch von den zweiundzwanzigtausend in den USA seit 1981 festgestellten Aids-Fällen mehr als die Hälfte insofern bereits abgeschlossen, als die Betreffenden tot waren. Die durchschnittliche Lebenserwartung vom Tag der Diagnose an betrug knapp zwei Jahre. Wen opportunistische Krankheiten wie die Pneumozystose befielen, der hatte kaum eine Chance, das nächste halbe Jahr zu überleben. Mehr und mehr Forscher waren zudem überzeugt, daß vor Auftreten der ersten Symptome das Virus bereits nicht mehr gutzumachende Schädigungen des Gehirns verursacht hatte. Für die New Yorker Ärztin Barbara Starrett, die sich der Aufgabe verschrieben hatte, die Nöte einer weitgehend aus Aids-Opfern bestehenden Patientenschaft zu lindern, war es »schlicht unmenschlich, Kranken, denen man nichts als ein bißchen Milchzucker verabfolgt, gleichzeitig vorzuschreiben, daß sie weder zur Vorbeugung noch zur Behandlung irgendein Medikament gegen die Sekundärinfektion nehmen dürfen.« Das waren Argumente, die man nicht leichtnehmen durfte.

AZT oder Placebo? Die Geheimhaltung führte bei manchen Patienten zu einem geradezu neurotischen Verhalten. Die einen freuten sich über das geringste Übelkeitsgefühl, über das harmloseste Kopfweh, weil es sie davon überzeugte, daß sie das echte Medikament einnahmen, andere suchten ihre Chance zu verdoppeln, indem sie sich mit einem zweiten Patienten die beiderseitigen Kapselrationen teilten. In Miami fand ein Patient einen besonders einfachen Ausweg aus seiner angstvollen Ungewißheit, den die Wellcome-Forscher nicht vorhergesehen hatten. Er schnitt die Gelatinehülle einer Kapsel auf und probierte das Pulver. Der süße Geschmack jagte ihm kalte Schauer über den Rücken: Er wußte jetzt, daß er »Sugar pills«, banale Zuckerpillen, bekam. Ein anderer Patient entdeckte, daß seine Substanz im Gegenteil sehr bitter schmeckte, sicheres Anzeichen dafür, daß es sich um AZT handelte. In Miami, wo die Gemeinschaft der Gays ein gut funktionierendes eigenes Informationsnetz aufgebaut hatte, verbreitete sich die Nachricht, daß man das Medikament am bitteren Geschmack erkennen könne, wie ein Lauffeuer. »Die Probanden holten sich wie gewöhnlich ihre Ration Kapseln ab, aber kaum waren sie zu Hause, öffneten sie eine und probierten den Inhalt«, berichtete ein Arzt. »War es bitter, machten sie mit der Einnahme weiter. Schmeckte es süß, warfen sie das Fläschchen in den Mülleimer und eilten zum Flughafen, um anderswo, nämlich bei einem der elf übrigen Versuchszentren, vorstellig zu werden und so eventuell ihr Glück noch einmal auf die Probe zu stellen.«

Dr. David Barry war zuerst wie vor den Kopf geschlagen. »Bei den insgesamt hundertsechzig klinischen Prüfungen dieser Art, die Wellcome bis dahin durchgeführt hatte, war noch nie jemand auf den Gedanken gekommen, eine einzige unserer Kapseln zu öffnen«, sagte er. Er ersuchte seine Chemiker, das Placebo genauso bitter wie das AZT zu machen. Und unverzüglich sandte er seine Versuchskontrolleure in die zwölf Zentren, damit sie dort eine Neucodierung der Fläschchen vornahmen. Pech und Mühsal waren damit für den Pharma-Arzt jedoch noch nicht ausgestanden. Frustriert, weil sie das Mittel nun nicht mehr identifizieren konnten, ließen mehrere Patienten in San Francisco und Miami es in Speziallabors auf seine Zusammensetzung untersuchen. Die Wellcome-Fachleute brauchten mehrere Tage, bis sie auch dieser neuen Taktik einen Riegel vorschieben konnten. Sie fügten dem AZT und dem Placebo ein bestimmes Molekül hinzu, mit dem die Unterscheidung der beiden unmöglich wurde.

Einige der mit der klinischen Erprobung betreuten Ärzte versuchten ihrerseits, hinter das Geheimnis zu kommen, indem sie ihre Patienten akribisch beobachteten. Da sie nicht das Recht hatten, die Ergebnisse ihrer Kontrollanalysen einzusehen, versuchten sie aus dem Allgemeinzustand der Probanden abzulesen, wer AZT bekam und wer nicht. Günstige Anzeichen wie eine Gewichtzunahme erwiesen sich zuweilen als trügerisch, denn sie waren in Wirklichkeit den Antibiotika zu verdanken, die man den Patienten sofort nach Auftreten ihrer Pneumozystose verabreicht hatte. »Diese Besserungsphasen zu Beginn einer Behandlung sind nichts Ungewöhnliches«, erläuterte Paul Volberding das Phänomen. »Man nennt sie ›*the honeymoon* – die Flitterwochen‹. Sie können sieben oder acht Monate andauern, bis zum unvermeidlichen und sehr oft dann tödlichen Rückfall. Daß sich der Allgemeinzustand einer gewissen Anzahl unserer Patienten besserte, durfte man nicht automatisch dem Mittel AZT zuschreiben.«

Schon im zweiten Monat war überall in den zwölf Zentren deutlich, daß die Probanden in zwei klar verschiedene Kategorien zerfielen: Den einen ging es so viel besser, daß sie ein beinahe normales Leben wiederaufnehmen konnten, und den anderen ging es unaufhörlich schlechter. So offenkundig war der Unterschied, daß mehrere Ärzte die Verantwortlichen von Wellcome baten, das Blindversuchsprinzip aufzuheben und zu gestatten, daß auch den Placebo-Probanden AZT zugeteilt wurde. Dr. Margaret Fischl, auf dem Gebiet der Aids-Behandlung eine in ganz Amerika anerkannte Autorität und Leiterin der klinischen Erprobung in Miami, lieferte David Barry Beobachtungsdaten, die keinen Zweifel ließen: das Mittel AZT wirkte. »Es war ein grausames Dilemma«, so David Barry, »aber meine Pflicht war es, darüber zu wachen, daß der Versuch planmäßig zu Ende geführt wurde.«

Zwei Ereignisse sorgten dafür, daß sich die Dinge beschleunigten. Am 15. März 1986 veröffentlichte die berühmte britische Fachzeitschrift *Lancet* einen Artikel, dessen Inhalt von der Massenpresse sofort aufgegriffen wurde. Dr. Samuel Broder erstattete Bericht über die ermutigenden Ergebnisse des ersten Versuchs mit AZT am Menschen, der im vorausgegangenen Herbst in seiner Klinik in Bethesda durchgeführt worden war. Ein angesehenerer Gewährsmann war nicht denkbar, und so löste die Nachricht eine gewaltige Welle der Hoffnung aus. Patienten, Ärzte, Zeitungen, Vereinigungen, Verbände und zahlreiche bekannte Persönlichkeiten forderten nun ebenfalls, das Medikament unverzüglich an sämtliche Aids-Kranken auszugeben.

In dieser Situation veranlaßte der Tod der unter den Nummern 102, 412, 452 und 808 geführten Probanden – eingetreten am 1. Mai, 16. Mai, 24. Juni und 26. Juni – die Inspektoren der *Food and Drug Administration* und die Verantwortlichen von Wellcome, einen vorzeitigen Stop der Operation 53 zu erwägen. Genausowenig wie die Ärzte der Versuchskliniken wußte irgend jemand im Pharmalabor, welche Substanz die verstorbenen Patienten bekommen hatten. Die Bekanntgabe war erst zum Ende des Großversuchs, also nach Ablauf der sechs Monate, vorgesehen. Das war die Spielregel. Zumindest theoretisch, denn bei diesem besonderen Typ von Experiment war es üblich, daß eine Gruppe unabhängiger Fachleute eine spezielle Überwachung gewährleistete. Das sogenannte *Data Safety and Monitoring Board* war nicht nur für Datenschutzfragen zuständig. Die Mitglieder dieses Komitees hatten den Auftrag, alle zwei Monate die von den zwölf Zentren gelieferten Berichte zu überprüfen, um sodann zu erklären, ob es vom Standpunkt der wissenschaftlichen Forschung und der medizinischen Ethik aus angezeigt war, den Großversuch fortzuführen. Sie wußten als einzige, welche Substanz jeder Patient erhielt.

Am 1. August starb ein sechster Proband an einer überraschend eingetretenen Lungenentzündung: es war der makabre Auftrakt zu einer wahren Todesserie. Sechs weitere Fälle waren noch im selben Monat zu verzeichnen. Beunruhigt telefonierte David Barry mit dem Vorsitzenden des Überwachungskomitees und fragte, ob eine Fortsetzung des Versuchs noch mit der ärztlichen Ethik in Einklang stehe. Er erhielt eine überraschende Antwort: Das Komitee wolle die Prüfung der nächsten Resultate abwarten.

Die zehntausend von der Epidemie betroffenen Amerikaner dachten da ganz anders. In den Massenmedien war der Kreuzzug für die Einstellung der Operation 53 und die sofortige Ausgabe von AZT an alle Erkrankten bereits in vollem Gange. Leidenschaftlichste Vorkämpferin war eine beherzte Frau, die als promovierte Biologin das Labor des Saint-Luke-Roosevelt-Krankenhauses in New York leitete. Mathilde Krim, seit längerem als Interferon-Spezialistin ausgewiesen, hatte die Seuche Aids zu ihrem Anliegen gemacht. Entrüstet darüber, daß die Bundesbehörden den Kampf höchst zurückhaltend aufnahmen und nur wenig Geld bereitstellten, hatte sie sich im vergangenen Jahr mit Dr. Michael Gottlieb aus Los Angeles zusammengetan, um die *American Foundation for Aids Research* zu gründen. Diese private Stiftung würde allein im laufenden Jahr 1986 eine Million sechshunderttausend Dollar an

Forschungsstipendien und an Zuschüssen für mit Aids befaßte Wissenschaftler vergeben.

Vor allem zur Verteidigung der bereits Erkrankten führte Mathilde Krim, verheiratet mit einem bekannten Filmproduzenten, in diesem Sommer ihre kompromißlose Kampagne. »Der Doppelblindversuch mit AZT ist eine Verhöhnung unserer Ethik!« erklärte sie bei einer Großkundgebung in New York. Sie zählte auf, was sie unterschiedslos für unvertretbar hielt: die geringe Anzahl der ausgewählten Probanden, die restriktiven Zulassungskriterien, den Einsatz eines Placebos, den sechs Monate dauernden Entzug jeder anderen Behandlung, was »denen, die das Medikament nicht bekommen, jede Menge Zeit zum Sterben einräumt«. Ihrer Ansicht nach sollte AZT zumindest *»for compassionate use* – aus Gründen der Barmherzigkeit« allen Patienten gegeben werden, die nur noch kurze Zeit zu leben hatten. »Wenn die Wellcome-Labors nicht genügend AZT herstellen können oder wollen, dann muß eben die Bundesregierung Verträge mit anderen Pharmafirmen abschließen und das Medikament kostenlos ausgeben!« erklärte sie, wann immer sich die Gelegenheit bot. Und niemand solle ihr mit dem Argument kommen, der Grundstoff Heringssperma sei Mangelware! »Mit ihren auf sämtlichen Meeren kreuzenden Kriegsschiffen hat die amerikanische Regierung die Mittel, um den Weltheringsbestand abzufischen, wenn es sein muß.« Und für jene, die ihr die starke Toxizität des AZT entgegenhielten, hatte sie die Antwort parat: »Ein Mensch, der nur noch ein halbes Jahr zu leben hat, hat doch wohl das Recht, ein Risiko einzugehen und sich eine letzte Chance zu geben.«

Mathilde Krim führte ihren Kreuzzug an allen Fronten zugleich. Sie schaffte es sogar, ihre Sache in Washington vor dem Kongreß der Vereinigten Staaten zu vertreten. Von den Vereinigungen der Gays unterstützt, von zahlreichen prominenten Politikern und Wissenschaftlern jeglicher Couleur gefördert und von den Medien ermutigt, beeindruckte die Kampagne für den Stopp der klinischen Prüfung und für die allgemeine Ausgabe von AZT am Ende auch mehrere gewählte Vertreter des amerikanischen Volkes. Der demokratische Abgeordnete von New York Ted Weiss lud die Protagonisten der Auseinandersetzung vor das *Committee for Human Ressources,* den Ausschuß für Arbeit und Soziales, dessen Vorsitzender er war.

»Haben wir nicht die Pflicht, denen, die im Sterben liegen, die Möglichkeit zu bieten, daß sie ihren Kampf bis zum Ende kämpfen?« fragte Mathilde Krim gleich zum Auftakt. Ihre Frage klang beklemmend realistisch, denn an ihrer Seite waren zwei makabereindrucksvolle Adjutanten aufmarschiert. Der eine, ein extrem hagerer Mann mit grünlicher, von Kaposi-Geschwüren violett durchbrochener Gesichtsfarbe, sagte in einer Weise aus, daß die Ausschußmitglieder mit Erschütterung reagierten und die nachfolgende Expertendiskussion über Vor- und Nachteile von klinischen Vergleichsstudien mit doppeltem Blindversuch einigermaßen unpassend erschien. »Ich persönlich würde gern von meinem Arzt hören, daß mehrere Medikamente in Erprobung sind und daß mir eines davon sicher helfen wird«, erklärte er. »Jedesmal, wenn ich ihn sehe, muß er mir hingegen eingestehen, daß noch kein einziges zugängliches Medikament existiert und daß in der Gegend, wo ich wohne, keinerlei pharmazeutische Versuche vorgesehen sind. Ich bedaure, daß ich dann meinen Zorn an ihm auslassen muß, wo er doch alles tut, was er kann, um mich bis zu dem Tag am Leben zu erhalten, an dem man etwas finden wird, das mich gesund machen kann.«

Die Anhörungen von Washington erzeugten Aufregung und Betroffenheit, den Ausschlag aber gab eine nüchterne Statistik. Anfang September wurde der zwanzigste Todesfall verzeichnet. Die Experten des Ethik-Komitees brauchten nur einen Blick auf ihre Listen zu werfen, dann wußten sie, welcher Gruppe die Toten angehörten. Von den zwanzig Opfern hatten neunzehn das Placebo erhalten, ein einziges die AZT-Kapseln. Wer hätte es unter solchen Umständen gewagt, unbeirrt weiterzumachen? Die Entscheidung des Gremiums wurde am Nachmittag des 11. September 1986 bekanntgegeben: die klinische Erprobung war gestoppt. Endlich würde sämtlichen Kranken das erste Medikament gegen Aids zur Verfügung stehen.

Während ein Schwarm von Kameraleuten, Fotografen und Journalisten David Barry und seine Mitarbeiter umdrängte, verließ ein Mann unauffällig den Saal des Nationalen Instituts für Infektionskrankheiten. Gleich würde auf der anstehenden Pressekonferenz bekanntgegeben werden, daß AZT demnächst auf den Markt kommen solle. Dr. Paul Volberding aber zog zunächst die Tür einer Telefonzelle hinter sich zu und wählte eine Nummer in San Francisco. Er wollte persönlich die Nachricht seinem Patienten, dem Freund des Zeitschriftenhändlers, übermitteln. Später sagte er in Erinnerung an diese von Optimismus beherrschten Augenblicke: »Erstmals konnten wir etwas anderes tun, als nur mit anzusehen, wie unsere Patienten starben.«

59

New York, USA – Herbst 1986
»Ihr seid die Hoffnung.«

Mit heulender Sirene hielt der Krankenwagen des Saint-Clare-Hospitals vor der Pforte des Pflegeheims »Gabe der Liebe«. Mit Schwester Paul an der Spitze kamen die Nonnen herausgestürzt auf das Trottoir der Washington Street. Beim Anblick des lackglänzenden Krankenwagens mußte Schwester Ananda an den kaum mehr fahrtüchtigen Klapperkasten denken, der in Kalkutta die von der Straße aufgesammelten Sterbenden ins Asyl brachte. An diesem Septembermorgen schien zwischen den beiden Fahrzeugen kein großer Unterschied zu sein. Egal ob die Ursache Elend oder Aids hieß, die Fahrgäste waren im gleichen erschreckenden Grade körperlich heruntergekommen. In den Augen der Inderin war der Mann, den die beiden Sanitäter vorsichtig aus dem Wagen hoben, ein ergreifendes Abbild der Hilflosen, die zu Hause in der Nähe des Kali-Tempels angeliefert wurden, ein lebendes Gerippe mit fieberglühendem Blick und keuchendem Atem. Sie fuhr zusammen, als sie den dichten Bartkranz um das abgezehrte Gesicht erkannte.

»Welch wunderschöne Überraschung, daß wir dich wieder bei uns haben werden, kleiner Bruder«, rief sie Josef Stein mit munterer Stimme zu. »Willkommen!«

Zu bewegt, um zu antworten, drückte der Amerikaner seiner Pflegerin die Hand.

Kurze Zeit später sollte Schwester Ananda von ihm selbst erfahren, wie sein heimlicher Ausflug in die Karibik und die Suche nach dem Wundermittel verlaufen waren. Kaum war er auf der Insel Saint-Martin, wo der Arzt mit dem Rettung verheißenden Impfstoff wohnte, gelandet, da hatte er auf Händen, Bauch und Beinen die ersten Symptome eines furchtbaren Ausbruchs von Herpes gespürt. Ins örtliche Krankenhaus gebracht, hatte er dreizehn Tage und dreizehn Nächte Schmerzen erduldet, die ihn an den Rand des Wahnsinns gebracht hatten. Man hatte ihn auf seinem Bett festschnallen müssen. Am Morgen des sechzehnten Tages war das Schlimmste vorüber gewesen. Er hatte nach New York telefonieren und Sam Blum erreichen können, der ihn überall suchte. In der Befürchtung, sein Freund könnte nach Israel geflogen sein, um dort seinem Leben ein Ende zu machen, hatte Sam Blum den Mönch von Latrun alarmiert. Niemand hatte den Flüchtigen gesehen oder von ihm gehört. Als dann der Anruf kam, hatte Sam das erste Flugzeug nach Saint-Martin genommen und einen Krankenrückflug nach New York organisiert. Nach zwanzig Tagen eingehender Behandlung im Saint-Clare war die Infektion erstaunlich weit zurückgedrängt und teilweise sogar die Immunabwehr wiederhergestellt. Trotz des anhaltenden extremen Schwächezustands war es Josef gestattet worden, das Krankenhaus zu verlassen. Aber Jack Dehovitz wollte nicht, daß er in seine Wohnung zurückkehrte. Er wußte zu gut, daß das Aids-Virus nach und nach den Selbsterhaltungstrieb erstickte. Zwei seiner Patienten hatten sich im Spätsommer umgebracht, als sie wieder zu Hause und allein gewesen waren.

Josef Stein erhielt die Erlaubnis, einige Tage der Rekonvaleszenz im Heim »Gabe der Liebe« zu verbringen. Er wurde empfangen wie der verlorene Sohn des Evangeliums und bezog erneut das Zimmer »Unserer lieben Frau von der guten Hoffnung«. »Damals waren fast alle unsere Pflegebefohlenen Drogensüchtige, die zu heftigen Ausbrüchen neigten und überhaupt sehr schwierig waren«, berichtete Schwester Ananda. »Sie machten uns das Leben schwer, so daß uns Josefs Rückkehr wie ein Geschenk der göttlichen Vorsehung erschien.« Ein Geschenk, das eher Gefühle des Jammers wecken mußte. Die Chemotherapie hatte seinen Organismus buchstäblich vergiftet. Ständiger Brechreiz machte es ihm manchmal tagelang unmöglich, etwas zu sich zu nehmen. Man mußte ihn künstlich ernähren.

Eines Abends, auf einem letzten Kontrollgang den Flur entlang, hörte Schwester Ananda ihn weinen. Sie trat in sein Zimmer, setzte sich auf den Bettrand und nahm seine Hand.

»Schwester, ich habe Angst«, stöhnte er.

Die Nonne suchte nicht nach beschwichtigenden Worten. Ihre Jahre bei den Sterbenden von Kalkutta hatten sie gelehrt, daß die Berührung einer Hand besser als eine Trostrede die schlimmsten Ängste besänftigen kann. Nach einer Weile spürte sie, wie Josefs Finger sich um die ihren zusammenkrampften. Sein Blick hatte einen überraschenden Glanz. Solche Stimmungswechsel waren nicht immer ein gutes Zeichen. In Kalkutta hatte sie Sterbende erlebt, die Momente, bevor sie ihr Leben aushauchten, noch einmal jäh aus ihrer Reglosigkeit erwacht waren, ihre Hand ergriffen und sie auf ihr Geschlecht gedrückt hatten, um so ihrer Dankbarkeit Ausdruck zu geben.

»I love you, little sister«, murmelte Josef Stein. *»I love you so much.«*

Schwester Ananda blieb bei ihm, bis er eingeschlafen war. Dann löste sie sacht ihre Hand, betrachtete voller Zärtlichkeit das hagere, von violetten Flecken zerstörte Gesicht. Bevor sie auf Zehenspitzen das Zimmer verließ, beugte sie sich in einer Geste über ihn, die der indischen Tradition sehr fremd war. Sie küßte ihn auf die Stirn.

Eines Morgens, als er sich besser fühlte, holte Josef Stein aus einem Köfferchen ein dickes Fotoalbum und lud seine Pflegerin ein, es zusammen mit ihm durchzublättern. Wie ein Film in Zeitlupe zogen vierzig Jahre seines Lebens an den staunenden Augen Schwester Anandas vorbei. Drei Jahre hatte sie im Sterbehaus von Kalkutta verbracht, und immer hatten die Insassen dagelegen in letzter körperlicher und seelischer Verelendung. Anders hatte sie sie nicht gekannt, und doch hatte sie sich oft vorgestellt, wie sie hochgemut ihre Felder pflügten, wie sie zwischen den Deichselstangen einer Rikscha dahineilten, wie sie sich für ihre Hochzeit in Festgewänder hüllten, wie sie mit ihren Kindern im Dorfteich badeten. Heute nun entdeckte sie die Vergangenheit eines Sterbenden, ein ganzes Leben in Bildern – harmlose Kindheitsfreuden, friedlich-zärtliche Familienszenen, eine Jugend der Streiche und des Schabernacks, studentische Vagabundenjahre, sie sah merkwürdige Schauplätze und erfuhr von mancherlei Erlebnissen. Josef kommentierte die Fotografien, versuchte ihr die Situation und den Zusammenhang nahezubringen. Als sie auf der letzten Seite angelangt waren, erklärte der Amerikaner:

»Ich möchte, daß du dir das Foto aussuchst, mit dem du mich in Erinnerung behalten willst.«

Die Inderin ging noch einmal das Album durch und entnahm ihm dann den Schwarzweiß-Schnappschuß, der am eindringlichsten das Gegenbild zu dem menschlichen Wrack, das sie vor Augen hatte, verkörperte. Das Dokument zeigte einen strahlenden jungen Mann, der auf dem Geländer der Golden Gate Bridge stand, den Abgrund fröhlich mißachtend – Erinnerung an die Zeit, als er, um sein Archäologiestudium zu finanzieren, nachts als Mautkassierer auf der berühmten Brücke von San Francisco arbeitete.

Dr. Jack Dehovitz traute seinen Ohren nicht. Es war tatsächlich Sugar, der ihn da aus dem tiefsten Brooklyn anrief.

»Doc! Doc!« brüllte der drogensüchtige Transvestit durch die Leitung. »Jetzt haben wir doch noch den Jackpot geknackt! Gerade lese ich in der Zeitung, daß sie ein Medikament gefunden haben, das endlich was bringt! Ich will, daß du mir damit sofort den totalen Schuß verpaßt! Ich schnappe mir ein Taxi und sause an!«

Mit ihrer gewissenhaften Pflege hatten Schwester Ananda und ihre Gefährtinnen ihren pittoresken Schützling soweit gebracht, daß er seine Krankheit überwinden und erneut mit großem Erfolg als Lauren Bacall in den einschlägigen Nachtlokalen auftreten konnte. Jack Dehovitz wußte, daß dieser Neubeginn eine Illusion war, daß der Kaposi-Krebs nicht verschwunden war, daß er lediglich für ein paar Wochen oder ein paar Monate im Körper schlief, daß die violetten Pusteln erneut jede Schminke durchbrechen würden, um sich anschließend auf andere Körperpartien auszudehnen, bevor sie vielleicht den Körper von innen übersäten und seine Lunge, seine Leber, sein Herz oder sein Gehirn angriffen.

»Es war schlimm und rührend zugleich«, erinnerte er sich. »Durch Zeitungslektüre hatte Sugar bestimmt nicht erfahren, daß ein Mittel namens AZT existierte, denn er war Analphabet. Er konnte es nur vom Hörensagen wissen, die Krankenszene war eine brodelnde Gerüchteküche.«

Die großformatige Ansichtskarte zeigte die Altstadt von Jerusalem im Schutz ihrer uralten Mauern, die verwirrende Vielzahl der Türme, Kuppeln und Terrassen, die labyrinthisch verschachtelten Steintreppen und Gäßchen. »Diese Zeilen habe ich mit eigener Hand geschrieben. Nach einer Operation kann ich nun wieder alle meine Finger gebrauchen. Ich möchte Dir mitteilen«, schrieb Philippe Malouf, »daß sich unsere Gemeinschaft heute morgen versammelt hat, um das Museum der Abtei offiziell einzuweihen. Von jetzt an ist auf einer Steintafel Dein Name zu lesen: *Josef Stein Museum of Palestinian Antiques.* Und mich hat man mit der Betreuung der Besucher beauftragt. Halleluja, Josef. Singe mit mir: ›*Leshanah haba'ah beyerushalayim* – Nächstes Jahr in Jerusalem!‹«

»Josef Stein Museum of Palestinian Antiques!« wiederholte fiebrig verzückt Josef, während sein Herz heftig schlug und Tränen seine Augen füllten. Plötzlich war alles wieder da, seine Archäologenzeit, die tiefe Bewegung beim Anblick der steinernen Überbleibsel aus fernen Epochen, die von der Pflugschar der Mönche aus der Erde zwischen den Rebstöcken geholt worden waren.

Bevor er sich in Erinnerungen verlieren konnte, trat Schwester Ananda ins Zimmer.

»Komm her und schau, kleine Schwester, was ich gerade von deinem geistlichen Bräutigam bekommen habe!« rief er und schwenkte die Ansichtskarte. »Das ist Jerusalem!«

Das Jerusalem der Bibel! Die indische Nonne war fasziniert von der Panoramaansicht des phantastischen Steingewirrs. Josef appellierte an ihre Vorstellungsgabe, beschwor die Geräusche, die Stimmen, das gedämpfte Geschrei aus den Bazaren, die Gebetsrufe der Muezzins, das Gebimmel der Kirchenglocken, den Klang der Schofarhörner, den ganzen akustischen Wirrwarr, der unablässig dieses bewegte Mosaik von Menschen, Religionen und heiligen Stätten überlagerte. Er rang nach Atem. Seine Stimme wurde sekundenweise so schwach, daß sie die Wörter Golgatha, Via Dolorosa, Ecce-Homo mehr erriet als hörte, Namen, die sie während der Jahre ihres Noviziats, in der Kapelle von Kalkutta knieend, gelernt hatte.

Jack Dehovitz riß sie aus der gemeinsamen Pilgerfahrt. Der Arzt hatte eine Siegermiene aufgesetzt, die nicht oft an ihm zu sehen war. »Ich will unbedingt der erste sein, der dir dir große Neuigkeit verkündet!«

Josef hob den Arm, um ihn zu unterbrechen.

»Erst schau dir das hier an«, sagte er und hielt ihm Philippe Maloufs Karte entgegen. »Erinnern sie dich an etwas, diese Steine?«

Dehovitz lächelte melancholisch.

»Jerusalem! Israel! Die wirklich unvergeßlichen Augenblicke meines Lebens. So sehr habe ich mir damals gewünscht, mich für immer dort niederzulassen. Aber es war die Zeit des Jom-Kippur-Krieges; meine Eltern haben mich gezwungen, umgehend nach Amerika zurückzukehren. Den Mut, ihnen Widerstand zu leisten, habe ich nicht aufgebracht. Nachher war es dann zu spät.«

Josef schloß die Augen, um sich besser zu erinnern. Als wollte sein Gedächtnis der körperlichen Vernichtung Hohn sprechen, brachte es ihm Erlebnisse zurück, in denen seine vitale Männlichkeit dominiert hatte.

»Doktor, wenn du wüßtest, wie ich es mir dort drüben habe gutgehen lassen! Die einzige Zeit in meinem Leben, in der ich mich wirklich ausgetobt habe. Ach, waren das schöne, liebevolle und willfährige Jungen! Ein Wink, und der Knabe gehörte dir! Am Strand, im Stadtpark, auf der Toilette eines Restaurants, in einem Bett. Wenn es Aids damals schon gegeben hätte, ich glaube, ich allein hätte den ganzen Nahen Osten angesteckt!«

Verblüfft registrierte Jack Dehovitz den Ausbruch. So unverblümt hatte sein Freund noch nie über seine Homosexualität gesprochen. Im Gegenteil, allen, die ihn behandelt und gepflegt hatten, waren sein Schamgefühl und seine Diskretion aufgefallen. Der Arzt fragte sich, ob diese Offenherzigkeit nicht auf eine Verschlimmerung seines Zustands hindeutete, ob sie nicht anzeigte, daß das Virus ins Gehirn vorgedrungen war.

Josef lachte leise und zynisch und wechselte das Thema.

»Also schön, Doktor, was ist die große Neuigkeit?«

Jack Dehovitz zog ein Fläschchen AZT aus der Tasche und legte es in die Hand des Kranken.

»Sie haben endlich etwas gefunden!«

Josef betrachtete die weißen Kapseln. Sie glichen denen, die er geschluckt hatte, als er Schluß machen wollte mit seinem Leben.

»Wann fange ich an?«

»In ein oder zwei Wochen. Sobald ich die Genehmigung habe, mir die ersten Dosen für deine Behandlung zu besorgen.«

»Die Genehmigung?«

Jack Dehovitz erklärte ihm, daß vorläufig nur Patienten, deren Zustand als hoffnungslos galt, das Medikament bekommen durften. Ihre Ärzte mußten einen förmlichen Antrag auf »Applikation aus Gründen der Barmherzigkeit« stellen.

»Und du glaubst, Doc, daß ich in einer Woche noch dasein werde, um deine ›aus Gründen der Barmherzigkeit‹ offerierten Kapseln zu schlucken?«

Drei Tage darauf bot sich Schwester Ananda ein überraschender Anblick, als sie über die Schwelle des Zimmers »Unsere Liebe Frau von der guten Hoffnung« trat. Josef erwartete sie splitternackt. Er schien entzückt, sich so zur Schau stellen zu können.

»Nackt bin ich auf diese Welt gekommen, nackt will ich auch von hinnen gehen«, verkündete er.

Die Ordensschwester war auf Erklärungen nicht mehr angewiesen. Sie begriff, daß das Virus das Gehirn ihres Schützlings infiziert hatte. Josef Stein hatte den Kampf verloren. Nur wenige Stunden später streckte ein neuer Anfall von Pneumozystose ihn aufs Lager. Jeder Hustenanfall schien ihm den Gnadenstoß zu versetzen. Die Läsionen des Kaposi-Sarkoms hatten seine Speicheldrüsen befallen, Feuerwellen trockneten ihm Zunge, Gaumen und Rachen aus, keinerlei Flüssigkeit brachte noch Linderung und Kühlung. Von den Schwestern alarmiert, war Jack Dehovitz herbeigeeilt. Noch wollte der Arzt hoffen, daß diese schweren Symptome nicht das Schlimmste bedeuteten. Durch Infusion verabreichtes Vinblastin bewirkte einen vorläufigen Stillstand der Krankheit. Einige Tage später fand Schwester Ananda zu ihrer Überraschung den Patienten »ruhig in seinem Sessel sitzend, wie er mit sichtlichem Appetit einen ganzen Becher Erdbeereis auß«.

Die körpereigene Abwehr des ehemaligen Archäologen war jedoch zu geschwächt, als daß dieser Aufschub hätte von Dauer sein können. Bald sprach sein Organismus auf Medikamente nicht mehr an. Trockener und schmerzhafter denn je kam der Husten zurück. Im Rachenraum breiteten sich die Bläschen weiter aus, bis schließlich der Eingang der Speiseröhre blockiert war. Es war eine absolute Sperre für jegliche Nahrungsaufnahme, und Schwester Ananda mußte schließlich nach verbissenen Bemühungen kapitulieren.

Rasch verschlechterte sich die Gesamtlage. Die Lungen wollten ihre Aufgabe nicht mehr erfüllen. Wegen Sauerstoffmangels hatte das Herz es immer schwerer, die lebenswichtigen Organe mit Blut zu versorgen. Ein Teil nach dem anderen der Maschinerie fiel aus. Eines Abends winkte der Amerikaner Schwester Ananda an sein Bett heran. Er nahm ihre Hand.

»Diesmal spüre ich, daß es wirklich das Ende ist«, murmelte er und suchte Zustimmung in ihren Augen.

Schwester Ananda nickte leicht.

Josef bekam einen Erstickungsanfall. Der »Hunger nach Luft«, der zum Todeskampf so vieler Aids-Kranker gehört, war furchtbar. Die Nonne versuchte, Josef die Maske des Beatmungsgeräts aufzudrücken. Er ließ es nicht zu.

Als Dr. Dehovitz am Abend mit dem Stethoskop die Lunge des Sterbenden abhörte und sein Ohr keine abnormalen Geräusche registrierte, überraschte ihn das nicht. Die Parasiten dieser Krankheit glichen den Haien der Tiefe – sie vernichteten ihre Opfer lautlos. Der Arzt wußte, daß er nichts mehr für Josef Stein tun konnte, aber er blieb, er wollte »einfach dasein«. Der Arzt hatte gespürt, wie der Blick seines Freundes jeder seiner Handbewegungen folgte. »Nie werde ich den Ausdruck dieser Augen vergessen, die zu sagen schienen: ›Verliere nicht deine Zeit. Es bringt nichts mehr.‹«

»Gibt es irgend etwas, was ich für dich tun könnte?« fragte Jack Dehovitz, seine innere Bewegung verbergend.

Das Gesicht des Mannes drehte sich langsam zum Fenster hin, wo Schwester Ananda die Ansicht von Jerusalem auf die Scheibe geklebt hatte.

»Ja«, flüsterte Josef mühsam, »ich möchte, daß du eines Tages meine kleine Schwester Ananda zum Kloster von Latrun mitnimmst, damit sie ihren ›geistlichen Freund‹ kennenlernt. Und daß du ihr anschließend Jerusalem zeigst.«

»Abgemacht, alter Bruder!« versicherte der Arzt und suchte die Hand seines Freundes unter der Bettdecke, um sein Einverständnis durch einen leichten Schlag in die Handfläche zu bekräftigen. Dabei bemerkte er, daß sich Josef den Infusionsschlauch, der ihm noch ein paar Tropfen Leben zuführen sollte, herausgerissen hatte. Er wollte ihn wieder an die Kanüle anschließen. Josef schüttelte den Kopf.

In diesem Augenblick betraten mehrere Menschen das Zimmer und bildeten einen Kreis um den Kranken. Beim Anblick der Besucher trat ein solches Leuchten der Freude in dessen Augen, daß Jack Dehovitz seine Erfahrungen widerlegt sah. Er hatte stets wahrgenommen, daß der Blick der Aids-Patienten schwächer und schwächer wurde wie der Rheostat einer Lampe. Die Nachricht vom unmittelbar bevorstehenden Ende des Mannes, mit dem auf der Station von Saint-Clare auch ein wenig mehr Menschlichkeit eingezogen war, hatte sich in dem unweit gelegenen Krankenhaus schnell herumgesprochen. Wer ihn gemocht oder gepflegt hatte, kam nun, um Abschied zu nehmen. Neben Schwester Paul, Schwester Ananda und Doktor Dehovitz standen Gloria Taylor, Palma, Ron, Terry Miles, Jack Lekko, alle jene Gefährten einer langen Leidenszeit, die sie mit ihrer Großherzigkeit, mit ihrer Aufopferung und mit ihrem Können ein wenig erträglicher gemacht hatten.

Josef sah jeden einzelnen lange an, schweigend suchte er ihm seine Dankbarkeit auszudrücken. Er lächelte. Mit Anstrengung sog er etwas Luft ein, und beim Ausatmen flüsterte er:

»Ihr seid die Hoffnung.«

Sein letzter Hauch Leben verlosch mit diesen Worten.

Epilog

Dreihunderttausend Menschen haben bereits das gleiche grausame Schicksal wie Josef Stein erlitten. Zwischen sechs und zehn Millionen Menschen sind inzwischen mit dem Aids-Retrovirus infiziert. Niemand kann sich in Sicherheit wiegen. Die Statistiken sind erschreckend. Unter den Infizierten sind zwei Millionen Frauen und zweihunderttausend Kinder. In mehreren Regionen des Erdballs breitet sich die Krankheit in einem bestürzenden Maße aus. In bestimmten Gebieten Afrikas sind zehn Prozent der Bevölkerung betroffen. In den Waisenhäusern von Haiti ist mindestens jeder zweite Säugling Träger des Virus. Von zweitausendeinhundert rumänischen Kindern, die im Februar 1990 von der französischen Organisation *Médecins du Monde* in den Krankenhäusern von Bukarest und Konstanza untersucht wurden, waren mehr als ein Drittel infiziert, wobei als Ursache Bluttransfusionen und Mehrfachgebrauch verseuchter Injektionsnadeln feststehen. Ein so tragischer Befund, daß die Fachleute nicht zögerten, von der »epidemischen Kinderkrankheit Aids« zu sprechen. Man schätzt, daß allein in der Stadt New York zwischen fünfzigtausend und hunderttausend Kinder aufgrund von Aids bereits zu Waisen geworden sind oder es noch vor dem Jahr 2000 sein werden. Wenn nicht sehr bald ein Impfstoff gefunden wird, dann sehen die Experten der Weltgesundheitsorganisation für eben dieses Jahr 2000 eine Zahl von Infizierten voraus, die bei fünfzehn Millionen liegen wird. Das heißt, es wird dann etwa sechs Millionen Aids-Patienten geben.

Sugar, der rauschgiftsüchtige Transvestit, war der erste Pflegegast im Haus »Gabe der Liebe«, dem die Entdeckung des AZT half. Trotz gelegentlichen Rückfällen, die ihn zu kurzen Aufenthalten in Mutter Teresas New Yorker Krankenasyl zwingen, parodiert er weiter jeden Abend sein Idol Lauren Bacall in den Kabarett-Theatern und Nachtlokalen von Lower Manhattan. Alle vier Stunden erinnert ihn das Läutwerk seiner Weckerarmbanduhr daran, daß er zwei Kapseln schlucken muß. Sugar ist einer der dreißigtausend bis vierzigtausend Aids-Kranken, deren deutlich erhöhte Lebenserwartung heute diesem Medikament zugeschrieben werden darf.

Die von Marty St. Clair in ihrem Laboratorium in North Carolina getestete Substanz ist bis zum heutigen Tag das einzige wirksame Mittel gegen Aids, das im Handel erhältlich ist. Sein Wirkungsfeld erweitert sich in regelmäßigen Abständen durch neue Versuchsreihen. Zwei doppelte Blindversuche, durchgeführt im August 1989 an mehreren Hundert Probanden – Seropositiven, die aber keinerlei Symptome der Krankheit selbst aufwiesen –, ergaben, daß das AZT den Ausbruch von Aids hinauszögerte oder verhinderte.

Dennoch wurde das Medikament auch kritisiert, wobei erster Stein des Anstoßes der für horrend befundene Preis war. In den Vereinigten Staaten, wo achtzehn Millionen Bürger in keinerlei soziales Netz eingebunden sind, ist die Hälfte der Aids-Opfer materiell nicht in der Lage, sich eine Behandlung zu leisten, deren jährliche Kosten sechstausendfünfhundert Dollar betragen. Im Sommer 1989 ketteten sich militante Vertreter der Gay-Bewegung in der Wall Street an die Balkone der Börse an, um die spektakulären Gewinne des Pharmaunternehmens Wellcome Co anzuprangern. Dessen Aktien verzeichneten Kurssteigerungen, die vor dem tragischen Hintergrund der Seuche als unmoralisch empfunden wurden. In New York und San Francisco stürmten Demonstranten die Apotheken und klebten auf sämtliche Produkte der Firma runde rote Etiketten, auf denen zu lesen stand: »Wir machen aus Aids Profit.« Einer der Erfinder des Mittels AZT, Dr. David Barry, wurde vor einen Kongreßausschuß zitiert und mußte »das Trommelfeuer mitunter sehr feindseliger Fragen« über sich ergehen lassen. Er versuchte den Preis des Medikaments mit den umfangreichen Investitionen zu rechtfertigen, die während der Entwicklungsphase und bei der weiterlaufenden Erprobung an Tausenden von Patienten notwendig waren. Die Ankündigung des Pharmaunternehmens, für an Aids erkrankte Kinder werde AZT kostenlos bereitgestellt werden, brachte die öffentliche Polemik nicht gänzlich zum Verstummen.

In Ärztekreisen kam es zu erregten Debatten, weil ernste Nebenwirkungen zahlreiche Kranke zwangen, nach nur wenigen Monaten das Medikament abzusetzen, das sie normalerweise ihr Leben lang hätten weiternehmen sollen. Ein Therapieversuch mit mehr und mehr reduzierten Dosen sollte glücklicherweise zeigen, daß das Mittel bei drastisch herabgesetzter Toxizität weiterhin voll seine Aufgabe erfüllte. Am 16. Januar 1990 empfahl die *Food and Drug Administration* eine Tagesdosis von sechshundert Milligramm, was eine Halbierung der bisher verabreichten Dosis bedeutete. Ebenfalls halbiert wären damit die jährlichen Behandlungskosten. Besorgnis war auch entstanden, weil im Zusammenhang mit AZT gewisse Resistenzerscheinungen bei dem Virus beschrieben wurden, aber die Wellcome-Biologen scheinen inzwischen in der Lage, diese Gefahr zu bannen, indem sie das Medikament mit anderen, noch in der Entwicklung befindlichen Wirkstoffen verbinden. »Vor Ablauf eines Jahres werden die Patienten eine Kombination aus AZT und mehreren anderen Substanzen erhalten«, erklärte David Barry im Dezember 1989. »Vielleicht werden wir dank diesem Zusammenwirken verschiedener Mittel Aids zu einer Krankheit machen, die genauso leicht unter Kontrolle zu halten ist wie Bluthochdrduck. Ein Mitte August 1990 in der amerikanischen Fachzeitschrift *Annals of Internal Medicine* veröffentlichter Bericht sorgte jedoch erneut für Unruhe innerhalb der Ärzteschaft. Dem Bericht zufolge hatte eine Studie soeben den Nachweis erbracht, daß bei fast der Hälfte aller

Aids-Patienten, die drei Jahre lang AZT erhalten, damit gerechnet werden muß, daß sie eine aggressive, als Nicht-Hodgkin-Lymphom bezeichnete Krebsart entwickeln. Die Forscher räumten ein, es sei nicht absolut eindeutig, daß AZT direkt das maligne Lymphom verursache. Eher sei es so, daß AZT dadurch zum häufigeren Auftreten dieser Krebsform beitrage, daß es mehr Aids-Patienten ein Weiterleben mit geschwächtem Immunsystem ermögliche, was wiederum den Tumoren mehr Zeit verschaffe, sich zu manifestieren. Weitere Studien, so die warnende Zusatzbemerkung, könnten jedoch ergeben, daß eine Langzeitanwendung von AZT möglicherweise die Patienten für die Entwicklung von Krebs prädisponiert.

Nach einem Jahr hitziger Auseinandersetzungen unter Retrovirologen beschloß ein internationales Komitee im Mai 1986, der Akronymen-Schlacht, in der das französische und das amerikanische Virus gegeneinanderstanden, ein Ende zu machen. LAV und HTLV-3 wurden schließlich zu HIV, einer Abkürzung aus den Initialen des englischen Begriffs Human Immunodeficiency Virus, im Französischen VIH, »Virus de l'immunodéficience humaine«. In der deutschen Fachsprache, in der sich der Begriff »Erworbenes Immundefekt-Syndrom« durchgesetzt hat, ist ebenfalls die Abkürzung HIV üblich.

Zehn Monate später, am Dienstag, den 31. März 1987, unterzeichneten der Präsident der Vereinigten Staaten Ronald Reagan und der französische Premierminister Jacques Chirac ein Abkommen, mit dem das Kriegsbeil zwischen den Forschungsteams der Professoren Luc Montagnier und Robert Gallo begraben wurde. Das Abkommen erkannte den Beitrag beider Arbeitsgruppen an, ohne einer von beiden die zeitliche Priorität bei der Entdeckung des Aids verursachenden Virus zuzuschreiben. Es stellte fest, daß jedes der beiden Patente, die unabhängig voneinander zwecks Vermarktung der Seropositivitäts-Diagnose-Tests angemeldet worden waren, gültig war, und sah eine Aufteilung der aus dem Verkauf zu erwartenden beträchtlichen Gewinne vor.

Angesichts des tragischen Schicksals der Kranken und im Hinblick auf die immer noch ausstehende Heilmethode sowie den immer noch fehlenden Impfstoff war diese französisch-amerikanische Polemik allgemein als ziemlich unwürdig empfunden worden. Ihr Ende wurde denn auch mit großer Erleichterung aufgenommen, selbst wenn manche Franzosen, beispielsweise Professor Jean-Claude Chermann, fanden, ihre Landsleute hätten »vor der amerikanischen Dampfwalze Robert Gallo kapituliert«.

Die »Dampfwalze« vergeudete keine Zeit und zeigte der wissenschaftlichen Gemeinde, daß sie sich keineswegs auf ihren Lorbeeren ausruhte. Ende 1986 entdeckte Gallos Labor eine neue Familie von Herpes-Viren, jener Plage, die ebenfalls mit der sexuellen Befreiung über Amerika gekommen war. Die Arbeiten ergaben eindeutig, daß dieses Virus die gleichen T 4-Lymphozyten angriff wie der Erreger von Aids, womit eine mögliche Rolle als Co-Faktor für den Ausbruch von Aids bei seropositiven Personen gegeben war.

In den letzten Jahren haben sich Robert Gallo und sein Labor außerdem darauf konzentriert, die Vorgänge der Zellinfektion besser zu durchschauen, um diese wirksamer hemmen zu können. Einer ihrer originellsten Forschungsansätze betrifft eine Technik, die das Aids-Virus mittels molekularer Lockfallen unschädlich zu machen sucht. Man weiß, daß das Virus, um in den Kern einer Zelle einzudringen, an einem bestimmten Protein der Zellhülle »andocken« muß. Der Einfall, in das Blut des Patienten große Mengen dieses Proteins zu injizieren, auf das nun das Virus zusteuern soll, wobei es gleichzeitig von den gesunden Zellen abgelenkt wird, hat einiges für sich, und Robert Gallo und sein Team bemühen sich heute, diese Strategie anwendungsreif zu machen.

Parallel zu diesen Forschungen arbeitet das Team von Bethesda mit einem hervorragenden französischen Wissenschaftler, Professor Daniel Zagury, zusammen, um herauszufinden, wie man die Immunabwehr der Virusinfizierten gezielt stimulieren kann. In Verbindung mit antiviralen Medikamenten wie AZT könnte diese Immuntherapie für die Seropositiven die Hoffnung bedeuten, daß es bei ihnen nicht mehr zum Ausbruch der Krankheit kommt.

Robert Gallo und seinen Forschern gelang es ferner, in ihren Reagenzgläsern Kaposi-Tumorzellen zum Wachsen zu bringen. Sie konnten so die Entwicklungsmechanismen dieses Hautkrebses verstehen. Sie entdeckten, daß das Aids-Virus ein Protein erzeugt, das die Zellen der Blutgefäße anregt, sich unvermittelt zu vergrößern. Dieser Vorgang führt seinerseits zur Entstehung weiterer Proteine, die nun anfangen, ein zweites Netz von winzigen Arterien herzustellen, deren ungehemmte Vermehrung in der Wand der Blutgefäße Pusteln auf Haut und Schleimhäuten hervorruft. »Es sind nicht unbedingt spektakuläre Arbeiten«, räumt Robert Gallo ein, »aber ich glaube nicht, daß wir künftig noch sensationelle Entdekkungen machen müssen, um mit Aids fertig zu werden. Wir besitzen die geeignete Technologie und im wesentlichen die notwendigen Kenntnisse. Der Sieg ist nur noch eine Frage der Zeit, des systematischen Experimentierens und der konsequenten Energie, mit der wir auf den zahlreichen Forschungswegen, die sich aufgetan haben, voranschreiten müssen.«

Einer dieser Wege muß selbstverständlich eines Tages zu einem Impfstoff führen. Nachdem das Nationale Amerikanische Krebsinstitut Robert Gallo 1988 mit dem Kommando über eine Task force betraut hatte, die ein solches Vakzin entwickeln soll, brachte er mehrere Forschungsprogramme in Gang, einige innerhalb seines Labors, andere sogar im Ausland. Den Defätisten, die behaupten, vor dem Jahr 2000 werde keinerlei Impfstoff zur Verfügung stehen, hält er entgegen, er sehe »sehr große Chancen, daß die Segensbotschaft innerhalb der nächsten fünf Jahre« kommen werde.

In den letzten Jahren sind sowohl das Personal als auch die finanziellen Mittel, mit denen der Kampf gegen Aids geführt wird, in erheblichem Umfang aufgestockt worden. Überall haben sich infolgedessen neue Forschungszentren an die Arbeit gemacht. Für bestimmte Labors bedeutete das ein Auseinanderbrechen der bisherigen Teams. So übernahmen zwei der führenden Biologen Robert Gallos die Leitung neuer Forschungsprojekte, die Chinesin Flossie Wong-Staal in Südkalifornien und der Tscheche Mikulas Popovic im Bundesstaat New Mexico. Der Entdecker des ersten Humanretrovirus spielte die Bedeutung ihres Ausscheidens herunter. »Andere fruchtbare Geister werden kommen und das Vakuum füllen«, versicherte er, »und diese Selbsterneuerung unserer kreativen Intelligenz kann sich nur als positiv erweisen.«

Das Team von »Raum Bru« im Pariser Pasteur-Institut sollte in ähnlicher Weise auseinanderbrechen. Jean-Claude Chermann und Françoise Barré-Sinoussi emanzipierten sich aus der Schirmherrschaft Luc Montagniers. Nachdem Jean-Claude Chermann 1987 mit der Pasteur-Medaille ausgezeichnet worden war, ging er nach Marseille und übernahm die Leitung eines Teams des INSERM, des Nationalen Instituts für Gesundheit und medizinische Forschung. Die Forschergruppe will vor allem mehr über die Rolle herausfinden, die das HIV-Virus bei den mit Aids in Beziehung stehenden Krankheiten – wie bestimmten Lungenentzündungen und bestimmten Formen erworbenen Schwachsinns – spielt; ein weiteres Versuchsfeld sind bestimmte antivirale Substanzen. Françoise Barré-Sinoussi blieb am Pasteur-Institut und gründete eine neue Arbeitsgruppe. Das von ihr geleitete Laboratorium für Biologie der Retroviren befaßt sich unter anderem mit dem Vergleich zwischen den Aids-Viren afrikanischen Ursprungs und solchen anderer Herkunft. Ihre Arbeiten haben ferner ebenfalls die Entwicklung eines Impfstoffs zum Ziel. Die Pariser Biologin ist mehr denn je überzeugt, daß man dafür erst einmal die Beziehungen zwischen dem Virus und seinen Wirtszellen besser durchschauen muß. Da die direkte Erprobung von Impfstoffen am Menschen ausgeschlossen ist und Affen für Großversuche nicht in genügender Anzahl verfügbar sind, arbeitet ihr Team unermüdlich daran, ein sich rasch vermehrendes und wenig kostspieliges Modell-Versuchstier zu selektieren – in Frage kommen Mäuse oder andere Kleinsäuger. Erst wenn man ein solches Versuchstier zur Verfügung hat, wird man dem eigentlichen Forschungsziel näher kommen: der Immunisierung des Menschen gegen Aids.

Was Professor Luc Montagnier angeht, so gehört er heute zur wissenschaftlichen Weltprominenz, und das zwingt ihn nach dem

Beispiel seines amerikanischen Kollegen Robert Gallo, einen erheblichen Teil seiner Zeit für Nebenaktivitäten außerhalb seines Labors aufzuwenden. Reisen zu Kongressen, wissenschaftliche Vorträge, Unterredungen mit Klinikern und mit Patienten, Mitwirkung in allen möglichen Komitees, Interviews – sein Terminkalender läßt ihm kaum noch Freiraum. In einem Ende 1989 an den Verfasser dieses Buches gerichteten Brief schreibt Luc Montagnier: »Aids ist nach wie vor mein Hauptanliegen... Die Forschung kommt rasch voran, und meine Mitarbeiter und ich tragen immer noch aktiv dazu bei, aber ich finde eine neue Motivation in der Begegnung mit Patienten, die langsamem, unausweichlichem Erlöschen entgegengehn. Jeder Tod stellt ein Scheitern unserer Wissenschaft dar, ein Scheitern, das ich als mein persönliches erlebe. Darum ist zur Stunde das Hauptziel meiner Forschungsarbeit, die Krankheit und die Rolle des Virus von drei Ansätzen aus zu begreifen: *in vitro* im Zellkulturgefäß, *in vivo* mit ›Modelltieren‹ und schließlich am Bett des Kranken. Aus diesem Verständnis der Krankheit werden rationale Behandlungsstrategien und Impfstoffe erwachsen. Obwohl wir im Moment scheinbar auf der Stelle treten, bin ich für die absehbare Zukunft durchaus optimistisch. Ich habe Hoffnung, die Nach-Aids-Zeit noch zu erleben.«

Niemand teilt diese Hoffnung mit so viel Inbrunst wie der Amerikaner, der in den ersten Jahren der Epidemie die Fachwelt unaufhörlich drängte und anspornte, sich zu engagieren und nach einem Medikament zu suchen. Vom Präsidenten der Vereinigten Staaten 1989 zum Direktor des Nationalen Krebsinstituts befördert, koordiniert Professor Sam Broder heute die umfassendsten jemals unternommenen Anstrengungen, »*the dread disease* – die Schreckenskrankheit« durch Vorbeugung einzudämmen und sie zu heilen. Diese Verantwortung hat ihn keineswegs dem Laboratorium entfremden können, wo er 1985 mit seinen Mitarbeitern Hiroaki Mitsuya und Bob Yarchoan die *In-vitro*-Wirksamkeit von AZT bewiesen hatte, bevor er zu den ersten Tests am Menschen schritt. Sam Broder und sein Team haben seither Dutzende anderer Substanzen der unerbittlichen und minuziösen Prüfung im Reagenzglas unterzogen und sich ein ganzes Arsenal von Behandlungsstrategien zugelegt. Gegenwärtig wird der Kampf gegen Aids auf der Grundlage von acht verschiedenen laufenden klinischen Protokollen geführt. In den vergangenen sechs Jahren hat Sam Broder in den angesehensten internationalen Fachzeitschriften mehr als hundert wissenschaftliche Aufsätze und sonstige Beiträge veröffentlicht. So gut wie alle diese Arbeiten bezeugen, von welchem Gedanken der Überlebende des Holocausts in Polen Tag und Nacht verfolgt wird: Leben zu retten.

Dr. Michael Gottlieb, der Immunologe, der 1980 die ersten Fälle von Aids identifizierte, verließ Ende 1986 das Klinikum der Universität Los Angeles, um zwei Privatpraxen zu eröffnen. Beide liegen in Vororten, wo außerordentlich viele Homosexuelle wohnen und wo deshalb Aids besonders heftig wütet. Seine Erfahrungen mit klinischen Medikamentenversuchen brachten ihm die Ernennung zum Chefarzt der Aids-Station am Krankenhaus von Sherman Oaks ein. Hier treibt er mit Energie seine eigenen Forschungen über die Wirksamkeit neuer Substanzen voran.

Nachdem Dr. Jack Dehovitz drei Jahre hindurch versucht hatte, die Leiden der Patienten, die er nicht retten konnte, wenigstens zu lindern, hat er die Entscheidung getroffen, sich vorübergehend ganz dem Problem der Vorbeugung zu widmen. Er hat das Saint-Clare-Krankenhaus verlassen und leitet am Gesundheitszentrum der Staatsuniversität von New York mehrere Vorbeugungsprogramme. Sie richten sich an die zahlreichen ethnischen Minderheiten, aus denen sich die Bevölkerung von Brooklyn zusammensetzt. Umfangreiche Bundesmittel versetzen den Arzt außerdem in die Lage, ausgedehnte epidemiologische Untersuchungen in Gang zu bringen. Sie sollen vor dem Hintergrund der sich ausbreitenden Seuche Klarheit bringen, wo die öffentliche Gesundheitsfürsorge ansetzen muß.

In Frankreich blieb der Arzt des Modedesigners, dessen Lymphknoten die Identifizierung des Aids-Virus ermöglicht hatte, auf seinem

Posten. Professor Willy Rozenbaums Abteilung im Hôpital Rothschild in Paris ist heute eines der französischen Zentren, die sich auf die Behandlung der Krankheit spezialisiert haben. Zwei Patienten Rozenbaums, bei denen die tödlichen opportunistischen Infektionen aufgetreten waren – im einen Fall Kaposi-Krebs, im anderen Pneumozystose –, sind nicht nur nicht gestorben, sie führen ein normales Leben, der eine nun schon sieben und der andere dreieinhalb Jahre. Der Arzt schreibt dieses Ergebnis dem beständig wachsenden therapeutischen Know-how zu. Solange ein durchschlagend erfolgreiches Mittel oder ein Impfstoff nicht gefunden sind, wird man, so ist seine Überzeugung, mit der immer treffsichereren und präziseren Anwendung kombinierter antiviraler Medikationen das Leben einer unaufhörlich wachsenden Zahl von Opfern verlängern können. Antiviral heißt in diesem Fall, daß die Infektionen, die die Ansteckung mit dem Virus zur Folge hat, angegangen und erfolgreich bekämpft werden.

Auch Dr. Jim Curran, der vor acht Jahren seine Detektivärzte auf die Spur des Mördervirus gesetzt hat, bleibt in der vordersten Frontlinie. Seine Mitarbeiter und er haben inzwischen einen direkten Zusammenhang zwischen Aids und dem vehementen Wiederauftreten fast verschwunden geglaubter Infektionskrankheiten ausgemacht, wobei vorrangig Tuberkulose und Syphilis zu nennen sind. Sie haben die meisten möglichen Übertragungswege der Krankheit festgestellt und in etwa hundert Nummern ihres Wochenbulletins die eindrucksvollste jemals erstellte Liste von Empfehlungen geliefert, wie man sich gegen die Seuche zur Wehr setzen kann. Entsprechende Aufklärungskampagnen werden in sämtlichen Schulen der USA durchgeführt und landesweit in den Medien; an den Vorbeugeaktionen wirken zahlreiche Vereinigungen und Fachverbände mit. Jim Curran ist kampfentschlossener denn je. »Wir stehen erst am Anfang des Feldzugs gegen Aids«, erklärte er. »Dessen Chronik umfaßt gerade das erste Kapitel. Mit ein bißchen Glück werde ich lange genug leben, um meinen Kindern zu erzählen, wie wir diese biblische Plage besiegt haben.«

Nach vier Jahren Dienst an den mittellosen Opfern der grausamen Krankheit verließen Schwester Ananda und Schwester Paul das New Yorker Pflegeheim, um ihre Mission der Nächstenliebe künftig in China zu erfüllen. Sie arbeiten heute in einem Vorort von Shanghai, wo Mutter Teresa 1988 das Unwahrscheinliche gelang: ein Waisenhaus für spastisch gelähmte und geistig behinderte Kinder zu eröffnen. Zweimal im Jahr bringt ein mit roten Fahnen bestempelter Briefumschlag dem Mönch von Latrun Nachricht von seiner indischen »Braut«, der er durch das Gebet verbunden bleibt. Philippe Malouf hat die Hoffnung nicht aufgegeben, ihr eines Tages persönlich zu begegnen. Ende 1986 hat er das Trappistenkloster in Latrun verlassen, um sich einer anderen Mönchsgemeinschaft in seinem Heimatland, dem Libanon, anzuschließen.

Seine spirituelle Verbundenheit mit Schwester Ananda ist eines der zahllosen Glieder jener Kette der Solidarität, zu der sich dank Mutter Teresa jene, die leiden, und jene, die handeln, die Hände reichen. Wie sie es sich wünschte, »umschlingt diese Kette die Welt als Rosenkranz des Mitleids«. Die Karteikästen von Jacqueline de Dekker, die durch Krankheit daran gehindert worden war, in Indien weiter ihrer Berufung zu folgen, und die von Mutter Teresa an die Spitze des Hilfswerks leidender Menschen gestellt wurde, enthalten heute die Namen von viertausendfünfhundert meist unheilbar Kranken. Sie alle bringen ihre Schicksalsprüfung bewußt als Opfer dar, damit dem täglichen Wirken der auf fast achtzig Länder verstreuten dreitausend Missionarinnen der Nächstenliebe Erfolg beschieden sein möge. Etwa vierzig Briefe von Kranken, die dieser Gemeinschaft beitreten möchten, erreichen Jacqueline de Decker täglich in ihrer Antwerpener Wohnung. Auch das gemeinsame Gebet der Kranken findet seinen besonderen Ausdruck. So sind die Patienten einer psychiatrischen Anstalt in Belgien mit einer Ordensfrau verbunden, die in einem Slum in Tansania Leprakranke pflegt.

Mutter Teresas rastloser Kreuzzug im Dienst der Armen erreichte mit mehreren im Laufe des Jahres 1989 errungenen Siegen einen Höhepunkt. Die unermüdliche Ordensfrau und ihre Schwestern eröffneten fünf Heime für verlassene, alte und bedürftige

Menschen im Land Michail Gorbatschows. Zwei dieser Einrichtungen liegen in Sibirien. Am 11. April 1990 wurde die Welt durch eine Verlautbarung des Vatikans darüber informiert, daß der Papst Mutter Teresas Rücktritt von der Leitung ihrer 1950 gegründeten Kongregation »Missionaries of Charity« angenommen hatte. Am 8. September 1990, zehn Tage nach ihrem 80. Geburtstag, wurde in Kalkutta vom Ordenskapitel ihre Nachfolgerin gewählt.

Der Gesundheitszustand der Ordensfrau hatte sich in den vergangenen Jahren immer mehr verschlechtert. Ein schwerer Herzanfall im September 1989 hatte sie daran gehindert, die Reise anzutreten, die sie zum krönenden Abschluß ihres kräftezehrenden Kreuzzugs führen wollte: In ihrem Heimatland Albanien, der letzten Bastion des Kommunismus in Europa, wollte sie ein Waisenhaus eröffnen.

Als sie das Krankenhaus verlassen konnte, unterrichtete man sie davon, daß der Verfasser dieses Buches soeben erfahren hatte, daß er an Krebs erkrankt war, während noch mehrere Kapitel zu schreiben blieben. Mutter Teresa ließ es sich nicht nehmen, ihm sofort eine Trostbotschaft zukommen zu lassen. Am Tag des chirurgischen Eingriffs erhielt er von ihr einen eigenhändig geschriebenen Brief: »Lieber Dominique, im gleichen Augenblick macht uns Christus beiden das Geschenk, daß wir seine Passion mit ihm teilen dürfen. Meine Gebete, die unserer Schwestern und die unserer schutzbefohlenen Armen begleiten Sie. Danken wir Gott für die große Liebe, die er für uns hat.«

LES BIGNOLES, Ramatuelle
Weihnachten 1989

Danksagung

An allererster Stelle nenne ich hier meine Gattin Dominique. Ihr, die jeden Augenblick der langen und schwierigen Recherchen geteilt hat und die mir eine unersetzliche Mitarbeiterin in der Vorbereitungsphase dieses Buches gewesen ist, gilt meine unendliche Dankbarkeit.

Meinen sehr persönlichen Dank sage ich Colette Modiano sowie Paul und Manuela Andreota, die lange Stunden mit der Durchsicht meines Manuskripts verbrachten und mir durch ermutigenden Zuspruch halfen. Ebenfalls sehr, sehr dankbar bin ich meiner Freundin Frau Dr. Claudine Escoffier-Lambiotte, der Autorin so vieler medizinischer Publikationen, die großzügig bereit war, die wissenschaftlichen Passagen zu überprüfen.

Dieses Buch ist die Frucht geduldigen Recherchierens bei zahlreichen Forschern, Ärzten, Krankenschwestern, Pflegern und Patienten. Niemals wäre es entstanden ohne ihre großherzige Mitwirkung. In den Vereinigten Staaten möchte ich in allererster Linie Dr. Sam Broder, heute Direktor des Nationalen Amerikanischen Krebsinstituts, dafür danken, daß er mir so viele Stunden seiner kostbaren Zeit geschenkt hat, sowohl in seiner Abteilung in der Klinik von Bethesda als auch in seinem bezaubernden Heim am Rossmore Drive gemeinsam mit seiner Frau Gail und den beiden Töchtern.

Nicht minder drängt es mich, Professor Robert Gallo für unsere ungezählten Begegnungen herzlich zu danken, die nicht nur in seinem Forschungslabor in Bau 37 auf dem Campus von Bethesda stattgefunden haben, sondern ebenso in seinem Auto auf den Straßen von Maryland, in den Trattorias von Washington, wobei meist befreundete Forscher aus dem Ausland mit am Tisch saßen, in seinem Haus von Thornden Terrace, wo ich seine Gattin Mary Jane und die beiden Söhne kennenlernte und wo Berge von italienischer Patisserie bereitstanden, nach der er fast süchtig ist. Ich danke ihm besonders dafür, daß er eigens für mich eines seiner »Hochämter« organisiert hat, was mir Gelegenheit verschaffte, sämtlichen Mitarbeitern seines Teams zu begegnen, so vor allem der Biologin Flossie Wong-Staal, dann Bill Blattner, Mikulas Popovic, Zaki Salahuddin und all den anderen, die ich hier nicht namentlich aufführen kann.

Einer der Dreh- und Angelpunkte meiner Recherchen waren die CDC in Atlanta, und meinen ganz besonderen Dank will ich hier dem Chef ihrer Task force, Dr. James Curran, und seinen Detektivärzten Dr. Harold Jaffe und Dr. Martha Rogers aussprechen, ebenso all ihren Kollegen, die mir geholfen haben, in vielen Einzelheiten ihre unglaubliche Jagd auf das Virus, das sie als den Erreger von Aids verdächtigten, nachzuvollziehen. Unter den amerikanischen Ärzten, die sich in vorderster Linie mit den ersten Fällen der schrecklichen Epidemie auseinandersetzen mußten, ist es Dr. Michael Gottlieb, dem mein besonderer Dank gilt. Ganze Tage haben wir gemeinsam damit verbracht, bis in unscheinbare Details die Entdeckung der ersten fünf Fälle zu rekonstruieren, die die Gemeinschaft der Wissenschaftler der Welt aufschrecken sollten. Ebenfalls aufrichtigen Dank sage ich den Ärzten Dr. Alvin Friedman-Kien und Dr. Joseph Sonnabend in New York, Dr. Marcus Conant und Dr. Paul Volberding in San Francisco, Dr. Peng Thim Fan und Dr. Joel Weisman in Los Angeles für ihre wertvollen Beiträge zu diesem Teil der Vorarbeiten. Schließlich gilt mein sehr persönlicher Dank Dr. Jack Dehovitz, der bereit war, mir äußerst genau von der traumatischen Erfahrung zu berichten, die der tägliche Umgang mit den Opfern der Seuche am Saint-Clare-Krankenhaus von New York für ihn als Arzt bedeutet hat.

Ohne das warmherzige Entgegenkommen Dr. David Barrys, seiner Mitarbeiter Richard Clemons, Sandy Lehrman, Dannie King, Marty St. Clair und anderer hätte ich nicht die Momente der Angst und der Hoffnung nacherleben können, durch die alle hindurchgegangen sind, die an dem außergewöhnlichen Abenteuer der Entwicklung des ersten wirksamen Aids-Medikaments beteiligt waren. Ihnen allen danke ich dafür, daß sie in den Versuchslabors von Wellcome auf dem Campus des Research Triangle Park meine Recherchen großzügig vorangebracht haben. Ebenfalls danke ich Dr. Ellen Cooper als der Repräsentantin der *Food and Drug Administration* für all die Zeit, die sie mir in dem von Betriebsamkeit erfüllten Glasbau ihres Hauptsitzes in Rockville, Maryland, eingeräumt hat, so daß es möglich war, die dramatischen Vorgänge um die Genehmigung des Versuchs mit AZT am Menschen wiederaufleben zu lassen. Meine besondere Dankbarkeit gilt auch Dr. Mathilde Krim für die Geduld, mit der sie mir in ihrem New Yorker Stadthaus von ihrer Kampagne berichtet hat, mit der sie die uneingeschränkte Ausgabe von AZT erzwingen wollte und die wenigstens einen ersten Hoffnungsschimmer für die von der Medizin schon Aufgegebenen bedeutete.

Unter diesen unrettbar Verlorenen ist es selbstverständlich Josef Stein, dem hier an erster Stelle meine von Trauer überschattete Dankbarkeit gilt. Ich werde niemals die langen Gespräche vergessen, die wir im Frühjahr 1986 im Krankenhaus führten, als er mit soviel Tapferkeit gegen das todbringende Virus ankämpfte. Ich werde nicht vergessen, daß er am Vorabend seines Todes neben das Panorama von Jerusalem, das er von seinem Freund aus Latrun erhalten hatte, die Ansichtskarte ans Fenster kleben ließ, die ich ihm aus meinem Dorf Ramatuelle, wohin er niemals zur Erholung kommen konnte, geschickt hatte. In die dankbare Würdigung dieses Mannes möchte ich alle anderen Kranken einbeziehen, dazu all jene, die sich so sehr für sie eingesetzt haben, insbesondere den Erzbischof von New York, Kardinal John O'Connor, und Monsignore James Cassidy, mit deren Hilfe das Pflegeheim »Gabe der Liebe« für mittellose Aids-Patienten gegründet werden konnte, außerdem den

Direktor des Saint-Clare-Hospitals, Richard Yezzo, die Ärztin Dr. Deborah Spicehandler, den Krankenpfleger Ron Peterson und die Krankenschwester Gloria Taylor, die Sozialarbeiter George Lafontane und John Wright, den *Clinic coordinator* Terry Miles.

Da sich ein Großteil meiner Recherchierarbeit im Pasteur-Institut und in mehreren Pariser Krankenhäusern abgespielt hat, danke ich sehr aufrichtig Professor Luc Montagnier, der bereit war, einen Teil seiner wertvollen Zeit für den Versuch abzuzweigen, die denkwürdigen Tage des Winters 1983 nachzuvollziehen, als er zusammen mit seinem Team daranging, sich der größten medizinischen Herausforderung am Ende dieses Jahrtausends zu stellen. Unter den Mitgliedern des Teams danke ich ganz besonders Professor Jean-Claude Chermann und Dr. Françoise Barré-Sinoussi, den Mitentdeckern des Aids-Virus. Bereitwillig haben sie für mich am Originalschauplatz ihres Sieges noch einmal die vielfältigen und komplizierten Suchoperationen nachgestellt, bei denen es um das berühmte Enzym Reverse Transkriptase ging, das sich als Fingerabdruck bzw. Signatur erwies, womit sie das Virus identifizieren konnten. In diese respektvolle Danksagung schließe ich Professor André Lwoff, Nobelpreisträger für Medizin, ein, der mir die Ehre erwies, mir mit seinem Rat zur Seite zu stehen, außerdem Professor Daniel Zagury, der sich Zeit genommen hat, meine Fragen zu beantworten, während er an sich selbst den Impfstoff ausprobierte, den er zur Zeit entwickelt; Dr. Françoise Brun-Vézinet, die jene Tumorzellen entnahm, die dann zur Isolierung des Virus dienten; Professor Willy Rozenbaum, der sich im Laufe mehrerer Interviews in den Cafés nahe seinem Hôpital Claude-Bernard bereitwillig auf die dramatischen Konfrontationen mit den ersten Aids-Patienten zurückbesann. Ich danke weiterhin Dr. Christine Rouzioux, die mir von der aufregenden Entwicklung des ersten Seropositivitätstests berichtete; Dr. Jacques Leibowitch, der mir freundlicherweise von seiner denkwürdigen Reise nach Bethesda im Sommer 1983 erzählte, als er Robert Gallo zu überreden versuchte, »sich voll reinzuhängen«. Diese Reihe von Danksagungen wäre in beschämender Weise unvollständig, wenn sie nicht Charles und Claudine Dauguet einschlösse. Die Stunden, die ich in ihrer Gesellschaft gewissermaßen am Tatort verbrachte, dort, wo »Charlie« als erster auf der Welt das Aids-Virus fotografierte, zählen für mich zu den persönlichsten und anrührendsten Erinnerungen meines an Recherchen reichen Journalisten- und Schriftstellerlebens.

Meinen lebhaften Dank sage ich ebenfalls jenen, die mir während des langwährenden Abenteuers, als das sich die Recherchen zu diesem Buch und nicht weniger die Niederschrift erwiesen, unablässig mit Ermutigung und Zuneigung zur Seite gestanden haben, insbesondere meiner Tochter Alexandra, Rina und Takis Anoussis, Dr. Elie Attias, Chuck und Red Barris, Julia Bizieau, Bernard und Véronique Blay, Dr. Alain und Martine Bondil, Dominique und Ghislain Carpentier, Larry und Nadia Collins, Madeleine Conchon, Marcel und Reine Conchon, David, Fanny Drif, René und Thérèse Esnault, Dr. Michael Fouques, Laura Fry, Françoise und Pierre Gautier, Dr. Jean-Romain Gautier, Jean-François Gimond, Alain und Clémentine Gomez, Dr. Dominique Guyot de la Hardrouyère, Marie de Hennezel, Marion Kaplan, Jacques und Jeannine Lafont, Jean-Pierre und Marielle Lafont. Jean Larbey, Robert und Marie-Ange Léglise, André Lewin und Cathérine Clément, Michel Licinio, Claude und Lydia Lorin, Valérie Mayet, Didier Constancin und ihrer Mannschaft vom Thalasso-Therapiezentrum »Atalante« in Sainte-Marie de Ré, Anna und Jean-Bernard Mérimée, Christine Monnier, Coco Mouret, Jean-Paul Paoli, Brigitte und Edgar Pascaud, Alain und Chantal Pascot, Dr. Alain und Christiane Paul, Michèle Pavlidis, André Pradel, Dr. François Puget, Dora und Gilbert Rinaudo, Pater Jean-Marie Roussel, Christiane und Léon Salambien, Pater Sylvio Sandro, Dr. Gilbert Schloegel, Christian Serrandon, Dr. Elliott Soussan, Claire und Didier Teirlinck, Paule Tondut, Louis Valentin, Dr. Philippe Vialatte, André Vonesch, Heidi Wurzer.

Möge es mir gleichfalls gestattet sein, mit Dankbarkeit meiner treuen Gefährten Bignolette, Preferida und Tara zu gedenken.

Ich danke auch Philippe Béthoux und Richard Hermitte von der Firma Sotei Informatique in Fréjus, ebenso Bernard Tissot und

Jacqueline Vivas von der Firma Bureaumatique in Toulouse. Sie haben mir technische Hilfe bei der Gestaltung meines Manuskripts geleistet.

Ich hätte dieses Buch niemals schreiben können ohne das hochherzige Vertrauen meines Freundes und Agenten Morton L. Janklow und das schon so altbewährte und nimmermüde Vertrauen meiner Freunde, der Verleger. Robert Laffont in Paris mit allen seinen Mitarbeitern, Mario Lacruz in Barcelona, Larry Kirshbaum in New York und mit ihm Anne Sibbald und Cynthia Cannell, Giancarlo Bonacina in Mailand und schließlich meine Freundin und Übersetzerin Kathryn Spink, Verfasserin eindrucksvoller Bücher über Mutter Teresa, Roger von Taizé und Jean Vanier, den Apostel der behinderten Kinder – sie alle mögen hier meinen herzlichsten Dank entgegennehmen. Es ist mir wichtig, in diese Danksagung das Andenken meines allzufrüh verstorbenen Freundes Claude Jean einzuschließen, der so gerne dieses Buch noch zu Ende gelesen hätte. Mit seiner tapferen Haltung angesichts seiner Krankheit ist er mir Vorbild gewesen.

Meinen Dank, meine Bewunderung und meine Zuneigung möchte ich in ganz besonderem Maße Mutter Teresa und den Schwestern entgegenbringen, die mit Eifer zu meinen Recherchen beigetragen haben, außerdem Jacqueline de Decker, Pater Céleste Van Exem, François Laborde, James Stevens, Bruder Gaston, Bruder Philippe und Dr. Kumar Chanemougame.

Dem Talent und der Kunstfertigkeit der Chirurgen Dr. Pierre Léandri und Dr. Georges Rossignol, die mich operiert haben, dem Fachkönnen und der aufopfernden Pflege ihrer Teams von der Klinik Saint-Jean-du-Languedoc in Toulouse verdanke ich es, das möchte ich zum Schluß sagen, daß ich von einer Krebserkrankung genesen bin. Ihnen allen sei hier von Herzen gedankt.